임원경제지
권14-15

관휴지

灌畦志 1

임원경제지
권14-15

관휴지

灌畦志 1

채소 · 약초 백과사전

권1 · 총서 (總敍)
권2 · 채소류 [蔬類]

풍석 서유구 지음 추담 서우보 교정
임원경제연구소 이규필, 정명현, 김용미 옮김 도올 김용옥 서문

풍석문화재단

임원경제지 관휴지1

지은이	풍석 서유구
교 정	추담 서우보
옮기고 쓴 이	〰 **임원경제연구소** [이규필, 정명현, 김용미]
	교감·교열 : 최시남, 민철기, 김광명, 김현진
	서문 : 도올 김용옥
펴낸 곳	🌖 **풍석문화재단**
	펴낸 이 : 신정수
	진행 : 박시현, 박소해
	전화 : 02)6959-9921 E-mail : pungseok@naver.com
일러스트	임원경제연구소
편집디자인	아트퍼블리케이션 디자인 고흐
인 쇄	상지사피앤비
펴낸 날	초판 1쇄 2022년 11월 7일
ISBN	979-11-89801-58-8

* 표지그림 : 심사정의 산수도, 이인문의 산수도, 이인문의 산정일장도, 신윤복의 대쾌도(국립중앙박
  물관 소장)
* 사진 사용을 허락해 주신 국립원예특작과학원, 국립중앙박물관, 서울대 규장각한국학연구원, 국사
  편찬위원회, 창원역사민속관, 국립민속박물관, 국립생태원, 김재광 선생님, 전통농업연구소 안철환
  대표님, 사진작가 전영창 선생님, 윤진상회 정성섭·김복남 대표님, 제주 남원농업협동조합 김석주
  작가님, 파주 농업기술센터 김은환 선생님, 김포파주인삼농협 이형만 이사님, 부여 친환경유기재배
  농민 정천귀 선생님, 고등학생 정성지 님 여러분께 감사드립니다

《임원경제지·관휴지》를 펴내며

《임원경제지(林園經濟志)》 16지 중 12개 지(志)를 펴내면서 이제 출간작업이 막바지에 들어서게 되었습니다.

2003년부터 본격적으로 추진해온 《임원경제지》의 완역 완간은 앞으로 3년, 2025년이면 마무리가 될 것으로 보입니다.

사람의 삶에서 먹는 문제가 가장 중요한 것은 서유구 선생의 시대나 지금이나 변함이 없으며, 인류는 곡물을 주식으로 하여 활동에 필요한 에너지를 얻어왔고, 채소를 활용하여 건강을 유지하고 영양학적으로 인체의 균형을 잡을 수 있도록 보충해왔습니다. 서유구 선생께서는 이런 인류의 식생활에 대한 통찰을 토대로, 곡물·농사 백과사전인 〈본리지〉에 이어 채소·약초 백과사전인 〈관휴지〉를 전체 《임원경제지》 16지 중 두 번째로 배치하였을 것으로 생각합니다.

〈관휴지〉 서문에서 서유구 선생은 "하늘이 사람을 낼 때 반드시 사람에게 먹을거리를 주어서 그 삶을 보존하게 한다. 무릇 사람이 먹을거리를 받을 때 풀과 채소를 먹는 것은 하늘이 준 먹을거리에 순종하면서[順] 편안히 여기는 것이다."라고 하셨고, 이어 선생은 "취할 때에 어려움이 없으면 순리이고, 계책을 부리고서야 취할 수 있다면 역리이다. 이로써 채소 먹기가 바로 하늘이 준 순리의 도리임을 알 수 있다."라고 하셨습니다. "반드시[必]"라는 표현에서 서유구 선생의 자연과 삶에 대한 낙관성을 엿볼 수 있습니다.

선생의 생애는 굽이굽이 곡절과 사연이 많았고, 개인적인 불행도 참으로 많았습니다. 생의 마지막 단계에서 《임원경제지》를 완성하여 놓고도 막상 그 책을 계승하거나 발전시킬 후손도 마땅치 않았고, 학문적 후배 세대도 뜻대로 육성되지 못하여 《임원경제지》 책이 고작 "장독대 뚜껑으로나 쓰일 것"이라고 낙심하기도 하였습니다.

아마도 선생은 강한 의지를 가지고 무엇인가를 성취하고자 최선을 다한 열정적인 사람이면서도, 동시에 시대의 흐름과 시국에 몸을 맡기기도 하는 순한 성품도 동시에 지니셨던 듯싶습니다.

〈관휴지〉는 총 4권으로 구성되어 있습니다. 권1 총서(總敍)에서는 채소를 기르기 위한 밭을 만들고 채소를 심고, 거름 주고, 보관하는 보편적인 방법을 다루고 있으며, 권2 채소류[蔬類]에서는 33가지의 일반적인 채소류와 부록으로 산과 들, 바다의 나물을 비롯한 다양한 나물류를 다루고 있습니다. 권3 풀열매류[蓏類]에서는 오이, 동아, 호박과 같은 열매류를, 권4 약초류[藥類]에서는 채소이면서 약재로 쓰이는 인삼이나 죽대, 둥굴레 등을 다룹니다. 우리 재단에서는 권1 총서와 권2 채소류를 묶어서 한 권(관휴지1)으로, 권3 풀열매류와 권4 약초류를 묶어 또 한 권(관휴지2)으로 펴냅니다.

〈관휴지〉는 임원경제연구소에서 《임원경제지》의 현존 판본을 꼼꼼하게 교감한 원문을 토대로 여러 연구원의 번역문과 역주, 번역의 이해를 돕기 위한 다양한 일러스트와 그림 자료가 함께 실려 있습니다. 아무쪼록 이 책이 우리나라 실정에 적합한 채소·약초 농업의 발전에 기여할 수 있기를 기대합니다.

〈관휴지〉를 살펴보다가 권2 채소류에 부록으로 실려 있는 바다의 나물에서 《자산어보(玆山魚譜)》가 인용되었음을 알게 되었습니다. 청각, 톳, 우뭇가사리, 납작파래, 홀파래, 매생이 6가지는 《자산어보》의 기사를 수록했습니다. 《자산어보》는 1822년경(저술 연도 추정은 정명현 옮김, 《자산어보: 우리나라 최초의 해양생물 백과사전》, 서해문집, 2016, 258~269쪽에 의거함) 정약전(丁若銓)이 귀양 가 있던 흑산도 연해의 수족(水族)을 조사 기록한 내용을 보완한 어보(魚譜)입니다. 《자산어보》는 유배인 신분의 정약전과 동생 정약용의 제자 이청이 공동 집필하였던 것으로 출판본이나 인쇄본이 아니라, 필사본으로만 유통되었습니다. 교통과 정보의 제약이 있고, 필사라는 한계 속에서도 동시대를 살았던 서유구 선생이 《자산어보》를 찾아 필요한 내용을 적절하게 반영한 것을 보면, 학문탐구의 치열함에 새삼 놀라움을 금치 못합니다.

서유구 선생이 임진강 유역에서 낮에는 농사와 물고기잡이를 하고, 밤에는 아들 우보와 함께 《임원경제지》를 편찬하던 때, 서양 학문과 종교에 대한 관심을 이유로 멀리 흑산도 유배에 처해졌던 손암(巽庵) 정약전 선생은 밤낮을 가리지 않고 바다를 탐색하여 《자산어보》를 편찬하였습니다. 같은 시기 전남 강진에 유배되었던 다산(茶山) 역시 《목민심서(牧民心書)》를 포함한 경세(經世)의 경륜을 학문적으로 집대성하기 위해 불면불휴(不眠不休)의 밤을 보내고 있었습니다. 지리적으로 멀리 떨어졌지만, 이들의 치열함은 서로가 서로를 감동시켰고, 책에서 책으로 이어졌습니다.

《임원경제지》의 완역 완간이 이제 얼마 남지 않았습니다. 우리 재단과 임원경제연구소는 《임원경제지》의 완역 완간을 통해 풍석 서유구 선생과 그 시대 선현들의 고귀한 정신과 사상, 그리고 그 업적을 계승 발전시키기 위한 토대를 마련하였다고 자부하고 있습니다. 그리고 이 토대를 기반으로 동아시아 문명의 한 전형으로 중국이나 일본과는 또 다른 우리나라 전통 생활문화의 원형을 복원하고 궁극적으로 우리 민족 전통생활문화의 정체성을 세우는 과제를 추진하고자 합니다.
《임원경제지》를 사랑하고, 문화의 가치를 소중하게 여기고, 찬란한 문화적 번영을 위해서는 그 뿌리가 튼튼해야 함을 믿는 많은 분들과 함께 할 수 있기를 기대합니다.

2022년 10월
풍석문화재단 이사장 신정수

차례

관휴지 권제1 灌畦志 卷第一   임원십육지 14 林園十六志十四

총서(總敍) 總敍

관휴지 권제2 灌畦志 卷第二   임원십육지 15 林園十六志十五

채소류 蔬類

일러두기

- 이 책은 풍석 서유구의 《임원경제지》를 표점, 교감, 번역, 주석, 도해한 것이다.
- 저본은 정사(正寫) 상태, 내용의 완성도, 전질의 구성 등을 고려하여 고려대학교 도서관 소장본으로 했다.
- 현재 남아 있는 이본 가운데 오사카 나카노시마부립도서관본, 서울대학교 규장각한국학연구원본, 국립중앙도서관본을 교감하고, 교감 사항은 각주로 처리했으며, 각각 오사카본, 규장각본, 국중본으로 약칭했다.
- 교감은 본교(本校) 및 대교(對校)와 타교(他校)를 중심으로 하고, 필요에 따라서는 이교(理校)를 반영했으며 교감 사항은 각주로 밝혔다.
- 번역주석의 번호는 일반 숫자(9)로, 교감주석의 번호는 네모 숫자(⑨)로 구별했다.
- 원문에 네모 칸이 쳐진 注와 서유구의 의견을 나타내는 案, 又案 등은 원문의 표기와 유사하게 네모를 둘러 표기했다.
- 원문의 주석은【 】로 표기했고, 주석 안의 주석은【 】로 표기했다.
- 서명과 편명은 원문에는 모두 《 》로 표시했고, 번역문에는 각각 《 》및 〈 〉로 표시했다.
- 표표점 부호는 마침표(.), 쉼표(,), 물음표(?), 느낌표(!), 쌍점(:), 쌍반점(;), 인용부호(" ", ' '), 가운데점(·), 모점(,), 괄호(( )), 서명 부호(《 》)를 사용했고 인명, 지명 등 고유명사에는 밑줄을 그었다.
- 字, 號, 諡號 등으로 표기된 인명은 성명으로 바꿔서 옮겼다.

서문

우리 밥상은 곡식과 채소 중심이다

나는 낙송암 마당 한편의 작은 텃밭에 상추, 고추, 배추, 무, 깻잎, 오이, 부추, 케일, 더덕, 당귀 등을 조금씩 가꾸고 있다. 넓은 들판에서 여러 농작물을 대규모로 손질하는 농부들에 비하면 초라한 일이지만 들어가는 품은 결코 만만치 않다. 하지만 원고를 집필하는 자투리 시간의 소일거리로 삼기에는 적당한 넓이라 말할 수 있을 것이다. 작은 씨 한 톨에서 풍성한 잎과 열매를 맺는 모습만 보아도 우주의 이치를 마주할 수 있어 감동이 밀려온다. 밥때가 되면 손에 잡히는 대로 한두 줌 따다가 씻어서 된장을 찍어 먹거나 맑은 된장국을 끓이거나 기름 한 술 넣고 볶아 갓 지은 밥과 함께 담박하게 먹는다. 건강식이 따로 있는 것이 아니라 내 발이 미치는 가까운 텃밭에 있다. 이 찬거리들이 평소의 소박한 밥상의 주인공들이다.

조선시대 서민 가정의 밥상은 곡식과 채소 중심이다. 쌀·보리나 조·콩 등의 곡식과 무·아욱·배추 같은 채소, 그리고 장·식초 등의 조미료를 식단의 기본 재료로 삼았다. 그에 반해 육류는 아주 희귀한 반찬이었다. 고기반찬을 먹는 횟수는 1년에 손에 꼽을 정도였다. 바닷가나 강변에 주거지가 있지 않으면 생선도 쉽게 맛볼 수 없었다. 그럼에도 조선의 백성은 지배층의 가혹한 수탈에도 살아남았다. 가뭄이나 홍수로 인한 흉년을 수도 없이 당했어도 살아남았다. 곡식이 바닥나면 초근목피(草根木皮)로 연명해야 했다. 먹을 수 없는 풀이라도 어떻게든 먹을 수 있게 만들었다. 우리 민족을 영속시켜준 일등공신은 고기가 아니라 곡식과 채소와 나물 등 흙에서 자라는 식물이 대부분이었다. 이렇듯 우리 선조들은 식물 활용에 대한 지혜를 고도로 발전시켰기 때문에, 가난과 흉년과 돌림병과 외세 침략 등의 온갖 환란 속에서도 후손을 면면히 이어올 수 있었던 것이다.

사람은 곡식과 채소, 과일과 고기로 구성된 음식을 먹고 생명을 유지한다. 고금이 그랬고 동서가 그랬다. 각각의 사회마다 경중의 차이가 있었을 뿐이다. 《임원경제지》 전체 16지(志) 중에서 첫 번째 지인 《본리지》는 곡식 농사를 소개하고, 두 번째 지인 《관휴지》는 채소·나물·약초농사를 다룬다. 네 번째 《만학지》는 과일나무와 땅속열매나 덩굴열매를, 일곱 번째 《전어지》는 사냥·목축·어로를 통해 얻는 육식 재료를 소개한다. 이 네 지에서 취급했던 동식물에서 식재료와 약재를 얻는다.

이중 동물에서 얻은 재료는 대략 전체의 1/4 정도를 차지한다. 식물에서 얻는 재료가 대부분인 것이다. 음식요리 백과사전인 《정조지(鼎俎志)》에 수록된 전체 요리 수는 1,748가지이다(정정기, 〈정조지 해제〉). 이 중에서 생선과 고기 요리 종류 수(309가지, 전체의 17.6%)와 채소와 곡식 요리 종류 수를 비교해 보면, 당연히 채소와 곡식이 주재료로 들어간 요리가 월등히 많다. 너무 많아 일일이 셀 수가 없지만 생선과 고기 요리를 제외한 요리 대부분이다.

약은 어떤가. 명나라 말기에 이시진(李時珍, 1518~1593)이 저술한 《본초강목(本草綱目)》(1593년)에 무려 1,897종의 약재가 소개되었다. 이 중 식물이 1,096종(전체의 57.8%), 동물(사람 포함)이 446종(23.5%)이다. 의학을 다루는 《임원경제지 인제지》에도 총 799종의 약재를 소개했다. 여기에 소개된 식물 약재로는 421종(52.7%)이었고 동물 약재로는 219종(27.4%)이었다(정명현, 〈관휴지 해제》).

음식과 약, 이 모든 분야에서 사람이 식물에 대한 의존 없이 이 땅에서 살아간다는 것은 가능하지 않다. 사실 인간의 자립이나 독자적 생존이라 는 것은 식물 활용에 대한 기술이 많으면 많을수록 윤택한 생활을 보장받 는다. 자립적 경제생활을 위해서도 식물에 대한 의존도는 절대적이다.

공자는 시(詩)를 공부하면 얻을 수 있는 효과로, '조수초목지명(鳥獸草木 之名)'을 많이 알게 된다고 했다.[1] 새나 짐승, 초목의 이름을 많이 안다는 것 은, 단지 인간 지식의 확대나 정교함만을 키우기 위함만이 아니다. 공자의 이 말을 대부분의 사람들이 문자 그대로만 이해하는데, 여기서 한 가지를 더 짚어야 한다. 그것은 조수초목의 명칭을 앎으로써 인간 생존의 기본 조 건을 탄탄히 하려는 장대한 비전이 담겨 있다는 점이다. 이때 조수초목은 천지간의 모든 조수초목을 말하는 것이 아니다. 인간 사회에 영향을 주는 생물들의 총칭이다. 여기서 '영향을 준다'는 말이 중요하다. 인간에게 의미 있는 생물만이 탐구의 대상에 들어오기 때문이다. 의미 있는 생물에 대한 지식이 있어야 제대로 활용할 수 있다. 단지 조수초목의 이름만 아는 데서 그치는 것이 아니라, 그 이름을 앎으로써 그 생물에 대한 지식을 확보할 수 있고, 이를 바탕으로 인간 삶에 쓸 수 있다.

---

[1] 子曰: "小子何莫學夫詩? 詩可以興, 可以觀, 可以群, 可以怨. 邇之事父, 遠之事君, 多識於鳥獸草 木之名."
(자왈: "소자하막학부시? 시가이흥, 가이관, 가이군, 가이원. 이지사부, 원지사군, 다식어조수초 목지명.")(《논어》 17-9)
공자께서 말씀하시었다: "얘들아! 너희들은 어찌하여 시(詩)를 배우지 아니 하느냐? 시는 인간의 감정을 흥기시키며(興), 사물과 역사를 통관케 하며(觀), 사람들과 더불어 무리짓게 하며(群), 나의 슬픔을 나타낼 수 있게 한다(怨). 가까이는 어버이를 섬길 수 있게 하며, 멀리는 임금을 섬길 수 있게 한다. 그리고 새와 짐승, 풀과 나무의 이름을 많이 알게 한다"(《논어한글역주》 3, 509쪽).

휴전(畦田) 농법의 열망을 담다

책 제목 관휴(灌畦)는 휴전(畦田)에 물을 댄다[灌]는 뜻이다. 휴전은 한글로 제대로 번역된 적이 없는 용어이다. 조선에서는 휴전에 농작물을 재배한 적이 없기 때문에 이 말을 만들어낼 필요가 없었다. 이를 정명현은 '두렁밭'으로 옮겼다. 밭두렁으로 둘러 쳐진 밭이라는 뜻이다. 논처럼 생겼지만, 규모는 그보다 훨씬 작다. '휴(畦)'는 사전에서 '밭두둑' 또는 '밭두렁'이라고 풀이했다.

조선에서는 오로지 풍석 서유구만이 휴전에서 재배하는 농법을 실천해야 한다고 역설했다. 왜 휴전이 꼭 필요한가? 채소는 대체로 가뭄을 싫어하고 습기를 좋아하기 때문이다. 풍석은 "우리나라 사람들이 '채소밭[菜田]'이라 하는 땅은 모두 포전(脯田)"《관휴지》 권1 '휴전 만드는 법')이라며 조선 농법의 현실을 개탄했다. 포전은 흙이 몹시 건조해진 농지를 말한다. 가뭄이 들면 이런 농지에서 풍작을 기대하기는 어렵다. 그렇기에 휴전 농법을 도입해서 조선의 채소농법을 혁신하고자 몸부림쳤던 것이다.

채식은 순리, 육식은 역리

서유구가 〈관휴지 서문〉에서 펼친 채식과 육식에 대한 생각은 상당히 흥미롭다. 채식과 육식을 순리(順理)와 역리(逆理)로 풀이하고 있기 때문이다. "사람이 먹을거리를 받을 때 풀과 채소를 먹는 것은 하늘이 준 먹을거리에 순종하면서[順] 편안히 여기는 것이다. 반면 깃털이 달린 날짐승이나 털이 달린 들짐승, 물고기나 껍데기 있는 수중 동물을 먹는 것은, 하늘이 준 먹을거리에 거스르면서[逆] 재주를 부리는 것이다(人之受之也, 食之以草以蔬者, 順其與而安之也. 其食之在羽者, 毛者, 鱗介者, 逆其與而用巧也)"라고 했다. 채식은 순리이고 육식은 역리라고 본 것이다.

사냥하거나 어로를 통해 육류와 어류를 취할 수 있다. 이 과정에서 인간의 온갖 기술을 발휘한다. 가축을 요리하려면 사냥의 어려움은 사라지지만, 그 가축을 도살해야 하는 과정을 거쳐야 한다. 그 도살 과정도 순리가 아니라 역리인 것이다. 가축은 죽지 않으려고 온 힘을 다해 발버둥을 친다. 반면 식물은 그런 발버둥이 없다. 사람이 취하는 대로 반항 없이 그대로 걷힌다.

보통 순리는 좋은 것이고, 역리는 나쁜 것이라고 생각한다. 하지만 여기서 말하는 순역을 이분법적인 선악의 분별로 보아서는 아니 된다. 식재료나 약재를 얻는 과정의 차이를 논했을 뿐이다. 따라서 채식은 좋고 육식은 나쁘다는 식으로 이해할 수는 없다. 《전어지》에서 육식 재료를 얻는 방법을 그토록 상세히 기술한 점을 보더라도 서유구는 육식을 식단에서 배제하려는 의도가 전혀 없다. 다만 채식과 육식을 조화롭게 구성하면 되는 것이다. 공자는 "고기가 아무리 많아도 밥기운을 이기도록 많이 드시지는 않으시었다(肉雖多, 不使勝食氣. 육수다, 불사승사기)"《논어》10-8D). 공자의 평소의 식습관도 서유구가 말하는 순역의 논리와 대차 없다. 이는 《주역》〈설괘전(說卦傳)〉(3장)에서 "과거를 헤아리는 일은 순(順)이요, 미래를 아는 일은 역(逆)이다(數往者順, 知來者逆)"라고 한 맥락과 상통한다. 고기는 평소의 식사에서 10~20% 정도면 된다. 많아야 30%를 넘지 않도록 해야 할 것이다.

과도해진 육식

현대의 식량문제는 생산량의 부족에 있지 않다. 분배의 불평등과 건강을 위한 먹을거리의 감소와 일부 먹을거리의 과잉공급에 있다. 먹을거리가 너무 넘쳐난다. 공장식 축산으로 대량 공급하는 육류와 건강을 위협하는 각종 패스트푸드, 깡통류의 가공식품과 유전자 변형 농산물이 시장에 물밀듯 쏟아지면서 사람들의 건강이 크게 위협받은 지는 오래되었다. 특히 현대인들의, 고기에 대한 과도한 탐욕 때문에 대자본이 거대한 농장에서 공장시스템으로 잔인하게 육류를 '생산해내는' 짓은 생각만 해도 끔찍하다. 시골 외양간에서 소나 돼지나 닭을 몇 마리 키우는 소박한 축목(畜牧)과는 차원이 다르다. 공자도 시장에서 파는 육포는 먹지 않았다(沽酒市脯, 不食. 고주시포, 불식. 시장에서 산 술과 육포를 드시지 않으셨다. 《논어》 10-8E). 청결하지 못하거나 어떤 고기로 만들었는지 알 수가 없기 때문이다. 상품용으로 만든 식사는 가급적 멀리해야 건강을 덜 해친다.

작가 김미루는 언제부터인가 고기를 안 먹고 채식만 하며 전 세계 축산업에 관한 현실을 고발하는 예술 활동을 하면서 세계인의 주목을 받고 있다. 미루는 내 딸이다. 베지테리안(vegetarian)이나 비건(vegan, 우유나 달걀도 먹지 않는 엄격한 채식주의자)도 전 세계적으로 점점 늘어나는 추세다. 서유구는 채식과 육식의 조화가 반드시 필요하다 생각했겠지만, 그가 현대에 살았다면 미루의 문제의식에 충분히 공감했을 것이다.

현재(2021년 통계) 한국인의 연간 육류소비량은 1인당 56kg이다. 그런데 한국인이 일년 동안 먹는 쌀의 총량이 55kg에 지나지 않는다. 우리나라 소고기 수입량은 45만 2812t이다. 그 중 미국산 쇠고기 수입은 27만 3638t인데, 세계 제1위의 수입국이라는 딱지가 붙는다. 현재 한국인의 대장암 발병률은 세계 제1위라고 한다. 도대체 이런 현상이 무슨 추태인가? 무슨 자학적인 폭력인가? 자본주의의 노예가 되어 구조적으로 그러한 폭력을 자기 몸에 가하고 있는 것이다. 서유구가 말하는 역리는 이제 문명 그 자체를 파멸시키고, 지구생태환경 그 자체를 총체적으로 괴멸시키는 데까지 이르고 있다. 그런데도 한국인은 수입고기를 먹으며 희희낙락거리고만 있다.

오히려 커져가는《관휴지》의 효용성

한국의 채소 요리가 전 세계적으로 각광 받는 시대가 되었다. 북미와 유럽의 육류와 정크푸드 중심의 음식으로 인한 비만이 사회문제가 된 지는 이미 오래되었다. 그러나 여전히 그 문제를 해결하지 못한다. 최근에 한식이 이런저런 기회에 북미와 유럽인들에게 접할 기회가 늘어나면서, 깨끗한 음식, 신선한 음식, 더 나아가 '건강한 음식'이라는 인식이 늘어나고 있다. 우리나라는 '유기농'만을 재배했던 조선의 농업과는 현격하게 달라지면서, 농산물의 품질에 대한 불신이 커지고 있다. 이에 반해 채식 위주의 식문화가 해외에 소개되면서 한국의 식문화 자체에 대한 선호도가 높아졌고, 그에 따라 한국의 농산물은 건강한 음식의 재료라고 받아들이고 있는 것이다. 아이러니가 아닐 수 없다.

《관휴지》는 조선의 농산어촌에 사는 사람들에게 순리의 음식재료와 약재 얻는 법을 전하려 했다. 서유구의 절박한 바람에도 불구하고 휴전은 조선에 도입되지 않았다. 오히려 21세기 지금에서야《관휴지》의 농법을 적용할 만한 적기가 되었다. 상자텃밭과 같은 도시텃밭의 광범위한 확산이야말로 휴전 농법을 적용할 만한 조건을 만들어준 셈이다. 《관휴지》의 출판을 통해 조선에서의 채소와 약초 농사의 실제 모습을 규명하는 연구가 더 심화되어야 한다. 이와 더불어 도시농부를 비롯한 이 땅의 모든 농민이《관휴지》의 농업기술을 현대적으로 계승하기 위한 노력을 아끼지 않아야 한다.

이번《관휴지》에는 원문 이해에 도움을 주기 위한 시각 자료를 풍성하게 담았다. 휴전을 조성하는 법을 비롯하여 여러 농법을 한눈에 알 수 있도록 그림으로 잘 표현해주었다. 농기구 그림도 적재적소에 배치되었다. 채소나 약초의 실제 모습을 알 수 있도록 수많은 삽화와 사진을 첨부했다.《본초강목》과 같은 문헌에 실린 그림은 물론, 우리나라 전국 각지에 자라고 있는 작물들이 고스란히 사진에 담겨 있다. 특히 서유구가 묻혀 있는 파주 장단의 백학산 자락을 항상 마음에 두면서 사진으로 담은 인삼의 여러 장면들에 대한 임원경제연구소의 마음 씀이 갸륵하다.

2022년 10월 1일
낙송암(駱松菴)에서
철학자 도올 김용옥 쓰다

2. 관휴지 해제[1]

1) 제목 풀이

《관휴지(灌畦志)》는 채소·약초농사 백과사전이다. 4권 2책. 총 41,142자. 16지 중 분량이 가장 적다. 관휴(灌畦)는 '휴전(畦田)에 물을 댄다'는 뜻이다. 왜 하필 휴전이란 말을 제목에 넣었을까. 휴전은 채소·약초 농사를 위한 밭의 기본 구조다. 채소·약초의 대부분은 휴전으로 재배해야 함을 강조하기 위해 지의 제목으로 뽑기까지 했다. 서유구는 '관휴'라는 명칭으로 아우른 내용에서 채소 농사법을 혁신시키고자 한 것이다.

먹을거리의 으뜸이 곡식임은 말할 나위도 없지만, 채소 역시 곡식과 조화를 이루기 위한 밥상에 빼놓을 수 없는 먹을거리였다.[2] 곡식은 생명활동의 근본 요소다. "하늘이 사람을 기른다"는 동아시아 전통의 상투적 표현에서, '기른다'의 실질적인 주체는 곡식이었다. 《본리지》의 본리(本利)는 봄에 씨앗을 뿌리고[本] 가을에 수확하는 일[利]을 상징적으로 표현한 말인 동시에 진정한 이익은 곡식농사에서 비롯된다는 의미를 내포하기도 한 말이다.

이에 반해 채소는 음(陰)의 기운을 띤 식물이라 당연히 음의 기운을 북

---

1 이 글은 정명현, 〈관휴지 해제〉, 서유구 지음, 정명현·민철기·정정기·전종욱 외 옮기고 씀, 《임원경제지 : 조선 최대의 실용 백과사전》, 씨앗을 뿌리는 사람, 2012, 501~517쪽에 실린 내용을 토대로 수정·증보한 것이다.
2 여기서부터 '제목 풀이' 절 끝까지는 정명현, 〈논 같은 채소밭 : '두렁밭(畦田, 휴전)'〉, 《귀농통문》 53호, 전국귀농운동본부, 2010, 116~27쪽의 글을 수정·증보한 글이다.

돌아주는 역할을 한다고 믿었다. 그리고 채소는 사람의 몸을 소통시키는 작물이다. 채소(菜蔬)의 '소(蔬)'는 바로 소통(疏通)해 준다는 뜻이었다. 따라서 채소를 먹으면 "장위의 기운을 잘 펴지게 해서 막히고 정체되는 질환이 없다."[3]

'관휴'라는 말만 정확하게 이해해도 전통 채소 농사의 근본을 놓치지 않게 된다. 그렇다면 '휴'는 무엇인가. 밭두렁이다. 밭두렁은 밭의 경계, 즉 뙈기를 일컫는다. 휴전은 밭두렁으로 둘러싼 밭이다. 이 정도를 말하면 독자들은 금방 휴전이 무엇을 지칭하는지 연상하리라 믿는다. 논두렁처럼 사방으로 둘러싼 커다란 밭두렁과 그 안에 조성된 여러 이랑들을 떠올리지 않았는가. 이랑은 두둑과 같은 의미로 사용되기도 하고, 두둑과 고랑을 아울러 가리키기도 한다. 하지만 이와 같은 연상은 잘못이다.

2) 휴전은 없었다

조선에는 휴전이 없었다. 농서에 이 '휴(畦)'라는 글자가 매우 자주 나오지만, 제대로 그 의미를 파악한 이도 드물다. 지금도 그렇지만 서유구 시대에도 마찬가지였다. '휴'라는 글자에 특별한 관심을 두는 연구도 거의 없었다. 그리고는 휴를 사전에 나온 대로 '밭두둑'이라고만 하고 더 이상 설명이 필요 없다고 믿어 버리고 만 듯하다. 채소를 다루는 농서를 조금만 세밀히 들여다보면 이 글자가 곳곳에 박혀 있음을 알 수 있다. 그럼에도 거의 주목하지 않았던 것이다. 당연히 휴전이 무엇인지 규명할 필요성도 느끼지 못했다.

이제까지 이 '휴'라는 글자를 제대로 옮겨준 이가 아무도 없었다는 사실에 나는 적지 않게 놀랐다. 《관휴지》에 수록된 채소 농사는 신속(申洬,

---

3 곡식과 채소에 관한 전통적인 설명은 《임원경제지 정조지》 권1 〈음식재료 요점정리〉 "채소(채류)" '채소에 대한 총론'(서유구 지음, 임원경제연구소 옮김, 《임원경제지 정조지》 1, 풍석문화재단, 2020, 175~176쪽) 참조.

1600~1661)의 《농가집성(農家集成)》을 비롯하여 홍만선(洪萬選, 1643~1715)의 《산림경제(山林經濟)》, 박세당(朴世堂, 1629~1703)의 《색경(穡經)》, 유중림(柳重臨, ?~?)의 《증보산림경제(增補山林經濟)》, 편찬자 미상의 《농정서(農政書)》 등의 조선 농서에도 거의 다 들어 있다. 그런데 이런 책들의 번역서에 '휴'라는 글자가 자주 등장하지만, 제대로 옮긴 번역이 없는 것이다.

예를 들어, 농서 계열 번역의 효시라 할 만한 《국역 산림경제》에서는 '휴종(畦種)' 또는 '휴종법(畦種法)'을 '규종' 또는 '규종법'이라 옮겼고, 채소 농사법에서 가장 자주 나온 표현인 '치휴(治畦)'에 대해 '두둑을 다듬어서', '이랑을 치고서', '이랑을 치고', '두둑을 치고' 등으로 옮겼다.[4]

한편 농촌진흥청에서 발간한 《고농서국역총서》의 《색경》에서는 '휴'를 '이랑', '두둑'으로 풀었는데, '밭'이라는 중립적 의미로 풀기도 했으며 심지어 '고랑'으로 옮긴 곳도 있어 일관되지 않다.[5] 《증보산림경제》와 《농정서》에서는 '휴종법'을 '이랑을 만들어 심는 법'으로, '휴종'을 '이랑 만들어 심기'로, '휴'를 '이랑'으로, '치휴'를 '이랑을 만든다'로 풀었다.[6]

문집류(文集類)의 번역에서도 마찬가지다. 시(詩)에서는 '휴'를 '농사' 정도의 의미로 풀었고,[7] 허균(許筠, 1569~1618)의 《성소부부고(惺所覆瓿藁)》에 수록

---

4 홍만선 지음, 장재한·김주희 옮김, 《국역 산림경제》 1, 민족문화추진회, 1982, 125, 129~131, 134~135쪽.

5 박세당 지음, 노재준·윤태순·홍기용 옮김, 《색경》, 농촌진흥청, 2001, 84~98쪽의 여러 곳을 참조 바람. 특히 '갓' 조에서는 '휴종'을 "고랑에 심고"로 옮기기도 했다(89쪽). 또 '부추' 조에서는 "다만 두둑은 아주 깊게 해야 한다", (93쪽)라고 하여 볼록 올라온 두둑이 깊어야 한다는 모순된 번역이 되기도 했다.

6 유중림 지음, 노재준·윤태순·홍기용 옮김, 《증보산림경제》 II, 농촌진흥청, 2003, 19~42쪽 여러 곳과 저자 미상, 노재준·윤태순·홍기용 옮김, 《농정서》, 농촌진흥청, 2002, 156~196쪽의 여러 곳을 참조 바람.

7 예를 들어 다음의 번역 사례에서 보인다. "시골 생활을 어찌 벼슬에 비기리요. 이제부턴 물 주고 씨 뿌려야지(歸田大勝作官時, 灌畦種木從今始)" 장유(張維, 1587~1638) 지음, 이상현 옮김, 《계곡선생집》 제26권 〈칠언 고시(七言古詩) 47수〉 '차운하여 장생 희의에게 주다[次韻贈張生希益]', 민족문화추진회, 1996. '한국고전종합DB' 참조. "물 주고 씨 뿌려야지."로 옮긴 원문의 "灌畦種"은 "휴전(채소밭)에 물주고 나무도 심어야지,"의 식으로 옮겨야 한다.

된 《한정록(閑情錄)》에서는 역시 '휴종'을 '두둑에 심는 것'으로 풀었다.[8] 특히 《한정록》의 기사 중 휴종과 관련된 기사는 모두 중국의 《왕정농서》(1313년, 중국 원나라 때 왕정의 저술)를 인용한 내용이다.

이런 오류는 민망하게도 《임원경제지 본리지(本利志)》를 공동번역한 나에게도 있다. 예를 들어, 이 책에는 밭을 논으로 바꾸는 '번전(反田)'을 소개하는 대목이 있는데, 여기서 휴종(畦種)을 '논으로 경작하면'으로 풀었고 이에 대한 주석에서 휴종의 본래 뜻이 '밭두둑에 씨를 심으면'이라고 해설했다.[9] 번역문은 크게 틀리지는 않았으나 좀 더 세밀하게 옮기지 못했고, 주석은 틀린 해석을 내놓은 셈이 되었다. 이 외에서 여러 곳에서 정확하게 옮기지 못했다. 《본리지》에 '휴(畦)'자가 무려 40회나 나온다!

이상과 같은 번역들에 의존하면 휴전은 우리가 들판에서 쉽게 보았던 밭과 아무 차이가 없는 듯하다. 상황이 이렇기에, 번역서들을 보면 '휴'를 두둑이나 이랑이라는 보통 명사로 이해할 수밖에 없었고, 중국 농서에서 제시한 채소 농법을 제대로 이해하지도 못한 채 지금까지 이어졌다. 조선 농서에서 휴전을 소개하기는 했으되, 이를 오늘날 제대로 전달해 준 적이 없었던 것이다.

이상의 사례에서 보인 번역들은 분명한 오역이다. 하지만 이것을 모두 번역자 책임으로 돌릴 수는 없다. 조선에 이 같은 농법이 전무했던 데다, 이 중국 농법을 제대로 풀어 준 자료가 없었기 때문이다. 사전류의 서적은 말할 것도 없고[10], 조선 시대의 농서에서도 '휴'를 제대로 풀어주는 글을 찾

---

8 "대저 소(蔬)는 휴종(畦種, 두둑에 심는 것)이 적합하고, 나[蓏, 초실(草實)의 총칭으로서 오이 등을 가리킨다]는 구종(區種, 밭고랑에 심는 것)이 적합하다." 구종을 "밭고랑에 심는 것"으로 옮긴 번역도 잘못이다. 구종은 밭고랑이 아니라 구덩이에 심는 농법이기 때문이다. 허균 지음, 김주희·정태현·이동희·임정기·이재수·정기태 옮김, 《성소부부고》《한정록》제16권 〈치농(治農)〉, 민족문화추진회, 1981.

9 서유구 지음, 정명현·김정기 역주, 《임원경제지 본리지》 1, 소와당, 2008, 169쪽.

10 사전에서 "논밭의 경계"라는 뜻이 제시되지 않은 것은 아니지만, 구체적인 농법을 설명하지 않았기에 '밭두둑'이나 '밭이랑'이라는 통념에서 더 나아갈 수 있도록 돕지는 못했다.

기 힘들다. 사실 조선의 농서 저자들이 과연 휴전을 얼마나 이해했는지도 의문이다. 중국 농서를 그대로 옮겼을 뿐, 휴전의 구체적인 모습에 대해서 더 이상의 언급은 없었다. 그 결과 휴전의 구체적인 모습이 제대로 밝혀지지 못했다.

반면 《관휴지》는 이런 문제의식을 정확하게 갖고 출발한 책이다. 지의 제목은 물론이고, 책의 첫 대목에서 '휴'의 의미를 자세히 규명하고 있다. 과문한 나로서는 '휴'라는 글자에 대해 이토록 상세히 알려주는 자료를 아직 보지 못했다. 중국 농서에도 보이지 않는다. 서유구가 학술적 차원에서 최초로 휴전을 규명했다고 평가해도 지나치지 않다. 이런 상황은 기존의 연구자들에게도 마찬가지였을 것이다.[11] 나는 이 글에서 휴전이 밭두둑으로 둘러싸인 밭이라는 의미를 살려, 이를 '두렁밭'으로 옮길 것이다.

---

11 이에 대한 예외적인 연구는 이태진의 〈휴전고(畦田考)〉,《한국사회사연구》(지식산업사, 1986, 2008년 증보)가 유일하다. 이태진은 이 논문에서 휴전을 논을 밭으로 이용하는 회환농법(回換農法)의 일환으로 보았다. 즉 휴전은 일종의 논의 변형이라는 것이다.

사실 관휴(灌畦)라는 조어의 어원에 대해 서유구가 그 근거를 밝히지는 않았다. 그러나 《장자》의 고사에서 왔음이 분명하다. 공자 제자인 자공(子貢)과 어느 노농(老農)과의 대화로 구성된 고사다. 여기에는 밭에 물을 댈 때 양수의 효율이 좋은 농기구를 쓰라는 자공의 권유와, 그 농기구의 효과를 알면서도 쓰지 않고 물항아리에 물을 져 나르는 노인의 반론이 들어 있다. '기심(機心)'이라는 말로 유명한 고사이기도 하다.

노인은 자공에게 말한다. 기계(機械, 농기구)가 있으면 기사(機事, 그 기계를 쓸 일)가 생기기 마련이고, 기사가 생기면 기심(機心)이 생긴다. 그리하여 기심이 생기면 사람은 순백(純白, 맑고 깨끗함)한 마음이 사라지고 결국 내 마음속에 도(道)가 깃들지 않게 된다. 이 때문에 기계 쓰는 일을 부끄럽게 여겨서 기계를 쓰지 않은 것이다. 이 말을 들은 자공이 놀라서 자신의 태도를 부끄럽게 여겨 고개를 숙이고 아무 말도 못했다.[12] 기심(機心)은 기계로 인해 생긴 인간의 교묘한 마음이라는 뜻이다. 여기서 이 용어는 교묘하게 남을 속이려는 마음이라는 의미로 확대되었다.

이 고사는 많은 사람들이 좋아한다. 노인의 대답에 의미가 심장하기 때문이다. 나 또한 이 고사를 아주 좋아한다. 그러나 대부분의 사람들은 메시지의 하이라이트인 뒷부분에만 주목하고 있을 뿐이다. 나는 이 글을 읽을 때마다 의문이 든 대목이 있었다. 바로 서두에서다. 이 고사는 다음과 같이 시작한다.

공자의 제자 자공(子貢)이 남쪽으로 초(楚)나라를 여행하고 진(晉)나라로 돌아오면서 한수(漢水)의 남쪽을 지나갔다. 그때 한 어르신이 '밭두둑[圃畦]'을 막

---

12 "爲圃者忿然作色而笑曰: '吾聞之吾師, 有機械者必有機事, 有機事者必有機心. 機心存於胷中, 則純白不備; 純白不備, 則神生不定; 神生不定者, 道之所不載也. 吾非不知, 羞而不爲也.' 子貢瞞然慙, 俯而不對"《莊子》卷5〈外篇〉"天地"第12(郭慶藩 撰, 王孝魚 點校, 《莊子集釋》, 中華書局, 2007, 433~434쪽).

만든 다음, 땅을 파서 뚫은 길로 우물에 들어간 뒤 물항아리에 물을 담아 안고 나와서 포휴(圃畦)에 물을 대 주는 모습을 보았다. 어르신이 끙끙거리면서 힘을 매우 많이 썼지만, 그 효과는 적었다.[13]

여기서 이해가 되지 않은 대목은 한 어르신이 밭두둑을 만들었고, 우물 물을 항아리에 담아다가 포휴에 물을 준다는 부분이다. 원문의 포휴(圃畦)를 번역자들은 거의 대부분 '밭두둑' 또는 '(밭)이랑' 또는 '(밭)두둑'으로 옮겼다. 끙끙대며 힘들게 항아리에 물을 받아다가 '밭두둑'에 물을 주면 무슨 소용이 있다는 말인가.

밭두둑은 ① '논이나 밭 가장자리에 경계를 이룰 수 있도록 두룩하게 만든 것'을 가리키거나, ② '논이나 밭을 갈아 골을 타서 두두룩하게 흙을 쌓아 만든 곳'을 뜻한다. 그리고 이 기사에 대한 번역에서는 대부분 ②의 의미로 번역했다. 이랑도 마찬가지다. 두둑과 거의 비슷한 의미로 사용된다. 이랑은 사전에 ① '논이나 밭을 갈아 골을 타서 두두룩하게 흙을 쌓아 만든 곳'과 ② '갈아 놓은 밭의 한 두둑과 한 고랑을 아울러 이르는 말'로 풀었다. 이랑이라는 번역 역시 ①의 의미(=두둑에서의 ②)로 풀었다.

고사의 내용은 다음과 같이 이어진다.

이를 본 자공이 말했다. "여기에 기계가 한 대 있다고 칩시다. 그 기계는 하루에 100'이랑[畦]'에 물을 줄 수 있지요. 힘은 아주 조금 들이면서도 효과는 크게 볼 수 있답니다. 그렇다면 어르신께서는 그 기계를 쓰고 싶지 않으십니까?"[14]

---

13 "子貢南遊於楚, 反於晉, 過漢陰. 見一丈人方將爲圃畦, 鑿隧而入井, 抱甕而出灌, 搰搰然用力甚多而見功寡."《莊子》卷5〈外篇〉"天地"第12《莊子集釋》, 433쪽).
14 "子貢曰: '有械於此, 一日浸百畦, 用力甚寡而見功多, 夫子不欲乎?'"《莊子》, 위와 같은 곳.

자공이 어르신의 고생이 안쓰러워서 효율이 높은 양수 기계를 소개해 준다. 그 양수 기계를 쓰면 하루에 '100이랑[畦]'에 물대는 데 문제가 없다는 것이다. 나는 이 역시도 이해가 안 되었다. 100개의 '이랑'에 물을 준다고? 이랑(즉 두둑)에 물을 주면 대부분 아래로 흘러내릴 텐데, 그럼에도 100이랑이나 처리할 수 있다고 말한 것이다.

이 고사에는 '휴(畦)'라는 글자가 두 번 나온다. 번역자들은 대부분 첫째의 휴(畦)에서는 밭두둑, 채소밭, 두렁 등으로 옮겼고, 두 번째에서는 이 역시 밭두둑, 밭두렁, 이랑 등으로 옮겼다. 이때 쓴 두둑이나 두렁은 밭과 밭 사이의 경계를 짓는 두렁의 의미로 사용하지는 않았을 것이다. 사람이 다니는 이 작은 농로에다 물을 줄 리는 없기 때문이다. 그렇다면 대부분은 두두룩하게 만든 두둑을 의미할 것이다. 이렇게 두두룩하게 만든 곳에 물을 주면 물이 두둑에 스며드는 양보다 두둑 아래로 흘러내려서 고랑으로 빠지는 양이 더 많다. 그렇게 되면 정작 작물에 물을 주지 못해서 헛고생만 한다.

원문의 "포옹이출관(抱甕而出灌)"에서 '관(灌)'의 목적어는 문맥상 당연히 포휴(圃畦) 또는 휴(畦)가 된다. 그러므로 《관휴지(灌畦志)》의 '관휴'는 바로 이 고사에서 왔다는 추론이 가능하다. 물론 《장자》 이후에 나온 중국 농서에서도 '관휴'라는 표현이 없지는 않다. 하지만 그 농서에서 사용한 표현은 많은 경우 《장자》의 이 고사를 염두에 두고 썼다. 그리고 〈관휴지 서문〉에서 사용한 "포옹관묘(抱瓮灌苗)"라는 표현은 《장자》의 "포옹이출관(抱甕而出灌)"과 같은 맥락과 의미로 사용한 것이다. 이런 점들로 보았을 때, '灌畦'라는 조어는 《장자》를 염두에 두고 지었다고 생각한다.

내가 《본리지》를 옮길 때, 권13에 '길고(桔橰)' 항목에 《장자》의 이 대목이 나왔을 때도 앞에서는 '채소밭', 뒤에서는 '밭두둑'으로 옮겼다.[15] 그때에도 역시 그 내용을 제대로 이해하지 못해서 답답했던 기억이 있다. 그런 뒤

---

15 서유구 지음, 정명현·김정기 역주, 《임원경제지 본리지》3, 소와당, 2009, 340쪽.

에 《관휴지》의 첫 항목에 실린 휴전 만드는 법에 대한 설명을 보았을 때, 모든 답답했던 문제들이 해결되었다. 앞 두 기사, 즉 《제민요술》과 《왕정농서》의 기사만 보아서는 휴전의 의미를 이해하기 쉽지 않았다. 이 기사들을 바탕으로, 서유구는 자신의 저술 《행포지》를 인용하여 휴전을 매우 쉽게 설명해 주었다. 휴전이 논과 같다는 표현을 통해 휴전의 형태를 바로 이해할 수 있었기 때문이다. 그토록 알기 어려웠던 휴(畦)라는 글자를 이해한 순간이었다.

《장자》 주석서에서도 휴(畦)를 "날중(埒中)"이라 풀었다.[16] 하지만 그 말도 정확하게 이해하기 어려웠다. 날중은 "두둑[埒]에"라고 풀 수도 있고, "두둑 사이에"라고 풀 수도 있다. 그러면 "두둑에 물 준다." 또는 "두둑 사이에 물 준다."가 된다. 이 풀이만으로는 물을 어디에 준다는 것인지 정확히 알 수 없기 때문에 오해할 수 있다. 두둑에 물 준다고 이해하면 지금까지 그랬던 것처럼의 오해가 생길 것이다. 두둑 사이에 물 준다고 하면 두둑과 두둑 사이인 고랑에 물을 준다는 뜻으로 이해할 수 있다. 이 둘 다 휴전에 물주는 모습과는 다르다.

한편 《제민요술》을 매우 학술적으로 풀이해 준 《제민요술교석(齊民要術校釋)》에서도 서유구가 이해한 휴전과는 다르게 풀었다. 휴(畦)를 "작은 밭두렁으로 둘러싸서 만든 낮은 두둑이다. 습기를 보존하고 물을 주는 데에 이롭다."[17]라고 푼 것이다. 이 풀이를 따르면 밭두렁 안에 다시 낮은 두둑과 고랑을 내어서 이 두둑에 물을 준다는 뜻이 된다. 그러므로 《제민요술교석》에서는 휴(畦)를 두렁밭 자체를 말한 것이 아니라, 두렁밭 안에 조성한 낮은 두둑만을 가리킨다.

---

16 "埒中曰畦." 《莊子》, 위와 같은 곳.
17 "指有小土埂的低畦. 有利於保澤灌溉." 賈思勰 著, 繆啓愉 校釋, 《齊民要術校釋》, 中國農業出版社, 1998, 179쪽 주六번.

서유구의 휴전은 이와 달랐다. 논처럼 두렁으로 둘러싸고 그 안의 농토
는 갈아서 평평하게 만들면 되었다. 물론 이 휴전이 응용되기도 했다. 휴
전 안에 다시 두둑과 골을 만든 다음 골에 재배하는 형태도 있었고, 휴전
의 사방에 배수로를 만든 형태도 있었다. 그러나 기본적으로는 밭두렁 안
의 흙은 논과 같이 평평하게 조성해야 했다. 물론《제민요술》의 경우, 교석
자인 목계유(繆啓愉)의 해설이 맞을 수도 있다. 그러나 서유구가 파악한 휴
전은 이와 달랐던 것이다.

3) 두렁밭은 어떻게 만들까

이제《관휴지》에 들어 있는 두렁밭을 구체적으로 살펴보기로 하자.《관
휴지》에 따르면 채소를 재배하기 위한 방법은 크게 두 가지다. 구덩이에 재
배하는 구종법(區種法)과 두렁밭에 재배하는 휴종법. 구종법은 호박·오이
등 주로 넝쿨 채소를 일정 간격의 구덩이에 재배하는 방식이다. 휴종법은
넝쿨 채소 이외의 거의 모든 채소의 재배 방식이다. 구종법이야 지금도 변
함없이 상용하는 방법이라 굳이 다시 설명할 필요는 없다. 하지만 휴종법
은 우리나라에서 거의 사라진 방식이다. 아니 예전에도 사용하지 않은 재
배법이라 해야 할 것이다.

서유구는 지적한다.

구종하는 제도는 지금 채소 농가에서 풀열매류를 심는 법에 가깝다. 하지만
휴종하는 제도는 우리나라 사람들이 본래부터 모르는 법이다.[18]

조선 후기에도 전혀 쓰지 않았던 이 휴종법은 바로 두렁밭에 재배하

---

18 "區種之制, 今治圃家種蔬之法近之. 其畦種之制, 東人之素昧也."《관휴지》권1〈총서〉"농지 만
들기" '휴전(두렁밭) 만드는 법'.

吾所謂菜田也杏蒲志 史記云千畦薑韭漢書亦
言周制還廬樹桑菜茹有畦畦田之制其來遠矣
其法劚地爲畦長兩步廣半之緣邊作界塍圓其
首以象圭形所以名畦也菜畦長可展廣不可展
益畦之内澆水沮洳不容足踐踐則令土堅埒傷
苗故其鋤之也須坐兩邊界埒而鋤之畦太廣則
不便耘也上同 菜畦又有一等形制凡菜之用根
用卵者須於畦内横作眾小壟種菜於兩壟間卻
中益爲隨苗之長鋤壟土以培根也種蔓菁菜菔
薑蒜之類皆當用此法上同

휴전을 상세히 설명한 《관휴지》 권1(오사카본)

蟲類併得為糞臨種益以他糞治畦種之

王氏農書

蔬宜區種蔬宜畦種區種之制今治圃家種蔬之

法近之其畦種之制東人之素昧也按字書塍稻

田畦也又曰畦音圭田起塍垎也又按爾雅釋丘

水潦所還垎丘註謂丘邊有界垎水環繞之垎小

堤也合此數說而畦之制可得矣環界起土等作

小堤以止水與今水田之制略同特菜畦小而稻

畦大小無定制耳葢菜之類多喜濕惡燥其春種

者尤畏風旱所以非畦不可也故菜畦必近有泉

可引有井可灌之地東人所謂菜田皆脯田也非

는 농법이다. 따라서 휴종법은 두렁밭의 이해가 관건이다. 두렁밭은 사방의 경계를 두둑으로 둘러 물이 빠져나가지 못하게 만든 밭이다. 이런 점에서는 논의 모양과 큰 차이가 없다. 다만 채소밭 용도인 두렁밭의 규모는 작은 반면, 논의 규모는 정해지지 않았을 뿐이다. 두렁밭의 규모는, 너비가 3척·4척·1보(5척)[19] 등이고, 세로의 길이를 가로의 두세 배로 만드는 등, 농서에 따라 일정하지는 않다. 한편 세로 길이는 밭의 생김새에 맞게 길어질 수도, 짧아질 수도 있다. 그러나 이때 가로의 너비를 넓힐 수는 없다. 두둑에 앉아 김매기를 할 수 있는 정도의 폭을 넘지 않도록 해야 하기 때문이다.

두렁밭 만드는 법을 구체적으로 살펴보자.
《관휴지》의 첫 표제어는 '휴전 만드는 법[治畦法]'이다. 그리고 여기에 배속된 첫 기사는 《제민요술》(중국의 북위 때 가사협이 지은 농서)에 나오는 아욱 재배법의 일부에서 발췌했다. 《제민요술》에서는 두렁밭을 만들어 파종하는 방법에 관한 가장 오래된 형태를 설명하고 있다.

휴전은 길이 2보(步), 너비 1보로 만든다【주 휴전이 크면 물을 고르게 대기가 어렵다. 또 너비는 사람의 발이 들어가 작업할 필요가 없을 정도로만 만든다】.[20] 땅을 깊게 파고, 잘 삭은 거름을 흙과 반반씩 섞어 그 위를 덮어 주되, 두께가 0.1척이 되도록 한다.
쇠스랑[鐵齒杷]으로 흙을 부드럽게 하여 흙이 삶아지게 한다. 그런 뒤에 발로 흙을 밟아서 단단하고 평평하게 해 준다. 물을 대어 흙속으로 물이 촉촉하게 스미게 하고, 물이 다 스미면 씨앗을 심는다. 또 잘 삭은 거름을 흙과 섞어 그

---

19 1척을 약 23cm로 환산하면 대략의 길이를 추정할 수 있다. 서유구 지음, 정명현·김정기 역주, 앞의 책, 75쪽 주 53번.
20 2보 × 1보 = 2.76m × 1.38m.

위를 덮어 주되, 두께가 0.1척이 되도록 한다.[21]

이로 보면 두렁의 규모가 조그만 텃밭의 크기 정도임을 알 수 있다. 이어 《왕씨농서》의 휴종법이 나온다.

땅의 길이는 10척 남짓, 너비는 3척이 되도록 휴전을 만든다. 심기 며칠 전에 먼저 묵은 흙을 파낸다. 여기에 쑥과 풀을 섞고 불을 놓아 벌레류를 절멸시킨다. 그러면 아울러 이 쑥과 풀의 재가 거름이 될 수 있다. 심을 때 다른 거름을 더한 다음 휴전을 손질하고 씨앗을 심는다. [22]

여기서는 앞의 기사와는 약간 다른 방법을 소개했다. 너비는 반으로 줄어들었고 길이는 늘어났다. 이렇게 중국 농서의 두 기사를 앞세운 뒤, 자신의 저서인 《행포지》에서 뽑은 나머지 세 기사를 연거푸 싣고 있다.

사방을 둘러싸면서 경계를 만들도록 흙을 판다. 이 흙을 다져 작은 두둑(제방)을 만든 다음 그 안에 물을 대고 담아 놓는다. 오늘날 무논[水田]의 논두렁 만드는 방식과 대략 같다. 다만 채소 휴전[菜畦, 채휴]은 작고, 벼논 휴전은 그 크기에 일정한 제도가 없을 뿐이다. 대개 채소류는 대부분 촉촉한 땅을 좋아하고 건조한 땅을 싫어한다. 봄에 심는 경우에는 바람과 가문 날씨를 더욱 두려워한다. 이 때문에 채소 재배는 휴전이 아니면 안 된다. 그러므로 채소 휴전은 반드시 근처에 물을 끌어올 수 있는 샘이 있거나 물을 댈 수 있는 우물이 있어야 한다. 우리나라 사람들이 '채소밭[菜田]'이라 하는 땅은 모두 포전

---

21 "畦, 長兩步, 廣一步【注 大則水難均, 又不容人足入】. 深掘, 以熟糞對半和土, 覆其上, 令厚一寸. " 《관휴지》 권제1 〈총서〉 "농지 만들기" '휴전[畦, 두렁밭] 만드는 법'.

22 "地長丈餘, 廣三尺. 先種數日, 劚起宿土. 雜以蒿、草, 火燎之, 以絶蟲類, 併得爲糞. 臨種, 益以他糞, 治畦種之." 《관휴지》, 위와 같은 곳.

(圃田)이지, 내가 말하는 채소밭이 아니다.[23]

　채소 농사는 왜 두렁밭에 지어야 하는가. 습기를 좋아하는 채소의 성질 때문이다. 채소는 가뭄을 만나면 쉽게 마르거나 성장이 둔해진다. 땅의 습도가 적당히 유지될수록 성공률이 높기에, 그 방법을 찾아야 했다.

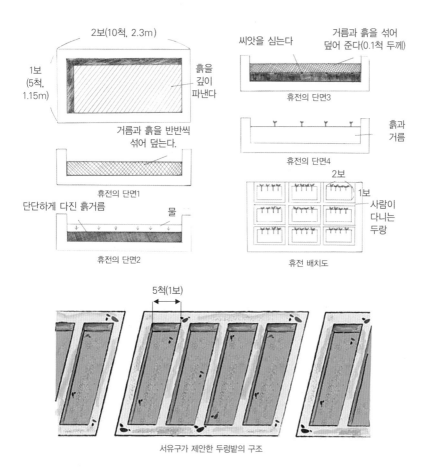

2보(10척, 2.3m)

1보
(5척,
1.15m)

흙을
깊이
파낸다

거름과 흙을 반반씩
섞어 덮는다.

휴전의 단면1

단단하게 다진 흙거름

물

휴전의 단면2

씨앗을 심는다

거름과 흙을 섞어
덮어 준다(0.1척 두께)

휴전의 단면3

흙과
거름

휴전의 단면4

2보

1보
사람이
다니는
두랑

휴전 배치도

5척(1보)

서유구가 제안한 두렁밭의 구조

23 "環界起土, 築作小堤以止水, 與今水田之制略同. 特菜畦小, 而稻畦大小無定制耳. 蓋菜之類, 多喜濕惡燥. 其春種者, 尤畏風·旱. 所以非畦不可也, 故菜畦, 必近有泉可引, 有井可灌之地, 東人所謂"菜田", 皆圃田也, 非吾所謂菜田也."《관휴지》, 위와 같은 곳.

두렁밭은 이런 문제의식에서 고안되었다. 작물에 따라 물 조절이 어느 정도 가능하도록 만든, 가뭄 대비용 밭이었다. 물 공급을 위해서는 채소밭 가까이에 개울이나 시내가 있어야 한다. 그렇지 않으면 못이나 우물이라도 파야 한다. 필요에 따라서는 밭에 물이 고루 적실 정도로 대기도 하고, 논처럼 물에 잠기게 할 수도 있다. 다른 기사가 이어진다.

휴전 만드는 법: 땅을 파서 휴전을 만든다. 길이는 2보, 너비는 1보로 한다. 가장자리에는 경계를 만들되, 경계로 삼는 두둑은 둥그스름하게 만든다. (중략) 채소 휴전은 그 길이를 얼마든지 길게 늘일 수 있지만, 너비는 늘일 수 없다. 대개 휴전 안에 물을 대어 흙을 촉촉하게 해 줄 때는 사람이 발로 휴전을 밟지 않도록 한다. 발로 휴전을 밟으면 흙이 단단하게 굳어 싹을 상하게 하기 때문이다. 그러므로 김맬 때에는 반드시 휴전의 양쪽 가장자리의 경계 둑에 앉아서 김매야 한다. 휴전이 너무 넓으면 김매기에 불편하다.[24]

서유구는 위의 두 기사에서, 앞의 중국 농서보다 훨씬 구체적으로 두렁밭의 역할과 구조를 설명했다. 휴전은 습기를 보존하기 위한 밭이고, 두렁 안에 물을 가둘 때 발을 들여놓아서는 안 된다는 말에서 두렁밭이 분명 논과 같은 구조임을 알 수 있다. 또한 두렁에 앉아 해야 한다는 김매기 방법도 제시하고 있어 두렁의 또 다른 기능을 알려준다. 너비를 1보 이상 넓히지 않는 이유도 밝히고 있다. 1보는 양 밭두렁에 앉아 팔을 뻗을 수 있는 물리적인 최대 거리라는 것이다. 이 기사들은 두렁밭을 가시적인 모습으로 되살리고 있다는 점에서 그 의의가 크다. 두렁밭은 직사각형의 '미니 논' 구

---

24 "其法: 劚地爲畦, 長兩步, 廣半之, 緣邊作界. (중략) 菜畦, 長可展, 廣不可展. 蓋畦之內澆水沮洳, 不容足踐. 踐則令土堅垎傷苗, 故其鋤之也, 須坐兩邊界, 垿而鋤之. 畦太廣則不便耘也."《관휴지》, 위와 같은 곳.

조였던 것이다.

한편 채소밭의 또 다른 두렁밭도 있다. 무·생강·마늘 등 줄기나 뿌리를 식용하는 채소를 이런 밭에서 재배한다. 두렁밭 안에 가로(너비) 방향으로 작은 두둑과 골을 여러 개 만들고서 골에 작물을 재배한다. 그리고 작물의 싹이 자람에 따라 두둑을 무너뜨려 북주기를 동시에 해 준다. 이는 곡식 농사에서의 대전법(代田法. 견종법, 골재배법)과 비슷한 원리를 채택하고 있다고 하겠다. 이와 같은 내용은 세 번째 기사에 담겨 있다.

조선의 채소는 넓은 두둑 위에 재배하는 방식이 지배적이었다. 배수로 겸 통행로인 좁은 고랑과 작물이 자라는 넓은 두둑이 번갈아 반복되는 구조이다. 습기는 주로 고랑에 있고, 두둑은 볼록하게 올라와 있어 햇빛과 바람에 노출되니 건조한 봄 날씨에 토양이 마르는 일은 자연스러운 현상이다. 조선의 채소밭은 모두 이런 형상이었다. 오죽했으면 서유구가 조선 사람의 채소밭은 모두 '포전(脯田)'이라는 비유적 표현을 써가며 당시의 풍속을 안타까워했을까.

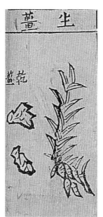

파. 부추. 생강. 무(《본초강목》)

《관휴지》에는 두렁밭에 재배한다는 설명을 따로 해놓은 작물도 많다. 아욱·파·부추·마늘·생강 등 우리에게 익숙한 채소는 물론이고, 구기자나물·원추리나물·느티나물 등 나물류도 보인다. 구기자나무나 느티나무 같은 나무류가 들어 있다는 점도 특기할 만하다. 또한 동아 같은 덩굴 채소도 일단 두렁밭을 만들어 간격을 띄어 심는 방법을 권하기도 했다. 인삼을 비롯하여 지황·삽주·결명자·우엉 같은 약초류도 들어 있다. 그러나 두렁밭 역시 모든 작물에 적용되지는 않는다. 고추처럼 습기를 싫어하는 작물도 있기 때문이다.

《관휴지》는 바로 '두렁밭 만드는 법'으로 시작하고, 권1의 전반부를 이 두렁밭과 관련된 기사를 집중적으로 다루고 있으며, 각 작물의 재배법에서도 휴종법을 자주 언급하고 있다는 점을 고려할 때, 두렁밭이 채소·약초 농사에서 차지하는 비중을 짐작할 수 있다. 《관휴지》에서 '휴' 자는 총 148회 등장하는 빈출 용어다. 또 이외의 농사 관련 지인 《본리지》(40회)·《예원지》(10회)·《만학지》(37회)·《전공지》(51회)·《위선지》(3회)에도 적지 않은 빈도로 등장하고 있다. '휴' 자의 이해 없이는 《관휴지》에 대한 이해도, 서유구가 말하는 채소·약초 농사에 대한 이해도 없다. 다른 농사 관련 지도 마찬가지다. 더 나아가 조선 농서는 물론 중국 농서도 엉뚱하게 이해하게 된다. 서유구는 중국의 농서를 검토한 결과 조선에서 꼭 받아들여야 하는 농법으로 휴종법을 소개했다. 두렁밭은 곡식 농사와는 차별되게 조성한 밭으로, 채소 농사의 핵심 토대였던 것이다.

〈관휴지 서문〉에서는 "채소를 먹는 것은 하늘이 준 먹을거리에 순종하면서[順] 편안히 여기는 것"이라면서, "하늘이 준 먹을거리에 거스르면서[逆] 사람이 재주를 부"려 잡아먹는 동물과 다르다는 점을 강조하고 있다. "채소 먹기가 바로 하늘이 준 순리의 도리"라는 것이다. 동아시아의 세계관에서 일반적으로 순리는 추구해야 할 도리이고, 역리는 추구해서는 안 될 도리라고 받아들인다. 이 때문에 서유구의 이와 같은 언급이 채식만을 권장하는 주장이라고 받아들이기 쉽다. 하지만 이는 오해다. 여기서는 인간이 음식으로나 약물로 섭취할 때 식물과 동물을 대비해서 《관휴지》에서 다룬 채소의 특성을 말한 것일 뿐이다.

동물은 목숨이 끊어지기를 온 몸으로 거부하는 생물이기 때문에 역리의 특성이 있다는 것이다. 그렇다고 역리의 특성을 가진 동물을 인간이 섭취해서는 안 된다는 의도는 전혀 아니다. 목축·사냥·어로 백과사전인 《임원경제지 전어지(佃漁志)》(2021년 출간)에서는 육식의 필요성과 중요성을 상세히 논했고, 동물을 기르는 법과 잡는 법을 다뤘다. 동물 요리 역시 인간에게 포기할 수 없는 음식이다. 다만 고기나 생선 요리보다는 곡식, 채소, 나물 등 식물로 조리한 음식을 더 많이 섭취하라는 의미가 담겨 있다고 보면 될 것이다.

식물 재료로 만든 음식을 육류 음식보다 많이 먹어야 한다는 점은 《임원경제지 정조지》에서 다룬 요리의 비중을 보더라도 쉽게 짐작할 수 있다. 1,748가지의 요리법을 소개한 《정조지》에서는 그중 1천 가지 이상이 순수한 식물 재료만을 사용한 요리다. 고기가 주된 재료인 요리는 309가지다.[25] 이는 전체의 17.6%에 해당하는 비율이다. 채소 요리에 고기나 생선이 한두 가지 소량으로 들어가는 요리도 있기 때문에, 온전한 채소 요리가 아닌 요리도 꽤 있다. 하지만 식재료의 첨가 비율로 볼 때 고기 재료가 들어가는 음식 수는 전체의 20%를 넘지는 않을 것으로 보인다.

약재에서도 식물류 약재는, 음식에서 식물이 차지하는 비율과 거의 비슷한 비중을 차지한다. 예를 들어 《본초강목(本草綱目)》(1593년)에 반영된 약물의 수를 살펴보자. 《본초강목》은 명나라 말기에 이시진(李時珍, 1518~1593)

---

25 정정기, 〈정조지 해제〉, 풍석 서유구 지음, 임원경제연구소 옮김, 《임원경제지 정조지》 1, 풍석문화재단, 2020, 31~56쪽 표1~표7을 참조 바람.

이 저술한 의서다. 이 책은 중국 역사상 가장 방대한 의약서로 평가받고 있다. 여기서는 물·불·금석·초목·복식·기물·동물에서 얻고 심지어는 사람에게서 얻을 수 있는 약재를 다뤘다. 1,897종이나 된다. 이중 식물이 1,096종(전체의 57.8%)으로, 다른 약재에 비해 압도적으로 많은 비중을 차지한다. 무기물(물·불·흙·금석류, 14.5%), 복식·기물(4.2%)의 약재와는 비교도 되지 않을 정도로 많다. 동물(사람 포함, 23.5%) 약재와도 2.5배 가까운 차이가 난다(《표1~2》 참조).[26]

〈표1〉《본초강목》의 분류와 다룬 종 수

순서	권 수	부	류 (분류가 없는 곳은 'x'로 표기)	종 수
1	5	수부(水部)	천수류(天水類)	13
			지수류(地水類)	30
2	6	화부(火部)	x	11
3	7	토부(土部)	x	61
4	8	금석부(金石部) 1	금류(金類)	28
			옥류(玉類)	14
5	9	금석부(金石部) 2	석류(石類) 上	32
6	10	금석부(金石部) 3	석류(石類) 下	40
7	11	금석부(金石部) 4	노석류(鹵石類)	20
			부록 x	27
8	12	초부(草部) 1	산초류(山草類) 上	31
9	13	초부(草部) 2	산초류(山草類) 下	39
10	14	초부(草部) 3	방초류(芳草類)	56
11	15	초부(草部) 4	습초류(濕草類) 上	53
12	16	초부(草部) 5	습초류(濕草類) 下	73

---

26 약재의 종 수에 대해서는 李時珍, 《本草綱目(校点本)》〈本草綱目總目〉, 人民衛生出版社, 1995, 9~16쪽에 제시된 자료를 정리했다. 이 책은 임원경제연구소에서 《임원경제지》의 인용문헌과 교감할 때 참고하는 서적이다. 〈본초강목〉 원문의 〈총목〉에서는 본래 1,892종을 다뤘다고 적었는데, 이 책은 교감 과정에서 5종을 더 추가하여 1,897종으로 확정했다(李時珍, 위와 같은 책, 16쪽).

13	17	초부(草部) 6	독초류(毒草類)	47
14	18	초부(草部) 7	만초류(蔓草類)	73
			부록 ×	19
15	19	초부(草部) 8	수초류(水草類)	23
16	20	초부(草部) 9	석초류(石草類)	19
17	21	초부(草部) 10	태류(苔類)	16
			염초류(染草類)	9
			유명미용(有名未用, 명칭은 있으나 용도를 모르는 종류) ×	153
18	22	곡부(穀部) 1	마맥도류(麻麥稻類)	12
19	23	곡부(穀部) 2	직속류(稷粟類)	18
20	24	곡부(穀部) 3	숙두류(菽豆類)	14
21	25	곡부(穀部) 4	조양류(造釀類)	29
22	26	채부(菜部) 1	훈신류(葷辛類)	32
23	27	채부(菜部) 2	유활류(柔滑類)	41
24	28	채부(菜部) 3	나채류(蓏菜類)	11
			수채류(水菜類)	6
			지이류(芝栭類)	15
25	29	과부(果部) 1	오과류(五果類)	11
26	30	과부(果部) 2	산과류(山果類)	34
27	31	과부(果部) 3	이과류(夷果類)	31
28	32	과부(果部) 4	미류(味類)	13
29	33	과부(果部) 5	나류(蓏類)	9
			수과류(水果類)	6
			부록 ×	23
30	34	목부(木部) 1	향목류(香木類)	35
31	35	목부(木部) 2	교목류(喬木類)	52
32	36	목부(木部) 3	관목류(灌木類)	51
33	37	목부(木部) 4	우목류(寓木類)	12
			포목류(苞木類)	4
			염목류(染木類)	7
			부록 ×	19

34	38	복기부(服器部)	복백류(服帛類)	25
			기물류(器物類)	54
35	39	충부(蟲部) 1	난생류(卵生類) 上	23
36	40	충부(蟲部) 2	난생류(卵生類) 下	22
37	41	충부(蟲部) 3	화생류(化生類)	31
38	42	충부(蟲部) 4	습생류(濕生類)	23
			부록 ×	7
39	43	인부(鱗部) 1	용류(龍類)	9
			사류(蛇類)	17
40	44	인부(鱗部) 2	어류(魚類)	31
			무린류(無鱗類)	28
			부록 ×	9
41	45	개부(介部) 1	어별류(魚鱉類)	17
42	46	개부(介部) 2	방합류(蚌蛤類)	29
43	47	금부(禽部) 1	수금류(水禽類)	23
44	48	금부(禽部) 2	원금류(原禽類)	23
45	49	금부(禽部) 3	임금류(林禽類)	17
			산금류(山禽類)	13
			부록 ×	1
46	50	수부(獸部) 1	축류(畜類)	28
47	51	수부(獸部) 2	수류(獸類)	38
			서류(鼠類)	12
			우류(寓類)·괴류(怪類)	8
48	52	인부(人部)	×	37
49		16부	60류	1,897

〈표2〉《본초강목》에서 다룬 약재의 분야별 비율

순서	부	종 수	
1	수부(水部)	43	
2	화부(火部)	11	276 (14.5%)
3	토부(土部)	61	
4	금석부(金石部)	161	

5	초부(草部)	611	1,096 (57.8%)
6	곡부(穀部)	73	
7	채부(菜部)	105	
8	과부(果部)	127	
9	목부(木部)	180	
10	복기부(服器部)	79	79 (4.2%)
11	충부(蟲部)	106	446 (23.5%)
12	인부(鱗部)	94	
13	개부(介部)	46	
14	금부(禽部)	77	
15	수부(獸部)	86	
16	인부(人部)	37	
합 계		1,897	

　　병 치료 의학을 다루는《임원경제지 인제지》에서도 799종의 약재를 소
개했다. 여기서도 식물 약재는 동물 약재보다 2배 가까운 분량을 다뤘다.
식물 약재는 421종(52.7%)이었고, 동물 약재는 219종(27.4%)이었다. 그리고
무기물이 134종(16.8%), 복식·기물이 25종(3.1%)이었다.[27] 이렇듯 약재에서
도 동물보다는 식물이 훨씬 많은 분량을 차지함을 확연히 알 수 있다.

〈표3〉《임원경제지 인제지》에서 다룬 약재의 분야별 비율[28]

순서	부	종 수	
1	초부(草部)	231	421 (52.7%)
2	곡부(穀部)	42	

27　분류 방식은《본초강목》과는 분류의 순서만 다를 뿐 16부(部)로 나눈 내용은 동일했다.
28　서유구 지음, 정명현·민철기·정정기·전종욱 외 옮기고 씀,《임원경제지: 조선 최대의 실용백과사
　　전》, 씨앗을 뿌리는 사람, 2012, 1212~1217쪽 참조.

3	채부(菜部)	55	421 (52.7%)
4	과부(果部)	40	
5	목부(木部)	53	
6	복기부(服器部)	25	25 (3.1%)
7	충부(蟲部)	52	219 (27.4%)
8	인부(鱗部)	45	
9	개부(介部)	20	
10	금부(禽部)	31	
11	수부(獸部)	46	
12	인부(人部)	25	
13	수부(水部)	27	134 (16.8%)
14	화부(火部)	6	
15	토부(土部)	38	
16	금석부(金石部)	63	
합 계		799	

이리하여《관휴지》의 필요성에 대해 다음과 같이 설파했다.

겨울을 대비해 음식을 저장하고, 일감을 나눠 채소절임을 마련하는 일은 사람살이에 유관하니, 어찌 절실하지 않겠는가! 더구나 여기 임원에서 고상한 삶을 표방한 터이니, 밭두렁[畦]을 나누어 씨앗을 뿌리고 항아리에 물을 길어 작물에 물을 부어주는 것이란 실로 늘 필요한 일로, 소홀히 할 수 없다.

반찬거리와 약초를 생산하는 농사 역시 사람살이의 필수적인 일이기에 소홀히 할 수 없다는 것이다. 이것이 곡식 다음으로 인간 생활의 먹을거리에 밀착해 있는 채소·약초류를《본리지》다음, 16지 중 2번째에 배치한 이유이기도 하다.

4) 목차 내용에 대한 설명

《관휴지》제1권은 이 같은 두렁밭 만들기와 함께 구덩이밭[區田] 만들기를 설명하고, 이어서 심기와 가꾸기, 물주기와 거름주기, 보관하기에 대한 총론으로 구성되어 있다.

각론으로 구성된 제2~4권에 아욱·파·부추·생강·배추·무 등 채소류 33종과 구기자나물·콩나물·냉이·소루쟁이·씀바귀 등 나물류 55종, 김·미역·다시마·청각·매생이 등 바다채소 13종이 제2권에, 오이·호박·박·가지·토란 등 풀열매류 8종이 제3권에, 인삼·둥굴레·당귀·맥문동·더덕 등 약초 20종이 제4권에 소개되어 있다. 이중 특히 제2권에 나오는 개람(芥藍) 같은 작물은 조선에 나지 않기 때문에 수입해서 재배해야 한다는, 중국 작물의 도입에 대한 언급도 보인다.

각론의 내용은 이름과 품종, 알맞은 토양, 심는 시기, 심기와 가꾸기, 물주기와 거름주기, 거두기, 보관하기, 종자 보관하기, 쓰임새 등을 다루고 있다. 이와 같은 내용은 뒤에 이어지는 《예원지》·《만학지》의 각 작물에 대한 일반적인 표제어이기도 하다. 이름과 품종[名品]을 앞세워서 특정 단어가 특정 사물을 지시하는 것을 명확히 하고자 했다는 점은, 사물과 그 사물

오이, 호박, 가지, 토란(《본초강목》)

의 정확한 명칭을 찾고 그 사물의 특징을 탐구하는 '명물학(名物學)' 차원에서의 문제의식이 확고함을 반영하고 있다.

채소와 약초 재배법은 대체로 휴종법(畦種法)과 구종법(區種法) 두 가지다. 그러나 견종법(畖種法, 대전법)으로 재배하는 법을 소개한 곳도 있다. 배추가 바로 그 예이다. 견종법은 두둑과 고랑을 번갈아 만든 뒤 고랑에만 작물을 재배하는 농법이다.

또 서유구가 유일하게 보고한 열종법(畦種法)이라는 농법도 있다(〈그림4〉 참조). 열종법은 가지[茄] 재배법이다. 두둑을 4~5척 정도로 높이 만든 뒤 두둑에 3척 간격으로 지름 2척, 깊이 2척짜리 구덩이를 만들고서 여기에 거름을 주고 가지를 재배한다. 다 자라면 8~10척(2미터 내외)이나 되고 한 구덩이에 재배한 3그루에서 가지를 1석이나 수확할 수 있다고 한다. 또 농지가 적은 소농에게는 빈 둥구미(짚으로 둥글고 울이 깊게 엮어 만든 용기)에 거름과 흙을 섞어 가지를 재배하도록 권유한다. 여기서도 한 둥구미에서 가지 몇 석은 수확할 수 있다고 단언했다.

고추처럼 비교적 최근에 조선에 정착된 작물에 대해서도 그 특성을 파악한 농법을 제안했다. 고추는 '열매를 맺지 않는 꽃이 없다.'는 속담이 생길 정도로 왕성한 열매를 맺는 게 특징이라고 전제하고서, 그러나 고추가 습기를 매우 싫어하기 때문에 물에 잠기기라도 하는 날에는 그런 속담도 헛말이 된다고 했다. 그리하여 큰 두둑을 만들고 거기에 다시 작은 두둑을 만들어 두둑에 재배해야 한단다. 습기를 최대한 많이 보존하려는 휴종법과는 아주 상반된 재배법이 아닐 수 없다.

우리가 알고 있는 법과는 다소 다른 흥미로운 재배법도 있다. 콩나물이나 숙주나물 재배법에서는 물을 뿌려 주지 않는다. 아예 물에 담가 놓고 매일 물을 갈아 주거나, 거적에 물기를 머금게 한 뒤 그곳에 놓고 기르거나, 축축한 모래를 자기그릇에 넣고 창고에 보관하기도 한다.

《관휴지》 목차(오사카본)

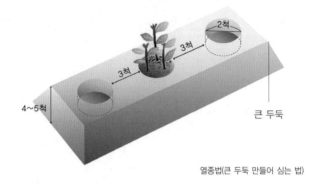

열종법(큰 두둑 만들어 심는 법)

　지금은 들판에 흔한데도 먹지 않는 나물이 있다. 질경이순, 소루쟁이, 접시꽃순, 부들싹, 명아주 등이 그것이다. 이들은 흉년으로 기아에 허덕일 때 어쩔 수 없이 먹는 것이 아니라 평상시의 나물인 것이다. 콩나물이나 숙주나물 같이 지금도 일상에서 애용하는 나물까지 포함하여 총 55종(아울러 살필 만한 나물 28종 + 산과 들의 나물 27종)을 소개했다.

　울타리 만드는 법, 구기자나무, 오가피나무, 회화나무, 잇꽃(홍화), 부들, 갈대, 참외 재배법에 대해서는 《만학지》를 상호 참조해야 한다는 설명이 있다. 그만큼 《만학지》와의 연관성이 깊다는 뜻이다. 《임원경제지》의 다른 지와 교차하여 색인할 수 있도록 한 서유구의 배려를 여기에서도 확인할 수 있다.

　권2와 권3에서 다룬 다음의 채소들에 대해서는 다른 채소들보다 많은 분량으로 소개했다. 글자수로 1천 자가 넘는다. 아욱, 생강, 고수, 순무, 무, 박, 가지, 토란. 특히 순무(2,400여 자), 박(1600여 자), 토란(1400여 자), 가지(1300여 자) 등을 상세히 설명했다. 많은 분량으로 다룬다고 해서 당시 사람들에게 더 중요한 채소였다고 말할 수는 없지만, 적어도 저자 서유구에게는 중요한 채소라고 판단했었을 것으로 보인다.

　또 권4에서 다룬 약초 중 인삼은 가장 많은 분량을 할애해 다뤘다(1,816자). 그만큼 풍석이 중요하다고 여겼을 약재였다. 이렇게 많은 분량의 정보를 담을 수 있었던 데에는 《종삼보(種蔘譜)》(인용글자수 1,164자)를 활용할 수 있었기 때문이다. 《종삼보》의 저자는 미상이다. 다만 《관휴지》에 인용된 《종삼보》는 이학규(李學逵, 1770~1835)의 《낙하생집(洛下生集)》에 '삼서(蔘書)'라는 제목으로 필사되어 실려 있는 내용과 일치한다. 제목 아래 소주(小注)로 "경신(庚申)"이라는 간지가 적힌 것으로 보아 1800년의 기록으로 판단된다. 이 때문에 《종삼보》의 저자를 이학규로 볼 수 있으나 확정할 수는 없다.[29] 《종삼보》는 인삼 재배 기술을 터득하여 가삼(家蔘)을 수확할 수 있었기에 나올 수 있는 저술이다.

인삼 재배법을 확인하고 사진에 담기 위해 나는 파주의 민통선에 있는 인삼 농가를 여러 차례 방문하여 인삼의 생태를 촬영했다. 풍석이 200여 년 전에 자주 다녔을 장단부 읍치 근처였기에 풍석이 저술하던 때의 분위기를 느껴볼 수 있는 좋은 기회였다.

5) 편집 체제[30]

《관휴지》는 총 4권으로, 대제목이 4개, 소제목이 68개, 표제어가 349개, 소표제어가 68개, 기사수는 818개, 인용문헌수는 75개다. 각 권마다 1개의 대제목이 배치되어 있고, 소제목은 권 순서대로 각각 4개, 36개, 8개, 20개다. 표제어는 17개, 183개, 55개, 94개로 배치되어 있다.

《관휴지》의 개괄적인 총론 격인 제1권의 〈총서〉는 분량이 매우 적고, 제2권의 〈채소류〉가 종의 수로나 분량으로나 가장 많은 양을 차지한다. 여기에서는 일반적으로 채소와는 다르게 인식하고 있는 나물류, 산과 들의 푸성귀를 아우르고 있고, 또 바다채류까지 다루고 있다는 점이 이색적이다. 이런 내용들은 모두 부록으로 처리하여 소표제어로 소개하고 있다. 바

---

29 〈임원십육지 인용서목〉에서는 《종삼보》의 저자를 밝히지 않았고 다만 "본조(本朝)"라고만 적어서 조선인의 저작임을 확인할 수 있을 뿐이다. 서유구 지음, 정명현·민철기·정정기·전종욱 외 옮기고 씀, 《임원경제지 : 조선 최대의 실용 백과사전》, 1506쪽.

30 인용문헌 및 조선 문헌의 비중에 인용된 통계자료는 최시남·김용미가 조사했다.

다채소류 중 6종은, 서유구와 같은 해에 과거에 합격한 손암 정약전(丁若銓, 1758~1816)의 《자산어보》에서 인용되었다. 이는 《자산어보》의 본격적인 부분인 바닷물고기류에 대해서는 물고기를 다룬 《전어지》에서 일절 언급이 없는 점과 대조된다.

서유구의 안설(案說)을 포함한 기사수는 총 818개로, 기사 당 원문글자수는 평균 50자이다.

〈표4〉《관휴지》 표제어류 및 기사 통계

권수	대제목 개수	소제목 개수	표제어 개수	부록	소표 제어 개수	기사수	인용문헌수	원문 글자수
서문								356
목차								334
1	1	4	17			34	12	2,048
2	1	36	183	6	68	507	58	24,690
3	1	8	55	1		132	28	6,546
4	1	20	94			145	25	7,168
합계	4	68	349	7		818	75(중복포함)	41,142

〈표5〉《관휴지》 기사당 원문글자수

원문 글자수	기사 이외의 글자 수	기사 글자수	기사수 (안설포함)	기사당 원문 글자 수
41,142	2,223	38,919	818	50

〈표6〉《관휴지》 소제목별 표제어류 및 기사 통계

권번호	대제목	소제목	표제어	부록	소표 제어	기사수	인용문 헌수	원문 글자수
서문								356
목차								334
1	1	1	5			12	12	2,048
		1	8			16		
		1	3			4		
		1	1			2		

		1	5			13		
		1	5	1		15		
		1	3			6		
		1	5			12		
		1	5			9		
		1	7			17		
		1	9			30		
		1	8	1		21		
		1	6			11		
		1	8			29		
		1	10	1		31		
		1	7			11		
		1	6			7		
		1	4			9		
		1	4			13		
		1	3			5		
		1	4			7		
2	1	1	8			12	58	24,690
		1	5			11		
		1	5			10		
		1	5			7		
		1	5			8		
		1	7			9		
		1	7			10		
		1	6			8		
		1	7			16		
		1	6			10		
		1	3			5		
		1	5			8		
		1	4			5		
		1	6			8		
		1	3			9		
		1	2			2		
		1		1	28	55		
		1		1	27	48		
		1		1	13	20		
3	1	1	7			16	28	6,546
		1	5			14		
		1	6			10		

3	1	1	3			6	28	6,546
		1	4			7		
		1	11	1		24		
		1	8			27		
		1	11			28		
4	1	1	14			22	25	7,168
		1	5			8		
		1	3			5		
		1	5			14		
		1	3			5		
		1	6			7		
		1	2			3		
		1	5			7		
		1	8			12		
		1	3			6		
		1	4			6		
		1	3			4		
		1	5			7		
		1	6			10		
		1	5			5		
		1	5			5		
		1	5			8		
		1	3			4		
		1	2			4		
		1	2			3		
합계		68	349	7	68	818	123	41,142

6) 필사본 분석

5종의 필사본이 모두 현존한다.[31] 다만 국립중앙도서관본은 1책(제1·2권)만 전한다. 《관휴지》는 오사카본에 편집 내용이 매우 잦게 남아 있다.

---

[31] 이중 연세대본(청구기호: 031 십륙지-11) 1책은 나중에 그 존재를 확인했기 때문에, 이 번역과 해제에서 소개를 생략한다.

이 편집 지시들은 매우 중요한 사실을 보여 준다. 즉 이 편집의 많은 부분은 《제민요술》이나 《왕씨농서》를 참조한 후에 이루어진 대목이 많음을 알 수 있다. 서유구는 애초에 《왕씨농서》보다 300여 년 뒤에 저술된 《농정전서》에서 《왕씨농서》를 비롯한 여러 농서를 인용했던 것으로 보인다. 뒤에 《제민요술》이나 《왕씨농서》 원본과 대조한 결과 여러 교정 사항이 생겼다. 《관휴지》는 완정본으로 정리되는 저술 과정을 그대로 보여준다. 이번 출판에서 적지 않은 편집 내용은 교감주에 대부분 소개했고, 필요한 부분은 원본 자체를 보여주었다. 이를 꼼꼼히 따라가다 보면 서유구가 《관휴지》 저술에 쏟았던 열정과 수준을 가늠할 수 있을 것이다.

7) 인용문헌 및 조선문헌의 비중

인용문헌은 총 75종이다. 다른 지와 마찬가지로 《본초강목》이나 《농정전서》 같은 책에서 재인용한 서적이 많으므로, 실제로 참조한 책의 수는 더 적다. 《관휴지》에서 30회 이상으로 인용된 서적은 《본초강목》(115), 《증보산림경제》(59), 《제민요술》(58), 《농정전서》(58), 《왕씨농서》(55), 《산거록》(39), 《행포지》(39), 《군방보》(32) 등이다. 《화한삼재도회》(16)도 비교적 많이 인용되었다. 또한 조선의 문헌도 《증보산림경제》와 《행포지》를 비롯하여 《산림경제보》(19), 《해동농서》(9), 《한정록》(7), 《자산어보》(6), 《동의보감》(6), 《색경》(3), 《지봉유설》(2), 《북학의》(1), 《월사집》(1), 《금화경독기》(1) 등 총 12종이 이용되었다. 《자산어보》는 《관휴지》에서 유일하게 반영되었다. 이중 서유구의 저술은 《행포지》와 《금화경독기》 2종이다.

서유구의 안설은 총 60회에 걸쳐 1,823자를 차지하여 총 4.4퍼센트 (1,823/41,142)의 비율을 보인다. 출현 회수는 가장 많은 조선의 인용문헌보다 더 많았다.

《관휴지》 전체에서 서유구 저술 이외의 조선문헌 비율은 12.2%를 차지하고, 서유구 저술의 비율은 16%를 차지하고 있다. 이처럼 《관휴지》 전체

《관휴지》 오사카본(좌), 고려대본(우)

《관휴지》 규장각보(좌), 국립도서관본(중앙), 연세대본(우)

에서 조선문헌이 차지하는 비율은 총 28%에 달하여 전체 분량의 1/3에 가까운 비중을 차지하고 있음을 알 수 있다.

〈표7〉《관휴지》에서 서유구 저술 이외의 조선문헌 비중

인용 조선문헌	글자수	기사수
증보산림경제	1,854	59
종삼보	1,164	13
해동농서	476	9

산림경제보	436	19
자산어보	207	6
월사집	174	1
동의보감	159	6
한정록	152	7
색경	134	3
지봉유설	76	2
동본초	75	3
북학의	62	1
고사촬요	53	1
합계	5,022	130
비율	12.2%(5,022/41,142)	16%(130/818)

〈표8〉《관휴지》에서 서유구 저술의 비중

구분	글자수	기사수
서문	356	
목차	334	
권수, 권차, 권미제, 저자명, 교열자명	124	
대제목, 소제목, 표제어, 소표제어	1,078	
안설	1,823	60
금화경독기	62	1
행포지	2,064	39
기타	656	
합계	6,497	
비율	16%(6,497/41,142)	

〈표9〉《관휴지》에서 조선문헌의 비중

구분	글자수	비고
서유구 저술 이외의 조선문헌	5,022	
서유구 저술	6,497	
합계	11,519	
비율	28%(11,519/41,142)	

〈표10〉《관휴지》에서 중국문헌 비중

인용 중국문헌	글자수	기사수
본초강목	5,820	115
제민요술	4,877	58
산거록	2,985	41
농정전서	2,897	58
왕정농서	2,578	55
군방보	1,572	32
사시유요	856	21
도경본초	740	18
무본신서	737	20
농상집요	692	20
범승지서	531	3
종우법	491	4
증보도주공서	402	16
구황본초	399	7
편민도찬	345	6
순보	269	1
사민월령	242	9
구선신은서	176	8
종수서	146	4
물류상감지	142	8
본초연의	142	6
본초습유	138	4
고금의통대전	126	2
사시찬요	104	6
이아익	85	4
도씨본초주	81	3
박문록	80	4
중궤록	78	2
거가필용	74	1
야속품	73	1

다능비사	62	1
칠수유고	62	2
오잡조	61	1
비아	59	2
학포여소	53	1
남방초목상	52	1
가우본초	50	2
사성본초	49	1
촉본초	48	2
명의별록	44	2
일용본초	44	1
설문해자	37	2
사류전서	36	1
식성본초	36	1
용재수필	35	1
해약본초	33	1
일화본초	31	1
가화록	29	1
박물지	27	1
상산야록	27	1
개보본초	21	1
식료본초	20	1
노포상담	18	1
본초몽전	16	1
본초경집주	14	1
육서본의	14	1
경리옥함	12	1
이아주소(곽박주)	12	1
이아	5	1
합계	28,885	572
비율	70.29%(28,885/41,142)	

開情
錄

為葅亦不妨齊民要術 種蔥炒穀攪勻塞蔞一眼於

一眼中種之他月蔥出取其塞蔞一眼之地中土

培之疎密恰好又不勞移四時 種法先以子畦

種移栽却作溝壟糞西壅供成大蔥皆高尺許白

亦如之宿根在地來春併得作種移栽益蔥種不

拘時先去冗鬚微晒疎行密排種之猪糞雞鴨糞

和粗糠壅之王氏農書 帶種收蔥子必薄布陰乾勿

令鬱浥開情錄 又有四季蔥種不拘時亦須冗鬚

盡去微晒種之 又名 八月上旬治畦用灰拌子種

之至明年三月移栽栽時去冗鬚微晒乾疎行密

편집 사항을 적은 오사카본(임원경제연구소)

爲道亦不妨齊民要術　種蔥炒穀攪勻塞樓一眼於

一眼中種之他月蔥出取其塞樓一眼之地中土_{四時類要}

培之疏客恰好又不勞栽　種法先以子畦

種後栽却作清龍糞壅之俱成大蔥省高尺許曰_{王氏農書}

亦如之宿根在地来春併得作種後栽之_{農書}

蔥種不拘時先去冗髭微晒疎行客排種之猪糞　又有四季蔥種不拘

雞鴨糞和粗糠壅之_{全書農政}閒情　八月上旬治

時亦湏冗髭盡去微晒種之録閒情

畦用灰拌子種之至明年三月後栽時去冗髭

微晒乾疎行客排以雞糞培壅隱曜書仙神　春種者

卷二　蔬類　　自然經堂藏

편집 지시가 완정하게 반영된 고려대본(고려대학교 도서관 한적실 제공)

〈표11〉《관휴지》에서 일본문헌 비중

인용 일본문헌	글자수	기사수
화한삼재도회	738	16
합계	738	16
비율	1.8%(738/41,142)	

8) 자료적 가치

앞에서 언급했다시피 오사카본《관휴지》는 완정본이 되기 전의 원고다. 이 때문에 서유구의 교정 지시가 어떻게 완정본에 반영되었는지를 보여주는 중요한 자료이다. 특히 이 자료는《농정전서》의 자료를《제민요술》이나《왕씨농서》로 재검토하는 과정을 그대로 보여주고 있다는 점이 특기할 만하다.

예를 들어 권2의 "파[蔥, 총]" 항목에는 다음과 같은 서유구의 두주(頭註)가 적혀 있다.

> '총종(蔥種)'부터 '옹지(罋之)'까지는《농정전서(農政全書)》에서《왕정농서》를 인용했다고 적었다. 그러나 지금《왕정농서》를 상고해보면 이 내용이 없다. 따라서 별도로《농정전서》의 내용으로 분류하여 서명주를 달아야 한다.[32]

이 두주를 서유구가 적게 된 배경은 이렇다. 처음에는《농정전서》를 보고서 거기에《왕정농서》에서 인용했다고 적은 부분을 옮겨 적었다. 이 대목을 서유구가 나중에《왕정농서》와 대조해보니, 해당 기사의 전반부는《왕정농서》에 나오지만, "총종(蔥種)"으로 시작하는 후반부는 나오지 않았다. 그리고 이 후반부가《농정전서》아닌 다른 저술에서 인용했는지의 여

---

32 "蔥種止罋之,《農政全書》作《王氏農書》, 而今考《王氏農書》, 無之. 當另《農政全書》分註."《관휴지》권2〈채소류〉"파[蔥, 총]" '심기와 가꾸기'.

부를 확인하지 못했던 것이다.

　그렇기 때문에 《농정전서》의 본래 저술로 보고서 인용문헌을 그렇게 적었다. 또한 오사카본의 전반부에 2곳을 《왕정농서》와 일치하도록 수정했다. "분이영(糞而壅)"을 "분옹지(糞壅之)"로 수정한 부분과 "재개(栽蓋)"를 "재지(栽之)"로 수정한 부분이 그것이다. 이렇게 하여 하나의 기사였던 초고가 《왕정농서》와 《농정전서》에서 인용했다는 기록과 함께 두 개의 기사로 나뉘었다. 저본인 고려대본을 보면 이 편집 지시가 온전하게 반영되어 있음을 확인할 수 있다. 서유구가 《농정전서》의 기사로 적으라는 기사는 실제로는 《편민도찬(便民圖纂)》과 《농상의식촬요(農桑衣食撮要)》에 보인다. 하지만 당시에는 이 대목을 확인하지 못한 채로 저술이 마무리된 것이다. 이렇듯 오사카본에 추가로 수정한 원고를 분석하면 저자의 저술 방식과 저술 태도를 엿볼 수 있다.

정명현(임원경제연구소 소장)

灌畦志引

하늘이 사람을 낼 때 반드시 사람에게 먹을거리를 주어서 그 삶을 보존하게 한다. 무릇 사람이 먹을거리를 받을 때 풀과 채소를 먹는 것은 하늘이 준 먹을거리에 순종하면서[順] 편안히 여기는 것이다. 반면 깃털이 달린 날짐승이나 털이 달린 들짐승, 물고기나 껍데기 있는 수중 동물을 먹는 것은, 하늘이 준 먹을거리에 거스르면서[逆] 사람이 재주를 부리는 것이다. 어째서 그런가?

天之生人, 必與之食以保其生. 夫人之受之也, 食之以草以蔬者, 順其與而安之也. 其食之在羽者、毛者、鱗介者, 逆其與而用巧也. 何以故?

일반적으로 혈기가 돌고 지각이 있어 꿈틀대는 무리는 사람과 거의 같기에, 서로 맞서려고 하는 습성이 있다. 하지만 생명의 기운을 갖추고 있으면서도 흙에 머리를 거꾸로 박고서 부드럽고 연하여 스스로 돌아다니지 못하는 식물만은, 기꺼이 사람에게 먹을거리로 제공되니 이는 본디 자연스러운 현상이다.

凡有血氣覺性蠢動之倫, 疑於與人同, 而欲相尤者也. 但有函生之氣, 而倒植其首於土, 柔軟不敢自行者, 甘爲人之供, 而固自然者也.

오늘날 사람들이 풀을 먹을 때, 열매를 후생의 근원으로 삼는 경우는, 구곡(九谷)[1] 같은 것들이 바

今夫人之食之於草也, 取其實爲厚生之原, 若九谷是

---

1 구곡(九谷) : 9가지 곡식[九穀]. 기장·조·차조·벼·삼·콩·팥·보리·밀의 9가지를 가리키나 정현(鄭玄)은 정중(鄭衆)의 9곡에서 보리를 빼고 양과 줄로 대신했다. 《周禮注疏》 卷2 〈天官冢宰〉 "大宰" 《十三經注疏

灘畦志引

天之生人必與之食以保其生夫人之受之也食之
以艸以蔬者順其與而安之也其食之在羽者毛者
鱗介者逐其與而用巧也何以故凡有血氣覺性蠢
動之倫疑於與人同而欲相充者也但有函生之氣
而倒植其首於土柔軟不敢自行者甘為人之供而
固自黙者也今夫人之食之於艸也取其實為厚生
之原若九谷是已取其花葉根莖以飲之是所謂蔬
茹也皆隨人種而隨人取無少難焉至於羽毛鱗介
者不要人昵近期於避遁者而人者暗運心機器撲

로 이것이다. 꽃과 잎, 뿌리와 줄기를 구곡의 다음
으로 삼으니, 이것들이 채소인 것이다. 이것들은 모
두 사람이 심는 대로 사람이 취하기 때문에 취하는
데에 거의 어려움이 없다.

그러나 날짐승이나 들짐승, 물고기나 껍데기 있
는 수중 동물의 경우는 사람의 접근을 달가워하지
않아 달아나거나 숨으려고만 한다. 그래서 사람들
은 몰래 계략을 부려 그물이나 덫으로 잡거나, 낚시
나 작살로 잡거나, 길들여 길러서 먹을거리를 충당
한다.

취할 때에 어려움이 없으면 순리이고, 계책을 부
리고서야 취할 수 있다면 역리이다. 이로써 채소 먹
기가 바로 하늘이 준 순리의 도리임을 알 수 있다.
옛사람 가운데 이런 도리를 알아서 온갖 일을 해내
는 사람도 처음에는 채소뿌리를 씹어 먹었고[2], 세
종류의 부추 반찬만 먹어서[3] 청빈한 절개로 이름을

已; 取其花葉、根莖以佽之,
是所爲蔬茹也. 皆隨人種
而隨人取, 無少難焉.

至於羽毛、鱗介者, 不要人
昵近, 期於避遁者. 而人者
暗運心機, 罟擭焉, 鉤箝
焉, 擾豢焉, 以充食焉.

隨取無難, 其順也; 運機
乃取, 其逆也. 是知食蔬
茹者, 卽天之與之順之道
也. 古之人有得於此道, 做
百事者, 始於咬根, 食三九
者, 名以淸節.

整理本》7, 38쪽) 참조. 9가지의 내용에 대해서는 견해가 다양하다. 이에 대해서는 《본리지》권7 〈곡식 이
름 고찰〉 '총론' '곡식 이름과 종류의 차례'(서유구 지음, 정명현·김정기 역주, 《임원경제지 본리지》2, 소와
당, 2008, 445~448쪽)를 참조할 것.

2 온갖……먹었고 : 이와 관련하여 다음의 내용이 참조된다. "왕신민(汪信民)은 이런 말을 한 적이 있다. '사
람이 늘 채소뿌리를 먹으면 모든 일을 할 수 있다.' 호강후(胡康侯)가 이 말을 듣고 크게 감탄하고 칭찬하였
다(汪信民嘗言: "人常咬得菜根, 則百事可做." 胡康侯聞之, 擊節嘆賞)." 《古今事文類聚》〈後集〉卷22 "穀
菜部" '咬得菜根'(《文淵閣四庫全書》926, 351쪽);《御定小學集註》卷6〈善行〉"實敬身"(《文淵閣四庫全書》
699, 605쪽)에 보인다.

3 세……먹어서 : 청빈하게 사는 사례의 하나. 구(九)는 구(韭)와 음이 같은 데서 유래하였다. 이와 관련하여
다음의 내용이 참조된다. "남제(南齊)의 유고지(庾杲之)는 청빈하여 먹을 때 늘 부추가 있었으니, 절인 부
추, 데친 부추, 날 부추와 채소 따위였다(庾杲之淸貧, 食惟有韭, 葅·瀹韭·生韭·雜菜)." 《古今事文類聚》
〈別集〉卷18 "性行部" '食有三九'(《文淵閣四庫全書》927, 802쪽)에 보인다.

焉鉤箬焉擾蔘焉以充食焉隨取無難其順也運機

乃取其逆也是知食蔬茹者即天之與之順之道也

古之人有得於此道倣百事者始於咬根食三九者

名以清節禦冬而旨蓄分職而供齋其有關於生也

顧不切歟況茲林園雅標分畦布種抱瓮灌苗實是

恆需之不可少者故此志中摭拾華東之法其總叙

營種澆收之法者為一弓其辛葷香滑之品為蔬類

如瓜匏茄芋者為蓏類其菜茹而象藥品者為藥類

區而列之所以偹老圃之學也

날렸다.

겨울을 대비해 맛난 음식을 저장하고,[4] 일감을 나눠 채소절임을 제공하는 일은,[5] 사람살이에 깊이 관련된 것이라 어찌 절실하지 않을까! 더욱이 여기 임원에서 고상한 삶을 표방한다. 그러므로 두렁밭[畦田]을 여러 개로 나누어 씨 뿌리고, 항아리로 물을 길어 채소에 물 대주는 일이 실제로 늘 필요하여 소홀히 할 수 없다.

그래서 이 『관휴지』에는 중국과 우리나라의 법을 두루 모아 농지 만들기·심기·거름주기·보관하기의 법을 총괄 서술하여 한 권을 만들었다. 그리고 매운 채소, 훈채, 향채, 부드러운 채소를 '채소류'로 묶고, 외·박·가지·토란 같은 열매는 '풀열매류'로 묶고, 채소이면서 약재로 쓰이는 풀을 '약초류'로 묶었다. 그리하여 각각을 구별하고 늘어놓았으니, 노련한 채소농사꾼[老圃]의 학문을 갖추기 위함이다.

禦冬而旨蓄, 分職而供齏, 其有關於生也, 顧不切歟! 況玆林園雅標, 分畦布種, 抱瓮灌苗, 實是恒需之, 不可少者.

故此志中, 摭拾華、東之法, 其總敍營、種、澆、收之法者爲一卷. 其辛、葷、香、滑之品爲蔬類, 如瓜、瓠、茄、芋者爲蓏類. 其荼茹而兼藥品者爲藥類, 區而列之, 所以備老圃之學也.

4　겨울을……저장하고:《詩經》에 나오는 표현이다. "내가 맛있는 음식 마련한 건 겨울을 대비한 일이네(我有旨蓄, 亦以禦冬)."《毛詩正義》卷2〈邶風〉'谷風'(《十三經注疏整理本》4, 180쪽)에 보인다.

5　일감을……일은:《주례(周禮)》〈천관총재(天官冢宰)〉"혜인(醢人)"에서 "혜인의 직분을 맡은 사람은 5가지 고기반찬과 7가지 채소절임을 맡아서 공급한다(醢人掌共五齊,七菹)."라고 한 데서 사용한 표현으로, 향촌에서도 이 같은 일이 필요함을 말한 것이다.《周禮注疏》卷6〈天官冢宰〉"醢人"(《十三經注疏整理本》7, 168쪽)에 보인다.

관휴지 권제 1

灌畦志 卷第一

임원십육지 14
林園十六志十四

I. 총서(總敍)

대개 채소류는 대부분 촉촉한 땅을 좋아하고 건조한 땅을 싫어한다. 봄에 심는
경우에는 바람과 가문 날씨를 더욱 두려워한다. 이 때문에 채소 재배는 휴전이
아니면 안 된다. 그러므로 채소 휴전은 반드시 근처에 물을 끌어 올 수 있는 샘이
있거나 물을 댈 수 있는 우물이 있어야 한다. 우리나라 사람들이 '채소밭[菜田]'이
라 하는 땅은 모두 포전(圃田)이지, 내가 말하는 채소밭이 아니다.《행포지(杏蒲志)》

- I -

총서
總敍

1. 농지 만들기

營治

1) 휴전[畦, 두렁밭]¹ 만드는 법

휴전은 길이 2보(步)², 너비 1보로 만든다【주 휴전이 크면 물을 고르게 대기가 어렵다. 또 너비는 사람의 발이 들어가 작업할 필요가 없을 정도로만 만든다³】. 땅을 깊게 파고, 잘 삭은 거름을 흙과 반반씩 섞어 그 위를 덮어 주되, 두께가 0.1척이 되도록 한다.

쇠스랑[鐵齒杷]으로 흙을 부드럽게 하여 흙이 삶아지게 한다.⁴ 그런 뒤에 발로 흙을 밟아서 단단하고 평평하게 해 준다. 물을 대어 흙속으로 물이 촉촉하

治畦法

畦, 長兩步, 廣一步【注 大則水難均, 又不容人足入】. 深掘, 以熟糞對半和土, 覆其上, 令厚一寸.

鐵齒杷耬之, 令熟, 足踏使堅平. 下水, 令徹澤, 水盡, 下子①. 又以熟糞和土覆其

---

1 휴전[畦, 두렁밭] : 물을 오래 저장할 수 있도록 밭의 사방에 두렁을 만들어 채소를 심는 농법의 하나. 땅을 파내어 길이는 길되 너비는 1보 정도가 되도록 두렁을 만들고, 두렁 안에 거름과 흙을 섞어 넣은 다음 이를 단단하게 다진다. 여기에 물을 대면 물이 흙속에 오래 남아 채소가 잘 자란다. 두둑을 만들어 심는 채소 농법과는 거름 주는 방식과 물 주는 법이 다소 다르다.
2 보(步) : 여기서는 1.15m의 길이 단위이다. 보통 1보는 사방 5척이 되는 너비의 단위이다. 《임원경제지 본리지》권1에 인용된 서유구의 《행포지》 내용에 따르면, 현재(조선 후기)의 묘(畝)를 정의하는 묘법(畝法)에서 1묘=240보(步)이고, 1보는 사방 5척으로 보았다. 과거에는 1보가 6척이었다. 1척을 약 23센티미터로 보아 환산해 보면 휴전 1개는 길이 2.3미터, 너비 1.15미터 가량이 된다. 이 기사의 출처인 《제민요술》(가사협 지음)은 '1보=5척'인 제도를 다음과 같이 현재의 묘법이라 했다. "현재는 240보가 1묘이다. 위로는 범승지로부터 아래로는 가사협, 진부, 묘호겸, 창사문, 왕정 등에 이르기까지 여러 전문가들이 말한 경묘(頃畝)가 모두 240보가 1묘인 제도이다."《임원경제지 본리지》권1 〈토지제도〉 "경묘법과 결부법" '과거와 현재의 묘법' 참조. 이곳을 포함하여 이후 《본리지》에 대해서는 서유구 지음, 정명현·김정기 역주, 《임원경제지 본리지》 1~3, 소와당, 2008~2009를 참조 바람.
3 또……만든다 : 너비는 1보 크기로만 해야 사람이 휴전의 두둑 바깥쪽에서 두둑을 밟지 않고 씨를 심고 물을 줄 수 있기 때문이다. 싹을 심은 후에 휴전을 밟으면 흙이 단단해져 싹이 잘 나오지 못한다.
4 삶아지게 한다 : 농지의 흙을 여러 차례 가는 과정에서 잘게 부수어 부드럽게 만든다는 뜻이다.
① 子 : 《齊民要術·種葵》에는 "葵子".

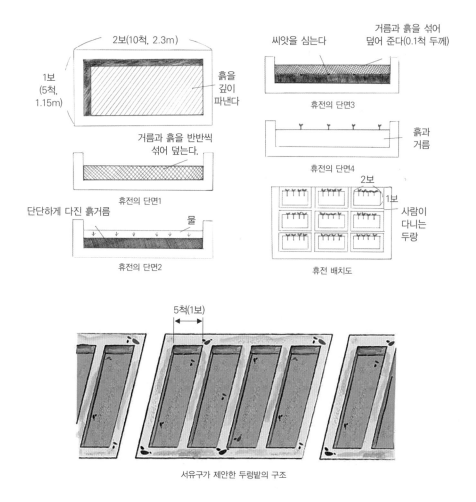

2보(10척, 2.3m)

1보
(5척,
1.15m)

흙을
깊이
파낸다

거름과 흙을 반반씩
섞어 덮는다.

휴전의 단면1

단단하게 다진 흙거름

물

휴전의 단면2

씨앗을 심는다

거름과 흙을 섞어
덮어 준다(0.1척 두께)

휴전의 단면3

흙과
거름

휴전의 단면4

2보

1보

사람이
다니는
두랑

휴전 배치도

5척(1보)

서유구가 제안한 두렁밭의 구조

게 스미게 하고, 물이 다 스미면 씨앗을 심는다. 또
잘 삭은 거름을 흙과 섞어 그 위를 덮어 주되, 두께
가 0.1척이 되도록 한다.《제민요술(齊民要術)5》6

上, 令厚一寸.《齊民要術》

5 제민요술(齊民要術):중국 북위(北魏, 386~534)의 관리 가사협(賈思勰, ?~?)이 6세기경에 지은 농업 전
   문서. 수수·밀·옥수수·목화·목초(牧草) 등의 경작면적이 넓은 농작물과 야채, 과수의 재배, 목축과 수
   의(獸醫) 및 농산품 가공 등 농업 기술 전반에 대해 쓰여 있다. 중국에서 가장 오래된 전문 농업서적으로,
   이 책의 내용이《임원경제지》전반에 많이 인용되었다.
6 《齊民要術》卷3〈種葵〉第17《齊民要術校釋》, 176쪽).

휴종법(畦種法)[7]: 땅을 길이 10척 남짓, 너비 3척이 되도록 휴전을 만든다. 심기 며칠 전에 먼저 묵은 흙을 파낸다. 여기에 쑥과 풀을 섞고 불을 놓아 벌레류를 절멸시킨다. 그러면 아울러 이 쑥과 풀의 재가 거름이 될 수 있다. 심을 때 다른 똥거름을 더한 다음 휴전을 손질하고 씨앗을 심는다. 《왕정농서(王禎農書)[8]》[9]

畦種法: 地長丈餘, 廣三尺. 先種數日, 劚起宿土. 雜以蒿、草, 火燎之, 以絶蟲類, 併得爲糞. 臨種, 益以他糞, 治畦種之. 《王氏農書》

풀열매류[蓏][10]는 구종법(區種法)[11]이 좋고, 채소류는 휴종법이 좋다. 구종하는 제도는 오늘날 채소농가에서 풀열매류를 심는 법에 가깝다. 하지만 휴종하는 제도는 우리나라 사람들이 본래부터 모르는 법이다.

蓏宜區種, 蔬宜畦種. 區種之制, 今治圃家種蓏之法近之. 其畦種之制, 東人之素②昧也.

자서(字書)를 살펴보니, "증(塍)은 벼논의 두렁[畦]이다."[12]라 했다. 또 "휴(畦)는 음이 규(圭)이다. 밭을

按字書, "塍, 稻田畦也." 又曰: "畦, 音圭. 田起塯埒

---

7 휴종법(畦種法): 휴전(畦田)에 농작물을 재배하는 농법. 휴전법과 같은 농법이다. 지역이나 시대마다 휴전의 길이와 너비에는 차이가 있다. 《임원경제지 본리지》 권1 〈토지제도〉 "변전(反田)"에 휴종법이 보인다.

8 왕정농서(王禎農書): 중국 원(元)나라 학자 왕정(王禎, 1271~1368)이 지은 농서. 이 책은 1313년에 완성되었으며, 총 22권이다. 농작물의 파종과 재배, 수확, 과수와 원예, 가축 사육 등에 관한 〈농상통결(農桑通訣)〉, 오곡을 비롯한 중요 곡물에 대한 구체적 재배법을 다룬 〈백곡보(百穀譜)〉, 농기구의 제작원리와 사용 방법을 도판과 함께 소개한 〈농기도보(農器圖譜)〉, 이 세 부분으로 구성되어 있다. 중국과 한국의 농업 및 농서 저술에 큰 영향을 미쳤다.

9 《王禎農書》 卷2 〈農桑通訣〉 "播種", 31쪽; 《農政全書》 卷6 〈農事〉 "營治" 上(《農政全書校注》, 147쪽).

10 풀열매류: 지상부가 연하고 물기가 많아 목질을 이루지 않고 자라는 식물에 열리는 열매류. 한해살이, 여러해살이 따위로 나뉜다. 참외·수박·오이·박 등이 그런 종류이다. 자세한 내용은 《임원경제지 만학지》 권3 〈풀열매류〉에 나온다.

11 구종법(區種法): 구덩이를 파고 거름을 채워 넣은 후 곡식 종자를 구덩이에 파종하여 재배하는 농법. 일정 간격으로 구획하여 일정 거리를 두고 씨앗을 심는 일을 가리키기도 한다. 《임원경제지 본리지》 권5 〈파종과 가꾸기(상)〉 "파종법"에 보인다.

12 증(塍)은……두렁[畦]이다: 《說文解字》 13篇 下 〈土部〉 "塍"(《說文解字注》, 684쪽).

② 素: 《杏蒲志·田制》에는 "所".

파내서 만든 낮은 두둑[塯埒]이다."[13]라 했다. 또 《이아(爾雅)》[14] 〈석구(釋丘)〉[15]를 살펴보니, "물이 고인 곳을 둘러싼 두둑이 랄구(埒丘)이다."라 했다. 이에 대한 주석에 "둔덕 주변에 경계로 삼은 낮은 두둑이 있고, 물이 이 두둑에 둘러싸여 둔덕을 두르고 있다. 두둑은 작은 제방이다."[16]라 했다. 이러한 여러 설을 종합해보면 휴전의 제도를 알 수 있다.

사방을 둘러싸면서 경계가 되도록 흙을 판다. 이 흙을 다져 작은 두둑(제방)을 만든 다음 그 안에 물을 대어 담아 놓는다. 오늘날 무논[水田]의 논두렁 만드는 방식과 대략 같다. 다만 채소 휴전[菜畦, 채휴]은 작고, 벼논 휴전은 그 크기에 일정한 제도가 없을 뿐이다.

대개 채소류는 대부분 촉촉한 땅을 좋아하고 건조한 땅을 싫어한다. 봄에 심는 경우에는 바람과 가문 날씨를 더욱 두려워한다. 이 때문에 채소 재배는 휴전이 아니면 안 된다. 그러므로 채소 휴전은 반드시 근처에 물을 끌어 올 수 있는 샘이 있거나 물을 댈 수 있는 우물이 있어야 한다.

우리나라 사람들이 '채소밭[菜田]'이라 하는 땅은 모두 포전(脯田)[17]이지, 내가 말하는 채소밭이 아니

也." 又按《爾雅·釋丘》, "水潦所還, 埒丘." 註謂: "丘邊有界埒, 水環遶之. 埒, 小堤也." 合此數說, 而畦之制可得矣.

環界起土, 築作小堤以止水, 與今水田之制略同. 特菜畦小, 而稻畦大小無定制耳.

蓋菜之類, 多喜濕惡燥. 其春種者, 尤畏風、旱. 所以非畦不可也, 故菜畦, 必近有泉可引, 有井可灌之地.

東人所謂"菜田", 皆脯田也, 非吾所謂菜田也.《杏

---

13 휴(畦)는……두둑[塯埒]이다:《御定康熙字典》卷19〈田部〉"畦"《文淵閣四庫全書》230, 312쪽).

14 이아(爾雅): 중국 한나라 초기의 경학자들이 중국 경전 각 글자의 의미를 해설하여 편찬한 자서(字書). 유가(儒家)의 대표적 경전 '13경(經)' 가운데 하나이다.

15 석구(釋丘):《이아》의 편명 중 하나로, 흙이 쌓여 만들어진 여러 형태의 구(丘)를 해설해 놓았다.

16 물이……제방이다:《爾雅注疏》〈釋丘〉《十三經注疏整理本》24, 226쪽).

17 포전(脯田): 한 겨울에 밭갈이를 하여 습기가 다 빠져나가, 흙이 몹시 건조해진 농지. 여기서는 습기가 거의 없는 우리나라의 밭을 가리켜 말한 것이다.

다. 《행포지(杏蒲志)[18]》[19]

蒲志》

《사기(史記)》[20]에 "천 개의 휴전[千畦]에 생강과 부추가 자라네."[21]라 했고, 《한서(漢書)》[22]에서도 주(周)나라의 제도를 말하면서 "농막[廬][23] 둘레에 뽕나무를 심고, 채소는 휴전에 있다."[24]라 했으니, 휴전의 제도는 그 유래가 오래 되었다.

휴전 만드는 법: 땅을 파서 휴전을 만든다. 길이는 2보, 너비는 1보로 한다. 가장자리에는 경계를 만들되, 경계로 삼는 두둑은 둥그스름하게 만든다. 두둑의 머리 부분이 홀[圭][25]의 모양과 닮았기 때문에 '휴(畦)'라 한 것이다.

채소 휴전은 그 길이를 얼마든지 길게 늘일 수 있지만, 너비는 늘일 수 없다. 대개 휴전 안에 물을 대

《史記》云"千畦薑、韭", 《漢書》亦言周制"還廬樹桑, 菜茹有畦", 畦田之制, 其來遠矣.

其法: 劚地爲畦. 長兩步, 廣半之, 緣邊作界. 塍圓, 其首以象圭形, 所以名"畦"也.

菜畦, 長可展, 廣不可展. 蓋畦之內澆水沮洳, 不容

---

18 행포지(杏蒲志): 조선의 서유구(徐有榘, 1764~1845)가 1825년(순조 25)에 저술한 농서. 《임원경제지(林園經濟志)》보다 먼저 농업기술과 농지경영에 관해 저술한 책이다. 서유구의 농학 연구과정을 보여 주는 중요한 자료로, 총 5권이다. 권1에서는 토지면적의 측량법과 척도법, 토질 관리와 관개법, 남북 지역에 따른 영농법 등을 논했다. 권2에서는 파종과 종자선택, 수확과 저장 등 작물 재배의 구체적 기술을 서술했다. 권3은 채소·과일류·고구마·차 등에 대한 설명이며, 권4는 곡식 이름의 기원과 의미를 추적한 곡명고(穀名攷)이다. 권5는 오해고(五害攷)이다. 내용은 대부분 《본리지》·《관휴지》·《만학지》 등 농사 관련 내용에 나뉘어 실려 있다.

19 《杏蒲志》卷1 〈田制〉《農書》36, 55~56쪽).

20 사기(史記): 중국 전한(前漢) 시대의 역사가인 사마천(司馬遷, B.C.145?~B.C.86?)이 아버지 사마담(司馬談)의 유언에 따라 완성한 역사서. 전설의 황제(黃帝) 시대로부터 자신이 살았던 한(漢) 무제(武帝) 때까지 2000여 년의 역사를 다루었다.

21 천 개의⋯⋯자라네: 《史記》卷129 〈貨殖列傳〉第69, 827쪽.

22 한서(漢書): 중국 후한(後漢)의 반고(班固, 32~92)가 82년 무렵에 완성한 역사서. 반고의 아버지 반표(班彪, 3~54)는 직접 사료를 찾아 《사기》 이후의 한나라 역사인 《후전(後傳)》 65편을 저술했다. 반고가 아버지의 뜻을 이어받아 이 책을 더욱 정비하고 《사기》의 기록을 토대로 무제 이전의 한나라 역사를 기록한 책이다.

23 농막[廬]: 농지 옆에 설치한 임시 주거 공간.

24 농막[廬]⋯⋯있다: 《漢書》卷24 上 〈食貨志〉第4, 291쪽.

25 홀[圭]: 옛날 관직에 있는 자가 임금에게 아뢸 사항을 적어두는 수판(手板). 아래는 조금 넓고 위쪽은 둥그스름한 모양이다. 후대에 와서는 본래의 용도 보다는 의례용(儀禮用) 복식의 일부로만 쓰였다.

홀

어 흙을 촉촉하게 해 줄 때는 사람이 발로 휴전을 밟지 않도록 한다. 발로 휴전을 밟으면 흙이 단단하게 굳어 싹을 상하게 하기 때문이다. 그러므로 김맬 때에는 반드시 휴전의 양쪽 가장자리의 경계둑에 앉아서 김매야 한다. 휴전이 너무 넓으면 김매기에 불편하다. 《행포지》[26]

足踐. 踐則令土堅垎傷苗, 故其鋤之也, 須坐兩邊界埒而鋤之. 畦太廣則不便耘也. 同上

채소 휴전에는 또한 일정한 모양의 제도가 있다. 일반적으로 채소 중에 뿌리를 이용하거나 알뿌리를 이용할 때는 반드시 휴전 안에 가로로 여러 줄의 작은 두둑을 만든 다음 채소를 2개의 두둑 사이인 고랑[畎, 견] 안에 심어야 한다. 대개 싹이 자라나는 정도에 따라서 호미로 두둑의 흙을 무너뜨려 뿌리에 북주기 위해서이다. 순무·무·생강·마늘과 같은 종류를 심을 때는 모두 이 법을 써야 한다. 《행포지》[27]

菜畦又有一等形制. 凡菜之用根、用卵者, 須於畦內, 橫作衆小壟, 種菜於兩壟間畎中. 蓋爲隨苗之長, 鋤壟土以培根也. 種蔓菁、萊菔、薑、蒜之類, 皆當用此法. 同上

26 《杏蒲志》卷1〈田制〉(《農書》36, 56쪽).
27 《杏蒲志》, 위와 같은 곳.

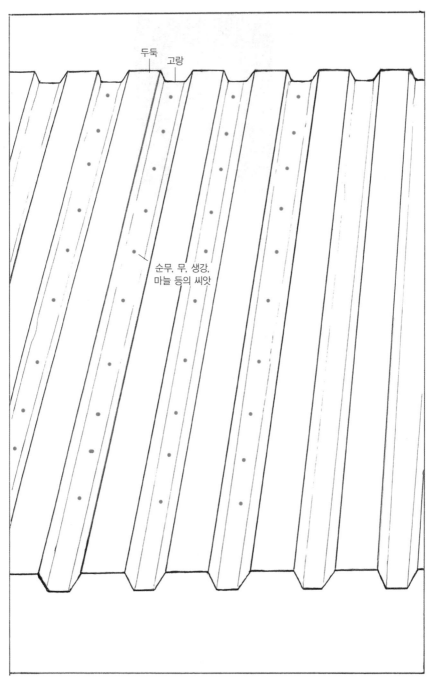

두둑 고랑

순무, 무, 생강,
마늘 등의 씨앗

휴전 안에 만든 두둑과 고랑

2) 구전(區田) 관리하는 법

구종법[區種]은 구전법(區田法)[28]과 같다. 구덩이의 깊이와 너비는 1척 정도가 되도록 한다. 심을 때에 잘 삭은 거름을 흙과 고루 섞은 다음, 씨앗을 이 거름흙 속에 넣는다. 싹이 나오면 포기끼리의 간격을 봐 가며 솎아 내거나 남겨 둔다. 《왕정농서》[29]

治區法

區種, 如區田法. 區深廣可一尺許. 臨種, 以熟糞和土拌均, 納子糞中. 候苗出, 科視稀稠去留之. 《王氏農書》

---

28 구전법(區田法) : 구덩이를 만들고 거기에 씨앗을 심어 작물을 재배하는 농법. 《임원경제지 본리지》 권1 〈토지제도〉 "구전"에 보인다.

29 《王禎農書》 卷2 〈農桑通訣〉 "播種", 31쪽 ; 《農政全書》 卷6 〈農事〉 "營治" 上(《農政全書校注》, 147쪽).

3) 포전(圃田) 관리하는 법

포전은 채소나 과일나무를 심는 밭이다. 《주례(周禮)》에 "장포(場圃)[30]는 원지(園地)[31]에 둔다[以場圃任園地]."라 했다. 그 주(註)에 "포(圃)는 과일나무나 풀열매류를 심는 곳이다."[32]라 한 것이 이것이다. 이 채소밭에는 담장을 두르거나, 울타리 용도의 도랑[塹]을 파서 경계를 삼는다.

읍내의 성곽 근처 농지 10묘(畝)[33]만을 얻을 수 있더라도 몇 사람이 먹기에 충분하다. 만약 성곽에서 조금 먼 곳이라면 밭의 넓이를 2배로 늘릴 수 있다【안】 성곽 근처의 밭은 거름이 많고 땅이 잘 삶아져 있다. 성곽에서 조금 멀면 거름이 적고 땅이 토박하다. 따라서 이런 곳의 20묘는 겨우 성곽 근처의 10묘에 해당된다】. 하지만 농지 넓이가 0.5경(頃, 50묘)에 이르면 더 늘리지 않고 그친다.

밭가에 농막을 짓고, 밭 주위에는 뽕나무를 둘러 심어서 양잠의 이익을 도모하고, 안쪽에는 모두 채소를 심는다. 먼저 여러 해 오래도록 자라는[長生] 부추 100~200휴(畦)[34]를 심고, 철에 따라 새로 나는

治圃法

圃田, 種蔬、果之田.《周禮》"以場圃任園地", 註曰 "圃, 樹果、 蓏之屬"是也. 其田繚以垣墻, 或限以籬塹.

負郭之間, 但得十畝, 足贍數口. 若稍遠城市, 可倍添田數【案 負郭之田, 糞多地熟; 稍遠城市, 則糞少地薄. 故二十畝僅當負郭田十畝也】, 至半頃而止.

結廬於上, 外周以桑, 課之蠶利, 內皆種蔬. 先作長生韭一二百畦, 時新菜二三十種.

---

30 장포(場圃): 채소나 과일나무를 길러 수확하는 땅. 농사에서 장(場)은 주로 타작마당을 의미하지만 포(圃)와 같은 뜻으로도 쓰인다.

31 원지(園地): 도성 또는 도성에서 가까운 곳에 농사를 지을 수 있는 빈 땅.

32 장포(場圃)는……곳이다:《周禮注疏》卷13〈地官司徒〉下 "載師"(《十三經注疏整理本》7, 388~389쪽).

33 묘(畝): 논밭 넓이의 단위. 고법에서의 1묘=100보², 1보=6척이며, 신법에서의 1묘=240보², 1보=5척이다.《제민요술》에서는 고법이 아니라 신법을 썼다.《임원경제지 본리지》권1〈토지제도〉"경묘법과 결부법" '과거와 현재의 묘법' 참조.

34 휴(畦): 휴전을 세는 단위.

채소 20~30종을 번갈아 심는다.

오직 거름흙을 많이 모으기에 힘써 땅을 기름지게 하는 바탕으로 삼는다. 가뭄이 들까 염려되면 채소밭을 물가에 만드는 게 제일 좋다. 그렇지 않으면 적당한 땅을 헤아린 다음 그곳에 우물을 파서 물대기에 대비한다.

땅이 만약 조금 넓다면 채소 외에 또 삼·모시·과일·곡식 등의 작물을 함께 심을 수 있다. 보통의 농사에 비하면 한 해의 이익이 몇 배나 된다. 그러므로 이 채소농부의 생업으로도 곡식농사의 이익을 대신할 수 있다.

본성을 수양하는 선비의 경우에도 채소밭에 의탁하여 은거하는 터전으로 삼을 수 있다. 그러면 날마다 찬거리를 넉넉하게 얻을 수 있다. 또 벼슬하는 사람이지만 만약 별장이 없다면 이 채소밭에 가서 머물러 경작하며 유유자적할 수 있다. 예컨대 한음[漢陰, 한수(漢水)35 남쪽 연안]의 노인36이 혼자 힘으로

惟務多聚糞壤, 以爲膏腴之本. 慮有天旱, 臨水爲上, 否則量地鑿井, 以備灌漑.

地若稍廣, 又可兼種麻、苧、果、穀等物. 比之常田, 歲利數倍. 此園夫之業, 可以代耕.

至于養素之士, 亦可托爲隱所, 日③得供贍④；又有⑤宦遊之家, 若無別墅, 就可棲身駐迹. 如漢陰之獨力灌畦、河陽之閑居鬻蔬, 亦何害於助道哉?《王氏

---

35 한수(漢水):중국 섬서성(陝西省) 남부에서 발원하여 무한(武漢)에서 양자강(揚子江)과 합류하는 강.

36 한음[漢陰, 한수(漢水) 남쪽 연안]의 노인:전야에 은거하며 텃밭을 일구는 노인. 자공(子貢)이 한음(漢陰)을 지나가다가 항아리에 물을 담아 휴전에 뿌리고[灌畦] 있는 노인을 보고 길고(桔槹)라는, 물 퍼올리는 기계를 만들어 이용하면 적은 노력으로 많은 성과를 거둘 수 있다고 권하였다. 그러자 그 노인이 "기계(機械)가 있는 자는 반드시 기사(機事)가 있고 기사가 있는 자는 반드시 기심(機心)이 있으며 기심이 가슴속에 있으면 순수하지 못한다. (중략) 내가 그렇게 할 줄을 모르는 것이 아니고 부끄러워서 하지 않는 것이다."라 했다.《장자(莊子)》〈천지(天地)〉의 고사에서 나온 말이다.

③ 日:오사카본에는 본래 "因"(《농정전서》에는 이 글자임)이라 적었고, 뒤에 이 글자를 "日"(《王禎農書》에는 이 글자임)로 수정했다. 이를 통해《農政全書》를 초록한 뒤《王禎農書》로 비교한 과정을 볼 수 있다.

④ 贍:저본에는 "瞻".《王禎農書·農器圖譜·田制門》에 근거하여 수정.

⑤ 有:저본에는 "可".《居家必用·種菊類·唐太和先生王旻山居錄》에 근거하여 수정.

텃밭을 가꾸고[灌畦]³⁷, 하양(河陽)³⁸의 반악(潘岳)³⁹이 　　《農書》
한가롭게 거처하며 채소를 파는 일과 같이 한다면
도(道)를 닦는 처사들의 자급자족하는 삶에 또한 무
슨 해가 될 게 있겠는가? 《왕정농서》⁴⁰

37 텃밭을 가꾸고[灌畦] : "관휴(灌畦)"는 본래 "휴전에 물 댄다"는 뜻으로, 《관휴지》의 명명이 여기서 유래되
　　었음을 알 수 있다.
38 하양(河陽) : 중국의 황하(黃河) 북쪽 지역. 하양현[河陽縣, 하남성 맹주(孟州) 소재]이 있다.
39 반악(潘岳) : 247~300. 중국 서진(西晉)의 문장가·자는 안인(安仁). 문장이 매우 화려했으며, 당시의 권세
　　가인 가밀(賈謐)의 문객들 '24우(友)' 가운데 제1인자였다. 50세에 벼슬을 그만두고 고향인 하양으로 돌
　　아가 부모님을 봉양하며 살면서 〈한거부(閑居賦)〉를 지었다. 거기에 "텃밭 일구고 채소 팔아 아침저녁 반
　　찬을 제공하니, (중략) 이는 또한 졸박한 사람의 일이로다(灌園鬻蔬, 以供朝夕之膳, (중략) 是亦拙者之爲
　　政)."라 노래했다. 이로 인해 반악은 전야에 은거하며 텃밭을 일구는 사람을 뜻하게 되었다.
40 《王禎農書》卷11 〈農器圖譜〉 "田制門", 184쪽;《農政全書》卷5 〈田制〉 "圃田"(《農政全書校注》, 114쪽).

4) 약초밭[藥圃, 약포] 관리하는 법

약초밭은 반드시 형세가 좋은 땅을 골라야 한다. 뒤가 높고 앞이 평평하며, 동쪽으로 흐르는 내가 있는 곳이 가장 좋다. 그런 땅을 얻지 못한다면 사면이 평탄한 곳이 좋다. 흙은 색이 누렇고 고운 모래가 섞인 부드러운 흙이어야 좋다. 이런 조건이 구비된 지방은 약초뿌리를 잘 자라게 하기 때문이다.

땅의 면적은 많게는 20묘이고, 적어도 10묘 이하로는 내려가지 않는다. 사방에는 탱자나무[41]를 심어 울타리를 만든다. 그렇지 않으면 담장을 두르거나, 편의대로 할 뿐이다. 집터 가운데에 약당(藥堂)[42] 및 약재를 음건(陰乾, 그늘 건조)하는 곳을 만든다.

약당 앞에는 큰 연못을 판 다음, 연이나 마름[菱茭]이나 가시연[芡][43]을 심고, 연못 둘레에는 감국(甘菊)[44]을 심는다. 이때 자주색 줄기에 황색 꽃이 피며 줄기가 잘 뻗는 진국(眞菊, 감국)만을 가져다 뿌리를 오므린 채로 드문드문 심어 놓는다. 이렇게 하면 1~2년 사이에 금방 빽빽해져서 곧 국화 연못이 될 것이다. 이 연못물을 마시면 장수한다.

약당 터의 지형과 약당의 제도는 적임자에게 맡겨

治藥圃法

須擇形勢地, 後高前平, 有東流水者爲上. 不然, 四面平坦爲佳. 其土, 色須黃細沙輭者爲良. 此方滋長藥根故也.

其地多卽二十畝, 少不減十畝. 四面樹以枳籬, 不然, 墻圍之, 任取便耳. 其中造藥堂及蔭曝之所.

堂前穿大池, 種荷、芰菱、芡, 遶池種甘菊. 但取紫莖黃花引蔓眞菊根, 蹙蹙稀栽. 一二年間不覺自合, 便成菊潭. 飮之壽考.

其地形制, 任人巧爲之, 令

---

41 탱자나무 : 쌍떡잎식물 무환자나무목 운향과의 낙엽관목. 강한 가시가 나기 때문에 울타리나 담장용으로 이용된다.

42 약당(藥堂) : 가옥에서 약을 보관하거나 처리하는 건물.

43 가시연[芡] : 수련과에 속하는 일년생 수생식물. 과실과 잎에 가시가 있다.

44 감국(甘菊) : 쌍떡잎식물 초롱꽃목 여러해살이풀. 황국(黃菊). 노랗고 작은 꽃을 차로 우리면 단맛이 나므로 감국이라 불린다. 진국(眞菊)·가국(家菊)·다국(茶菊)이라고도 한다. 《임원경제지 예원지》 권5 〈꽃 이름 고찰〉 "국화"(풍석 서유구 지음, 임원경제연구소 옮김, 《임원경제지 예원지》 2, 풍석문화재단, 2022, 247~248쪽)에 자세히 보인다.

감국(진국)

꽃 피기 전의 감국(임원경제연구소, 국립원예특작과학원에서 촬영)

솜씨를 잘 부려 만들게 하면 1묘에도 몇 종의 약초
가 자라게 된다. 약초밭의 넓이는 또한 필요한 약초
의 양을 헤아려 이를 기준으로 하면 될 뿐, 굳이 20
묘로 제한할 필요는 없다. 《산거록(山居錄)45》46

　포전 울타리 만드는 법: 반드시 사방 둘레를 반
듯하게 정돈하고 땅을 깊이 간 다음, 삼면에 3개의
두둑을 만들어야 한다. 두둑 간 거리는 각각 2척이
다. 탱자껍질이 익을 때 탱자씨앗을 수확하여 두둑
속에 대충 심어 둔다.

一畝⑥之中, 數藥在焉. 地
之廣狹, 亦取給爲度, 不必
限以二十畝也.《山居錄》

作園籬法: 須於四畔方整
深耕, 作三壟. 中間相去各
二尺. 枳殼熟時收子, 壟中
槪種之.

---

45 산거록(山居錄):중국 당나라의 도사(道士) 왕민(王旻, ?~?)이 지은 본초류 저서. 왕민은 태화선생(太和
先生)으로 불리며, 낙양(洛陽) 청라산(靑羅山)에 살았다. 화훼와 약초 및 수목을 많이 재배하였다. 수련이
깊어 현종(玄宗)이 불렀을 때 흑발에 동안으로 30세도 되어 보이지 않았다고 한다. 그의 학문은 조카 왕무
(王武)가 계승했다.
46 출전 확인 안 됨;《居家必用》戊集〈種菊類〉"唐太和先生王旻山居錄''山居總論'(《居家必用事類全集》,
177쪽).
⑥ 畝:《居家必用·種菊類·唐太和先生王旻山居錄》에는 "池".

이듬해 가을이 된 뒤 탱자나무는 높이가 약 3척이 된다. 이때 잘못 큰 나무는 캐내어 버린다. 서로 거리가 1척 되는 곳에 한 그루씩을 남겨 간격을 고르게 하고, 줄과 열을 반듯하게 맞춘다.

이듬해 봄이 되면 가로로 뻗은 가지를 베어 버린다. 이때 반드시 며느리발톱[距]47처럼 가지의 밑동 일부를 남겨 두어야 한다. 이를 남겨 두지 않으면 나무가 반드시 얼어 죽는다. 가시나무나 느릅나무 및 버드나무를 심었을 때에도 이와 같다.

산조(酸棗, 멧대추나무)48 심는 것만으로 감당이 안 되면 특별히 덩굴 뻗기를 좋아하는 나무를 심는다.

至明年秋⑦後約高三尺, 劚去惡者, 相去一尺留一根, 使稀稠均, 行伍直.

至來春, 刈去橫枝. 必留距, 不留, 必凍死. 種刺、榆及柳亦如之.

酸棗不堪, 種好別延蔓也, 次以五加木⑧、冬羅摩, 竝

며느리발톱

---

47 며느리발톱[距]：조류의 다리에 뒤쪽을 향해 볼록 돋아 나 있는 돌기. 발톱은 아니고 부척골이 돌출한 것으로, 공격용으로 쓰인다. 여기서는 탱자나무가지를 다 잘라 내는 게 아니라 가지의 아랫부분을 조금씩 남기는 것을 의미한다. 가지밑동을 남겨 두지 않으면 잘린 면의 상처가 깊은 경우 본줄기까지 쉽게 얼어버린다고 한다.

48 산조(酸棗, 멧대추나무)：갈매나무과에 속하는 낙엽교목. 음력 8월에 멧대추를 채취하여 약재로 쓴다. 실제로는 과수원의 울타리로 많이 심었다. 《제민요술》권4 〈과수원의 울타리〉에 멧대추나무로 울타리를 쳐서 도적이나 짐승들이 드나드는 것을 막았다는 내용이 보인다.

⑦ 秋：저본에는 "伏". 《居家必用種·菊類唐·太和先生王旻山居錄》에 근거하여 수정.

⑧ 木：《居家必用·種菊類·唐太和先生王旻山居錄》에는 "皮".

탱자나무울타리　　　　　　　　　탱자열매(이상 전영창)

차선으로 오가피나무[五加木]49나 동라마(冬羅摩)50를
모두 탱자울타리 옆에 씨를 떨어뜨려 심는다. 그러
면 자연히 빽빽한 울타리가 된다.51 만약 울타리용
나무의 열매를 미리 찾아서 채취해 두었다면 멀리
가서 종자 구하는 수고를 면할 수 있으니, 어찌 좋지
않겠는가?

【안 이 부분은《만학지(晩學志)》52에 실린《제민요
술》의 울타리 만드는 법과 같으니,53 상호 참고해야
한다】《산거록》54

傍籬落種之, 便以爲籬藩.
若須採掇, 且免遠求, 豈不
善哉?

【案 此當如《晩學志》所載
《齊民要術》作園籬法, 參
考】同上

49　오가피나무[五加木] : 쌍떡잎식물 이판화군 산형화목 두릅나무과의 낙엽관목. 가시가 있어 울타리용으로도
　　심었다.

50　동라마(冬羅摩) : 박주가리과 박주가리. 라마(羅摩)·새박덩굴이라고도 한다. 보통 울타리 아래에 박과 식
　　물을 심어 울타리를 타고 올라가게 하며, 그 덩굴이 울타리의 틈새를 막아 준다. 박주가리는 가을부터 겨
　　울에 걸쳐서 반으로 쪼개진 열매 속에서 면사상(綿絲狀) 털이 있는 종자가 바람에 날려 번식한다고 하므로
　　'冬'자가 붙은 것으로 보인다.

51　덩굴이……된다 : 울타리용으로 한 가지 나무만 심지 않고 여러 나무와 덩굴식물을 심어 빈틈이 없게 만들
　　었음을 말한다. 밖에서 침입해 오는 것을 막는 의도도 있고, 안에서 자란 덩굴성 작물이 밖으로 뻗어나가
　　는 것을 막는 의도도 있다.《임원경제지 만학지》권1 〈보호하고 기르기〉 "울타리 만드는 법"에 느릅나무와
　　버드나무를 함께 심는 등의 여러 방법이 보인다.

52　만학지(晩學志) :《임원경제지》16지 가운데 4번째 지(志). 과실류와 풀열매류 및 나무류에 관한 고증 및 재
　　배법을 다룬 책이다.

53　만학지에……같으니 :《임원경제지 만학지》권1 〈보호하기〉 "울타리 만드는 법"에 자세히 보인다.

54　출전 확인 안 됨 ;《居家必用》戊集 〈種菊類〉 "唐太和先生王旻山居錄" '作園籬一首'(《居家必用事類全集》,
　　177~178쪽).

5) 휴전 관리하여 약초 재배하는 법

약당을 제외한 모든 곳에 약초 휴전을 만들고 거기에 마른 쇠똥을 얹어 준다. 약초 휴전 사이사이에 고랑을 많이 만들어 물길을 터 준다. 일반적으로 약초를 캘 때 묵은 뿌리가 있는 약초는 매번 약초순 자르기를 마친 다음 다시 약간의 거름을 약초 휴전에 주고, 묵은 뿌리 주변의 흙을 갈아 흙과 잘 섞어서 고르게 펴 준다. 이어서 물을 대 주면 오래지 않아 다시 자란다. 이 법을 일반적인 기준으로 삼는다.

묵은 뿌리가 없는 약초는 순을 다 잘라 내고 나면 다시 씨앗을 뿌려 심는다. 이렇게 새로 심은 약초와 묵은 약초가 서로 함께 자라도록 하여 약초가 떨어져서 쓰지 못하게 해서는 안 된다.《산거록》[55]

治畦種藥法

除藥堂外, 竝作藥畦, 上乾牛糞. 其畦中間, 多作水道以通灌注. 凡採藥[9]有宿根者, 每翦苗訖, 更上少糞其畦中, 耙耬[10]令均, 漑水注之, 不久還生. 以此法爲常準.

無宿根者, 翦苗盡, 更布子種之. 新舊相合, 勿使闕用也.《山居錄》

---

55 출전 확인 안 됨;《居家必用》戊集〈種菊類〉"唐太和先生王旻山居錄" '作藥畦法一首'(《居家必用事類全集》, 178쪽).

[9] 採藥:《居家必用·種菊類·唐太和先生王旻山居錄》에는 "藥菜".

[10] 耙耬:《居家必用·種菊類·唐太和先生王旻山居錄》에는 "把摟".

2. 심기와 옮겨 심기

種蒔

1) 종자 고르는 법

채소·과일·곡식·풀열매류 등의 여러 식물들을
심을 때는 모두 종자 고르기를 가장 중요한 일로 삼
는다. 종자 고르기 이 한 가지 일이 좋지 않으면 알
맞은 시기[天時]와 땅의 이로움[地利]과 사람의 노력
[人力]¹이 갖추어졌어도 모두 작물의 태반이 버려지게
될 것이다. 《농정전서(農政全書)²》³

오이류와 호과(胡瓜, 오이)⁴의 종자는 묵을수록 더
욱 좋다【안 하지만 지나치게 오래 묵어 기름기가 배
어나온 종자는 또한 써서는 안 된다】.《산림경제보
(山林經濟補)⁵》⁶

擇種法

種蔬、果、穀、蓏諸物, 皆
以擇種爲第一義, 種一不
佳, 卽天時、地利、人力,
俱太半棄擲矣.《農政全
書》

瓜與胡①瓜之種, 愈陳愈
好【按 過陳而油亦不可
用】.《山林經濟補》

---

1 알맞은······노력[人力]:《맹자(孟子)》〈공손추 하(公孫丑下)〉의 "알맞은 시기가 땅의 이로움만 못하고, 땅의
이로움이 사람의 화목함만 못하다(天時不如地利, 地利不如人和)."라 한 데서 온 말이다. '人和'를 '人力'으
로 바꾸었을 뿐이다.
2 농정전서(農政全書):중국 명나라 서광계(徐光啓, 1562~1633)가 중국의 농학서를 집대성하여 펴낸 농학백
과서(1639년). 서광계가 죽은 뒤 진자룡(陳子龍)에 의해 소주(蘇州)에서 간행되었다. 이 책은 명대(明代)
당시까지의 농가(農家)의 여러 설을 총괄·분류하고 사이사이에 저자의 견해를 덧붙여 집대성한 것이다. 마
테오리치와 친교가 있었던 서광계는 유럽의 수리와 지리학의 발전된 성과를 이 책에 수용하여 담았다. 서
유구의《임원경제지》, 연암 박지원의《과농소초》 등에 많은 영향을 주었다.
3 《農政全書》卷28〈樹藝〉"蔬部"(《農政全書校注》, 717쪽).
4 호과(胡瓜, 오이):서역(西域) 오랑캐[胡] 땅에서 전해졌다 해서 붙여진 이름이다.
5 산림경제보(山林經濟補):조선 후기 학자인 홍만선(洪萬選, 1643~1715)의《산림경제(山林經濟)》를 보충하여 펴
낸 서적. 농사, 잠상, 식생활, 의료 등 각 분야의 지식을 담고 있는 농사 겸 가정생활서이다. 원본은 일실되었다.
6 출전 확인 안 됨;《山林經濟》卷1〈治農〉"擇種"(《農書》2, 95쪽).
① 胡:《山林經濟·治農·擇種》에는 "眞".

일반적으로 오이류의 종자로는 사람이 열매살을 먹고 남은 씨앗을 금한다. 참외나 수박도 모두 이와 같다. 또 날씨가 청명한 날에 심어야 한다.《산림경제보》[7]

채소나 과일의 씨앗은 모두 물에 일은 다음, 가라앉는 씨앗을 취하여 햇볕에 말려서 보관해 두어야 한다. 물에 뜨는 씨앗은 모두 쭉정이이다.《행포지》[8]

凡瓜種, 忌啖餘之子. 甜瓜、西瓜幷同. 又宜晴朗日種. 同上

菜、果之種, 皆須水淘之, 取其沈者, 曝燥藏之. 其浮者皆秕也.《杏蒲志》

---

[7] 출전 확인 안 됨;《增補山林經濟》卷6〈治圃〉"雜法"(《農書》3, 397쪽).

[8] 《杏蒲志》卷3〈總論〉"種蔬瓜"(《農書》36, 153쪽).

2) 종자 보관하는 법

일반적으로 채소나 오이류를 심으려면 반드시 그 씨앗을 햇볕에 말려야 한다. 그런 다음 종이로 싸고 종자 이름을 적어 상자에 보관한다. 이때 종자가 젖어서 손상되게 하지 말아야 한다. 《증보산림경제(增補山林經濟)》[9][10]

채소 종자를 보관할 때에는 습기와 바람을 가장 멀리해야 한다. 그러므로 상자에 보관해야 좋다. 보관할 때 기름기가 배어 나오기 쉬운 채소 종자는 성긴 베주머니에 담아 바람이 통하는 곳에 걸어 두어야 좋다. 《행포지》[11]

藏種法

凡種菜、蓏, 必[2]燥曝其子. 紙裹記名, 藏之篋中, 勿致浥損. 《增補山林經濟》

藏菜種, 最宜遠濕遠風, 故箱藏爲佳. 其易油者, 須盛之稀布囊, 挂之通風處可也. 《杏蒲志》

---

9 증보산림경제(增補山林經濟): 조선 영조 때 내의(內醫) 유중림(柳重臨, 1705~1771)이 홍만선(洪萬選, 1643~1715)의 《산림경제》를 증보하여 엮은 농서. 1766년(영조 42)에 완성했으며, 16권 12책이다. 《산림경제》 편찬 시에는 참고하지 않았던 《농가집성(農家集成)》 내의 여러 자료들을 이용했으며, 이 무렵 새로 저술된 강필리(姜必履, 1713~1767)의 《감저종식법(甘藷種植法)》에 의거해 고구마 재배법을 새로 추가하기도 했다. 또 우리 농업의 방식을 중요하게 여겨 이를 속방(俗方)으로 인용하고, 이에 대한 자신의 의견도 첨부했다. 《임원경제지》의 핵심 인용문헌이다.
10 《增補山林經濟》卷6〈治圃〉"雜法"(《農書》3, 397쪽).
11 《杏蒲志》卷3〈總論〉"種蔬瓜"(《農書》36, 153쪽).
[2] 必:《增補山林經濟·治圃·雜法》에는 "先".

3) 종자 담그는 법

종자를 심는 시기가 되면, 뱀장어[鰻鱺魚][12] 끓인
즙에 채소씨앗을 2~3일 동안 담가 두었다가 심는
다. 이렇게 하면 벌레가 잎을 갉아먹는 해를 면할 수
있다. 《증보산림경제》[13]

《범승지서(氾勝之書)》[14]에서 "말뼈 달인 물에 부자
(附子)[15]를 담근 다음, 그 즙에 누에똥과 양똥을 섞
고, 여기에 곡식종자를 적신다."[16]라 했으니, 이는
병충해를 물리치는 법이다.

또 눈 녹인 물[雪汁]에 종자를 담가 곡물이 가뭄
을 견디게 하는 법도 있다.[17] 나는 채소씨앗도 이 법
을 따라야 한다고 생각한다. 《행포지》[18]

漬種法

臨種, 用鰻鱺魚汁③, 浸
菜子數日, 種之. 免蟲食
葉. 《增補山林經濟》

《氾勝之書》"有煮馬骨, 漬
附子, 以其汁和蠶矢、羊
矢, 溲穀種", 辟蟲法.

又有雪汁漬種, 令稼耐旱
法. 余謂菜種亦當倣此法.
《杏蒲志》

---

12 뱀장어[鰻鱺魚] : 뱀장어목 뱀장어과에 속하는 민물고기. 《임원경제지 전어지》 권4 〈물고기 이름 고찰〉 "민
　　물고기"(풍석 서유구 지음, 임원경제연구소 옮김, 《임원경제지 전어지》 2, 풍석문화재단, 2021, 319~321
　　쪽)에 자세히 보인다. 《전어지》에서도 뱀장어의 살충효과와 중풍을 낮게 하는 효능에 대해 언급했다.

13 《增補山林經濟》 卷6 〈治圃〉 "雜法"(《農書》 3, 397쪽).

14 범승지서(氾勝之書) : 기원전 1세기경의 중국 농학자 범승지(氾勝之)가 찬술한 농서. 최초의 농서로 알려져
　　있으며, 《제민요술》이나 《농상집요》에 큰 영향을 끼쳤다. 원본은 일실되었다.

15 부자(附子) : 미나리아재비과의 약초. 독성이 있다. 8~9월에 꽃이 핀다.

16 말뼈……적신다 : 출전 확인 안 됨 ; 《齊民要術》 卷1 〈種穀〉 第3(《齊民要術校釋》, 81쪽) ; 《農政全書》 卷6
　　〈農事〉 "營治"(《農政全書校注》, 144쪽).

17 또……있다 : 《齊民要術》 卷1 〈種穀〉 第3(《齊民要術校釋》, 82쪽).

18 《杏蒲志》 卷3 〈總論〉 "種蔬瓜"(《農書》 36, 153쪽).

③ 汁 : 《增補山林經濟》에는 '煎汁'.

4) 채소 재배법

일반적으로 채소나 풀열매류를 심을 때에는 반드시 먼저 씨앗을 햇볕에 말려야 한다. 땅은 비옥할수록 좋고, 토박하면 거름을 준다. 김매기는 잦을수록 좋고, 가물면 물을 대어 준다. 키우는 데 공력을 많이 들였으면 거두는 이익도 반드시 배가 된다. 《왕정농서》[19]

種蔬法

凡種蔬、蓏, 必先燥曝其子. 地不厭良, 薄卽糞之 ; 鋤不厭頻, 旱卽灌之. 用力旣多, 收利必倍. 《王氏農書》

---

[19] 《王禎農書》卷2〈農桑通訣〉"播種", 31쪽 ;《農政全書》卷6〈農事〉"營治"上(《農政全書校注》, 147쪽).

5) 싹 틔워 종자 심는 법

일반적으로 종자는 먼저 물에 깨끗하게 일어, 바가지에 담고 젖은 수건으로 덮어 둔다. 그러면 3일 후에 싹이 나온다. 싹의 길이가 손가락두께 정도가 된 뒤에 이 싹을 뿌려 심는다. 먼저 삶아 놓은 휴전에 땅이 촉촉해지도록 물을 준다. 여기에 싹이 튼 채소 종자를 고르게 뿌려 심는다. 다시 고운 거름흙을 체로 친 다음 싹을 덮어 주어 싹이 햇볕을 쬐지 못하도록 막는다.

이 법대로 하면 채소는 일제히 나오고 잡초도 나지 않는다【농정전서[20] 실제로는 잡초가 나지 않는 것이 아니다. 잡초가 나는 시기가 채소보다 늦어서 채소와 같은 구멍으로 나올 수 없다. 따라서 나는 잡초가 적어 김매기가 쉽다】.《왕정농서》[21]

芽種法

凡種子先用淘淨, 頓瓠瓢中, 覆以濕巾. 三日後芽生. 長可指許, 然後下種. 先於熟畦內, 以水飮地, 均摻芽種. 復篩細糞土覆之以防日曝.

此法菜旣出齊, 草又不生【農政全書 非草不生也, 草生遲於菜, 不得同[4]孔而出, 少而易鋤矣】.《王氏農書》

---

20 《農政全書》卷6〈農事〉“營治”上(《農政全書校注》, 147쪽).
21 《王禎農書》卷2〈農桑通訣〉“播種”, 31쪽;《農政全書》卷6〈農事〉“營治”上(《農政全書校注》, 147쪽).
[4] 得同 : 저본에는 “同得”.《農政全書·農事·營治》에 근거하여 수정.

6) 씨앗을 심고 즉각 채소싹 나게 하는 법

種頃刻菜法

햇닭(그해에 난 닭)이 처음 낳은 계란으로, 그 꼭대기 중앙에 작은 구멍을 뚫어 노른자와 흰자를 모두 제거한다. 여기에 채소씨앗을 넣고 종이로 단단히 봉한 다음, 닭에게 49일 동안 품도록 한다. 한 마리 닭이 끝까지 품지 못하면, 다시 다른 닭에게 품도록 한다.

用新鷄首生子, 從頂中擊小竅, 去黃白. 納菜子, 紙封固, 與鷄伏七七. 一鷄不能畢, 再與他鷄伏.

날수를 채워 촉촉한 땅에 파종하면 파종한 씨앗에서 금세 채소가 나와, 쓸 수 있다【일반적으로 오이나 박을 심을 때에는 모두 이 법을 쓴다】.

足其數, 播濕地, 播須臾菜出, 可用【凡種瓜、瓠, 皆用此法】.

다른 법: 채소씨앗을 삼복(三伏)[22] 더위에 햇볕에 말린 다음, 삼줄기 속심과 섞어 놓았다가 파종하면 즉시 싹이 난다. 1년을 말리면 싹의 길이가 0.1척이 된다. 3년을 말리면 길이가 0.3척이 된다. 만약 5~7년을 말린다면 싹이 0.5~0.7척이 되는 놈이 있다. 《군방보(群芳譜)[23]》[24]

一法: 以菜子在三伏中曬過, 須雜麻莖內心播之, 頃刻卽出. 曬一年, 長一寸; 曬過三年, 卽長三寸. 若五年七年, 有五七寸.《群芳譜》

---

22 삼복(三伏): 음력 6월에서 7월 사이의 절기인 초복, 중복, 말복. 하지(夏至)로부터 셋째 경일(庚日)인 초복(初伏), 넷째 경일인 중복(中伏), 입추(立秋) 후 첫째 경일인 말복(末伏)이다. 복날은 일어나려 하는 음기가 양기에 눌려 엎드려 있는 날이라는 뜻이다. 여름의 더운 기운(양기)이 가을의 서늘한 기운(음기)을 제압하여 엎드려 있게 만든다는 뜻이다.

23 군방보(群芳譜): 중국 명(明)나라 왕상진(王象晉, 1561~1653)이 지은 《이여정군방보(二如亭群芳譜)》의 약칭. 왕상진은 각종 채소와 과수를 재배한 자신의 경험에다 고금의 농서를 두루 참고하여 1621년에 이 책을 지었다. 총 400여 종의 식물을 다루었다. 뒤에 청나라 강희 연간(1662~1722)에 왕호(汪灝), 장일소(張逸少) 등이 여기에 내용을 증보 편집하여 《광군방보(廣群芳譜)》 100권을 만들었다.

24 《二如亭群芳譜》〈亨部〉第2 "蔬譜" '蔬譜首簡'(《四庫全書存目叢書補編》80, 294쪽).

7) 씨앗에 물 대어 발아 촉진하는 법

일반적으로 채소를 심었을 때 씨앗에서 싹이 나기 어려운 종자는 모두 물을 대 주어 싹이 나도록 한다. 이렇게 하면 즉시 싹이 트지 않는 경우가 없다【농정전서 25 휴전에 심고 물을 대 주면 그만인데, 어찌 반드시 연일 계속하여 비가 내리기를 기다릴 필요가 있겠는가? 또 비가 언제 내릴지 장담할 수 있겠는가?】.《제민요술》26

沃子催芽法

凡種菜, 子難生者, 皆水沃令芽生, 無不卽生矣【農政全書 畦種水澆, 何必須連雨乎? 雨可必乎?】.《齊民要術》

---

25 《農政全書》卷28〈樹藝〉 "蔬部"(《農政全書校注》, 730쪽).
26 《齊民要術》卷3〈種胡荽〉第24(《齊民要術校釋》, 210쪽).

8) 종자를 덮어 발아 촉진하는 법

일반적으로 채소를 심었을 때 가물어 싹이 나기 이려운 경우는 심고 난 뒤, 풀을 베어서 휴전에 덮어 둔다. 그러면 흙이 촉촉해지면서 기운이 배양되어 싹이 가장 잘 트도록 촉진시킬 수 있다.

삼복더위 중에는 생장이 더욱 빨라서 하룻밤만 지나면 바로 싹이 난다. 싹이 나면 잡초를 제거해 준다. 잡초를 제거하지 않으면 싹이 처음 나올 때 가늘고 길어 해를 보자마자 말라 죽는다. 《행포지》[27]

覆種催芽法

凡種菜, 遇旱難生者, 旣種, 刈草覆畦, 則土潤氣釀, 最能催芽.

伏中尤疾, 一夜便生. 旣生卽去草, 不去草則芽苗纖長, 見晛[5]輒枯也. 《杏蒲志》

---

27 《杏蒲志》卷3〈總論〉"種蔬瓜"(《農書》36, 154쪽).
5 晛:저본에는 "睍". 《杏蒲志·總論·種蔬瓜》에 근거하여 수정.

3. 물주기와 거름주기[1]

澆壅

1) 거름 저장법

백로(白露, 양력 9월 7·8일경) 전 한낮에 김을 매어 진흙이 달린 풀뿌리를 햇볕에 말려 무더기를 만든다. 볏짚에 불을 붙여 이 풀무더기를 태운다. 여기에 걸쭉한 똥 적당량을 풀뿌리재와 고루 섞어 강바닥의 진흙처럼 만든다. 여기에 풀뿌리재를 다시 쌓아 올린다. 그 꼭대기에 구덩이를 만들되, 우물구멍과 같은 모양으로 한다.

가을과 겨울 사이에 걸쭉한 똥을 여기에 거듭 3번 부어 준다. 이 진흙 같은 재거름을 채소를 재배할 때 북주는 거름으로 삼는다【안 종자를 심거나 모종을 옮겨 심을 때, 이 재거름을 휴전 표면에 손가락 2~3개 두께로 고루 뿌린 뒤에 심는다】.《농정전서》[2]

儲肥壅法

白露前, 日中鋤連泥草根, 曬乾成堆. 用穰草起火, 將草根煨過. 約用濃糞攪和如河泥. 復堆起, 頂上作窩, 如井口.

秋冬間, 將濃糞再灌三次. 此糞灰泥, 爲種菜肥壅也【按 種子或移栽時, 用此糞灰均撒畦面數三指, 然後種栽】.《農政全書》

---

1 거름주기:《임원경제지 본리지》권4 〈농지 가꾸기〉 "거름주기"에 거름 모으는 방법, 거름 보관법, 거름의 종류 등이 자세히 보인다.
2 《農政全書》卷28 〈樹藝〉 "蔬部"(《農政全書校注》, 731~732쪽).

2) 벌레 물리치는 법

일반적으로 채소에 벌레가 있을 때에는 고삼(苦蔘)[3]뿌리를 사용한다. 이울러 석회수를 뿌리면 벌레가 바로 죽는다. 《한정록(閑情錄)[4]》[5]

辟蟲法

凡菜有蟲, 用苦蔘根, 做石灰水潑[1]之卽死. 《閑情錄》

3　고삼(苦蔘) : 콩과의 여러해살이풀. 기생충 치료에 효과가 있다. 옛날 민간에서는 고삼뿌리를 변소에 넣어 두면 구더기가 자라지 못한다 하여 많이 사용했다. 고골(苦骨)·고직(苦藏)·백경(白莖)·수괴(水槐)라고도 한다.

4　한정록(閑情錄) : 조선의 문신이자 문필가 허균(許筠, 1569~1618)이 저술한 책. 잡문, 농학에 이르기까지 다양한 내용을 담았다. 총 17권 4책이다. 처음에 은둔·한적·퇴휴(退休)·청사(淸事)의 네 문(門)으로 나누어 편집했다가, 중국에서 구입해 온 책들을 토대로 16문으로 증보하고 부록을 더했다.

5　《閑情錄》〈治農〉"習儉"(《農書》1, 104쪽).

①　潑 : 저본에는 "撥". 오사카본·《閑情錄·治農·習儉》에 근거하여 수정.

3) 똥떡[糞餠][6] 만드는 법

중국에서는 큰 항아리에다가 물을 담고 누런 똥을 섞어 막대기로 휘젓는다. 똥이 다 풀어져 덩어리가 하나도 없을 때까지 휘저으면 묽은 죽과 같은 상태가 된다. 여름에 긴 자루가 달린 똥바가지로 그 똥을 퍼서 모래마당에 엎어 놓는다.

모래가 뜨거우면 즉시 똥이 말라서 천병(茜餠, 꼭두서니떡)[7]처럼 둥글어지며, 그 무게도 차이나지 않는다. 이것을 빻아 가루 낸 다음 채소밭에 사용하는 것이다. 《북학의(北學議)[8]》[9]

糞餠法

中國以[2]大甕貯水和黃糞, 以杖攪之. 以盡解無塊爲度, 如稀粥. 夏日用長柄瓢, 舀而覆之于沙場.

沙[3]熱卽乾, 團圓如茜餠. 銖兩不差. 碎爲末, 用之菜田者也. 《北學議》

---

6 똥떡[糞餠] : 둥그스름하게 마른 똥덩이. 《임원경제지 본리지》 권4 〈농지 가꾸기〉 "거름주기" '똥오줌은 거두어 저장해야 한다'에도 나온다.

7 천병(茜餠, 꼭두서니떡) : 꼭두서니를 넣어 만든 둥근 떡. 매년 음력 4월에 만들어 먹으면 정신이 맑아지고 장수할 수 있다고 한다. 꼭두서니는 붉은색을 물들이는 염료로 많이 쓰인다.

8 북학의(北學議) : 조선의 학자 박제가(朴齊家, 1750~1805)가 북경에 가서 청나라의 발달된 기술문명을 배우고 돌아와 1778년(정조 2)에 지은 책. 내·외 2편으로 구성되어 있다. 내편은 거선(車船)·성벽·궁실·도로·교량·목축·시가(市買) 등 39항목으로, 일상생활에 필요한 모든 기구와 시설에 대한 개혁론을 제시·설명했다. 외편에는 전분(田糞)·상(桑)·농잠총론(農蠶總論) 등 17항목으로, 농업기술의 개량과 국내 상업, 외국 무역의 이점을 담고 있다. 2013년에서야 원문을 정본화하고 완역한 연구성과물이 안대회 교수를 통해 나왔다. 《임원경제지》의 주요 인용문헌이다.

9 《北學議》外篇 〈糞〉(박제가 지음, 안대회 교감 역주, 《완역정본 북학의》, 돌베개, 2013, 456쪽).

[2] 以 : 저본에는 "有". 오사카본·《北學議·外篇·糞》에 근거하여 수정.

[3] 場沙 : 저본에는 없음. 오사카본·《北學議·外篇·糞》에 근거하여 보충.

4. 보관하기

收藏

1) 채소 보관법

염방(染坊)[1]에서는 묽은 잿물에 천을 담근 다음 햇볕에 말린다. 이 천으로 생오이와 생가지를 싸서 보관하면 겨울까지 오이와 가지를 먹을 수 있다. 《중궤록(中饋錄)[2]》[3]

9월에는 겨울에 대비하여 작물을 보관한다.[4] 일반적으로 순무·들깨·여뀌·부추 등은 연하고 맛이 좋으나 오래 선도를 유지할 수 없다. 만약 가문 채소밭에서 수확한 채소라면 채소가 조금 질기므로 이듬해 2월까지 보관할 수 있다. 《농상집요(農桑輯要)[5]》[6]

관휴지 권제1 끝

藏菜法

染坊瀝過淡灰、曬乾, 用以包藏生黃瓜、茄子, 至冬月可食.《中饋錄》

九月, 備冬藏. 凡蔓菁、荏、蓼、韭輩, 脆美而不耐停. 若旱園菜稍硬, 停得至二月.《農桑輯要》

灌畦志卷第一

---

1 염방(染坊) : 염색이나 소독을 담당하는 관서. 또는 그 일을 업으로 하는 집.
2 중궤록(中饋錄) : 중국 남송(南宋) 포강오씨(浦江吳氏)가 절강(浙江) 지역의 가정요리에 대해 저술한 요리서.
3 《說郛》卷95上〈中饋錄〉 "脯鮓" '治食有法'(《文淵閣四庫全書》881, 407쪽).
4 9월에는……보관한다 : 《농상집요(農桑輯要)》의 이 대목에는 9월에 거두어 겨울을 대비해 처리 보관하는 작물로 조각(皂角, 식재나 약재로 쓰임)·참기름·국화·모과를 언급했다.
5 농상집요(農桑輯要) : 중국 원나라 사농사(司農司)에서 원(元)나라 세조(世祖)의 명을 받아 1273년에 펴낸 관찬 농업서적. 맹기(孟祺), 창사문(暢師文, ?~?), 묘호겸(苗好謙, 1240~1318) 등이 함께 저술했다. 《제민요술(齊民要術)》을 비롯한 이전의 농서를 두루 참고하여 7권 3책으로 정리하였다. 농업의 기원, 농사가 주는 교훈, 농정의 기본 지침, 풍토에 따른 작물 파종법, 뽕나무 재배법과 양잠, 과일·채소·약초 및 각종 수목의 재배법, 가축 기르는 법 등을 소개하였다. 조선 초기 정부의 농업 정책에도 반영되었으며, 우리나라의 대표적인 농서인 《농사직설(農事直說)》이나 《농가집성(農家集成)》 등에 많은 영향을 주었다. 《임원경제지》의 핵심 인용문헌 중 하나이다.
6 《農桑輯要》卷7〈孳畜〉 "歲用雜事"(《農桑輯要校注》, 277쪽).

관휴지 권제 2

灌畦志 卷第二

Ⅰ. 채소류

평안도 사람들의 자총이 심는 법: 입동(양력 11월 7·8일경) 전후에 밭을 갈아서 큰 두
둑을 만든다. 두둑의 너비는 10척 남짓이다. 다시 작은 호미를 가지고 가로로 작
은 고랑[畎, 견]을 만든다. 자총이를 이 고랑에 심고, 손가락 한 개의 두께로 흙을
덮는다. 돼지똥·말똥이나 푹 썩힌 풀두엄으로 덮어 준다. 그 위에다 수숫짚[蜀黍
稭]을 깔아 주면 겨울을 나도록 얼지 않는다. 2월이면 캐 먹을 수 있다. 《행포지》

- I -

채소류

蔬類

1. 아욱[葵, 규]¹

葵

1) 이름과 품종

名品

일명 '위족(衛足)', '활채(滑菜)'이다.²

一名"衛足", 一名"滑菜".

【이아익(爾雅翼)】³⁴ 천간(天干)에는 십일(十日)이 있으며, 아욱의 생장은 천간의 일자와 더불어 시작하고 끝난다. 그러므로 '규(葵)'자가 '계(癸)'를 따른다.⁵

【爾雅翼】天有十日, 葵與終始, 故字從"癸".

도씨본초주(陶氏本草註)⁶⁷ 가을에 심어 겨울을 나고 봄이 되면 씨앗을 받는 아욱을 '겨울아욱[冬葵]'이라 한다. 1월에 심는 아욱을 '봄아욱[春葵]'이라 한다. 위

陶氏本草註 秋種經冬至春作子者, 曰"冬葵"; 正月種者, 曰"春葵". 衛足、滑

---

1 아욱[葵, 규] : 아욱과의 두해살이풀. 연한 줄기와 잎은 국을 끓여 먹는다. 씨는 동규자(冬葵子)라고 하여 한방에서 이뇨제로 사용한다. 풍석 서유구 지음, 임원경제연구소 옮김, 《임원경제지 정조지》1, 풍석문화재단, 2020, 216~217쪽과 함께 참조 바람.
2 일명……활채(滑菜)이다 : 《本草綱目》卷26 〈草部〉 "葵", 1038쪽; 《二如亭群芳譜》 〈貞部〉 "花譜" 3 '葵'(《四庫全書存目叢書補編》80, 738쪽)에 보인다. 아욱은 여기에 실린 다른 채소와 달리 《본초강목》에는 〈채부(菜部)〉가 아니라 〈초부(草部)〉에, 《이여정군방보(二如亭群芳譜)》에는 〈소보(蔬譜)〉가 아니라 〈화보(花譜)〉에 분류되어 있는 점이 흥미롭다. 《이여정군방보》를 증보하여 재편집한 《광군방보》에서는 아욱을 다시 〈소보(蔬譜)〉에 분류했다.
3 이아익(爾雅翼) : 중국 송나라의 훈고학자 송나라 나원(羅願, 1136~1184)이 편찬한 《이아(爾雅)》주석서. 총 32권으로, 초(草)·목(木)·조(鳥)·수(獸)·충(蟲)·어(魚)의 6류(類)로 나누어 물명(物名)을 해설하였다.
4 《爾雅翼》卷4 〈䖤〉(《文淵閣四庫全書》222, 148쪽).
5 천간(天干)에는……따른다 : 천간은 지지(地支)와 함께 간지(干支)를 구성하는 개념이다. 천간은 갑(甲), 을(乙), 병(丙), 정(丁), 무(戊), 기(己), 경(庚), 신(辛), 임(壬), 계(癸) 총 10개로 이루어져 있다. 여기서는 천간의 마지막인 계(癸)에서 천간이 끝나고 새로 시작한다는 점을 아욱의 한자 '葵'와 연결하여 설명하고 있다.
6 도씨본초주(陶氏本草註) : 중국 양(梁)나라의 본초학자 도홍경(陶弘景, 456~536)이 편찬한 본초서 《본초경집주(本草經集注)》로 추정된다. 《본초경집주》원본은 현재 남아 있지 않으나, 후대 편찬된 《증류본초(證類本草)》등의 본초서에 그 내용이 전한다.
7 출전 확인 안 됨; 《農政全書》卷28 〈樹藝〉 "蔬部" '葵'(《農政全書校注》, 709쪽).

아욱싹(임원경제연구소, 국립원예특작과학원에서 촬영)　　　　　아욱(전영창)

아욱(동규자)《본초도경》　　　아욱(전영창)　　　　　아욱잎(국립원예특작과학원)

족(衛足)[8]이나 활채(滑菜, 식감이 미끌미끌한 채소)는 그 본
성을 언급하는 이름이다.

　菜, 言其性也.

제민요술주(齊民要術注)[9][10] 아욱에는 자주색 줄기

齊民要術注 有紫莖、白莖

8　위족(衛足) : 무성한 잎이 아욱의 발이라 할 수 있는 뿌리 부분을 가리는 모습을 말하는 것으로 보인다. 《춘
　　추좌씨전(春秋左氏傳)》성공(成公) 17년 조의 다음과 같은 내용에서 유래한 말이다. 제(齊)나라 대부 포견
　　(鮑牽)이 발꿈치를 베는 형벌을 받았다. 그러자, 공자(孔子)는 이에 대하여 "포장자(鮑莊子, 포견)의 지혜
　　는 아욱만도 못하다. 아욱은 오히려 자신의 발을 잘 호위한다(鮑莊子之知不如葵. 葵猶能衛其足)."라 평했
　　다. 이에 대한 주(注)에 "아욱은 잎을 태양 쪽으로 기울여 제 발인 뿌리 부분을 가려 지킨다(葵傾葉向日以
　　蔽其根)."라 했다."
9　제민요술주(齊民要術注) : 중국 북위(北魏)의 학자 가사협(賈思勰, ?~?)이 지은 농서 《제민요술(齊民要
　　術)》에 붙인 주석. 이 책은 곡물·채소·과수 등의 종식법(種植法)과 가축의 사육법, 술·간장의 양조법 그
　　리고 가공·판매·조리의 과정을 상세히 기록했다. 화북 지방의 밭농사에 대한 정보가 집대성되어 있고, 지
　　금은 사라진 많은 관련 서적들을 인용하였다.
10　《齊民要術》 卷3 〈種葵〉 第17(《齊民要術校釋》, 176쪽).

아욱과 백색 줄기 아욱, 이 2종이 있다. 각 종별로   二種. 種別有大小之殊, 又
크기의 차이가 있다. 또 잎이 오리발[鴨脚]모양의 아   有鴨脚葵】
욱도 있다】

2) 심는 시기

1월에는 아욱과 겨자를 심을 수 있다. 6월 6일에는 아욱을 심을 수 있고, 중복(中伏, 양력 7월 26·27일경) 이후에는 겨울아욱을 심을 수 있다. 9월에는 아욱절임[葵菹]과 말린 아욱[乾葵, 아욱시래기]을 만든다. 《사민월령(四民月令)[11]》[12]

심는 시기가 이른 아욱은 '가을아욱[秋葵]'이고, 심는 시기가 늦은 아욱은 '겨울아욱[冬葵]'이다. 심는 시기의 선후(先後)는 이를 심는 사람에게 달려 있다. 《왕정농서(王禎農書)》[13]

時候

正月可種葵、芥[1]. 六月六日可種葵, 中伏後可種冬葵. 九月作葵菹、乾葵. 《四民月令》

種之早者爲"秋葵", 遲者爲"冬葵". 時有先後, 爲之在人. 《王氏農書》

---

11 사민월령(四民月令): 중국 후한(後漢)의 농학가이자 관리인 최식(崔寔, 103~170)이 지은 농서. 낙양 일대의 지역을 중심으로 여러 작물의 파종시기와 가축의 사육, 양잠, 방직, 약 제조법 등 매월 농가에서 해야할 일을 정리해 놓은 농가력(農家曆)이다. 원서는 유실되었지만 《제민요술》 등의 다른 저술에 그 일부가 남아 있다.

12 출전 확인 안 됨; 《齊民要術》 卷3 〈種葵〉 第17《齊民要術校釋》, 182쪽); 《農政全書》 卷28 〈樹藝〉 "蔬部" '葵'《農政全書校注》, 711쪽).

13 《王禎農書》 〈百穀譜〉 4 "蔬屬" '葵', 107쪽; 《農政全書》 卷28 〈樹藝〉 "蔬部" '葵'《農政全書校注》, 712쪽).

[1] 正月……葵芥: 오사카본에는 이 6자를 추가하라는 두주가 있다.

3) 심기와 가꾸기

씨앗을 심는 시기가 되면, 반드시 아욱씨앗을 햇볕에 바짝 말려야 한다.

【주】아욱씨앗은 비록 해가 지나도 축축해지지 않는다. 그러나 축축한 씨앗을 심으면 아욱에 개병(疥病)14이 들어 살지지 않는다.

農政全書(農政全書) 15 일반적으로 씨앗은 모두 그러하다. 유독 아욱만 그런 것은 아니다】

땅은 질 좋은 곳을 싫어하지는 않지만, 옛날 집터가 더욱 좋다. 땅이 토박하면 똥거름을 주되, 함부로 심어서는 안 된다. 봄이 되면 반드시 휴전[畦]에 심고서 물을 준다.

【주】봄에는 바람이 많고 가뭄이 든다. 따라서 휴전이 아니면 안 된다. 또 휴전은 땅을 아끼면서도 채소를 많이 얻으므로, 하나의 휴전에서 한 사람 몫을 공급할 수 있다.

안 휴전의 제도는 이미 총서(總敍)에 보인다16】

아욱은 3장의 잎이 난 후에 물을 준다【주】밭에 물주기는 새벽과 저녁에 하고, 낮에는 물주기를 멈춘다】.

種藝

臨種時, 必燥曝葵子.

【注】葵子雖經歲不渴, 然濕種者, 疥而不肥也.

農政全書 凡種皆然, 不獨葵也】

地不厭良, 故墟彌善 ; 薄卽糞之, 不宜妄種. 春必畦種水澆.

【注】春多風旱, 非畦不得. 且畦者省地而菜多, 一畦供一口.

案 畦制已見總敍】

葵生三葉, 然後澆之【注 澆用晨夕, 日中便止】.

---

14 개병(疥病) : 식물이 자라면서 마르거나 오그라드는 현상.
15 《農政全書》 卷28 〈樹藝〉 "蔬部"(《農政全書校注》, 709쪽).
16 휴전의……보인다 : 《관휴지》 권1 〈총서〉에 보인다.

잎을 한 번 딸[掐] 때마다 바로 쇠스랑[耙]17으로 흙을 부드럽게 하면서 파 내고 난 뒤 물을 뿌리고 똥 거름을 준다. 3번 따고 다시 새로 심는다. 1년 동안 에 모두 3번[輩] 심을 수 있다.18

일찍 심어 봄에 수확하는 경우 반드시 가을에 밭 을 간다. 10월말 땅이 막 얼어붙을 즈음 씨앗을 뿌 리고 이빨 없는 로(勞)19로 흙을 쓸어 덮어 준다【주 1묘(畝)에 씨앗 3승씩 뿌린다. 1월말에 씨앗을 뿌려 도 된다】. 이때 발로 밟아 주어야 좋다【주 발로 밟 아 주면 채소가 살지게 자란다】. 땅이 풀려 곧 싹 이 나면 이후에는 호미로 김매기를 여러 번 해도 괜 찮다.

5월초에 다시 심는다【주 봄아욱은 이미 쇠었고, 가을아욱은 아직 나지 않았으므로 이때 아욱을 심 어 서로 연이어 거두도록 한다】.

6월 1일에 백색 줄기 가을아욱을 심는다【주 백 색 줄기 아욱은 말리기에 알맞다. 반면 자색 줄기 아욱은 말리면 흑색이 되고 맛이 떫어진다】.

가을아욱을 먹을 수 있게 되더라도 5월에 심은 아욱은 그대로 남겨서 씨앗을 취한다【주 봄아욱씨 앗은 여문 상태가 고르지 않다. 그러므로 반드시 5 월에 심은 아욱의 씨앗[中輩]을 남겨야 한다】.

每一掐, 輒耙摟地令起, 下水加糞. 三掐更種. 一歲 之中, 凡得三輩.

早種者, 必秋耕. 十月末地 將凍, 散子勞之【注 一畝 三升. 正月末散子亦得】. 人足踐踏之乃佳【注 踐者 菜肥】. 地釋卽生. 鋤不厭 數.

五月初更種之【注 春者旣 老, 秋葉未生, 故種此相 接】.

六月一日種白莖秋葵【注 白莖者宜乾, 紫莖者乾則 黑而澁】.

秋葵堪食, 仍留五月種者 取子【注 春葵子熟不均, 故須留中輩】.

---

17 쇠스랑[耙]: 원문의 "파(耙)"는 본래 써레라는 뜻이다. 그러나 여기 《제민요술》의 맥락에서는 이 앞에 나온 글(《관휴지》권1 〈총서〉 '농지 만들기' '휴전 만드는 법'의 첫 기사)의 철치파(鐵齒耙)를 의미한다.

18 1년……있다: 봄·여름·가을 3번에 걸쳐 심고 수확한다는 뜻이다. 《齊民要術校釋》, 179쪽 주8번 참조.

19 로(勞): 흙을 긁어 덮어 주는 연장. 《임원경제지 본리지》권10 〈그림으로 보는 농사연장〉(상) "갈이 연장과 삶이 연장" '로(勞)'를 참조 바람.

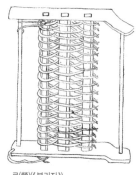

勞

로(勞)(《본리지》)

이때에 지면에 붙여서 봄아욱 줄기를 잘라 내어 뿌리 위에 그루터기[栫]【주 '栫'의 음은 얼(櫱)이다】가 나게 한다. 이 줄기는 부드러우면서 연하여 매우 맛이 좋아 그대로 평상시 음식에 쓴다. 그 맛이 가을 아욱보다 더 좋다【주 이를 겨울 채소로 남겨 두려면 시렁에 널어 그루터기째로 말려 두어도 알맞다】.

또 겨울아욱 심는 법은 다음과 같다. 9월에 채소를 거둔 뒤에 곧 밭을 간다. 10월 보름이 될 때까지 3번 갈 수 있게 한다. 밭을 갈 때마다 로(勞)질을 해서 흙을 쓸어 준다. 쇠스랑으로 흙을 부드럽게 하여 묵은 뿌리들을 제거하고, 땅을 매우 충분히 삶아서 마치 삼[麻, 대마] 심는 땅처럼 만든다.

그 밭 안의 긴 방향을 따라 우물 10개를 판다【주 우물은 반드시 서로 마주 보도록 바르게 파

於此時, 附地剪却春葵, 令[2]根上栫【注 音櫱】生者, 柔輭至好, 仍供常食, 美于秋菜【注 留之, 亦中爲榜簇】.

又種冬葵法: 九月收菜後卽耕, 至十月半, 令得三遍. 每耕卽勞, 以鐵齒杷耬去陳根, 使地極熟, 令如麻地.

于中逐長[3]穿井十口【注井必相當, 邪[4]角則妨地.

---

[2] 令: 저본에는 "冷".《齊民要術·種葵》에 근거하여 수정.
[3] 長: 저본·《農政全書·樹藝·蔬部》에는 "常".《齊民要術·種葵》에 근거하여 수정.
[4] 邪:《齊民要術·種葵》에는 "斜".

야 한다. 비뚤어지게 파면 땅을 쓰는 데 방해가 된다. 지형이 좁고 긴 곳이라면 우물은 반드시 1줄로 만들어야 한다. 지형이 정사각형인 곳이라면 우물을 2줄 또는 3줄로 만들어도 문제없다】.

地形狹長者, 井必作一行; 地形正方者, 作兩三行亦不嫌也】.

우물에 별도로 길고(桔槹)[20]나 녹로(轆轤)[21]를 만든다【주 우물이 깊으면 녹로를 쓰고, 우물이 얕으면 길고를 쓴다】. 유관(柳鑵, 버들두레박)은 1석(石)들이로 만든다.

井別作桔槹、轆轤【注 井深用轆轤, 井淺用桔槹】. 柳鑵令受一石.

10월말 땅이 막 얼어붙으려 할 때 씨앗을 흩뿌리되, 오직 배게 뿌려야 좋다【주 1묘마다 씨앗 6승을 쓴다】.

十月末, 地將凍, 漫散子, 惟槪爲佳【注 畝用子六升】.

씨뿌리기가 끝나면 곧 다시 로(勞)질을 하여 씨앗을 덮어 준다. 눈이 내리면 눈이 바람에 날려 가지 않도록 한다【주 눈을 로(勞)로 쓸어서 땅에 습기가 보존되도록 하면, 잎사귀에도 벌레피해가 생기지 않는다】.

散訖, 卽再勞. 有雪, 勿令從風飛去【注 勞雪, 令地保澤, 葉又不蟲】.

눈이 내릴 때마다 로(勞)로 한 번씩 눈을 쓸어 씨앗 심은 땅을 덮는다. 만약 겨울에 눈이 내리지 않으면, 12월에 우물물을 길어다 고루 물을 주어서 모두 촉촉해지도록 한다.

每雪輒一勞之. 若令冬無雪, 臘月中汲井水普[5]澆, 悉令徹澤.

【주 눈이 내리면 아욱이 황폐해지지 않는다.

【注 有雪則不荒.

농정전서[22] 풀과 나무치고 눈을 기다리지 않는 식

農政全書 無草木不待雪,

---

20 길고(桔槹) : 지렛대 장치를 이용해 물을 퍼서 올리는 수리 기구. 《임원경제지 본리지》 권12 〈그림으로 보는 관개 시설〉(상) "길고"를 참고 바람.

21 녹로(轆轤) : 도르레 장치로 물을 길어 올리는 기구. 《임원경제지 본리지》 권12 〈그림으로 보는 관개 시설〉(상) "녹로"를 참고 바람.

22 《農政全書》 卷28 〈樹藝〉 "蔬部" '葵'(《農政全書校注》, 711쪽).

[5] 普 : 저본·《農政全書·種藝·蔬部》에는 "普勞". 《齊民要術·種葵》에 근거하여 수정.

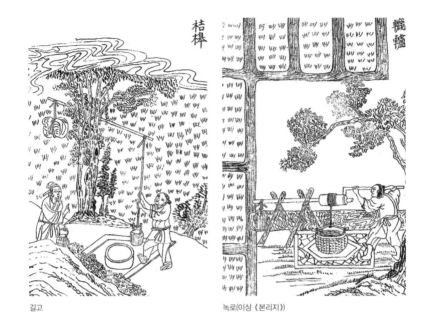

桔槹

轆轤

길고

녹로(이상 《본리지》)

물은 없다. 그러므로 눈이 내리지 않으면 모두 물을
주어야 한다. 일반적으로 풀과 나무가 겨울 생식 중
에 말라 죽는[23] 이유는 모두 건조함 때문이지 추위
때문이 아니다】

無雪悉宜澆. 凡草木冬植
者, 皆以乾, 不以寒也】

　언 땅이 정월에 녹으면 가축을 몰아 땅을 밟게
해서 땅의 표면을 깨 준다【주 땅을 밟아 주지 않으
면 곧 땅이 말라 버린다. 땅의 표면이 깨지면 땅이
실해져서 촉촉해진다】.

正月地釋, 驅[6]踏破地皮
【注 不踏卽枯涸, 皮破卽
香涸[7]】.

---

23 말라 죽는:《農政全書校注》(742쪽 주18번)의 "이 구절에는 착오나 누락이 있는 듯하다. '植'자가 '枯'자와
　비슷하여 오기했거나 '植'자 아래에 '不生' 등의 글자가 있었을 것이다(這句疑有錯漏. 植字似作枯, 或植字
　下有不生)."라는 주석을 참조하여 의역한 것이다.

[6] 驅:《齊民要術·種葵》에는 "驅羊".

[7] 香涸:《齊民要術·種葵》에는 "膏潤".

봄에 따뜻해져서 풀이 나면 아욱도 함께 난다. 3월초에 아욱잎의 크기가 동전만 해지면 배게 자란 곳에서 크게 자란 아욱을 솎아다 싱싱한 채로 판다【주 모든 일손을 들여 솎아야 수확을 감당한다[禁]24. 7세 이상의 아녀자들은 모두 일에 힘을 보탤 수 있다】.

1승의 아욱이면 1승의 쌀과 바꿀 수 있다. 날마다 아욱을 솎아서 아욱끼리 간격이 적당해져야, 뽑는 일을 그친다. 잡초가 있으면 손으로 그 뿌리를 뽑아 버려야지, 호미를 써서는 안 된다.

4월 8일 이후부터는 날마다 아욱을 베어다 판다. 베어 낸 곳은 이어서 수반작(手拌斫)25으로 땅을 파서 흙을 일으켜 준 뒤 물을 주고 똥거름으로 덮는다【주 4월은 매우 가물어 물을 대지 않으면 아욱이 자라지 못한다. 하지만 비가 내리면 굳이 물을 대지 않아도 된다. 4월 이전에는 비록 가뭄이 들더라도 굳이 물을 대지는 않는다. 이는 땅이 충분히 습기를 품고 있어서이다. 그 까닭은 겨울에 내린 눈의 습기가 모두 없어지지 않았기 때문이다】.

아욱 베기가 1번 끝나면 처음 베어 낸 곳으로 다시 돌아간다. 1주기를 마치고 다시 시작하므로 이렇게 일하면 날마다 아욱을 베어도 끝이 없다. 8월 사

春暖草生, 葵亦俱生. 三月初, 葉大如錢, 逐概處拔而賣生8【注 十手拔乃禁取. 兒女子七歲已上皆得充事】.

一升葵, 還得一升米. 日日常拔, 看稀稠得所乃止. 有草拔却, 不得用鋤.

自四月八日以後, 則日日翦賣. 其翦處, 尋以手拌斫斸地令其9起, 水澆糞覆之【注 四月亢旱, 不澆則不長. 有雨則不須. 四月以前, 雖旱亦不須澆, 地實保澤, 雪勢未盡也】.

比及翦10遍, 初者還復, 周而復始, 日日無窮. 至八月社日止, 留作秋菜. 九月,

---

24 감당한다[禁]: "금(禁)"이 "승임(勝任)"의 뜻이라는 《齊民要術校釋》(183쪽 주6번)의 견해를 반영했다.

25 수반작(手拌斫): 땅을 파는 작은 농기구.

8 而賣生:《齊民要術·種葵》에는 "大者賣之".

9 起:《齊民要術·種葵》에는 없음. 《農政全書校注》(742쪽, 주20번)에는 이를 연문으로 보고서 《제민요술》에 따라 삭제해야 한다고 했다.

10 翦: 저본에는 "前". 오사카본·규장각본·《齊民要術·種葵》에 근거하여 수정.

일(社日)[26]이 되어야 일을 그치고, 나머지 아욱은 남겨서 가을에 쓸 채소로 삼는다. 9월에는 밭떼기로 판다.[27]

거두기를 마치면 지난해 했던 방법대로 재빨리 밭을 간다. 30묘(畝)의 아욱밭은 10경(頃, 1,000묘)의 조밭[穀田][28]의 수입보다 낫다. 다만 소달구지 1대는 오로지 이 아욱밭에만 써야 한다【주 소는 밭갈이, 로(勞)질하기, 똥거름 운반, 판매 등의 일로 1년 내내 한가할 틈이 없다】.

만약 똥거름을 얻을 수 없다면, 5월이나 6월 중에 아욱밭 사이사이에 녹두를 배게 심은 다음, 7월이나 8월이 되어 쟁기로 갈아엎어 녹두를 죽인다. 이렇게 똥거름을 준 것처럼 하면 토질이 좋아져서 똥거름의 효과와 차이가 나지 않고, 게다가 노동력을 줄일 수 있다【주 우물과 우물 사이에 있는 밭이라서 쟁기가 닿을 수 없는 곳은 휴전을 만들어 여러 채소들을 심을 수 있다[29]】.《제민요술》[30]

해묵은 아욱씨앗은 약한 불에 볶아 건조시킨 다

指地賣.

收訖, 卽急耕依去年法. 三十畝[11]勝作十頃穀田. 止須一乘車牛專供此園【注耕、勞、輦糞、賣菜, 終歲不閑】.

若糞不可得者, 五六月中概種菉豆, 至七月、八月, 犂掩殺之, 如以糞糞田, 則良美與糞不殊, 又省功力【注其井間之田, 犂不及者, 可畦[12], 以種諸菜】.《齊民要術》

陳葵子微火炒令爆乾[13],

26　8월 사일(社日) : 입추(立秋) 뒤의 5번째 무일(戊日). 추사일(秋社日)이라고도 한다.
27　9월에는……판다 :《제민요술》에는 이 뒤에, 2묘의 땅에 심은 아욱을 팔면 비단 1필을 살 수 있다고 했다.
28　조밭[穀田] :《제민요술》에서의 "곡(穀)"은 곡식이 아니라 조를 의미한다.
29　우물과……있다 : 이 주석의 내용은 본문의 내용과 무관하며, 그 앞에 나온 "우물을 2줄 또는 3줄로 만들어도 문제없다."는 내용 뒤에 와야 한다는 견해가 있다.《齊民要術校釋》182쪽, 주7번 참조.
30　《齊民要術》卷3〈種葵〉第17(《齊民要術校釋》, 176~182쪽);《農政全書》卷28〈樹藝〉"蔬部"'葵'(《農政全書校注》, 709~711쪽).
[11]　三十畝 :《齊民要術·種葵》에는 없음.《農政全書·樹藝·蔬部》에는 있음.
[12]　畦 :《齊民要術·種葵》에는 "作畦".
[13]　乾 : 저본에는 "吒".《博物志》에 근거하여 수정.

음, 잘 삶아 둔 땅에 뿌리고 두루 그곳을 밟아 준다. 그러면 아침에 심어도 저녁에 싹이 나고, 싹이 늦더라도 하룻밤을 넘기지 않고 난다. 《박물지(博物志)》[31]

撒[14]熟地, 遍蹋之. 朝種暮生, 遲[15]不過經宿.《博物志》

---

31 《博物志》卷2(《叢書集成初編》1342, 11쪽).
14 撒:《博物志》에는 "散著".
15 遲:《博物志》에는 "遠".

4) 거두기

가을아욱을 딸 때는 반드시 5~6개의 잎을 남겨야 한다【주 잎을 아예 따지 않으면 중심줄기만 자라고, 잎을 남겨 두면 곁가지가 나면서 그루가 크게 자라기 때문이다】.

일반적으로 아욱을 딸 때는 반드시 이슬이 마르기를 기다려야 한다【주 속담에 "이슬이 맺혀 있을 때는 아욱 따지 않고, 한낮에는 부추[韭] 자르지 않는다."라 했다】.

8월 보름에는 줄기를 잘라 제거한다【주 이때 곁가지는 남긴다. 곁가지가 많은 아욱은 땅에서 0.1~0.2척 되는 부분을 자르고, 줄기가 하나인 아욱도 땅에서 0.4~0.5척 되는 부분을 자른다】.

줄기를 자른 그루터기에서 새로 돋은 곁가지는 살지면서 야들야들하다. 거둘 때가 되면 그 높이가 사람의 무릎과 같아진다. 줄기와 잎이 모두 맛이 좋다. 그루가 비록 높이 자라지 않아도 채소의 양은 실제로 배나 많다.

【주 일찍 난 아욱의 중심 줄기를 자르지 않으면 아욱이 비록 몇 척 높이로 자랐어도 줄기와 잎이 질기고 억세어서 먹기에 전혀 적당하지 않다. 이렇게 되면 식용으로 쓸 수 있는 부분은 오직 장다리뿐이다. 중심 줄기에 붙어 있는 잎도 누렇고 맛이 떫어 먹기에 매우 나쁘고, 삶아도 맛이 좋지 않다. 그러므로 보기에는 양이 많은 듯해도 실제 양은 배나 적다】

收採

掐秋菜, 必留五六葉【注 不掐則莖孤, 留葉則科大】.

凡掐葵, 必待露解【注 諺曰: "觸露不掐葵, 日中不翦韭"】.

八月半翦去【注 留其岐. 岐多者則去地一二寸. 獨莖者, 亦可去地四五寸】.

栁生肥嫩, 比至收時, 高與人膝等, 莖葉皆美. 科雖不高, 菜實倍多.

【注 其不翦早生者, 雖高數尺, 柯葉堅硬, 全不中食. 所可用者, 惟有菜[16]心. 附葉黃澁至惡, 煮亦不美. 看雖似多, 其實倍少】

---

[16] 菜 : 저본에는 "葉".《齊民要術·種葵》에 근거하여 수정.

아욱 거두기는 서리 내리기를 기다려서 한다【주】너무 일찍 거둔 아욱은 누렇게 문드러지고, 너무 늦게 거둔 아욱은 흑색으로 맛이 떫다】.

시렁에 널어 말린 시래기는 반드시 그늘에서 말려야 한다【주】해를 보아도 맛이 떫어진다】.

남아 있는 작은 줄기 베어내기를 마치면 즉시 손가는 대로 땅에 묶어 둔다【주】시들고 나서 묶은 아욱은 반드시 문드러진다】.《제민요술》[32]

줄기와 잎이 무성해질 때라야 벨 수 있다. 그중에 야들야들한 줄기만은 베지 않고 손으로 딴다. 두보(杜甫)[33]의 시에 "아욱 벨 때 손 함부로 쓰지 말아야 하니, 손 함부로 쓰면 아욱 뿌리 상하게 한다네."[34]라 했다. 대개 뿌리를 상하게 하면 아욱이 살지 못하기 때문이다.《왕정농서》[35]

收待霜降【注 傷早黃爛, 傷晚黑澁】.

榜簇皆須陰中【注 見日亦澁】.
其碎者割訖, 卽地中尋手紏之【注 待萎而紏者必爛[17]】.《齊民要術》

莖葉茂盛時方可刈. 嫩惟探擷之耳. 杜詩云:"刈葵莫放手, 放手傷葵根." 蓋傷根則不生.《王氏農書》

---

32 《齊民要術》卷3〈種葵〉第17(《齊民要術校釋》, 177쪽);《農政全書》卷28〈樹藝〉"蔬部"'葵'(《農政全書校注》, 710쪽).
33 두보(杜甫):712~770. 중국 당나라의 시인. 자는 자미(子美), 호는 소릉(少陵). 중국 시사(詩史)에 가장 뛰어난 업적을 남긴 시인 중의 한 사람으로 평가된다.
34 아욱……한다네:《御定全唐詩》卷216〈杜甫〉"示從孫濟"(《文淵閣四庫全書》1425, 7쪽).
35 《王禎農書》〈百穀譜〉4 "蔬屬" '葵', 108쪽;《農政全書》卷28〈樹藝〉"蔬部" '葵'(《農政全書校注》, 712쪽).
[17] 掐秋菜……待萎而紏者必爛:이 부분은 오사카본에 "種藝" 항목의 '又種冬葵法' 위에 있고, 두주에 "'掐秋'부터 '必爛'까지는 '거두기[收採]' 조항의 《왕씨농서(王氏農書)》 기사 위에 옮겨 적어야 하고 '必爛' 아래에 '齊民要術' 네 글자를 적어야 한다(自掐秋至必爛, 移書于收採條《王氏農書》之上, 而必爛下書《齊民要術》四字)."라고 적혀 있다.

5) 쓰임새

아욱은 모든 채소 가운데 으뜸이고, 사시사철의 반찬에 대비하는 채소이다. 뿌리가 풍성하여 가뭄에도 잘 견디고, 맛은 달면서 독이 없다. 반찬에 쓰고 남은 아욱으로는 절임[菹]이나 시래기[腊]를 만들 수 있다. 말라버린 그루터기에서 돋아난 남은 곁줄기는 시렁에 널어 그루터기째로 말려 둔다.

씨앗과 뿌리는 질병을 치료할 수 있다. 그러므로 아욱은 어느 부위도 버릴 것이 없다. 참으로 채소들 중에서 상품(上品)이고, 백성의 생활에 도움을 주는 채소이다. 《왕정농서》[36]

功用

葵爲百菜之主, 備四時之饌. 本豐而耐旱, 味甘而無毒. 供食之餘, 可爲菹、腊; 枯柭之遺, 可爲榜簇.

子若根則能療疾, 咸無棄材. 誠蔬茹之上品、民生之資助也.《王氏農書》

---

36 《王禎農書》〈百穀譜〉4 "蔬屬" '葵', 107쪽;《農政全書》卷28〈樹藝〉"蔬部" '葵'(《農政全書校注》, 709쪽).

2. 파[蔥, 총]¹

蔥

1) 이름과 품종

名品

일명 "규(芤)", '채백(菜伯)', '화사초(和事草)'이다.²

一名"芤", 一名"菜伯①", 一名"和事草".

【설문해자(說文解字)³⁴】 파는 훈채(葷菜, 매운맛 채소)이다. 그 색깔이 파릇파릇[蔥蔥然]하기 때문에 '총(蔥)'이라 이름 붙였다. 색은 옅은 녹색이다.

【說文】 蔥, 葷菜也. 其色蔥蔥然, 故名"蔥". 淺綠色.

【본초강목(本草綱目)⁵⁶】 파 속에 구멍[孔]이 있기 때문에 '공(芤)'이라 이름 붙였다. 파의, 침처럼 뾰족한 잎[針葉]을 '총청(蔥靑)'이라 하고, 겉껍질[衣] 부분을 '총

【本草綱目】 草中有孔, 故名"芤". 其針葉曰"蔥靑", 衣曰"蔥袍", 莖曰"蔥白", 葉中

---

1 파[蔥, 총] : 백합과의 여러해살이풀. 풍석 서유구 지음, 임원경제연구소 옮김, 위와 같은 책, 177~178쪽과 함께 참조 바람.

2 일명……화사초(和事草)이다 :《本草綱目》卷26〈菜部〉"蔥", 1581쪽 ;《二如亭群芳譜》〈亨部〉"蔬譜" 1 '蔥'《四庫全書存目叢書補編》80, 302쪽)에 보인다.

3 설문해자(說文解字) : 중국 후한 시대 학자인 허신(許愼)이 편찬한 자전(字典). 총 15편. 그 당시 통용된 모든 한자 9,353자를 540부(部)로 분류하였다.

4 출전 확인 안 됨 ;《王禎農書》〈百穀譜〉4 "蔬屬" '蔥', 114쪽.《설문해자》의 "蔥" 항목에는 "파는 채소이다 (蔥, 菜也)."라 쓰여 있고, 이하의 내용은 없다. 이 문장은《왕정농서》의 설명과 일치한다.

5 본초강목(本草綱目) : 중국 명(明)나라의 본초학자(本草學者) 이시진(李時珍, 1518~1593)이 편찬한 본초서. 30여 년 동안에 걸쳐 이전의 본초학 성과를 집대성하고 개인적인 조사 연구 성과를 반영하여 완성했고, 1596년에 52권으로 간행되었다. 1,892종의 약재를 수부(水部)·화부(火部)·토부(土部)·금석부(金石部)·초부(草部)·곡부(穀部)·채부(菜部)·과부(果部)·목부(木部)·복기부(服器部)·충부(蟲部)·인부(鱗部)·개부(介部)·수부(獸部)·인부(人部) 등으로 분류한 다음 각 약재에 석명(釋名)·집해(集解)·정오(正誤)·수치(修治)·기미(氣味)·주치(主治)·발명(發明)·부방(附方) 등의 조목을 두어 설명했다.《임원경제지》의 핵심 인용문헌 중 하나이다.

6 《本草綱目》, 위와 같은 곳 ;《農政全書》卷28〈樹藝〉"蔬部" '蔥'《農政全書校注》, 721쪽).

① 伯 : 저본에는 "白". 오사카본·규장각본·《二如亭群芳譜·亨部·蔬譜》에 근거하여 수정.

포(蔥袍)'라 한다. 흰 줄기 부분을 '총백(蔥白)'이라 하고, 잎 속의 콧물 같은 진액을 '총염(蔥苒)'이라 한다. 여러 음식과 모두 잘 어울리기 때문에 '채백(菜伯, 채소의 우두머리)'이나 '화사(和事, 일을 조화시킴)'라 한다.

涕曰"蔥苒". 諸物皆宜, 故云"菜伯"、"和事".

왕정농서 [7] 산총(山蔥)[8]은 약(藥)에 넣어야 좋다. 호총(胡蔥)[9] 역시 그러하다. 음식에는 오직 한총(漢蔥, 겨울파)과 동총(凍蔥, 겨울파)만 쓸 뿐이다. 한총은 목총(木蔥)이다. 잎이 크고 향이 옅으며 겨울이면 잎이 마른다. 동총은 잎이 가늘지만 더 향이 난다. 또 겨울을 나기에 적당하다. '대관총(大官蔥)'이라고도 한다.

王氏農書 山蔥, 宜入藥. 胡蔥亦然, 食惟用漢蔥、凍蔥耳. 漢蔥, 木蔥也. 葉大而香薄, 冬卽葉枯. 凍蔥, 葉細而益香, 又宜過冬, 或名"大官蔥".

화한삼재도회(和漢三才圖會) [10][11] 동총(冬蔥)과 한총(漢蔥)은 본래 하나의 종(種)이다. 10월 중순에 심어서 다음해 1월에 잎을 베어 먹는다. 2~3차례 베어 먹을 수 있다. 여름철에는 잎이 질겨져서 먹을 수가 없다. 이른바 '한총(漢蔥)'이 이것이다.

조금 자란 파는 8월에 옮겨 심을 수 있다. 물을 대고 똥거름을 주면 왕성하게 살져 오른다. 서리를

和漢三才圖會 冬蔥、漢蔥本一種也. 十月中下種, 正月刈葉食之, 再三可刈. 夏月葉硬不可食, 所謂"漢蔥"是也.

稍長者八月可移種. 灌水培糞則肥盛. 經霜則柔軟,

7 《王禎農書》〈百穀譜〉4 "蔬屬" '蔥', 114쪽 ;《農政全書》卷28〈樹藝〉"蔬部" '蔥'(《農政全書校注》, 721쪽).
8 산총(山蔥) : 백합목 백합과 여러해살이풀인 흰여로. 총담(蔥淡), 총규(蔥葵)라고도 한다. 한약재로 주로 쓰인다. 어린잎이 원추리·비비추·명이나물(산마늘)과 많이 닮아서 식용했다가 중독되는 사례가 많은 독초이다.
9 호총(胡蔥) : 파의 일종. '자총(紫蔥)'이라고도 부른다. 아래의 '3. 자총이[紫蔥]' 항목에 자세히 보인다.
10 화한삼재도회(和漢三才圖會) : 일본 에도 시대 중기의 의사인 데라지마료안(寺島良安, 1654~?)이 지은 105권의 총서로, 천문·지리·인사·사물에 관한 백과사전. 중국의 《삼재도회(三才圖會)》를 본떠서 천·지·인 3재에 대하여 부(部)를 나누어 여러 그림을 싣고 거기에 설명을 덧붙였다. 《왜한삼재도회(倭漢三才圖會)》라고도 한다.
11 《和漢三才圖會》卷99〈葷草類〉"蔥"(《倭漢三才圖會》12, 82~83쪽).

맞으면 부드럽고 연해져서 삶아 먹을 만하다. 맛이 매우 달고 좋다. 이른바 '동총(冬蔥)'이 이것이다.

4월이 되면 뾰족하던 잎끝이 청백색으로 부풀어 오른다. 꽃과 같지만 꽃피지는 않는다. 그 속에는 맨드라미[鷄頭]씨앗과 같은 자잘한 씨앗들이 있다. 7월에 씨가 익었을 때 씨를 취하였다가, 10월에 심는다. 하나의 작물인데도 2가지 종(種)(동총과 한총)인 듯하다.

여름파는 통통하게 살지고 커서 동총과 차이가 없다. 이 파는 대개 봄에 베지 않고 기름진 땅에 옮겨 심었다가, 물을 주고 똥거름을 주어 기른 것이다. 이 파는 부유하고 귀한 사람들이 어느 때나 먹는 좋은 채소이다. 다만 그 맛은 서리 맞은 파에 미치지는 못한다.

堪煮食, 味甚②甘美. 所謂 "冬蔥"是也.

四月葉端脹③青白色, 似花而不開. 中有細子如鷄頭子. 七月熟時取之, 十月種之. 一物而如二種.

夏根蔥肥大, 無異於冬蔥. 蓋春間不刈而移栽肥地, 灌水培糞而成者也. 爲豪貴人不時之美菜. 但味不如經霜者耳.

행포지 [12] 파는 연계(燕薊)[13]나 요심(遼瀋)[14] 지역의 산

杏蒲志 蔥最稱燕薊、遼瀋

무주대파꽃1

무주대파꽃2(이상 안철환)

12 《杏蒲志》卷3〈種蔬瓜〉"種蔥"(《農書》36, 154쪽).
13 연계(燕薊) : 중국 북경(北京) 인근 지역. 춘추 시대 연(燕)나라의 도읍지를 '계(薊)'라 불렀다.
14 요심(遼瀋) : 중국 요동 지역 일대. 요양(遼陽)과 심양(瀋陽)을 아울러 말한다.
② 甚 : 저본에는 없음. 오사카본·《和漢三才圖會·葷草類·蔥》에 근거하여 보충.
③ 脹 : 《和漢三才圖會·葷草類·蔥》에는 "圓脹".

호총(《본초강목》)

파(《왜한삼재도회》)

대파(김재광)

물을 최고로 친다. 그러나 씨앗이 묵었으면 싹이 나지 않는다. 이 때문에 종자를 받기 어렵다. 만약 씨앗을 얻었으면 급히 심어야 한다】

之産. 然子陳則不生, 所以難於取種也. 苟得之, 宜急種之】

2) 심는 시기

2월에는 소총(小蔥, 실파)을 별도로 심고, 6월에는 대총(大蔥, 대파)을 별도로 심는다. 7월에는 대파와 실파 모두 심을 수 있다【여름파[夏蔥]를 '소총'이라 하고 겨울파[冬蔥]를 '대총'이라 한다】.《사민월령(四民月令)》[15]

時候

二[4]月別小蔥, 六月別大蔥. 七月可種大、小蔥【夏蔥曰"小", 冬蔥曰"大"】.《四民月令》

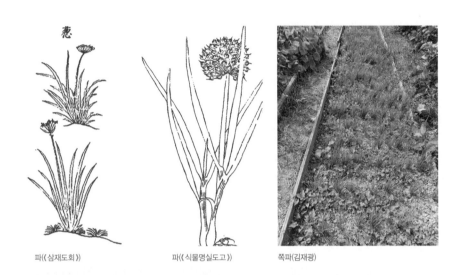

파(《삼재도회》) 파(《식물명실도고》) 쪽파(김재광)

쪽파뿌리(김재광)

무주대파(안철환)

15 출전 확인 안 됨;《齊民要術》卷3〈種蔥〉第21(《齊民要術校釋》, 199쪽);《農政全書》卷28〈樹藝〉"蔬部" '蔥'(《農政全書校注》, 722쪽).

[4] 二:《齊民要術·種蔥》에는 "三".

3) 심기와 가꾸기

파씨앗을 거두었으면 반드시 얇게 펴서 그늘에 말려야 하며, 씨앗이 눅눅해지게 해서는 안 된다【주】파의 본성은 뜨거워서 대부분 눅눅해지기 쉽다. 눅눅해지면 싹이 나지 않는다】.

파를 심으려고 정해 둔 땅은 반드시 봄에 녹두를 심은 다음 5월에 녹두를 갈아엎어 죽인다. 7월이 되면 밭갈이를 몇 번 한다. 1묘의 땅에 씨앗 4~5승을 쓴다【주】토질이 좋은 밭에는 씨앗 5승을 쓰고, 토박한 밭에는 4승을 쓴다】.

조[穀]를 볶아서 씨앗과 함께 휘저어 섞는다【주】파씨앗의 본성은 껄끄러워서 조와 함께 섞지 않으면 씨앗을 뿌려도 고르게 퍼지지 않는다. 조를 볶지 않고 섞으면 풀과 조가 어지럽게 뒤섞여 난다】.

種藝

收蔥子, 必薄布陰乾, 勿令浥鬱【注】蔥性熱, 多喜浥鬱, 浥鬱則不生】.

其擬種之地, 必須春種菉豆, 五月掩殺之. 比至七月, 耕數遍. 一畝用子四五升【注】良田五升, 薄田四升】.

炒穀拌和之【注】蔥子性澀, 不以穀和, 下不均調. 不炒則草、穀⑤穢生】.

실파(파주시 금촌동 통일시장에서 촬영)

대파(이상 임원경제연구소, 파주시 월롱면 덕은리에서 촬영)

---

⑤ 不炒則草穀:《齊民要術·種蔥》·《農政全書·樹藝·蔬部·蔥》에는 "不炒穀則草", 오사카본에는 "不炒穀則草"로 썼다가 '則' 앞의 '穀'을 지우고 '草' 뒤에 '穀'을 첨가한 흔적이 있다.

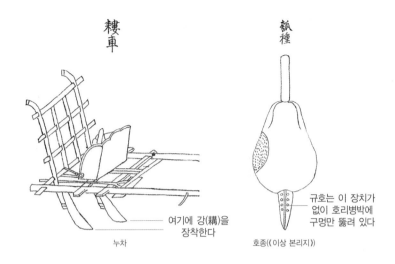

樓車

瓠種

여기에 강(耩)을
장착한다

누차

규호는 이 장치가
없이 호리병박에
구멍만 뚫려 있다

호종(《이상 본리지》)

누차(樓車)[16]의 발에 강(耩)[17]을 장착하여 2번 갈고서, 규호(竅瓠)[18]에 씨앗을 담아 뿌린 다음 별설(批契)[19]【주 별(批)은 포(蒲)와 결(結)의 반절(反切)[20]이다. 설(契)은 소(蘇)와 결(結)의 반절이다】을 허리에 매어 끌면서 흙을 덮어 준다.

7월에 씨앗을 심고, 다음해 4월이 되면 비로소 김을 맨다. 김매기를 두루 한 번 하고 이어서 파를 벤다. 파를 벨 때는 지면과 수평이 되도록 벤다【주 파줄기를 지면보다 높게 남기면 베어 낸 잎이 적어지

兩樓重耩, 竅瓠下之, 以批契【注 批, 蒲結反. 契, 蘇結反】繼腰曳之.

七月納種, 至四月, 始鋤. 鋤遍仍翦. 翦, 與地平【注 高留則無葉, 深翦則傷根[6]】.

---

16 누차(樓車):농작물의 씨를 뿌리는 기구.《임원경제지 본리지》권10 〈그림으로 보는 농사 연장〉(상) "파종 연장과 김매기 연장" '누차(樓車)'를 참조 바람.

17 강(耩):누차의 씨앗그릇 뒤쪽에 별도의 체를 설치하여 씨가 뿌려질 때 자잘한 거름이 함께 빠져나가도록 설계된 누차의 한 부분.《임원경제지 본리지》, 위와 같은 곳 참조.

18 규호(竅瓠):호리병박에 구멍을 뚫어서 씨앗을 편리하게 뿌릴 수 있도록 만든 농사 연장.《임원경제지 본리지》권10 〈그림으로 보는 농사 연장〉(상) "파종 연장과 김매기 연장" '호종(瓠種)'과 비슷하지만 그보다는 덜 개선된 형태이다.

19 별설(批契):새끼를 허리에 묶어 끌고 다니면서 흙을 덮어 주는 농사 연장.

20 반절(反切):한자의 음을 나타낼 때 다른 두 한자의 음을 각각 반씩만 따서 합쳐 발음하는 방법.

[6] 根:저본에는 "枝".《齊民要術·種蔥》·《農政全書·樹藝·蔬部·蔥》에 근거하여 수정.

고,[21] 너무 깊이 베면 뿌리를 상하게 한다】.

벨 때에는 아침 일찍 일어나야 하고, 햇볕이 뜨거울 때는 피한다. 토질이 좋은 땅에서는 파를 3번 베고, 토박한 땅에서는 2번 벤다. 8월에 베기를 그친다【주 파를 베지 않으면 잎이 무성해지지 않고, 지나치게 자주 베면 뿌리가 위쪽으로 솟구친다. 만약 8월에도 베기를 그치지 않으면 파의 총백을 싸고 있는 겉껍질[袍]이 없어져서 총백을 손상시킨다】.

12월이 끝날 무렵에 마른 잎과 마른 겉껍질은 쓸어서 제거한다【주 마른 겉껍질을 제거하지 않으면 봄에 파잎은 무성해지지 않는다】.

2월이나 3월에 파를 뽑는다【주 토질이 좋은 땅에서는 2월에 뽑고, 토박한 땅에서는 3월에 뽑는다】. 종자를 거둘 파는 별도로 남겨 놓는다.

파밭에 또한 고수[胡荽]를 사이사이에 심어서 손이 가는 대로 그때그때 음식에 쓴다. 그러다 맹동(孟冬, 10월)이 되고서야 고수절임[葅]을 만든다. 이 사이짓기 농법 역시 파 재배에 방해되지 않는다. 《제민요술》[22]

파를 심을 때는, 조[穀]를 볶아서 파씨앗과 고루 섞은 다음 누차의 한 구멍은 막고 다른 한 구멍으로

翦欲早[7]起, 避熱時. 良地三翦, 薄地再翦. 八月止【注 不翦則不茂, 翦過則根跳. 若八月不止, 則蔥無袍而損白矣】.

十二月盡, 掃去枯葉、枯袍【注 不去枯袍[8], 春葉則不茂】.

二月、三月出之【注 良地二月出, 薄地三月出】. 收子者, 別留之.

蔥中亦種胡荽, 尋手供食. 乃至孟冬爲葅, 亦不妨. 《齊民要術》

種蔥, 炒穀攪均, 塞耬一眼, 於一眼中種之. 他月蔥

---

21 적어지고 : 원문의 "무(無)"를 옮긴 것으로, 이 글자를 "소(少)"의 의미로 보아야 한다는 견해(《齊民要術校釋》, 201쪽 주9번)를 반영했다.
22 《齊民要術》 卷3 〈種蔥〉 21(《齊民要術校釋》, 199쪽) ; 《農政全書》 卷28 〈樹藝〉 "蔬部" '蔥'(《農政全書校注》, 721~722쪽).
[7] 早 : 《齊民要術·種蔥》·《農政全書·樹藝·蔬部·蔥》에는 "旦".
[8] 袍 : 오사카본에는 "葉"을 "袍"로 수정한 흔적이 있다.

씨앗을 뿌려 심는다. 나중에 파의 싹이 나오면 씨 뿌릴 때, 누차의 막아 놓은 한 구멍 아래쪽에 있던 흙으로 북준다. 이렇게 하면 씨앗의 간격이 알맞아서 옮겨 심는 수고를 하지 않아도 된다. 《사시유요(四時類要)[23]》[24]

出, 取其塞耬一眼之地中土培之. 疏密恰好, 又不勞移.《四時類要》

파 심는 법은 다음과 같다. 먼저 씨앗을 휴전에 심는다. 옮겨 심을 때에는 곧 도랑과 두둑을 만들고 똥거름을 준다. 전부 대파가 되면 모두 잎의 높이가 1척 정도이다. 총백의 높이도 이와 같다. 지난해 심은 파뿌리가 땅에 있으면 이듬해 봄에 아울러 캐서 모종으로 삼아 옮겨 심을 수 있다.《왕정농서》[25]

種法: 先以子畦種. 移栽, 却作溝、壟、糞壅之[9]. 俱成大蔥, 皆高尺許, 白亦如之. 宿根在地, 來春併得作種移栽之.《王氏農書》

파 심기는 시기에 구애받지 않는다. 먼저 어지럽게 난 잔뿌리를 제거하고 햇볕에 약간 말린다. 줄 간격은 성글게 하고 같은 줄 안에서는 배게 심는다. 돼지똥이나 닭똥, 오리똥을 왕겨[粗糠]와 섞어 거름준

蔥種不拘時, 先去冗鬚, 微曬. 疏行密排種之. 猪糞、鷄·鴨糞和粗糠壅之.《農政全書》[10]

---

23 사시유요(四時類要) : 중국 당(唐)나라 말기 966년에 시인 한악(韓鄂, ?~?)이 지은 《사시찬요(四時纂要)》. 《농상집요》·《농정전서》 등의 책에 그 내용의 일부가 보인다.

24 《사시찬요 역주》 권4 〈칠월〉 "농경과 생활" '파·부추 파종하기', 387쪽(한악(韓鄂) 저, 최덕경(崔德卿) 역주, 세창출판사, 2017);《農桑輯要》 卷5 〈瓜菜〉 "蔥"《農桑輯要校注》, 181쪽);《農政全書》 卷28 〈樹藝〉 "蔬部" '蔥'《農政全書校注》, 722쪽).

25 《王禎農書》〈百穀譜〉 4 "蔬屬" '蔥', 114쪽;《農政全書》 卷28 〈樹藝〉 "蔬部" '蔥'《農政全書校注》, 722쪽).

⑨ 糞壅之 : 오사카본에는 이 부분을 《농정전서》와 같이 "糞而壅"으로 썼다가 뒤에 《왕정농서》처럼 "糞壅之"로 수정했다.

⑩ 農政全書 : 오사카본에는 "王氏農書". 두주에 "'蔥種'부터 '壅之'까지는 《농정전서》에서 《왕정농서》를 인용했다고 적었다. 그러나 지금 《왕정농서》를 상고해보면 이 내용이 없다. 따라서 별도로 《農政全書》의 내용으로 분류하여 서명주를 달아야 한다(蔥種止壅之, 《農政全書》作《王氏農書》, 而今考《王氏農書》, 無之. 當另《農政全書》分註)."라고 적혀 있다. 실제로 이 기사는 《편민도찬(便民圖纂)·수예(樹藝)·종제색소채(種諸色蔬菜)》와 《농상의식촬요(農桑衣食撮要)·재총구해(栽蔥韭薤)〉에 보인다. 《農政全書校注》, 752쪽 주109번 참조.

다.《농정전서》[26]

또 사계총(四季蔥, 사철 먹는 파)이 있다. 이 파는 심는 시기에 구애받지 않는다. 역시 어지럽게 난 잔뿌리를 전부 제거하고 햇볕에 약간 말렸다가 심어야 한다.《한정록》[27]

又有四季蔥. 種不拘時, 亦須冗鬚盡去, 微曬種之.《閑情錄》

8월 상순에 휴전을 손질한다. 재를 파씨앗과 섞어 심는다. 이듬해 3월이 되면 옮겨 심는다. 옮겨 심을 때는 어지럽게 난 잔뿌리를 제거하고 햇볕에 약간 말린 다음 줄 간격은 성글게 하고, 같은 줄 안에서는 배게 심는다. 닭똥으로 거름준다.《구선신은서(臞仙神隱書)》[28][29]

八月上旬治畦, 用灰拌子種之, 至明年三月, 移栽. 栽時去冗鬚, 微曬乾, 疏行密排[11]. 以鷄糞培壅.《臞仙神隱書》

봄에 심는 경우, 2월에 파씨앗을 볶은 조[粟]와 함께 고르게 섞어서 뿌린다. 이어서 로(勞)를 가볍게 끌어 흙을 덮어 주고, 그 위에 똥거름재를 펴 준다.《사시찬요》[30]

春種者, 二月將蔥子, 與炒粟相和均下. 輕曳勞覆土, 上布糞灰.《四時纂要》

---

26 《農政全書》卷28〈樹藝〉"蔬部" '蔥'(《農政全書校注》, 722쪽).
27 《閑情錄》卷16〈治農〉"習儉" '蔥'(《農書》1, 112쪽).
28 구선신은서(臞仙神隱書):중국 명(明)나라 태조 주원장의 제17자인 주권(朱權, 1378~1448)이 신선(神仙)·은둔(隱遁)·섭생(攝生) 등을 다룬 의서. 구선(臞仙)은 주권의 호이다.
29 《臞仙神隱書》〈二月〉"蒔種"(《四庫全書存目叢書》260, 41쪽);《山林經濟》卷1〈治圃〉"種蔥"(《農書》2, 150쪽).
30 출전 확인 안 됨;《山林經濟》卷1〈治圃〉"種蔥"(《農書》2, 150~151쪽).
⑪ 排:《臞仙神隱書·二月·蒔種》에는 "擺".

4) 거두기

망종(芒種, 양력 6월 6·7일경)에 파씨앗을 거둘 때는
반드시 얇게 펴서 그늘에 말려야 하며, 씨앗이 눅눅
해지게 해서는 안 된다. 《한정록》[31]

收採

芒種收蔥子, 必薄布陰乾,
勿令鬱浥. 《閑情錄》[12]

---

[31] 출전 확인 안 됨;《山林經濟》卷1〈治圃〉"種蔥"《農書》2, 151쪽).

[12] 芒種收蔥子……閑情錄 : 오사카본에는 여기와 달리 별도의 '收採' 조항이 없고, 이 부분이 '種藝' 조항의 '又
有四季蔥'으로 시작하는 기사 앞에 있다. 하지만 후에 원고를 교정할 때 이 부분을 모두 삭제하도록 했을
뿐, 다른 교정 지시는 없다.

5) 쓰임새

파라는 채소는 속은 뚫려 있고, 겉모양은 곧으며, 뿌리는 무성하고, 잎에는 향이 있다. 비록 팔진미[八珍][32]와 같은 진귀한 요리나 온갖 양념[五味]이 들어간 특이한 요리라 할지라도 파가 아니면 그 좋은 맛을 낼 수 없다. 이것은 마치 상(商)나라의 매실[梅][33]이 요리[鼎]에 맛을 내고, 오(吳)나라의 등자[橙][34]가 모선(芼鮮)[35] 양념의 역할을 하는 점과 같다. 《왕정농서》[36]

功用[13]

蔥之爲物, 中通外直, 本茂而葉香. 雖八珍之奇、五味之異, 非此莫能達其美. 是猶商梅之調鼎、吳橙之芼鮮也.《王氏農書》

---

32 팔진미[八珍]: 진귀한 8가지 요리. 곰의 발바닥이나 용의 간, 잉어의 지느러미 등 구하기 힘든 재료로 만든 별미 요리를 의미한다. 문헌에 따라 8가지 요리의 내용은 상이하다.

33 상(商)나라의 매실[梅]: 상(商)은 춘추 시대 제후국의 하나인 송(宋)나라의 별칭이다. 이곳에서 나는 매실은 맛이 좋아 요리 곳곳에 쓰였다고 한다.

34 오(吳)나라의 등자[橙]: 오(吳)는 중국 춘추 시대 제후국의 하나이다. 이곳에서 나는 등자나무의 열매는 독특한 향이 있어 음식의 향신료로 많이 사용되었다.

35 모선(芼鮮): 양념류 야채의 즙을 섞어 만든 일종의 소스. 육류나 생선을 요리할 때 잡내를 없애고 살을 부드럽게 해 주며 신선도를 유지시켜 주는 역할을 하는 요리 재료이다.

36 《王禎農書》〈百穀譜〉 4 "蔬屬" '蔥', 114쪽.

[13] 功用: 오사카본에는 이 조항의 내용 없음.

3. 자총이[紫蔥, 자총]¹

紫蔥

1) 이름과 품종

名品

일명 '산총(蒜蔥)', '호총(胡蔥)'이고, 또 '회회총(回回蔥)'이라 한다.²

一名"蒜蔥", 一名"胡蔥", 又名"回回蔥".

【본초강목³ 호지(胡地)⁴에서 왔기 때문에 '호총(胡蔥)'이라 이름 붙였다. 뿌리가 마늘[蒜]과 비슷하기 때

【本草綱目】 來自胡地, 故名"胡蔥". 根似蒜, 故名

자총이

호총(《왜한삼재도회》)

---

1 자총이[紫蔥, 자총] : 파의 일종. 겉껍질은 자색(보라)이며, 속껍질은 자색이고 속은 백색이다. 맛은 파보다 훨씬 맵다.
2 일명······한다 : 《本草綱目》 卷26 〈菜部〉 "胡蔥", 1589쪽 ; 《二如亭群芳譜》 〈亨部〉 "蔬譜" 1 '蔥'(《四庫全書存目叢書補編》 80, 302쪽)에 보인다.
3 《本草綱目》, 위와 같은 곳.
4 호지(胡地) : 오랑캐 땅이라는 의미이지만 정확한 지역은 확정할 수 없다. 《이여정군방보》 〈형부〉 "소보" 1 '파[蔥]'에 따르면 자총이는 촉군(蜀郡)에서부터 전해졌다고 한다. 이로 볼 때 호지(胡地)는 촉군 일대로 추정할 수 있다.

문에 '산총(蒜蔥)'이라 이름 붙였다. 잎은 파와 비슷하며 맛은 염교[薤]와 비슷하지만 냄새가 심하게 나지는 않는다.

안 우리나라 사람들이 '자총이[紫蔥]'라 부르는 이유는 뿌리의 겉껍질이 자적(紫赤)색이기 때문이다】

"蒜蔥". 葉似蔥, 味如薤, 不甚臭.

按 東人呼爲"紫蔥", 以根皮紫赤也】

2) 심는 시기

평안도 및 전라도 사람들은 7월 보름에 심는다.
매년 밭을 바꾸어 심는다.《산림경제보》[5]

時候

關西及湖南人, 以七月望日
種之. 每年易田.《山林經
濟補》

3) 심기와 가꾸기

10월에 휴전에 심고, 말똥을 그 위에 대충 펴 놓
는다. 이듬해 5월이 되면 캐어 말려서 종자로 삼는
다.《산림경제보》[6]

자총이[胡葱]는 지난해 심어 둔 묵은 뿌리에서 저
절로 난다. 혹은 뿌리를 대그릇에 거두어서 그늘진
곳에 두었다가, 가을이 되어 싹이 나면 즉시 옮겨
심는다.《화한삼재도회》[7]

평안도 사람들의 자총이 심는 법: 입동(양력 11월
7·8일경) 전후에 땅을 갈아서 큰 두둑을 만든다. 두
둑의 너비는 10척 남짓이다. 다시 작은 호미를 가지
고 가로로 작은 고랑[畎, 견]을 만든다.

자총이를 이 고랑에 심고, 손가락 한 개의 두께
로 흙을 덮는다. 돼지똥·말똥이나 푹 썩힌 풀두엄
으로 덮어 준다. 그 위에다 수숫짚[蜀黍稭]을 깔아

種藝

十月畦種, 略鋪馬糞於其
上. 至明年五月, 採乾爲種.
《山林經濟補》

胡葱, 宿根自生. 或收根於
籠置陰處, 至秋, 生芽卽移
種.《和漢三才圖會》

關西人種紫葱法: 立冬前後
耕地, 作大壟, 廣可一丈餘.
復用小鉏橫作小畎.

種葱于畎, 覆土厚一指. 以
豬、馬糞或腐爛草薉覆之.
上鋪蜀[1]黍稭, 經冬不凍.

---

5 출전 확인 안 됨;《山林經濟》卷1〈治圃〉"種紫葱"(《農書》2, 151쪽).
6 출전 확인 안 됨;《山林經濟》, 위와 같은 곳 .
7 《和漢三才圖會》卷99〈蓳草類〉"胡葱"(《倭漢三才圖會》12, 84쪽).
1 蜀 : 저본에는 "蕮".《杏蒲志·種蔬瓜·種蒜》에 근거하여 수정.

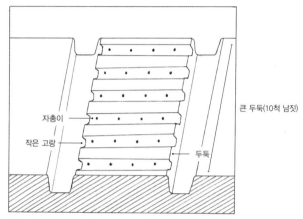

큰 두둑(10척 남짓)

자총이

작은 고랑

두둑

평안도 사람들이 자총이 심은 밭의 구조

주면 겨울을 나도록 얼지 않는다. 2월이면 캐 먹을 수 있다. 《행포지》[8]

二月可採食.《杏蒲志》

---

8 《杏蒲志》卷3〈種蔬瓜〉"種蒜"(《農書》36, 156쪽).

4. 부추[韭, 구]¹

韭

1) 이름과 품종

名品

일명 '초종유(草種乳, 풀 종유석)', '기양초(起陽草, 양기를 일으키는 풀)', '난인채(嬾人菜, 농부를 게으르게 하는 채소)'이다.²

一名"草種乳", 一名"起陽草", 一名"嬾人菜".

【설문해자】³ 1번 심으면 오래[久, 구] 살기 때문에 '구(韭)'라 한다. 일(一) 위에 자란 모습을 본뜬 것이다. 일(一)은 땅을 뜻한다.

【說文】一種而久者, 故謂之"韭". 象形在一之上. 一, 地也.

부추(《본초도경》)

부추(《왜한삼재도회》)

부추밭

---

1 부추[韭, 구]:외떡잎식물 백합목 백합과의 여러해살이풀. 풍석 서유구 지음, 임원경제연구소 옮김, 위와 같은 책, 180~181쪽을 참조 바람.
2 일명……난인채(嬾人菜)이다:《二如亭群芳譜》〈亨部〉第2 "蔬譜" 1 '韭'(《四庫全書存目叢書補編》80, 305쪽).
3 《說文解字》卷7下〈韭〉(《說文解字注》, 336쪽).

부추꽃(이상 임원경제연구소, 파주시 파주읍   수확한 부추(김재광)   산부추(임원경제연구소, 한밭수목원에서 촬영)
연풍리에서 촬영)

농정전서 [4] 초종유나 기양초는 몸을 따뜻하게 하고 기혈을 보하는 풀이라는 말이다. 난인채라는 이름은 1번 심으면 굳이 해마다 심을 필요가 없기 때문에 붙여진 것이다.

農政全書 草鍾乳、起陽草, 言其溫補也. 嬾人菜, 以其不須歲種也.

본초강목 [5] 줄기는 '구백(韭白)'이라 하고, 뿌리는 '구황(韭黃)'이라 하며, 꽃은 '구정(韭菁)'이라 한다. 《예기》에 "부추는 풍본(豐本, 뿌리가 풍성함)이라 한다."[6]라 했으니, 맛있는 부분이 뿌리에 있다는 말이다.

염교[薤]의 맛있는 부분은 흰 뿌리에 있고, 부추의 맛있는 부분은 누런 뿌리에 있다. 누런 부분은 아직 흙에서 나오지 않은 것이다】

本草綱目 莖名"韭白", 根名"韭黃", 花名"韭菁".《禮記》謂"韭爲豐本", 言其美在根也.
薤之美在白, 韭之美在黃. 黃乃未出土者】

---

4 《農政全書》卷28〈樹藝〉"蔬部" '韭'(《農政全書校注》, 722쪽).

5 《本草綱目》卷26〈菜部〉"韭", 1575쪽.

6 부추는……한다:《禮記正義》卷5〈曲禮〉下(《十三經注疏整理本》12, 182쪽).

2) 심는 시기

1월 상신일(上辛日)[7]에 부추휴전의 마른 부추잎을 손질하여 제거한다. 7월에는 부추꽃[韭菁, 구정]을 저장한다【정(菁)은 부추꽃이다】.《사민월령》[8]

3) 심기와 가꾸기

부추씨앗 거두는 법은 파씨앗 거두는 법과 같다【주 만약 시장에서 부추씨앗을 사려면 다음과 같이 시험을 해보아야 한다. 구리솥[銅鐺]에 물을 담고 이를 불 위에 얹어 부추씨앗을 살짝 데운다. 이때 잠깐 사이에 싹이 트는 씨앗이 좋다. 싹이 나지 않는 씨앗은 습기로 인해 뜬 것이다】.

휴전을 손질하고, 물을 주고, 거름으로 덮는 법은 모두 아욱 심는 법과 같다. 그러나 휴전을 아주 깊게 갈아야 한다【주 부추는 1번 베면 1번 덧거름을 준다. 또 부추뿌리의 본성은 위로 올라오는 것이기 때문에 휴전을 반드시 깊게 갈아야 한다】.

2월과 7월에 심는다. 심는 법은 다음과 같다. 1승들이 그릇이 꼭 맞게 들어갈 정도로 구덩이를 만들고, 이 구덩이 안에 씨앗을 뿌린다【주 부추의 본성은 안으로 나고 밖으로 자라지 않으므로 그 구덩이 안에 심어 포기가 무성해지도록 한다】.

김매 주어 늘 깨끗하게 한다【주 부추의 본성은 잡초가 많이 꾀기 때문에 자주 김매 주어야 좋다】.

正月上辛日掃除韭畦中枯葉. 七月藏韭菁【菁, 韭花也】.《四民月令》

種藝

收韭子, 如葱子法【注 若市上買韭子, 宜試之: 以銅鐺盛水, 加于火上, 微煮韭子. 須臾芽生者好, 芽不生者, 是浥鬱矣】.

治畦下水糞覆, 悉與葵同. 然畦欲極深【注 韭, 一翦一加糞. 又根性上跳, 故須深也】.

二月、七月種. 種法: 以升盞合地爲處. 布子于圍內【注 韭性內生, 不向外長, 圍種令科盛】.

薅令常淨【注 韭性多穢, 數薅爲良】. 高數寸翦之

---

7 상신일(上辛日): 매년 1월 상순에 드는 신일(辛日). 풍년을 기원하는 제사를 지내는 날이다.

8 출전 확인 안 됨;《齊民要術》卷3〈種韭〉第22(《齊民要術校釋》, 203쪽).

싹이 몇 촌(寸) 자라면 벤다【주 처음 심은 해에는 1번만 벤다】.

1월이 되면 휴전에 있는 묵은 잎을 손질하여 제거한다. 얼음이 녹으면 철파루(鐵杷樓)⁹로 부추가 없는 곳의 흙을 갈아 일으키고, 물을 준 다음 잘 삭은 거름을 준다. 부추싹이 0.3척으로 자라면 벤다. 베는 법은 파를 베는 법과 같다.

1년 동안 5번 넘게 베지 않는다【주 벨 때마다 철파루로 흙을 갈아 일으키고, 물을 주고, 거름주는 작업은 모두 처음과 같이 한다】. 종자를 거둘 부추는 1번만 베고 남겨 둔다.

만약 가물 때 심는 경우에는 휴전을 만들지 않고 물도 주지 않을 뿐이다. 철파루로 흙을 일으키고 거름을 주는 과정은 모두 똑같이 한다. 부추는 1번 심으면 오래도록 산다. 《제민요술》¹⁰

부추는 2월 하순에 씨앗을 뿌리고, 9월에 뿌리를 나누어 옮겨 심는다. 10월에 0.3척 정도의 두께로 볏짚 태운 재를 뿌려 덮는다. 또 재 위에 흙을 살짝 덮으면 재가 바람에 날리지 않는다.

입춘 뒤에 부추싹이 볏짚 태운 재 속에서 나면 베어서 먹을 수 있다. 만약 날씨가 맑고 따뜻하면 2월 중에 싹이 자라 채소가 되므로 차례대로 베어 먹

【注 初種時止一翦】.

至正月, 掃去畦中陳葉. 凍解, 以鐵杷樓起, 下水, 加熟糞. 韭高三寸便翦之. 翦, 如蔥法.

一歲之中, 不過五翦【注 每翦, 杷樓下水加糞, 悉如初】. 收子者, 一翦卽留之.

若旱種者, 但無畦與水耳, 杷、糞悉同. 一種永生. 《齊民要術》

韭, 二月下旬撒子, 九月分栽. 十月將稻草灰蓋三寸許, 又以薄土蓋之, 則灰不被風吹.

立春後芽生灰內, 則可取食. 天若晴暖, 二月中芽長成菜, 以次①割取. 舊根

---

9 철파루(鐵杷樓) : 쇠스랑이 달린 누차(樓車, 파종 연장)로, 밭을 가는 용도로도 쓴다.
10 《齊民要術》 卷3 〈種韭〉 第22(《齊民要術校釋》, 203쪽);《農政全書》 卷28 〈樹藝〉 "蔬部" '韭'(《農政全書校注》, 723쪽).
① 次 : 저본에는 "吹". 오사카본·《農政全書·樹藝·蔬部·韭》에 근거하여 수정.

는다. 묵은 뿌리는 늘 남겼다가 나누어 옮겨 심으면 굳이 다시 씨앗을 뿌릴 필요가 없다. 《농정전서》[11]

일반적으로 성곽 근교의 채소밭[園圃, 원포] 농가에서 30여 휴전에 부추를 심을 경우, 1개월에 2번 벨 수 있다. 이것을 시장에서 바꾼 다른 물건만으로도 집안 살림비용으로 쓰는 데 충분하다.

이렇게 누적하여 계산한다면 1년에 10번은 부추를 벨 수 있다. 가을 이후에는 부추꽃을 따서 채소반찬 용도로 쓸 수 있다. 이런 부추를 '장생구(長生韭)'라 한다.

겨울이 되면 뿌리를 캐서 땅속의 움집 안으로 옮겨 저장한다. 그런 다음 말똥으로 거름주고 따뜻하게 하면 곧 자라서 높이가 1척 정도로 된다. 게다가 바람이나 햇빛을 쐬지 않아서, 그 잎이 누렇고 연하기 때문에 이런 부추를 '구황(韭黃)'이라 한다. 일반 부추에 비해서 팔았을 때의 이익이 쉽게 몇 배나 된다. 북쪽 지방에서는 이것을 매우 진귀하게 여겼다.

또 오래된 부추 휴전 내에 겨울에 양지바른 곳을 골라 말똥을 덮어 준다. 휴전을 따라 수숫대[蜀黍]로 울타리를 둘러 세워 북풍을 막아 준다. 이렇게 하면 봄이 되었을 때 그 싹이 일찍 나온다. 싹이 길이 0.2~0.3척 정도 자라면 베어서 시장에서 다른 물건

常留分栽, 更不須撒子矣. 《農政全書》[2]

凡近城郭園圃之家, 可種三十餘畦, 一月可割兩次. 所易之物, 足供家費.

積而計之, 一歲可割十次. 秋後可採韭花, 以供蔬饌之用, 謂之"長生韭".

至冬, 移根藏于地屋蔭中, 培以馬糞, 煖而卽長, 高可尺許; 不見風日, 其葉黃嫩, 謂之"韭黃". 比常韭易利數倍, 北方甚珍之.

又有就舊畦內, 冬月以馬糞覆陽處, 隨畦以蜀黍籬障之, 用遮北風. 至春, 其芽早出, 長可二三寸, 則割而易之, 以爲"嘗[3]新韭".《王

---

11 《農政全書》卷28〈樹藝〉"蔬部" '韭'(《農政全書校注》, 724쪽).

[2] 農政全書:오사카본에는 "王氏農書"를 "農政全書"로 수정한 흔적이 있다.

[3] 嘗:《王禎農書·百穀譜·蔬屬·韭》·《農政全書·樹藝·蔬部·韭》에는 "嚐".

과 바꾼다. 이를 '상신구(嘗新韭, 맛보기 햇부추)'라 한다.　氏農書》[4]
《왕정농서》[12]

9월에 부추씨앗을 거둔다. 부추를 심은 다음 가
장 첫 번째 베어 낸 부추는 그대로 버리고, 주인이
먹지 말아야 한다. 부추는 적당한 간격으로 줄을 이
루도록 옮겨 심어 호미가 통하게 하는 게 제일 좋다.
전체를 한 차례 베어 내면 철파루(鐵杷耬)로 부추 사
이의 흙을 일으켜 뿌리끼리 서로 엉키지 않게 해야
좋다. 이렇게 하면 잎이 염교[薤]만큼 넓어지기 마련
이다. 《사시유요》[13]

九月收韭子. 種韭, 第一番
割, 棄之, 主人勿食. 韭,
不如栽作行, 令通鋤, 割一
遍, 以杷耬之, 令根不相接
爲佳. 如此, 當葉闊如薤.
《四時類要》[5]

부추뿌리가 다년간 자라 서로 엉키면 잎이 무성
해지지 않는다. 뿌리를 나누어 옮겨 심을 때 센 뿌리
는 떼어 버리고 어린 뿌리만 남긴다. 《구선신은서》[14]

韭根多年交結則不茂. 分
栽時, 摘去老根, 留嫩根.
《臞仙神隱書》

---

12 《王禎農書》〈百穀譜〉5 "蔬屬" '韭', 116~117쪽;《農政全書》卷28 〈樹藝〉 "蔬部" '韭'(《農政全書校注》,
　　723~724쪽).
13 《사시찬요 역주》권2 〈이월〉 "농경과 생활" '부추 파종하기', 160쪽;《農桑輯要》卷5 〈瓜菜〉 "韭"(《農桑輯
　　要校注》, 182쪽);《農政全書》卷28 〈樹藝〉 "蔬部" '韭'(《農政全書校注》, 724쪽).
14 출전 확인 안 됨;《山林經濟》卷1 〈治圃〉 "種韭、薤"(《農書》2, 153쪽).
[4] 王氏農書 : 오사카본에는 "同上"을 "王氏農書"로 수정한 흔적이 있다.
[5] 四時類要 : 오사카본에는 이 글자 아래에 "아래 '물주기와 거름주기[澆壅]' 항목에 있는 《臞仙神隱書》의
　　'韭根' 운운한 조항을 이곳으로 옮겨 적어야 한다(下《臞仙神隱書》韭根云云條, 移書于此)."라는 편집 지시
　　가 있다.

4) 물주기와 거름주기

부추휴전은 닭똥거름을 쓰면 더욱 좋다.《박문
록(博聞錄)[15]》[16]

부추에 거름주기를 할 때에는 돼지똥이나 닭똥
이 가장 좋다. 물고기 씻은 비린 물도 좋다.《구선신
은서》[17]

5) 쓰임새

부추는 잘라도 다시 나며, 오래 되어도 부족해지
지 않는다. 채소 가운데 팔면 이익이 많으며, 먹으면

澆壅[6]

韭畦, 若用鷄糞尤好.《博
聞錄》

壅韭, 猪糞、鷄糞最好, 洗
魚腥水亦好.《臞仙神隱
書》[7]

功用

韭, 翦而復生, 久而不乏.
蔬菜中易而多利, 食而溫

꽃대 올라온 부추(임원경제연구소, 파주시 파주읍 연풍리에서 촬영)

---

15 박문록(博聞錄): 중국 송나라 말기의 학자 진원정(陳元靚, ?~?)이 편찬한 10권의 백과사전류 저서. 진원
   정의 저서로는, 당시 민간생활을 잘 살펴볼 수 있는 《사림광기(事林廣記)》와 세시풍속을 다룬 《세시광기
   (歲時廣記)》 등이 있다.
16 출전 확인 안 됨;《農桑輯要》卷5〈瓜菜〉"韭"《農桑輯要校注》, 182쪽);《農政全書》卷28〈樹藝〉"蔬部"
   '韭'《農政全書校注》, 724쪽).
17 출전 확인 안 됨;《山林經濟》卷1〈治圃〉"種韭、薤"《農書》2, 152쪽).
[6] 澆壅: 오사카본에는 이 글자 위에 "'韭根'부터 '嫩根'과 주석 즉 '臞仙神隱書'까지 '심기와 가꾸기[種藝]' 조
   항의 《사시유요》라는 글자 아래로 옮겨 적어야 한다(韭根至嫩根及注, 移書種藝條《四時類要》之下)."는 두
   주가 있다.
[7] 臞仙神隱書: 오사카본에는 "同上"을 "臞仙神隱書"로 수정한 흔적이 있다.

몸을 따뜻하게 하고 기혈을 보해 준다. 그러므로 귀한 집이나 천한 집이나 없어서는 안 된다. 《왕정농서》[18]

補, 貴賤之家, 不可闕也. 《王氏農書》

---

[18] 《王禎農書》〈百穀譜〉 4 "蔬屬" '韭', 117쪽.

5. 염교[薤, 해]¹

薤

1) 이름과 품종

일명 '교자(藠子)', '화총(火蔥)', '채지(菜芝)'이다. 《이아》에서는 "홍회(鴻薈)"라 했다.²³

【본초강목】⁴ 해(薤)는 본래 '해(䪥)'로 썼다. 부추[韭]의 종류이다. 그러므로 글자가 '구(韭)'를 따른다. 해(䪥)는 음이 개(槪)이며, 해성(諧聲)⁵이다.

名品

一名"藠子", 一名"火蔥", 一名"菜芝".《爾雅》稱"鴻薈".

【本草綱目】 薤, 本作"䪥", 韭類也, 故字從韭. 䪥, 音槪, 諧聲也.

염교(《본초도경》)

염교(《왜한삼재도회》)

---

1 염교[薤, 해]: 외떡잎식물 백합목 백합과의 여러해살이풀. 비늘줄기에서 잎이 모여 난다. 씹는 맛이 좋아 소금과 식초에 절여서 식용한다. 풍석 서유구 지음, 임원경제연구소 옮김, 위와 같은 책, 182~183쪽을 참조 바람.
2 《이아》에서는……했다:《爾雅注疏》卷8〈釋草〉第13(《十三經注疏整理本》24, 267쪽).
3 일명……했다:《本草綱目》卷26〈菜部〉"薤", 1590쪽에 보인다.
4 《本草綱目》卷26〈菜部〉"薤", 1590~1591쪽.
5 해성(諧聲): 형성자를 말한다. 공(空), 강(江), 홍(紅)과 같이 이미 만들어진 글자 둘 이상이 합해진 글자이면서 합해지기 이전의 낱글자 하나와 성운[聲]을 공유할 경우 해성(諧聲)이라고 한다.

염교

그 뿌리가 희기 때문에 '교자(藠子)'라 부른다. 강남(江南, 양자강 남쪽) 사람들은 이를 잘못 알고 '조자(莜子)'라고 한다. 그 잎이 파[蔥]와 비슷하면서, 씨를 거두면 불로 훈증하는 게 좋기 때문에 민간에서는 '화총(火蔥)'이라 부른다.

나원(羅願)[6]은 "채소 가운데 지초(芝草)보다 좋은 것은 없기 때문에 염교를 '채지(菜芝, 채소 중의 지초)'라 한다."[7]라 했다.

또 다른 한 종류는 수정총(水晶蔥)이다. 파잎에 마늘뿌리가 있다. 염교와 비슷하지만 그와 달리 향이 나지 않는다. 들염교는 잎이 염교와 비슷하지만 그보다 더 작고, 맛은 훨씬 맵다. 《이아》에서 말한 '경(䪥, 산염교)'이 이것이다[8]】

因其根白呼爲"藠子". 江南人訛爲"莜子". 其葉類蔥而收種宜火熏, 故俗呼爲"火蔥".

羅願云: "物莫美于芝, 故薤爲'菜芝'."

又一種水晶蔥, 蔥葉蒜根, 與薤相似, 而不臭. 野薤, 葉似薤而小, 味益辛. 《爾雅》所謂"䪥"是也】

6   나원(羅願) : 1136~1184. 중국 송나라의 경학자. 《이아(爾雅)》의 주석서인 《이아익(爾雅翼)》을 편찬했다.
7   채소……한다. :《爾雅翼》卷5〈釋草〉"䪥"《文淵閣四庫全書》222, 294쪽).
8   이아에서……이것이다:《爾雅注疏》卷8〈釋草〉第13《十三經注疏整理本》24, 256쪽).

2) 알맞은 토양

염교는 희고 부드러우며 토질이 좋은 땅이 좋다. 3번 옮겨 심어야 좋다. 《제민요술》[9]

3) 심는 시기

1월에 염교와 부추를 심을 수 있다. 7월에는 따로 염교를 심는다. 《사민월령》[10]

2~3월에 심는다【주 8~9월에도 심을 수 있다. 그러면 다만 이듬해 늦봄에 비늘줄기가 성숙한다[11]】. 《제민요술》[12]

1월 상신일(上辛日)에 염교휴전에 있는 마른 잎을 손질하여 제거한 다음, 물을 주고 덧거름을 준다. 《사시유요》[13]

土宜[1]

薤宜白軟良地. 三轉乃佳. 《齊民要術》

時候

正月可種薤、韭. 七月別種薤矣. 《四民月令》

二月、三月種【注 八月、九月亦得. 但春末生】. 《齊民要術》[2]

正月上辛日, 掃去薤畦中枯葉, 下水加糞. 《四時類要》

---

9 《齊民要術》卷3〈種䪡〉第20(《齊民要術校釋》, 196쪽); 《農政全書》卷28〈樹藝〉"蔬部" '薤'(《農政全書校注》, 724쪽).

10 출전 확인 안 됨; 《齊民要術》卷3〈種䪡〉第20(《齊民要術校釋》, 197쪽).

11 이듬해……성숙한다 : 가사협(賈思勰) 저, 최덕경 역주, 《제민요술역주(齊民要術譯註)》Ⅱ, 세창출판사, 2018, 67~68쪽 주138번에 따르면, "생(生)은 비늘줄기가 생장하여 성숙하는 것을 가리킨다."라 했다. 8~9월에 심는 품종은 2년생 재배로, 겨울을 나고 봄에 자란다(《齊民要術校釋》, 197쪽 주2번 참조).

12 《齊民要術》卷3〈種䪡〉第20(《齊民要術校釋》, 196쪽); 《農政全書》卷28〈樹藝〉"蔬部" '薤'(《農政全書校注》, 724쪽).

13 《사시찬요 역주》권1〈정월〉"농경과 생활" '염교 이랑 관리', 91~92쪽; 《農桑輯要》卷5〈瓜菜〉'䪡'(《農桑輯要校注》, 181쪽).

1 二月……要術 : 오사카본에는 "二月"부터 "末生"까지 '種藝' 항목에 있었으며, "齊民要術"4자를 보충했다.

2 土宜 : 오사카본에는 이 부분이 표제어 없이 '種藝' 항목에 있었으며 "'土宜'에 해당되는 내용은 '時候' 항목 위로 붙여야 한다(土宜付時候上)."라는 두주가 있었다. 그런데 저본에는 '時候' 위가 아니라 아래에 옮겨졌다. 그러나 《관휴지》 전체에서의 표제어들 배치 순서로 볼 때 '土宜' 항목이 한결같이 '時候' 항목 앞에 배치되어 있다. 따라서 여기에서는 저자의 편집 지시대로 '土宜' 항목의 내용을 '時候' 위로 옮겼다.

4) 심기와 가꾸기

2~3월에 염교를 심는다. 대략 7~8개의 뿌리줄기[支]를 1개의 구덩이[本]에 심는다【주 속담에 "파뿌리 3개, 염교뿌리 4개"라 했다. 파를 옮겨 심으려면 3뿌리를 1개의 구덩이에 심고, 염교를 옮겨 심으려면 4뿌리를 1개의 구덩이에 심는다는 말이다. 그러나 뿌리줄기가 많은 경우에는 구덩이가 둥글고 커지기 때문에 7~8개를 기준으로 삼는다】.

염교종자로 쓸 뿌리줄기는 3월에 잎이 청색이 되면 뽑는다【주 청색이 되지 않았을 때 뽑으면 뿌리줄기살[肉]이 알차지 않아서 염교가 여위게 된다】.

뿌리줄기를 햇볕에 말린 다음 손으로 비벼서 마른 껍질을 제거하고 죽은 뿌리는 잘라 버린다【주 죽은 뿌리를 남겨 둔 채 심으면 여위고 가늘어져 살이 오르지 못한다】.

먼저 누차의 발에 강(構)을 장착하여 2번 땅을 간 다음, 두둑이 마르면 구덩이를 파서 염교를 심는다【주 두둑이 마르면 염교가 살이 오르고, 누차의 발에 강(構)을 장착하여 2번 갈면 염교의 뿌리줄기가 희게 잘 자란다】. 대략 1척마다 1구덩이를 만들어 심는다.

잎이 나면 김매 준다. 김매기는 여러 번 할수록 좋다【주 염교의 본성은 잡초가 많이 꾀고, 잡초가 우거지면 염교가 파리하게 여윈다】.

種藝

二三月種薤③. 率七八支爲一本【注 諺曰"蔥三薤四". 移蔥者, 三支爲一本; 種薤者, 四支爲一科. 然支多者, 科圓大, 故以七八爲率】.

薤子, 三月葉青便出之【注 未青而出者, 肉未滿, 令薤瘦】.

燥曝, 挼去莩餘, 切却殭根【注 留殭根而種④者, 卽瘦細不得肥也】.

先重耬耩地, 壟燥, 㭘⑤而種之【注 壟燥則薤肥, 耬重則白長】. 率一尺一本.

葉生卽鋤, 鋤不厭數【注 薤性多穢, 荒則羸瘦】.

---

③ 二三月種薤 : 오사카본에는 이 5자를 보충한 흔적이 있다.
④ 種 : 《齊民要術·種蒜》에는 "濕".
⑤ 㭘 : 저본에는 "培". 《齊民要術·種蒜》에 근거하여 수정.

봉(鋒)(《본리지》)

5월에 봉(鋒)[14]질을 하고, 8월초에 누차의 발에 강(耩)을 장착하여 땅을 갈아 준다【주 강(耩)으로 땅을 갈아 주지 않으면 염교의 흰뿌리줄기가 짧아진다】. 잎은 자르지 않는다【주 잎을 자르면 흰뿌리줄기를 손상시킨다. 평상시 반찬으로 쓸 염교는 따로 심는다】.

9~10월에 뽑아서 판다【주 땅속에 너무 오래 있으면 팔기에 좋지 않다】.

종자로 삼으려는 경우, 봄에 땅이 풀리면 바로 햇볕에 말린다.《제민요술》[15]

지금 사람들은 염교를 심을 때 모두 마늘[大蒜]을 유황 속에 둔다. 마늘이 그 속에서 오래 있으면 종

五月鋒, 八月初耩【注 不耩則白短】. 葉不用翦【注 翦則損白. 供常食者, 別種】.

九月、十月出賣【注 經久不佳[6]也】.

擬種子, 至春地釋, 卽曝之.《齊民要術》

今人種薤, 皆以大蒜置硫黃. 其中久則種分爲薤.

14 봉(鋒):《임원경제지 본리지》권10〈그림으로 보는 농사 연장〉(상) "갈이 연장과 삶이 연장' '봉' 참조.
15 《齊民要術》卷3〈種䪚〉第20(《齊民要術校釋》, 196~197쪽);《農政全書》卷28〈樹藝〉"蔬部' '薤'《農政全書校注》, 724~725쪽).
[6] 佳:《齊民要術·種䪚》에는 "任".

(種)이 나뉘어 염교가 된다.《이아익》[16]

《爾雅翼》

　8월에 뿌리줄기를 옮겨 심고, 1월에 나누어 옮겨 심는다. 비옥한 토양이 좋다. 몇 줄기를 한 그루로 삼으면 무성해지면서 뿌리가 커진다. 뿌리는 달래[小蒜]처럼 1그루에 몇 뿌리줄기[顆]가 서로 붙어서 난다. 5월에 잎이 청색이 되면 뿌리줄기를 캐낸다. 그렇지 않으면 뿌리줄기살이 알차지 않다.《본초강목》[17]

八月栽根, 正月分蒔, 宜肥壤. 數技一本, 則茂而根大. 根如小蒜, 一本數顆, 相依而生. 五月葉靑則掘之. 否則肉不滿也.《本草綱目》

5) 쓰임새

　염교의 뿌리줄기는 술지게미절임[糟藏]이나 초절임[醋浸]을 하기에 모두 좋다.《본초강목》[18]

功用

其根, 糟藏、醋浸皆宜.《本草綱目》

16 《爾雅翼》卷5〈釋草〉"䪥"(《文淵閣四庫全書》222, 294쪽).
17 《本草綱目》卷26〈菜部〉"薤", 1590~1591쪽.
18 《本草綱目》卷26〈菜部〉"薤", 1591쪽.

6. 마늘[蒜, 산]¹【부록 산마늘[澤蒜, 택산]²】　　　　蒜【附 澤蒜】

1) 이름과 품종

달래[小蒜, 소산]는 '묘(茆)'라 하고, 마늘[大蒜, 대산]은 '호(葫)'라 한다.³

【본초강목】⁴ 산(蒜)이란 글자는 마늘뿌리의 형상을 본뜬 것이다. 산(蒜)에는 2가지 품종이 있다. 뿌리와 줄기가 모두 작으면서 쪽[瓣, 뿌리줄기의 낱개]이 적고 매우 매운 품종은 달래이다.

名品

小蒜曰"茆", 大蒜曰"葫".

【本草綱目】蒜, 像根之形. 有二種: 根莖俱小而瓣少, 辣甚者, 小蒜也.

마늘(《본초강목》)

마늘(정성섭·김복남)

고랑에 마늘 심기(김재광)

1　마늘[蒜, 산]:외떡잎식물 백합목 백합과의 여러해살이풀. 원산지는 중앙아시아이고, 우리나라를 비롯한 중국, 일본 등 극동 지역에서 많이 재배된다. 풍석 서유구 지음, 임원경제연구소 옮김, 《임원경제지 정조지》1, 179~180쪽을 참조 바람.

2　산마늘[澤蒜, 택산]:외떡잎식물 백합목 백합과의 여러해살이풀인 마늘의 일종. 서늘한 고산지대에서 자생한다.

3　달래[小蒜, 소산]는……한다:《本草綱目》卷26〈菜部〉"蒜", 1593쪽에 보인다.

4　《本草綱目》卷26〈菜部〉"蒜", 1594쪽.

마늘싹

수확한 마늘

산마늘(이상 안철환)

의성마늘(임원경제연구소, 파주시 금촌동 통일시장에서 촬영)

뿌리와 줄기가 모두 크면서 쪽이 많고 매우면서
도 단맛을 띠는 품종은 마늘이다. 마늘은 장건(張
騫)5이 서역으로 사신을 갔다가 종자를 얻어 왔기 때
문에 호(胡)자를 넣어 '호(葫)'라 한다】

根莖俱大而瓣多, 辛而帶
甘者, 大蒜也. 大蒜, 張騫
使西域, 得種來, 故謂之
"葫"也】

---

5 장건(張騫) : B.C.?~B.C.114. 중국 한(漢)나라의 장군. 자는 자문(子文). 실크로드 개척에 중대한 공헌을
   하여 서역으로 가는 남북의 도로를 개척하였다. 서역의 한혈마(汗血馬), 포도, 석류, 복숭아 등의 종자를
   중국으로 처음 가지고 왔으며, 이때 마늘 종자도 함께 가지고 온 것으로 알려져 있다.

2) 알맞은 토양

마늘은 비옥하고 부드러운 땅이 좋다【주 희고 부드러운 땅에서는 마늘맛이 달고 마늘쪽이 크다. 검고 부드러운 땅은 그 다음이다. 토질이 억센 땅은 마늘맛이 맵고 마늘쪽도 여위어 작다】. 《제민요술》[6]

3) 심는 시기

뻐꾸기[布穀][7]가 울 때 달래를 거둔다. 6~7월에는 달래를 심을 수 있다. 8월에는 마늘을 심을 수 있다. 《사민월령》[8]

土宜

蒜宜良軟地【注 白軟地, 蒜甜美而科大. 黑軟次之. 剛强之地, 辛辣而瘦小也】. 《齊民要術》

時候

布穀鳴, 收小蒜. 六月、七月可種小蒜. 八月可種大蒜. 《四民月令》

---

6 《齊民要術》卷3〈種蒜〉第19(《齊民要術校釋》, 191쪽);《農政全書》卷28〈樹藝〉"蔬部" '蒜'(《農政全書校注》, 720쪽).

7 뻐꾸기[布穀] : 뻐꾸기목 두견과의 조류. 이 새의 울음소리가 '포곡(布穀)'처럼 들린다고 하여 이렇게 이름 붙였다. 여러 채소를 파종할 때 울기 때문에 농사를 권장하는[勸耕]의 새라고 전해진다. 발고(勃姑)·발곡(撥穀)·확곡(穫穀)·격곡(擊穀)·결고(結誥)라고도 한다.

8 출전 확인 안 됨;《齊民要術》卷3〈種蒜〉第19(《齊民要術校釋》, 192쪽);《農政全書》卷28〈樹藝〉"蔬部" '蒜'(《農政全書校注》, 720쪽).

4) 심기와 가꾸기

땅을 3번 두루 푹 삶은 다음, 9월초에 심는다.

심는 법: 땅이 습기로 누렇게 변할 때 누차의 발에 강(耩)을 장착하여 갈고, 두둑을 따라가며 손으로 심는다. 이때 0.5척마다 1그루가 자라도록 줄을 지어 심는다【주 속담에 "마늘 줄 좌우로 호미 통하게 하면 1만여 그루를 심는다."라 했다】. 빈 로(勞)를 끌어 심은 마늘종자를 덮어 준다.

2월 중순에 김매 주되, 그 회수를 3번 채울 수 있게 한다【주 풀이 없다고 해서 김매기를 하지 않으면 안 된다. 김매기를 하지 않으면 마늘쪽이 작아진다】.

마늘종[條]⁹이 너무 자라 구부러지면 뽑아 준다【주 뽑아 주지 않으면 외쪽마늘[獨科]¹⁰이 된다¹¹】.

마늘잎이 누렇게 변했을 때 봉(鋒)으로 마늘을 캐고서는 서로 얽는다. 그리고 지붕 아래 바람이 드는 서늘한 곳에서 횃대 같은 가로대에 매달아 둔다【주 일찍 캔 마늘은 껍질이 붉고 마늘쪽이 단단하여 멀리까지 보낼 수 있다. 늦게 캐면 껍질이 터져서[皴] 마늘쪽도 쉽게 부스러진다. 준(皴)은 타(他)와 골(骨)의 반절이다. 껍질이 터진다는 뜻이다】.

種藝

三徧熟耕, 九月初種.

種法: 黃暘時, 以耬耩, 逐壟手下之, 五寸一株【注 諺曰: "左右通鋤, 一萬餘株"】. 空曳勞.

二月半鋤之, 令滿三徧【注 勿以無草而不鋤, 不鋤則科小】.

條拳而軋之【注 不軋則獨科】.

葉黃鋒出則辮, 于屋下風涼之處桁之【注 早出者, 皮赤科堅, 可以遠行. 晚則皮皴而易□碎. 皴, 他骨反, 皮壞也②】.

---

9 마늘종[條]:마늘의 꽃줄기. 연한 것은 찌거나 장아찌를 담그거나 볶음 등으로 먹는다.
10 외쪽마늘[獨科]:백합과의 마늘의 비늘줄기. 한 통에 한 쪽만 든 마늘을 가리킨다. 독두산(獨頭蒜)·통마늘이라고도 한다.
11 뽑아……된다:마늘종을 뽑지 않는다 해서 반드시 외쪽마늘이 되지는 않는다.《齊民要術校釋》, 195쪽 주 11번 참조.
① 易:《齊民要術·種蒜》에는 "喜".
② 皴他……壞也:《齊民要術·種蒜》에는 없음.

겨울에 추워지면 조짚[穀䅳]【주 늑(得)은 노(奴)와 륵(勒)의 반절이다. 조의 짚이다]을 땅 위에 깐다. 이 때 1줄은 마늘을 얹고, 1줄은 조짚을 얹는다【주 이렇게 마늘을 덮어 주지 않으면 마늘이 얼어 죽는다】.

마늘종 위쪽 꽃차례 속에 난 종자를 거두어 심었을 경우에는 1년이 되면 마늘종자는 외쪽마늘[獨瓣]이 되었다가 심은 지 2년이 되면 여러 마늘쪽이 들어 있는 큰 마늘이 된다. 마늘쪽 크기가 모두 주먹만 하여 또 보통 마늘보다 훨씬 좋다.

【주 마늘을 묶을 때는, 와기 조각을 두둑 바닥에 묻고 외쪽마늘을 그 와기 조각 위에 놓고서 다시 흙으로 덮는다. 이렇게 하면 마늘쪽이 옆으로 넓어지면서 커진다. 그 모양이 매우 유별나서 또한 특이품이라 여길 만하다】《제민요술》[12]

마늘은 휴전에 옮겨 심을 때, 구멍마다 먼저 맥류겨를 조금씩 뿌려 준다. 땅은 푸석푸석해야 좋다. 봄에 날씨가 따뜻해지면 김매기를 한다. 마늘종을 뽑을 때는 자주 물을 준다.《무본신서(務本新書)》[13]

冬寒, 取穀䅳【注 奴勒反, 穀䅳③】布地, 一行蒜, 一行䅳【注 不爾則凍死】.

收條中子種者, 一年則爲獨瓣; 種二年者, 則成大蒜. 科皆如拳, 而又逾于凡蒜矣.

【注 埋, 以瓦子埋于④墼底, 置獨瓣蒜于瓦上, 以土覆之, 蒜科橫闊而大. 形容殊別, 亦足爲異】《齊民要術》

蒜, 畦栽, 每窠先下麥糠少許, 地宜虛. 春暖則鋤. 拔薹時, 頻澆⑤.《務本新書》

---

12 《齊民要術》卷3〈種蒜〉第19(《齊民要術校釋》, 191쪽);《農政全書》卷28〈樹藝〉"蔬部" '蒜'(《農政全書校注》, 720쪽).

13 출전 확인 안 됨;《農桑輯要》卷5〈瓜菜〉"蒜"(《農桑輯要校注》, 180쪽);《農政全書》卷28〈樹藝〉"蔬部" '蒜'(《農政全書校注》, 721쪽).

③ 注奴……穀䅳:《齊民要術·種蒜》에는 없음. 이부분은 오사카본 두주에 의해 보충된 내용이다.

④ 埋以瓦子埋于:《齊民要術·種蒜》에는 "瓦子". 오사카본에는 "以", "埋" 2자를 보충한 흔적이 있는데, 저본에는 처음 "埋"자를 누락했기 때문에 여기에서 보충했다.

⑤ 澆:저본에는 "澆剗".《관휴지·채소류·마늘·쓰임새》,《農桑輯要·瓜菜·蒜》,《農政全書·樹藝·蔬部·蒜》에 근거하여 삭제. 뒤의 '쓰임새' 항목의 내용은 이 기사의 바로 뒤 내용으로, "剗"은 뒷 문장에 붙어야 한다.

마늘은 비옥한 땅에 호미질로 도랑과 두둑을 만들고, 0.2척 간격으로 1포기씩 심은 다음 똥거름물을 준다. 8월초에 심을 수 있다. 간혹 쇠짚신[牛草鞋, 우초혜][14]을 소변에 담갔다가 꺼낸 다음 종자를 그 안에 싸서 넣는다. 심을 때는 종자를 거름흙과 함께 심고서 그 위에 덧거름을 두텁게 준다. 다 자라면 뿌리마늘의 크기가 주발[盌]만 하다. 《무본신서》[15]

蒜, 于肥地鋤成溝壟, 隔二寸栽一科, 糞水澆之. 八月初可種. 或以牛草鞋, 小便浸之, 將種包在內, 一夾糞土栽之, 上糞令厚. 其大如盌. 同上

땅을 푹 삶은 다음 1~2차례 써레질을 하여 도랑을 낸다. 0.2척마다 구멍 1개를 만든 다음 마늘쪽 1개씩을 구멍에 심는다. 싹이 나오면 키가 1척 남짓이나 자란다. 흙이 푸석푸석해지도록 자주 김매 주고, 뿌리 주위에 자주 똥거름물을 준다.

熟耕地, 一二次爬成溝, 二寸一窠, 種一瓣. 苗出高尺餘, 頻鋤鬆, 根旁頻以糞水澆之.

마늘종을 뽑아 내면 마늘쪽이 커진다. 그렇지 않으면 마늘쪽이 여위고 작아진다. 택로(澤潞)[16]에서 마늘을 재배하는 경우, 처음 싹이 날 때 부추를 베는 방식과 마찬가지로 2~3차례 싹을 베어 주면 마늘이 더욱 굵어지고 맛있어진다. 《다능비사(多能鄙事)[17]》[18]

拔去薹則瓣肥大, 不則瘦小. 澤潞種蒜, 初出, 如翦韭二三次, 愈肥美.《多能鄙事》

9월초 채소휴전에 마늘쪽을 배게 심는다. 이듬

九月初, 於菜畦中稠栽蒜

---

14 쇠짚신[牛草鞋, 우초혜]:소가 먼 길을 가거나 소에게 거친 일을 시킬 때, 소의 발을 보호하기 위해 신기는 짚신.
15 출전 확인 안 됨;《農政全書》卷28〈樹藝〉"蔬部" '蒜'(《農政全書校注》, 721쪽).
16 택로(澤潞):중국 산서성(山西省) 장치시(長治市) 일대.
17 다능비사(多能鄙事):중국 명나라 초기의 문인 유기(劉基, 1311~1375)가 편찬한 유서(類書). 음식과 의복, 약로와 원예 등 일상에서 꼭 필요한 내용을 11개 부문으로 나누어 기술하고 있다. 유기는 명나라 건국 공신의 한 사람으로, 당시에는 제갈량에 비유되었던 인물이다.
18 출전 확인 안 됨;《欽定授時通考》卷62〈農餘〉"蔬" '蒜'(《文淵閣四庫全書》732, 893쪽).

해 봄 2월이 되면 먼저 땅을 푹 삶도록 몇 차례 갈아준다. 그리고 묘(畝)마다 거름 수십 짐을 주고, 다시 갈기와 써레질을 골고루 한다.

0.2척 정도 길이의 나무말뚝을 가지고 흙에 꽂아 구멍 1개씩 내고 구멍마다 마늘모종 1그루씩 옮겨 심는다. 다 심고 난 뒤 혹시 비가 내리지 않으면 늘 물을 준다. 5월이 되면 마늘의 크기가 주먹만 해져서 효과가 매우 좋다. 《산거록(山居錄)[19]》[20]

瓣, 候來年春二月, 先將地熟鋤數次. 每畝上糞數十擔, 再鋤耙均.

持木橛二寸許, 揷一竅, 栽一株. 栽徧, 或無雨, 常以水澆. 至五月, 大如拳, 極佳. 《山居錄》

심는 법: 사방 0.5척의 땅에 마늘쪽 1개씩 심는다. 김매기를 하여 밭을 깨끗이 하고, 때때로 덧거름을 준다. 마늘싹이 1척 정도로 자랐을 때 흙을 차츰 긁어 주어 흰뿌리줄기가 보이도록 해 주면 마늘쪽이 커진다. 이렇게 하지 않으면 잎만 더 나게 하는데 그친다. 간혹 잎을 묶어 주어도 좋다. 《왕정농서》[21]

種法: 半尺地一根, 鋤治令淨, 時加糞壅. 苗長[6]一尺許, 漸漸撥開土, 要[7]見白則本大. 不爾, 止益葉[8]耳. 或結葉亦佳. 《王氏農書》

마늘을 심을 때에는 줄을 맞추어 심고, 똥거름을 준 다음 물을 준다. 《사시유요》[22]

種蒜, 作行, 下糞, 水澆之. 《四時類要》

---

19 산거록(山居錄): 중국 당나라의 문인 왕민(王旻, ?~?)이 저술한 서적. 한적한 농촌에서의 생활 및 농사법 등을 기록한 책이다. 원서는 남아 있지 않고, 《수시통고》와 《본초강목》 등의 책에 일부 내용이 전한다.

20 출전 확인 안 됨; 《居家必用》 戊集 〈種菜類〉 "種蒜法"(《居家必用事類全集》, 189쪽).

21 《王禎農書》 〈百穀譜〉 4 〈蔬屬〉 "蒜", 112쪽; 《農政全書》 卷28 〈樹藝〉 "蔬部" "蒜"(《農政全書校注》, 721쪽).

22 《사시찬요 역주》 권4 〈팔월〉 "농경과 생활" '마늘 파종하기', 430쪽; 《農桑輯要》 卷5 〈瓜菜〉 "蒜"(《農桑輯要校注》, 180쪽); 《農政全書》 卷28 〈樹藝〉 "蔬部" "蒜"(《農政全書校注》, 721쪽).

[6] 苗長: 오사카본에는 《농정전서》와 같이 "菜上"이라고 썼다가 《王禎農書》를 반영하여 "苗長"으로 수정한 흔적이 있다.

[7] 土要: 오사카본에는 "上頭土"라고 썼다가 《王禎農書》를 반영하여 "土要"로 수정한 흔적이 있다.

[8] 葉: 오사카본에는 《農政全書》와 같이 "草"라고 썼다가 《王禎農書》를 반영하여 "葉"으로 수정한 흔적이 있다.

겨울에 추워지면 곡식의 겨를 마늘휴전에 두텁게 덮어 준다. 이렇게 하지 않으면 마늘이 얼어 죽는다. 2월 사이에 마늘밭을 수차례 갈고, 거름을 많이 깔아 준다. 그런 다음 나무송곳으로 땅을 찔러 구멍을 하나씩 만들고, 구멍마다 마늘모종 한 포기를 옮겨 심는다. 날이 가물면 물을 준다. 하지(夏至) 무렵에 캔다. 《증보산림경제》[23]

가을에 마늘을 심을 때는 말똥으로 두텁게 덮어 준다. 이렇게 하면 겨울을 나도록 얼어 죽지 않는다. 《행포지》[24]

冬寒, 取穀秕, 厚覆蒜畦. 不爾, 凍死. 二月間, 耕地數遍, 多鋪糞, 以木釘刺地一穴, 移栽一株, 旱則澆水. 夏至採出.《增補山林經濟》

秋種蒜, 以馬糞厚覆之. 經冬不凍.《杏蒲志》

23 《增補山林經濟》卷6〈治圃〉"大蒜"(《農書》3, 410~411쪽).
24 《杏蒲志》卷3〈種蔬瓜〉"種蒜"(《農書》36, 155쪽).

5) 보관하기

식초에 담가 두면 해가 지나도 변하지 않는다.
《증보산림경제》[25]

收藏

浸以釀醋, 經年不變.《增
補山林經濟》

6) 쓰임새

보리를 벨 무렵 사람들이 마늘을 많이 먹으면 여
름철의 독을 풀어 준다.《무본신서》[26]

功用

刈⑨麥時, 人多食, 解暑
毒.《務本新書》

여러 채소 중의 매운 채소인 훈채(葷菜)류는 대체
로 채취하여 신선한 상태로 먹어야 한다. 하루만 지
나면 맛이 좋지 못하기 때문이다. 그런데 오직 마늘
은 아무리 오래 되어도 맛이 변하지 않는다. 썩은 것
[臭腐]에 넣으면 신기하도록 좋은 상태[神奇]로 변하
고,[27] 요리할 때 쓰면 식초나 장을 대신할 수 있다.

諸菜之葷者, 惟採鮮食之,
經日則不美. 惟蒜雖久而
味不變, 施之臭腐, 則化爲
神奇; 用之鼎俎, 則可代醯
醬.

먼 길을 떠날 때 더욱 제 효과를 발휘한다. 마늘
을 먹으면 더운 바람이나 장기(瘴氣)[28] 머금은 비도 사
람에게 해를 가할 수 없으며, 쉰 음식이나 석독(腊毒)[29]

旅途尤爲有功, 炎風、瘴雨
之所不能加, 食饐、腊毒之
所不能害. 此亦食經之上

---

25 《增補山林經濟》卷6〈治圃〉"大蒜"《(農書》3, 411쪽).

26 출전 확인 안 됨;《農桑輯要》卷5〈瓜菜〉"蒜"《(農桑輯要校注》, 180쪽);《農政全書》卷28〈樹藝〉"蔬部"
"蒜"《(農政全書校注》, 721쪽).

27 썩은……변하고: 원문의 "취부(臭腐)"와 "신기(神奇)"는《장자》卷3〈지북유(知北遊)〉에 "아름다운 것을
신기라 하고 더러운 것을 취부라 한다. 취부가 다시 변화하여 신기가 되고, 신기가 다시 변화하여 취부가
된다(是其所美者, 爲神奇; 其所惡者, 爲臭腐. 臭腐復化爲神奇, 神奇復化爲臭腐)."라는 내용이 보인다.

28 장기(瘴氣): 축축하고 더운 땅에서 생기는 독한 기운. 장독(瘴毒)이라고도 한다.

29 석독(腊毒): 극독(極毒). 원문의 "석(腊)"은 고기를 두껍게 썰어 말린 육포를 가리킨다. 두꺼워서 씹는 맛이
좋지만 오히려 잘 마르지 않아서 속이 상하기 십상이다. 여기서는 독이 들어 해로운 음식을 의미하는 듯하
다. "높은 지위는 사람을 엎어지게 만들고, 맛있는 음식에는 석독이 들어 있다(高位寔疾顚, 厚味寔腊毒)."
라는 말이 전한다.

⑨ 저본에는 없음.《農桑輯要·瓜菜·蒜》·《農政全書·樹藝·蔬部·蒜》에 근거하여 보충. 이 글자는 본래 앞의
'4)심기와 가꾸기'에 소개된《무본신서》기사의 맨끝에 적혀 있었다. 저자의 오류이다.

도 사람을 해치지 못하기 때문이다. 이 또한 음식을 다루는 글[食經]의 상등품 소재이고, 일상에 도움을 많이 주는 채소이다.

연한 마늘종은 또한 채소반찬으로 만들 수 있다. 《왕정농서》[30]

品, 日用之多助者也[10].

嫩薹亦可爲蔬.《王氏農書》

---

30 《王禎農書》〈百穀譜〉4 "蔬屬" '蒜', 112쪽.
[10] 施之……者也(56자) : 오사카본에는 이 부분을 보충하라는 두주가 있다.

7) 산마늘[澤蒜, 택산] 심는 법

미리 땅을 갈아 놓고, 산마늘이 익었을 때 종자로 쓸 뿌리줄기를 거둔 다음 흩어 뿌리고 로질하여 종자를 덮는다. 산마늘은 음식에 향을 돋울 수 있다. 오(吳)나라 지역 사람들은 요리를 할 때 대부분 산마늘을 쓴다. 마늘쪽과 잎으로 절임을 담그면 파나 부추보다 훨씬 좋다.

이 채소는 번식을 잘하여 한 번 심으면 오래도록 나면서, 사방으로 마구 뻗어나가 해마다 자생하는 면적이 점점 넓어진다. 어느 한 지점에서 캐어 채취하더라도 바로바로 뒤따라 다시 하나로 무성해진다. 단지 몇 묘(畝)만 심어도 끝없이 쓸 수 있다. 재배하는 경우, 땅이 푹 삶아졌기 때문에 야생산마늘보다 좋다.《제민요술》31

種澤蒜法

預耕地, 熟時採取子, 漫散勞之. 澤蒜可以香食. 吳人調鼎, 率多用此. 根葉作菹, 更勝蔥、韭.

此物蓄息, 一種永生, 蔓延滋長, 年年稍廣. 間區劚取, 隨手還合. 但種數畝, 用之無窮. 種者地熟, 美于野生.《齊民要術》

---

31 《齊民要術》卷3〈種蒜〉第19(《齊民要術校釋》, 192쪽).

7. 생강[薑, 강][1]

薑

1) 이름과 품종

名品

【본초강목[2] 허신(許愼)의 《설문해자》를 살펴보면, 강(薑)을 강(疆)으로 쓰면서 "습기를 막는 채소이다."[3]라 했다.

왕안석(王安石)[4]의 《자설(字說)》[5]에서는 "생강은 온갖 사기(邪氣, 나쁜 기운)를 굳게 막아 주기 때문에 '강(薑)'이라 한다."[6]라 했다.

처음 난 여린 싹눈은 끝이 뾰족하고 옅은 자색이므로 '자강(紫薑)'이라 이름 붙였다. 간혹 자강(子薑)이라고도 쓴다. 묵은 뿌리는 '모강(母薑)'이라 한다】

【本草綱目 按許愼《說文》, 薑作疆①云："禦濕之菜也."

王安石《字說》云："薑能彊禦百邪, 故謂之'薑'."

初生嫩者, 其尖微紫, 名"紫薑". 或作子薑, 宿根謂之"母薑"也】

1　생강[薑, 강] : 생강목 생강과의 여러해살이풀. 원산지는 동남아시아이다. 새앙·새양이라고도 한다. 풍석 서유구 지음, 임원경제연구소 옮김, 위와 같은 책, 185~186쪽을 참조 바람.

2　《本草綱目》卷26 〈菜部〉 "生薑", 1620쪽.

3　습기를……채소이다 :《說文解字》卷1下 〈艸〉 "薑"(《說文解字注》, 23쪽).

4　왕안석(王安石) : 1021~1086. 중국 송나라의 문장가이자 정치가. 균수법(均輸法)과 청묘법(青苗法) 등 신법(新法)을 주장하여 당시 사회 제도를 개혁하려고 노력했지만, 반대 세력의 저항으로 실패하였다. 당송팔대가(唐宋八大家) 가운데 한 사람이다. 대표 저서로는 《만언서(萬言書)》가 있다.

5　자설(字說) : 중국 송나라의 문장가 왕안석이 만년에 한자의 연원과 제자(製字) 원리 등에 대해 저술한 저서.

6　생강은……한다 : 출전 확인 안 됨.

①　疆 : 저본에는 "强". 《說文解字·艸·薑》에 근거하여 수정.

생강(《왜한삼재도회》) 생강(김재광) 수확한 생강(안철환)

2) 알맞은 토양

생강은 흰 모래땅이 좋다. 거름을 조금 섞어 주고, 삼밭[麻地]처럼 푹 삶아지게 갈아 준다. 푹 삶아지게 갈수록 좋다. 종횡으로 7차례 갈아 주면 더욱 좋다.《제민요술》[7]

중국의 토질은 생강에 맞지 않아 생강이 겨우 살아 남을 수 있고, 형세상 크게 번식할 수는 없다【농정전서】[8] 지금 북쪽 땅에 생강을 심으면 매우 잘 번식한다. 어찌 토질에 맞지 않는다고 말하는가】.《제민요술》[9]

일반적으로 생강을 심을 때에는 모래땅에서 땅

土宜

薑宜白沙地, 少與糞和, 熟耕如麻地, 不厭熟, 縱橫七徧尤善.《齊民要術》

中國土不宜薑, 僅可存活, 勢不可[2]滋息【農政全書 今北土種之, 甚滋息, 奚云不宜也】. 同上

凡種, 宜用沙地熟耕, 或用

---

7 《齊民要術》卷3〈種薑〉第27(《齊民要術校釋》, 218쪽);《農政全書》卷28〈樹藝〉"蔬部" '薑'(《農政全書校注》, 725쪽).

8 《農政全書》, 위와 같은 곳.

9 《齊民要術》, 위와 같은 곳.;《農政全書》, 위와 같은 곳.

[2] 可:《齊民要術·種薑》에는 없음. 오사카본에 "可"자를 보충한 흔적이 있다.

생강(국립원예특작과학원)

싹눈 나온 생강(임원경제연구소, 파주시 금촌동 통일시장에서 촬영)

을 푹 삶도록 갈아 주어야 한다. 간혹 가래[鍬]로 깊
게 헤집어 주면 좋다.《왕정농서》[10]

鍬深掘爲善.《王氏農書》

　생강은 들판의 습한 모래땅이 좋다.《본초강
목》[11]

薑宜原濕沙地.《本草綱
目》

　생강을 심을 때는 양지바른 도랑에서 퍼 낸 흑색
모래흙이 가장 좋다.《증보산림경제》[12]

種薑，以陽溝黑沙爲上.
《增補山林經濟》

---

10 《王禎農書》〈百穀譜〉3 "蓏屬" '薑', 104쪽;《農政全書》卷28〈樹藝〉"蔬部" '薑'(《農政全書校注》, 726쪽).
11 《本草綱目》卷26〈菜部〉"生薑", 1620쪽.
12 《增補山林經濟》卷6〈治圃〉"薑"(《農書》3, 407쪽).

3) 심는 시기

3월 청명절(淸明節, 양력 4월 4·5일경)이 지난 뒤 10일 무렵에 생강뿌리줄기를 흙으로 덮어 준다.[13] 4월 입하(立夏, 양력 5월 5·6일경)가 지난 뒤, 누에가 먹는 양이 많아질 때 생강싹이 나면 심을 수 있다.

9월에 생강[苗薑, 자강]【자(苗)는 장(將)과 궤(几)의 반절이다. 생강을 자강(苗薑)이라 한다】과 양하(襄荷)[14]를 저장한다. 그해가 만약 따뜻하면 모두 10월까지 기다린다. 《사민월령》[15]

4) 풍흉 예측

생강은 본성이 습하고 질펀한 환경을 싫어하면서도, 햇볕을 두려워한다. 그러므로 가을에 너무 더우면 생강이 없다. 《본초강목》[16]

時候

三月淸明節後十日, 封生薑. 至四月立夏後, 蠶大食, 芽生, 可種之.

九月藏苗薑【苗, 將几反, 生薑謂之苗薑】③、襄荷. 其歲若溫, 皆待十月.《四民月令》

占候

性惡濕洳而畏日, 故秋熱則無薑.《本草綱目》

---

13 3월……준다:이 문장은 생강을 본격적으로 재배하기에 앞서 발아를 촉진시키는 처리에 관련하여 가장 이른 기록이다.《齊民要術校釋》, 219쪽 주5번 참조.
14 양하(襄荷):아래 '22. 양하(襄荷)'에 자세히 나온다.
15 출전 확인 안 됨;《齊民要術》卷3〈種薑〉第27(《齊民要術校釋》, 219쪽);《農政全書》卷28〈樹藝〉"蔬部" '薑'(《農政全書校注》, 725쪽).
16 《本草綱目》卷26〈菜部〉"生薑", 1620쪽.
③ 苗將……苗薑:오사카본에는《齊民要術·種薑》에 없는 "苗將几反" 4자를 보충하고 "四民月令" 위에 있던 "薑謂之苗薑" 5자를 현재 위치로 옮기라는 편집 지시가 있다.

5) 심기와 가꾸기

3월에 심는다. 먼저 누차의 발에 강(耩)을 장착하여 2번 땅을 간 다음 두둑을 따라 생강을 심는다. 이때 1척 간격으로 1포기씩 심은 뒤, 0.3척 두께로 흙을 덮어 준다. 이후 자주 김매 준다. 6월에 갈대로 엮은 지붕을 만들어 덮어 준다【주 생강이 추위와 더위를 견디지 못하기 때문이다】.《제민요술》[17]

생강을 심을 때 너비를 1보(步)로 하여 휴전을 만들되, 길이는 지형에 맞게 한다. 이어서 가로로 두둑을 만든다. 이때 두둑 간의 간격은 1척 남짓이고, 고랑의 깊이는 0.5~0.6척이다.

두둑에다 1척의 거리를 두고 1포기씩 심는다. 싹눈을 띠고 있는 생강뿌리줄기는 손가락 3개 너비 만한 것으로 한다. 흙은 0.3척 두께로 덮은 뒤, 누에똥[蠶沙]으로 덮어 준다. 누에똥 대신 똥거름도 좋다.

생강싹이 난 뒤, 잡초가 있으면 바로 김매 주고, 차츰차츰 고랑의 흙을 두둑에 더 얹어 준다. 그러면 이후에는 두둑이 더욱 높아지고 두둑 밖의 고랑은 더 깊어진다. 하지만 고랑이 깊어졌더라도 고랑

種藝

三月種之. 先重④耬構, 尋壟下薑, 一尺一科, 令上土厚三寸, 數鋤之. 六月作葦屋覆之【注 不耐寒熱故】.《齊民要術》

種薑, 闊一步作畦, 長短任地形. 橫作壟, 相去一尺餘, 深五六寸.

壟中一尺一科, 帶芽大如三指闊. 蓋土厚三寸, 以蠶沙蓋之, 糞亦得.

芽出後, 有草卽耘, 漸漸加土. 已後壟中却高, 壟外卽深, 不得併上土. 鋤不厭頻.《四時類要》

---

17 《齊民要術》卷3〈種薑〉第27(《齊民要術校釋》, 218쪽);《農政全書》卷28〈樹藝〉"蔬部" '薑'(《農政全書校注》, 725쪽).

④ 重 : 저본·《農政全書·樹藝·蔬部·薑》에는 "種".《灌畦志·蔬類·蔥》·《灌畦志·蔬類·薤》·《齊民要術·種薑》에 근거하여 수정.《灌畦志》권2의 '2. 파'에 "兩耬重耩", '5. 염교'에 "先重耬構地"의 사례는 모두《齊民要術》을 인용한 내용이므로 이들의 사례에 근거했다.

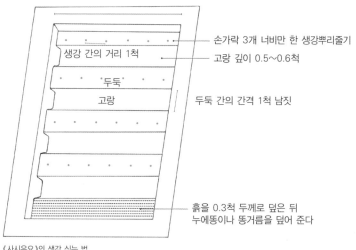

1보=5척

손가락 3개 너비만 한 생강뿌리줄기

생강 간의 거리 1척

고랑 깊이 0.5~0.6척

'두둑'

고랑

두둑 간의 간격 1척 남짓

흙을 0.3척 두께로 덮은 뒤
누에똥이나 똥거름을 덮어 준다

《사시유요》의 생강 심는 법

에 흙을 더 넣어 주어서는 안 된다.[18] 김매기는 자주
할수록 좋다. 《사시유요》[19]

3월에 휴전을 만들어 심는다. 휴전의 너비는 1보
이고, 길이는 지형에 맞게 한다. 가로로 두둑을 만
든다. 이때 두둑의 깊이는 0.5~0.7척이다.

두둑에 1척의 거리를 두고 1포기씩 심는다. 흙으
로 덮어 줄 때 그 두께는 0.3척 정도이다. 그 상태에
서 똥거름을 준다. 거기에 누에똥을 얹어 주면 더욱
좋다. 생강싹이 난 뒤, 잡초가 생기면 부지런히 김
매 준다. 두둑에는 차츰차츰 고랑의 흙을 얹어 북

三月畦種之. 畦闊一步, 長
短任地, 橫作壟, 深可五七
寸.

壟中一尺一科, 以土上覆,
厚三寸許. 仍以糞培之, 益
以蠶糞尤佳. 芽出生草, 勤
鋤之. 壟中漸漸加土培壅.

---

18 하지만⋯⋯된다 : 생강은 습기를 싫어하기 때문에 고랑의 흙으로 두둑에 북주기를 해서 고랑의 흙이 낮아졌
더라도 여기에 흙을 더 추가해서는 안 된다는 뜻이다.

19 《사시찬요 역주》권2 〈삼월〉 "농경과 생활" '생강 파종하기', 214~215쪽 《農桑輯要》卷5 〈瓜菜〉 "薑"(《農
桑輯要校注》, 179쪽);《農政全書》卷28 〈樹藝〉 "蔬部" '薑'(《農政全書校注》, 726쪽).

준다.

또 다른 법: 자리를 짜는 풀줄기로 덮어 주어 잡초가 나지 못하게 하면 생강싹이 저절로 돋아 난다. 그 위를 덮어 준다.[20] 6월에는 나뭇가지와 잎으로 시렁을 만들어 햇볕을 막아 준다【생강의 본성이 추위와 더위를 견디지 못하기 때문이다. 간혹 잎이 붙은 나뭇가지만을 꽂아서 햇볕을 막기도 한다】.《왕정농서》[21]

一法: 用蔩草覆之, 勿令他草生, 使薑芽自迸出, 覆其上[5]. 六月, 用枝葉作棚以防日曝【薑性不耐寒熱故爾. 或只用帶葉樹枝扦揷】.《王氏農書》

생강을 재배할 때는 기름진 땅을 푹 삶도록 갈아 주어야 한다. 3월에 심고, 누에똥이나 두엄[腐草][22] 또는 재거름으로 덮어 준다. 두둑마다 너비를 3척으로 하면 물주기에 편리하다. 싹이 난 뒤에 또 늙은 생강을 뽑아 버린다. 생강 위에 높이가 낮은 시렁을 설치하여 햇볕을 막아 준다.《농정전서》[23]

薑, 宜耕熟肥地. 三月種之, 以蠶沙或腐草、灰糞覆蓋. 每壟闊三尺, 便于澆水. 待芽發後, 又攫去老薑. 上作矮棚蔽日.《農政全書》[6]

황백색의 부드러운 흙을 택한다. 이를 파고 갈아서 휴전을 만든다. 생강의 뿌리줄기를 비스듬히 세

擇黃白軟土, 劚起治畦. 取薑種, 側竪種之. 每科相

---

20 그……준다:이 문장은 연문으로, 다음 문장의 "시렁을 만들어" 뒤로 가면 의미가 통한다. 교감 주석 참고.

21 《王禎農書》〈百穀譜〉3 "蔬屬" '薑', 104쪽;《農政全書》卷28〈樹藝〉"蔬部" '薑'(《農政全書校注》, 726쪽).

22 두엄[腐草]:풀·짚 또는 가축의 배설물 따위를 썩힌 거름.

23 《便民圖纂》卷6〈樹藝類〉下 "種諸色蔬菜" '薑', 61쪽;《農政全書》卷28〈樹藝〉"蔬部" '薑'(《農政全書校注》, 726~727쪽).《농정전서》에는 "왕정이 말하였다(王禎曰)."라는 구절로 시작되는데, 여기에《편민도찬》卷6〈수예류〉하 '생강'에 보인다. 왕정(王禎)과는 관련이 없다(見《便民圖纂六·樹藝下·薑》, 與王禎無關)."라는 주석이 달려 있다. 오사카본 두주와《農政全書校注》주석(755쪽, 주146번)에 근거해 보면 이 인용문은《편민도찬》의 기사로 볼 수 있다.

5 覆其上:《王禎農書》의 다른 판본에도 있으나, 연문이다. 뒤의 "作棚" 구절 뒤에 들어가면 의미가 통한다. 하지만 없어도 무방하다.《王禎農書》, 105쪽 주2번 참조.

6 薑宜……全書:오사카본에는 "《농정전서》에는 이 기사를《왕씨농서》의 문장이라고 하였으나《왕씨농서》에 이 문장이 없다. 우선《농정전서》로 써 두고, 재고찰을 기대한다(《農政全書》以此作《王氏農書》文, 而《王氏農書》無此文, 姑以《農政全書》書塡以待更考)."는 두주가 있다.

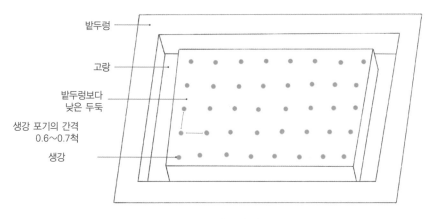

밭두렁
고랑
밭두렁보다
낮은 두둑
생강 포기의 간격
0.6~0.7척
생강

전주 사람들의 생강 심는 법

워서 심는다. 포기마다 1척 간격으로 한다. 생강싹이 나면 새순을 따 주고, 잎을 비틀어 따 버리는 작업은 대략 토란 관리하는 법과 같이 한다.[24] 《행포지》[25]

去一尺. 待芽生, 摘笋捃葉, 略如治芋之法.《杏蒲志》

전주 사람들의 생강 심는 법: 가을이나 겨울에 밭을 갈아 준다. 2~3월에 서리가 그치고 언 땅이 풀리면 소똥이나 말똥 또는 두엄으로 두텁게 거름 준다. 이어서 몇 차례에 걸쳐 밭을 갈아 엎는다. 깨진 기왓장이나 자갈 등을 골라 내어, 흙을 매우 잘고 기름지게 한다.

全州人種薑法: 秋冬耕田, 二三月霜止土解, 以牛馬糞、腐草厚壅之, 翻耕數次. 揀去瓦礫, 令土極細膩.

그런 다음 완전히 싱싱하면서 껍질이 손상되지 않은 생강종자를 가져다 종자마다 2~3조각으로 쪼

取薑種完鮮皮不損者, 每一本, 剖作二三片種之. 一

---

24 생강싹이……한다:《관휴지》권3〈풀열매류〉"토란" '심기와 가꾸기'의《제민요술》기사에 보인다. 거기에는 새순 따는 작업은 나오지 않는다.

25 《杏蒲志》卷3〈種蔬瓜〉"種薑"(《農書》36, 154쪽).

개 심는다. 포기의 간격은 0.6~0.7척으로 한다. 이
어 0.2척 두께로 흙을 덮어 준다.

　떡갈나무의 잎이 한창 나올 무렵이 되면 잘고 연
한 가지와 잎을 꺾어다가 생강을 심어 놓은 휴전
에 덮어 준다. 생강싹이 돋아 나고 떡갈나무의 잎
이 거뭇거뭇 썩으면 나뭇가지를 모두 걷어 낸다. 날
이 가물면 물을 주고, 잡초가 나면 김매 준다.《행
포지》[26]

　청명(淸明, 양력 4월 5·6일경) 후 3일이 지나면 심을

科相去六七寸, 覆土厚二
寸.

待橡槲葉爛發, 折細輭枝
葉, 覆于薑畦上. 薑芽發
苗, 橡葉黝腐, 則撮去其
枝幹. 旱則澆水, 有草則除
之. 同上

淸明後三日可種. 以鼉沙、

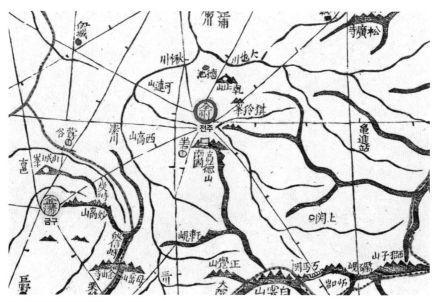

생강 산지로 유명한 전주 일대(《대동여지도》)

26 《杏蒲志》卷3 〈種蔬瓜〉 "種薑"(《農書》36, 155쪽).

아주까리(임원경제연구소, 거제시 장목면 대금리에서 촬영)

수 있다. 누에똥이나 두엄 또는 재거름으로 두텁게 거름준다. 싹이 나면 생강의 묵은 뿌리[母薑]를 잘라 내고 쓴다.

　시렁을 만들어 햇볕을 가려 준다. 간혹 휴전 남쪽에 아주까리(피마자)를 심어서 햇볕을 가리거나, 갈대를 꽂아 그늘을 만들기도 한다. 소똥을 물에 담갔다가 그 물을 자주 준다. 서리가 내리면 줄기를 베고, 남은 뿌리줄기는 또 기름진 흙으로 두텁게 덮어 준다. 《증보산림경제》27

腐草、糞灰厚培之. 待芽發, 摘母薑用之.

作棚蔽日, 或畦南種蓖麻, 或揷蘆以取陰. 頻用牛糞浸水澆之. 霜降刈莖, 又以肥土厚覆之. 《增補山林經濟》⑦

27 《增補山林經濟》卷6 〈治圃〉 "薑"(《農書》3, 407~408쪽).
⑦ 淸明……經濟 : 오사카본에는 '澆壅' 항목의 "耕不……同上" 아래에 있던 이 내용을 현재의 위치로 옮기라는 편집 지시가 있다.

6) 물주기와 거름주기

생강 휴전은 닭똥으로 덮어 주면 효과가 더욱 빼어나다. 《군방보》[28]

소똥을 물에 담갔다가 그 물을 자주 준다. 《한정록》[29]

생강휴전에는 볏짚을 두텁게 덮어 주어 닭이 파헤치지 못하게 한다. 누에가 섶에 올라갈 무렵에 볏짚에 불을 놓아 불사른다. 또 떡갈나무잎을 덮어 주어 썩힌다. 《산림경제보》[30]

밭갈이는 흙을 잘게 삶을수록 좋으며, 김매기는 자주 할수록 좋다. 여린 버들가지를 휴전 위에 펴 준다. 생강뿌리줄기가 드러난 곳이 있으면 뿌리가 드러난 곳마다 바로 덮어 준다. 《산림경제보》[31]

澆壅

薑畦覆以鷄糞尤妙. 《群芳譜》

頻以牛糞浸水, 澆之. 《閑情錄》

薑畦宜厚覆藁草, 無使鷄抓. 蠶上簇時, 縱火燒之. 又覆槲櫟葉腐之. 《山林經濟補》

耕不厭細, 耘不厭數. 用嫩柳枝, 布畦上. 有露根處, 隨露隨覆. 同上

---

28 《二如亭群芳譜》〈亨部〉"蔬譜" 1 '薑'(《四庫全書存目叢書補編》80, 295쪽);《廣群芳譜》卷13〈蔬譜〉1 "薑", 297쪽.

29 《閑情錄》卷16〈治農〉"習儉" '種薑'(《農書》1, 109~110쪽);《山林經濟》卷1〈治圃〉"種薑"(《農書》2, 150쪽).

30 출전 확인 안 됨;《山林經濟》卷1〈治圃〉"種薑"(《農書》2, 150쪽).

31 출전 확인 안 됨;《山林經濟》, 위와 같은 곳.

7) 보관하기

9월에 캐내어 집 안에 둔다【주 중국은 겨울이 몹시 춥기 때문에 움집을 만들어 저장해야 한다. 이 때 조짚과 함께 묻는다】.《제민요술》[32]

9월에 캐내어 집 안에 둔다. 움집을 만들어 저장해야 한다. 이때 조짚과 함께 묻는다. 남쪽 지방에서는 토지가 따뜻하기 때문에 움집을 쓰지 않는다. 소설(小雪, 양력 11월 22·23일경)이 되기 전 서리를 맞지 않았을 때 캔 생강이 상등품이다. 이를 캐서 흙을 털어내고 햇볕에 말린다.

이어 대껍질상자에 담아 저장하고서 시렁에 올려 놓는다. 시렁 아래에서는 불로 사흘 밤을 그을려 습기를 모두 없앤 다음 대껍질상자의 아가리를 덮는다. 그 상태로 대껍질상자를 높은 시렁에 올려 놓는다. 시렁 아래에서는 불로 그을리며 항상 따뜻한 온도를 유지하게 하여 생강이 얼어서 손상되지 않게 한다.

봄이 되면 싹이 난 생강 가운데 큰 놈을 골라 앞에 소개한 법대로 심는다. 이렇게 하면 효과가 빠르고 이익이 배가 된다. 민간에서는 "양 기르기와 생강 재배는 그 이익이 서로 맞먹는다."라 했다.《왕정농서》[33]

收藏

九月掘出, 置屋中.【注 中國多寒, 宜作窖, 以穀䅦合埋之】.《齊民要術》

九月中掘出, 置屋中, 宜作窖, 穀䅦合埋之. 南方地煖, 不用窖. 至小雪前, 以不經霜爲上, 拔去土, 就日⑧曬過.

用篅籧盛貯, 架起, 下用火熏三日夜, 令濕氣出盡. 却掩籧口, 仍高架起, 下用火熏, 令常煖, 勿令凍損.

至春, 擇其芽之大⑨者, 如前法種之, 爲效速而利益倍. 諺云: "養羊種薑, 子利相當."《王氏農書》

---

32 《齊民要術》卷3〈種薑〉第27(《齊民要術校釋》, 218쪽);《農政全書》卷28〈樹藝〉"蔬部" '薑'(《農政全書校注》, 725쪽).

33 《王禎農書》〈百穀譜〉3 "蓏屬" '薑', 104~105쪽;《農政全書》卷28〈樹藝〉"蔬部" '薑'(《農政全書校注》, 726쪽).

⑧ 去土就日 : 저본·《農政全書·樹藝·蔬部》에는 "去日就土".《王禎農書·百穀譜·蓏屬·薑》에 근거하여 수정.

⑨ 大 : 저본·《農政全書·樹藝·蔬部》에는 "深".《王禎農書·百穀譜·蓏屬·薑》에 근거하여 수정.

생강은 사일(社日) 전에 수확해야 생강에 심줄이 배기지 않는다. 《물류상감지(物類相感志)[34]》[35]

生薑社前收, 無筋.《物類相感志》

보관법: 3~4일 동안 그늘에 말린다. 먼저 옹기 안에 마른 모래를 깔고 생강을 묻는다. 이때 모래 한 층, 생강 한 층 순으로 한다. 거친 베로 옹기아가리를 싸서 기운을 통하도록 한 다음, 춥지도 덥지도 않은 곳에 둔다.《산림경제보》[36]

藏法: 陰乾三四日, 先布乾沙甕內, 埋薑, 一層沙一層薑. 用麤布裹甕口, 令通氣, 置不寒不熱處.《山林經濟補》

땅이 얼려고 할 무렵 흙집 속에 보관한다. 이때 대부분 겨나 쪽정이, 목화씨 등으로 덮어 준다. 또 구멍을 뚫어 막힌 기운을 통하게 해 주어야 한다. 《증보산림경제》[37]

地欲凍, 藏土宇中, 多用糠粃、木綿花核覆之. 又須作穴通塞.《增補山林經濟》

서리가 내린 뒤에 캐서 옹기동이에 넣는다. 이때 황색의 기름진 모래흙을 모래흙, 생강 순서로 층층이 깔아 담는다. 그런 다음 따뜻한 집 안에 잘 갈무리해 두되, 얼거나 건조하게 하지 말아야 한다.《행포지》[38]

霜降後採入盆甕, 用黃潤砂土, 層層鋪盛, 安頓煖屋內, 勿令凍乾[10].《杏蒲志》

---

34 물류상감지(物類相感志) : 중국 송나라의 문인 소식(蘇軾, 1037~1101)이 편찬한 유서. 일상 생활에 사용하는 물건 및 음식, 의복 등에 대한 기록 등 총 12편으로 구성되어 있다.
35 《說郛》卷22 下〈物類相感志〉"蔬菜"(《文淵閣四庫全書》877, 295쪽);《物理小識》卷6〈飮食類〉"生薑"(《文淵閣四庫全書》867, 872쪽).
36 출전 확인 안 됨.
37 《增補山林經濟》卷6〈治圃〉"薑"(《農書》3, 408쪽).
38 《杏蒲志》卷3〈種蔬瓜〉"種薑"(《農書》36, 155쪽).
10 乾:《杏蒲志·種蔬瓜·種薑》에는 "損".

8) 종자 보관하기

8월에 종자를 거둔다. 9~10월에 깊은 움집을 파서 겨나 쭉정이를 섞고 따뜻한 곳에 묻는다. 이렇게 얼어서 상하는 상황을 면하게 하여 내년에 심을 종자로 삼는다. 불을 때는 온실에 두어도 괜찮다. 《농정전서》[39]

藏種

八月收取. 九十月宜掘深窖以糠粃合埋暖處, 免致凍損, 以爲來年之種. 置火閣亦可.《農政全書》[11]

9) 쓰임새

4월에 죽비(竹箄)[40]로 생강뿌리줄기가 심긴 흙을 긁어서 묵은 생강[薑母, 강모]을 팔고 본 뿌리[元本, 원본]를 손상시키지 않는다. 추사일(秋社日)[41] 이전에 새 싹이 갑자기 자랐을 때 나누어 캔다. 바로 이것이 '자강아(紫薑芽, 자색 생강싹)'이다. 이 자강아는 술지게미절임에 가장 좋고, 또한 채소 대용으로 쓸 수도 있다.

백로(白露, 양력 9월 7·8일경)가 지나면 뿌리줄기에 심이 생기고 점차 쇠어 늙은 생강이 된다. 늙은 생강은 맛이 몹시 매워서 고기를 삶는 요리에 넣을 만하다. 대개 쇠어질수록 더욱 맵기 때문이다. 햇볕에 말리면 건강(乾薑, 말린생강)이다. 의사들이 이를 약재로 쓴다. 《왕정농서》[42]

功用

四月竹箄爬開根土, 取薑母貨之, 而不虧元本. 秋社前新芽頓長, 分採之, 卽紫薑芽. 最宜糟食, 亦可代蔬.

白露後則帶絲漸老, 爲老薑. 味極辛, 可以和烹飪. 蓋愈老而愈辣[12]者也. 曝乾則爲乾薑, 醫師資之.《王氏農書》

---

39 《便民圖纂》卷6〈樹藝類〉下 "種諸色蔬菜" '薑', 61쪽;《農政全書》卷28〈樹藝〉"蔬部" '薑'(《農政全書校注》, 727쪽).

40 죽비(竹箄):도가에서 수행자를 지도할 때 사용하는 법구(法具). 통대나무나 그 뿌리로 만들었다.

41 추사일(秋社日):입추(立秋, 양력 8월 8·9일경) 후 다섯 번째의 무일(戊日).

42 《王禎農書》〈百穀譜〉3 "蓏屬" '薑', 104쪽;《農政全書》卷28〈樹藝〉"蔬部" '薑'(《農政全書校注》, 726쪽).

11 農政全書:저본에는 "王氏農書".《王禎農書》에는 이와 같은 구절이 보이지 않고,《農政全書》에 보인다. 이 기사는 위의 '심기와 가꾸기' 항목의《農政全書》기사의 바로 뒤에 나오는 내용이다. 그러므로 그곳과 마찬가지로《便民圖纂》에 나오지만 서유구의 편집 방식대로《農政全書》로 교감했다.

12 辣:저본에는 "疎".《王禎農書·百穀譜·蓏屬·薑》·《農政全書·樹藝·蔬部·薑》에 근거하여 수정.

대개 생강은 맛이 매우면서도 매운 냄새는 나지 않으며, 사기(나쁜 기운)을 제거하고 누린내를 없애 준다. 이렇듯 생강은 채소류 가운데 필사(拂士)[43]이다. 그러므로 일용에서 빠뜨릴 수 없다. 《왕정농서》[44]

蓋薑辛而不葷, 去邪辟羶, 蔬茹中之拂士也. 日用不可闕. 同上

---

43 필사(拂士) : 임금을 정도(正道)로 보좌하는 뛰어난 선비. 여기서는 채소류 가운데 여러 가지 좋은 기능이 많은 점을 비유적으로 표현했다.
44 《王禎農書》, 위와 같은 곳 ; 《農政全書》 卷28 〈樹藝〉 "蔬部" '薑'(《農政全書校注》, 727쪽).

8. 겨자[芥, 개]¹【부록 청개(靑芥)²】　芥【附 靑芥①】

1) 이름과 품종

일명 '노서(勞鉏)'³, '날채(辣菜)'⁴, '납채(臘菜)'⁵이다.⁶

【왕정농서⁷ 겨자의 맛은 맵고 톡 쏜다. 채소류 가운데 개연한[介然] 기운이 있는 놈이다. 먹어보면 강개(剛介, 강렬하고 개운함)한 기상이 있기 때문에 글자가 개(介)를 따른다.

【본초강목⁸ 겨자에는 몇 가지 종류가 있다. '청개(靑芥, 동갓)'라 하는 품종은 '자개(刺芥)'라고도 한다. 그 모양이 배추와 비슷하지만 부드러운 털이 있다. 또 대개(大芥)라 하는 품종은 '추엽개(皺葉芥)'라고도 한

名品

一名"勞鉏", 一名"辣菜", 一名"臘菜".

【王氏農書】其氣味辛烈, 菜中之介然者. 食之有剛介之象, 故字從介.

本草綱目 有數種. 曰"靑芥", 又名"刺芥", 似白菘, 有柔毛. 曰"大芥", 亦名"皺葉芥", 大葉皺紋, 色尤深

1　겨자[芥, 개] : 쌍떡잎식물 양귀비목 겨자과의 한해살이풀. 풍석 서유구 지음, 임원경제연구소 옮김, 위와 같은 책, 186~188쪽과 함께 참조 바람.

2　청개(靑芥) : 십자화과의 한해살이풀 또는 두해살이풀. 봄에 십자모양의 노란 꽃이 피고, 씨는 누런 갈색으로 익는다. 양념과 약재로 쓰이고 잎과 줄기는 식용한다.

3　노서(勞鉏) : 김을 부지런히 자주 매주어야 하는 채소라는 의미.

4　날채(辣菜) : 맛이 아주 매운 채소라는 의미. 백겨자를 가리키는 말이기도 하다.

5　납채(臘菜) : 겨울에 먹어야 제맛이 나는 채소라는 의미. 겨울에 먹는 겨자를 납채, 봄에 먹는 겨자를 춘채(春菜), 여름에 먹는 겨자를 하채(夏菜)라고 한다.

6　일명……납채(臘菜)이다 : 《二如亭群芳譜》〈亨部〉"蔬譜" 1 '芥'(《四庫全書存目叢書補編》80, 311쪽)에 보인다. 단, '勞鉏'는 보이지 않는다.

7　《王禎農書》〈百穀譜〉 4 "蔬屬" '芥', 109쪽;《本草綱目》卷26〈菜部〉"芥", 1606쪽.

8　《本草綱目》卷26〈菜部〉"芥", 1607~1610쪽.

①　附靑芥 : 저본에는 없음. 앞의 '6. 마늘[蒜, 산]' 항목의 형식에 근거하여 보충.

다. 이 품종은 잎이 크고 쭈글쭈글한 주름무늬가 있고, 색은 더욱 진한 녹색이며, 맛은 보통 겨자보다 훨씬 맵다. '마개(馬芥)'라는 품종은 잎이 청개(青芥)와 같다.

'화개(花芥)'라 하는 품종은 잎이 많고, 잎의 결각(缺刻)[9]이 무잎과 같다. '자개(紫芥)'라 하는 품종은 줄기와 잎이 모두 차조기처럼 자색이다. '석개(石芥)'라 하는 품종은 키가 나지막하고 작다. 모두 8~9월에 심는다.

겨울에 먹는 겨자는 민간에서 '납채(臘菜)'라 하고, 봄에 먹는 겨자는 민간에서 '춘채(春菜)'라 하고, 4월에 먹는 겨자는 '하채(夏菜)'라 한다. 겨자 심에서 올라온 여린 장다리[10]를 '개람(芥藍)'이라 한다.

3월에 꽃을 피우며, 꽃은 노란색으로 꽃잎 4장이 난다. 꽃이 지면 0.1~0.2척 되는 씨앗꼬투리를 맺는다. 씨앗의 크기는 차조기씨와 같지만 색은 자색이다.

또 '백겨자[白芥]'도 있다. 백겨자는 호융(胡戎, 몽골) 지역에서 건너와 촉(蜀)[11] 지역에서 크게 번성했기 때문에 또한 '호개(胡芥)'·'촉개(蜀芥)'라 이름 붙였다. 잎은 화개(花芥)와 비슷하고 청백색이며, 줄기는 쉽게 자라며 가운데가 비었다. 씨앗의 크기는 기장쌀만 하며 색깔은 황백색이다.

綠, 味更辛辣. 曰"馬芥", 葉如青芥.

曰"花芥", 葉多, 缺刻如蘿蔔英. 曰"紫芥", 莖葉皆紫如蘇. 曰"石芥", 低小. 皆以八九月下種.

冬月食者, 俗呼"臘菜"; 春月食者, 俗呼"春菜"; 四月食者, 謂之"夏菜"②. 芥心嫩薹, 謂之"芥藍".

三月開花, 黃色四出. 結莢一二寸, 子大如蘇子而色紫.

又有"白芥", 來自胡戎而盛於蜀, 故又名"胡芥"、"蜀芥". 葉如花芥, 青白色, 莖易起而中空, 其子大如粱米, 黃白色.

---

9 결각(缺刻): 잎의 가장자리가 깊이 패어 들어간 부분. 무나 가새뽕나무 따위의 잎에서 볼 수 있다.
10 장다리: 무·배추·겨자 등의 꽃줄기.
11 촉(蜀): 지금의 중국 사천성(四川省) 일대. 현대에도 사천성의 별칭으로 쓰인다.
② 菜:《本草綱目·菜部·芥》에는 "芥".

겨자   백겨자(이상 《본초강목》)   겨자(《본초도경》)   겨자(《삼재도회》)

안 우리나라에서 나는 겨자는 씨앗이 황색이고 큰
품종을 좋은 것으로 친다. 이것은 아마 바로 《본초
강목》에서 말한 '백겨자[白芥]'라는 품종인 듯하다.
그러나 땅이 척박하고 김매기를 소홀히 하면 황색의
씨앗이 자색으로 변한다. 이 또한 이상하게 여길 만
한 일이다】

按 我東之産, 以子黃而麤
者爲佳. 疑卽《本草》所謂
"白芥". 然地瘠耘魯, 則黃
變爲紫, 亦可異也】

2) 알맞은 토양

밭은 똥거름을 주고 흙을 푹 삶아야 한다. 《제민요술》[12]

土宜

地欲糞熟.《齊民要術》

3) 심는 시기

6월 대서(大暑, 양력 7월 22·23일경)나 중복 이후에 겨자씨앗을 거둘 수 있다. 7~8월에 겨자씨를 심을 수 있다. 《사민월령》[13]

時候

六月大暑、中伏後可收芥子, 七月、八月可種芥.《四民月令》

겨자 및 촉개(蜀芥, 백겨자)·운대(蕓薹, 유채)[14]를 심기 위해 미리 취해 둔 씨앗을 모두 2~3월에 단비[好雨]가 내려 촉촉할 때 심는다.

【주】 위의 세 식물은 본성이 추위를 견디지 못하기 때문에 겨울을 나면 죽는다. 그러므로 반드시 봄에 심어야 한다.

種芥子及蜀芥、蕓薹取子者, 皆二三月好雨澤時種.

【注】 三物性不耐寒, 經冬則死, 故須春種.

안 여기에 소개된 설명은 《본초강목》에서 말한 "9월에 심으면 3월에 꽃을 피운다."[15]와 서로 크게 동떨어진 말이다. 우리나라에서 심는 법은 모두 가사협(賈思勰)[16]이 지은 《제민요술》의 설명을 따른다】

按 此說, 與《本草》所謂: "九月種, 三月開花者", 大相逕庭. 吾東種法, 皆依賈氏說也】

---

12 《齊民要術》卷3〈種蜀芥、蕓薹、芥子〉第23(《齊民要術校釋》, 205쪽).

13 출전 확인 안 됨;《齊民要術》, 위와 같은 곳.

14 운대(蕓薹):겨자과에 딸린 두해살이 채소. 한채(寒菜), 삼동초(三冬草), 평지라고도 한다.

15 9월에……피운다:《本草綱目》, 위와 같은 곳.

16 가사협(賈思勰):?~?. 중국 북위(北魏) 시대의 학자. 당시 고양군(高陽郡) 태수로 있으면서, 농업에 관심을 기울여 최초의 전문 농업 서적인 《제민요술》을 지었다. 고양군은 현재 산동성(山東省)으로 기후와 토양이 우리나라와 아주 비슷하다. 《제민요술》은 후세의 농서나 생활 전반에 큰 영향을 미쳤다. 《임원경제지》의 주요 인용문헌 중 하나이다.

잎을 채취하기 위한 목적으로 재배하는 겨자는 7월 보름에 심는다. 《제민요술》[17]

백겨자[白芥]에서 취한 씨앗은 2월에 비가 내린 뒤를 틈타 심는다. 본성이 추위를 견디지 못하기 때문에 겨울을 나면 죽는다. 그러므로 반드시 봄에 심어야 한다. 5월에 여물면 씨앗을 수확한다. 다만 지역에 남북의 차이가 있고, 이로 인해 기온의 차이가 있기 때문에 씨앗을 심는 시기 또한 그 지역의 풍속을 따라야 한다. 《군방보》[18]

2~3월 무렵, 땅을 갈고 봄보리를 심은 뒤 10여 일 만에 겨자씨를 심는다. 5월이 되면 씨앗을 거두어 두었다가 7~8월에 다시 심는다. 5월에 거둔 씨앗 중 일부분을 나누어 남겨 두었다가 이듬해 봄이 되면 또 심는다. 《산림경제보》[19]

取葉者, 七月半種.《齊民要術》

白芥取子者, 二月乘雨後種. 性不耐寒, 經冬卽死, 故須春種. 五月熟而收子. 第地有南北, 寒暖異宜. 種植早晚, 又當隨其俗也. 《群芳譜》

二三月, 春麰耕③後十餘日種. 至五月, 收子, 更於七八月種之. 分留五月所收之子, 至明春, 又種.《山林經濟補》

---

17 《齊民要術》卷3〈種蜀芥、蕓薹、芥子〉第23(《齊民要術校釋》, 205쪽).
18 《二如亭群芳譜》〈亨部〉"蔬譜" 1 '芥'(《四庫全書存目叢書補編》80, 312쪽);《廣群芳譜》卷14〈蔬譜〉1 "芥", 338쪽.
19 출전 확인 안 됨;《山林經濟》卷1〈治圃〉"芥"(《農書》2, 157쪽).
③ 耕:《山林經濟·治圃·芥》에는 "耕種".

4) 심기와 가꾸기

심는 법은 순무[蕪菁]를 심는 법과 동일하다. 싹이 난 뒤에는 역시 김매지 않는다. 10월에 순무 거두기를 마치면 촉개(蜀芥)를 거둔다【주 중간에 '짠 절임[鹹菹]'과 '싱거운 절임[淡菹]' 두 종류의 절임을 담근다. 또 임의대로 말린겨자채[乾菜]를 만든다】.《제민요술》[20]

겨자는 가을이 오기 전에 심어야 한다. 1묘(畝)마다 겨자씨앗 4승을 쓴다. 서리가 충분히 내리면 비로소 수확한다. 맵기만 하고 향이 많이 나지 않는다. 겨울 3개월을 나는 동안 풀로 덮어 주면 얼어 죽지 않는다. 이듬해 봄이 되면 음식에 다시 쓸 수 있다.《무본신서(務本新書)》[21]

지금 강남 지역의 농가에서 겨자 심는 법은 아욱[葵] 심는 법과 같다. 모종이 옮겨 심을 만큼의 크기가 되면 반드시 옮겨 심어야 한다【일찍 심는 겨자는 7월 보름 이후에 심고, 늦게 심는 겨자는 8월 보름에 심는다】.

겨울을 난 겨자가 봄을 지나 장다리를 내면 장다리 가운데를 잘라 '짠 절임[鹹菹]'과 '싱거운 절임[淡菹]' 두 종류의 절임을 담근다. 만약 씨앗을 받으려면

種藝

種法, 與蕪菁同. 既生, 亦不鋤之. 十月收蕪菁訖, 收蜀芥【注 中爲鹹、淡二菹, 亦任爲乾菜】.《齊民要術》

芥菜, 宜秋前種. 每畝用子四升. 足霜始收. 辛不甚香. 經三冬, 以草覆之, 不死. 至春, 復可供食.《務本新書》

今江南農家所種, 如種葵法, 俟成苗, 必移栽之【早者七月半後種, 遲者八月半種】.

冬芥經春長心, 中爲鹹、淡二菹④. 如欲收子者, 卽不摘心.《王氏農書》

---

20 《齊民要術》卷3〈種蜀芥、蕓薹、芥子〉第23(《齊民要術校釋》, 205쪽).

21 출전 확인 안 됨;《農桑輯要》卷5〈瓜菜〉"芥"(《農桑輯要校注》, 178쪽);《農政全書》卷28〈樹藝〉"蔬部" '芥'(《農政全書校注》, 727쪽).

④ 中爲……二菹:《齊民要術·種蜀芥,蕓薹,芥子》·《王禎農書·百穀譜·蔬屬》에는 이 내용이 주석으로 되어 있다.

적겨자순1

적겨자순2(이상 국립원예특작과학원에서 촬영)

청겨자순1

청겨자순2(이상 임원경제연구소, 국립원예특작과학원에서 촬영)

청겨자(정성섭·김복남)

장다리를 따지 않는다. 《왕정농서》[22]

겨자는 8월에 씨앗을 흩뿌려 심는다. 9월에 휴   芥菜, 八月撒種. 九月治畦

22 《王禎農書》〈百穀譜〉4 "蔬屬" '芥', 110쪽 ; 《農政全書》卷28〈樹藝〉"蔬部" '芥'(《農政全書校注》, 727~728쪽).

전을 손질하여 모종을 나누어 심는다. 똥물을 자주 준다.《농정전서》23

땅에 똥거름을 주고 땅을 간다. 1묘에 씨앗 1승을 쓴다. 가을에 심은 겨자는 3월에 황색 꽃을 피운다. 꽃이 지면 0.1~0.2척 길이의 꼬투리를 맺는다. 씨앗크기는 차조기씨만 하고, 색깔은 자색이며, 맛은 맵다. 씨앗을 거둘 겨자는 장다리를 따지 않는다.《군방보》24

分栽, 糞水頻灌.《農政全書》

地用糞耕, 畝用子一升. 秋月種者三月開黃花, 結莢一二寸. 子大如蘇子, 色紫味辛. 收子者卽不摘心.《群芳譜》

---

23 《農政全書》卷28〈樹藝〉"蔬部" '芥'(《農政全書校注》, 728쪽).
24 《二如亭群芳譜》〈亨部〉"蔬譜" 1 '芥'(《四庫全書存目叢書補編》80, 312쪽);《廣群芳譜》卷14〈蔬譜〉1 "芥", 338쪽.

5) 물주기와 거름주기

거름을 두텁게 주고, 잡초가 나면 즉시 김매어 준다. 가물면 물을 준다.《왕정농서》[25]

칠석(七夕)[26] 이후에 겨자를 심는다. 자주 똥물을 준다. 서풍이 부는 날이나 구초일(九焦日)[27]을 만나면 물을 주어서는 안 된다.《한정록(閑情錄)》[28]

6) 보관하기

대개 겨울철에는 소금에 절여 저장한다. 말려 시래기를 만들 겨자는 연기가 들지 않고 비가 들이치지 않는 곳에 시렁을 설치하여 보관한다. 이렇게 하면 3년 동안도 먹을 수 있다.《무본신서》[29]

겨자씨앗 거둘 때는 격년으로 해야 한다. 그렇게 하면 맛이 맵다.《물류상감지(物類相感志)》[30]

澆壅

厚加培壅, 草卽鋤之. 旱卽灌之.《王氏農書》

七夕以後[5]種芥, 頻用糞水澆之. 遇西風、九焦日, 不可澆.《閑情錄》[6]

收藏

蓋冬月醃藏. 其曬乾者, 于無煙雨處架起, 三年亦可食.《務本新書》

收芥菜子, 宜隔年者則辣.《物類相感志》

---

25 《王禎農書》〈百穀譜〉4 "蔬屬" '芥', 110쪽；《農政全書》卷28〈樹藝〉"蔬部" '芥'(《農政全書校注》, 728쪽).

26 칠석(七夕)：음력 7월 7일. 전설 속의 견우와 직녀가 오작교에서 만나는 날이라 전해진다.

27 구초일(九焦日)：오행을 풀어서 길흉(吉凶)을 매기던 날 중에 흉한 날의 한 가지. 이 날에 씨앗을 뿌리면 말라서 싹이 트지 않는다고 한다. 정월은 진(辰), 2월은 축(丑), 3월은 술(戌), 4월은 미(未), 5월은 묘(卯), 6월은 자(子), 7월은 유(酉), 8월은 오(午), 9월은 인(寅), 10월은 해(亥), 11월은 신(申), 12월은 사(巳)가 일진에 든 날이다. 고초일(枯焦日) 또는 고초일(苦焦日)이라고도 한다.

28 《閑情錄》〈治農〉"芥菜、白菜、踮菜、烏松菜、蔵菜"(《農書》1, 111쪽).

29 출전 확인 안 됨；《農桑輯要》卷5〈瓜菜〉"芥"(《農桑輯要校注》, 178쪽).

30 《物類相感志》〈蔬菜〉(《叢書集成初編》1344, 21쪽)；《說郛》卷22下〈物類相感志〉"蔬菜"(《文淵閣四庫全書》877, 295쪽).

5 七夕以後：《閑情錄·治農·芥菜、白菜、踮菜、烏松菜、蔵菜》에는 "七月下".

6 七夕以後種芥……閑情錄：오사카본에는 이 부분이 "種藝" 조항에 들어 있고, "'칠석(七夕)'에서 '가요(可澆)'까지는 주(閑情錄)와 함께 모두 물주기와 거름주기[澆壅] 조항의 《왕씨농서》 아래로 옮겨야 한다(七夕至可澆竝注, 移澆壅條《王氏農書》下)."라고 두주가 달려 있다.

7) 쓰임새

대개 비록 순무만은 못하지만 나머지는 또한 순무와 상당히 같다. 씨앗은 음식의 겨자 양념[芥花]으로 만들어 먹거나 겨자가루를 내어 먹는다. 만약 성곽 근교라면 겨자를 많이 심어야 한다.《무본신서》[31]

겨자는 황색이면서 큰 것이 상등품이고, 자흑색을 띠고 잔 것은 열등한 품등이다. 새로 거둔 겨자의 씨앗은 7~8일 밤 동안 이슬을 맞히면 맛이 쓰지 않다. 이놈을 갈아 가루를 내고 장을 만들었다가 육류 요리에 찍어 먹으면 매운 맛과 톡 쏘는 향이 아낄 만하다.《증보산림경제》[32]

功用

大槪雖不及蔓菁, 餘亦頗同. 子作芥花、芥末. 如近城郭, 芥菜宜多種.《務本新書》

芥子, 以黃而麤者爲佳, 紫黑而細者品劣. 新收子, 承露七八宵, 味不苦. 硏末作醬, 以侑肉食, 辛香可愛.《增補山林經濟》

---

31 출전 확인 안 됨;《農桑輯要》卷5〈瓜菜〉"芥"(《農桑輯要校注》, 178쪽).
32 《增補山林經濟》卷6〈治圃〉"芥"(《農書》3, 420쪽). 글자의 출입이 많다.《增補山林經濟》에는 다음과 같이 되어 있다. "芥子以黃大者爲佳, 紫黑而細者品劣. 新收子, 日曬夜露七八日, 則作汁不苦."

8) 청개(靑芥) 재배법

겨자의 한 종인 청개【시골에서는 '밋갓'이라 한다】는 잎이 두껍고 장다리는 통통하며, 색깔은 짙은 녹색이다. 움집에 저장해 둔 뿌리를 봄에 심는 경우는 여름에 씨앗을 거둔다. 초가을에 심는 경우는 가을 끝에 하늘에서 서리가 내리면 곧 장다리와 잎을 채취한다. 이것으로 김장을 하면 김치 맛이 아주 좋다.《증보산림경제》[33]

種靑芥法[7]

一種靑芥【鄕名"밋갓"】, 厚葉肥薹, 深綠色. 窖藏根春種, 夏收子. 秋初種之, 秋末天有霜, 便取薹、葉, 作冬菹甚佳.《增補山林經濟》

---

[33] 《增補山林經濟》卷6〈治圃〉"芥"(《農書》3, 420~421쪽).
[7] 種靑芥法 : 오사카본에는 이 표제어와 그 아래의 내용을 "種藝" 항목 맨 뒤에 적었다가 삭제하라고 지시한 흔적만 있고, 이 내용을 어느 곳으로 옮기라는 언급은 없다.

9. 개람(芥藍)[1]

芥藍

1) 이름과 품종

일명 '남채(藍菜)'이다.[2]

【왕정농서】[3] 겨자의 종류 가운데 연한 것이 개람(芥藍)이다. 개람은 매우 연하다.

【농정전서】[4] 개람은 겨자의 종류이다. 잎의 색이 쪽[藍][5]과 같기 때문에 남쪽 지역 사람들이 '개람(芥藍, 겨자쪽)'이라 한다. 또 뜯어[擘] 먹을 수 있기 때문에 북쪽 지역 사람들은 '벽람(擘藍, 잎 뜯어 먹는 쪽)'이라 한다.

개람잎은 배춧잎보다 크고, 뿌리는 겨자뿌리보다 크며, 장다리와 싹은 백겨자[白芥]보다 크고, 씨앗은 순무보다 크다. 꽃은 연한 황색이다. 싹과 잎과 뿌리와 장다리 모두 임의대로 채소로 먹고, 씨앗은 기름을 짤 수 있다. 또한 사철 어느 때나 심을 수 있

名品

一名"藍菜".

【王氏農書】芥之嫩者爲芥藍. 極脆.

【農政全書】芥藍, 芥屬也. 葉色如藍, 故南人謂之"芥藍"; 仍可擘取食, 故北人謂之"擘藍".

其葉大于菘, 根大于芥, 薹、苗大于白芥, 子大于蔓菁. 花淡黃色. 其苗、葉、根、心俱任爲蔬, 子可壓油, 亦四時可種, 四時可食, 大略如

---

1 개람(芥藍) : 겨자의 일종. 위의 '8. 겨자[芥]' 항목에 인용된 《본초강목》의 개람(장다리)과는 다르다. 감람(甘藍)이라고도 한다.

2 일명 남채(藍菜)이다 : 《廣群芳譜》 卷89 〈藍〉 "擘藍", 2141쪽에 보인다.

3 《王禎農書》〈百穀譜〉 4 "蔬屬" '芥', 109쪽; 《農政全書》 卷40 〈種植〉 下 "雜種" '芥藍'(《農政全書校注》, 1122쪽).

4 《農政全書》 卷40 〈種植〉 下 "雜種" '芥藍'(《農政全書校注》, 1122~1123쪽).

5 쪽[藍] : 쌍떡잎식물 마디풀과의 한해살이풀. 옷감을 남색으로 물들이는 데 주로 쓰인다.

벽람(개람의 이칭. 《식물명실도고》)

쪽잎과 꽃(임원경제연구소. 산청군 단성면 남사리 순이진이 갤러리에서 촬영)

고, 사철 어느 때나 먹을 수 있는 점이 대략 순무와 같다.

　다만 뿌리를 먹는 채소, 예를 들면 겨자·무[蘆菔]6·순무 등속과 같은 채소들은 알뿌리가 모두 흙 속에 묻혀 있는 데 비해 이놈은 알뿌리가 흙 위에 올라와 있는 점이 다르다.

　또 이 채소의 이름에 '남(藍)'자를 붙인 이유는 그저 잎의 색깔이 쪽과 비슷하기 때문인 것만은 아니다. 북쪽 지역 사람들은 개람만으로 푸른색 물감을 만들어서 백색 명주를 염색할 수 있다. 이렇게 한

蔓菁也.

但食根之菜, 如芥、蘆菔、蔓菁之屬, 魁皆在土中, 此則魁在土上, 爲異耳.

又曰菜名"藍"者不止因葉色似藍, 北人直用作澱, 可染紬白[1], 勝于福靑.

6　무[蘆菔]: 십자화과에 속하는 초본식물. 내복(萊菔)·나복(蘿蔔)이라고도 한다.
[1]　紬白:《農政全書·種植·雜種》에는 "帛".

염색은 복청(福靑)[7]색보다 곱다.

안 우리나라에는 이 채소를 재배했다는 소리를 듣지 못했다. 종자를 사다가 널리 퍼뜨려야 한다】

按 吾東未聞有蒔藝者, 宜購種傳殖也】

2) 알맞은 토양

개람을 심을 때는 밭갈고 땅을 푹 삶으며, 두텁게 거름을 주어야 한다. 흙기운이 억센 곳에는 대부분 풀 태운 재를 흙에 섞어서 사용한다. 《농정전서》[8]

土宜

種芥藍, 宜耕熟地, 厚壅之. 土强者, 多用草灰和之.《農政全書》

3) 심는 시기

남채는 2월에 휴전에 심는다. 《무본신서》[9]

時候

藍菜, 二月畦種.《務本新書》

---

7 복청(福靑) : 청색 계통에 속하는 한 가지 색. 담청(淡靑)보다는 진하고 흑청(黑靑)에 가까운 진한 색이다.
8 《農政全書》卷40〈種植〉下"雜種"'芥藍'(《農政全書校注》, 1122쪽).
9 《農桑輯要》卷5〈瓜菜〉"藍菜"(《農桑輯要校注》, 185쪽).

4) 심기와 가꾸기

밭을 갈고 흙을 푹 삶은 다음, 혹 씨앗을 흩뿌렸으면 잡초가 나는 대로 김매어 준다. 혹 규칙적으로 심었으면 싹의 길이가 몇 촌이 되었을 때 모종을 옮겨 심는다. 혹은 평지에 심거나, 두둑을 만들어 심은 경우이면 대략 순무 심을 때와 같은 법으로 심는다. 다만 반드시 드문드문 줄지어 심어야 한다. 그러면 알뿌리가 크고 씨앗이 많이 맺힌다. 포기마다 1척 남짓 떨어지도록 심는다. 《농정전서》[10]

일반적으로 채소 종류는 대부분 겨울에 잘 자라고 여름에 말라죽는다.[11] 그런데 유독 개람은 말라서 씨앗을 거둔 뒤에도 뿌리에서 다시 곁가지가 돋아 몇 년을 지나도록 죽지 않는다. 대개 한 번 심은 뒤에는, 씨앗으로 퍼져 자라나는 것은 논하지 않더라도, 곧 원래의 뿌리에서 몇 년간 채취해 먹는 데 제공된다.

겨울에 잎을 모두 취하고 뿌리만 남아도 이듬해에 싹이 또 자란다. 혹 큰 뿌리까지 모조리 캐내더라도, 흙속에 조금 남아 박힌 가느다란 뿌리가 이듬해 또 자란다. 《농정전서》[12]

種藝

耕熟後, 或漫散子, 取次耘之; 或種, 苗長數寸, 移植之; 或就平地種, 或作埒, 大略與種蔓菁同法. 但須疏行則魁大子多, 每本令相去一尺餘. 《農政全書》

凡菜種多冬榮夏枯, 獨芥藍乾枯收子之後, 根復生蘗, 經數年不壞. 蓋一種之後, 無論子粒傳生, 卽原本亦供數年採拾.

冬月悉取葉, 空留根, 來年亦生. 或幷劚去大根, 稍存入土細根, 來年亦生. 同上

---

10 《農政全書》卷40〈種植〉下 "雜種" '芥藍'(《農政全書校注》, 1122쪽).
11 대부분……말라죽는다 : 이치에 맞지 않는다. 겨울과 여름의 글자 위치가 바뀌어야 한다.
12 《農政全書》卷40〈種植〉下 "雜種" '芥藍'(《農政全書校注》, 1122~1123쪽).

5) 거두기

뿌리를 거두어 쓰려는 경우에는 반드시 4~5월에 심어야 한다. 조금 자라면 잎을 뜯어 먹는다. 잎을 점점 뜯어 먹을수록 알뿌리가 점점 커진다. 8~9월에 뿌리와 잎을 모두 거둔다.《농정전서》[13]

이듬해 봄이 되면 남은 뿌리에서 다시 싹이 돋아 따 먹을 수 있다. 3월에 꽃이 피고 4월에 씨앗이 여문다. 1묘(畝)마다 3~4석(石)을 거둘 수 있다.《농정전서》[14]

收採

收根者, 須四五月種. 少長擘食. 其葉漸擘, 魁漸大. 八九月, 幷根葉取之.《農政全書》

留根, 至明春, 復發苗, 可採食. 三月花, 四月實子, 每畝收可三四石. 同上

---

[13]《農政全書》卷40〈種植〉下"雜種"'芥藍'(《農政全書校注》, 1122쪽).
[14]《農政全書》, 위와 같은 곳.

6) 쓰임새

싹이 크게 자라면 잎을 뜯어 먹는다. 잎은 뜯어도 다시 난다. 하지만 칼로 베면 자라지 않는다. 불을 지펴 삶고 물로 헹구어서 담갔다가 볶거나 무쳐 먹는다. 또 속에 새콤한 소를 넣어 싸거나 혹은 권병(捲餅, 떡쌈)에 넣어 먹기도 한다. 날것으로 먹으면 상당히 매운 맛이 난다.

5월에는 채소밭 작물이 모두 말라 죽는다. 오직 이 개람만 무성하기 때문에 또한 이를 '주원채(主園菜, 채소밭의 주인 격인 채소)'라 한다. 겨울까지 먹다가, 풀로 뿌리를 덮어 준다. 그러면 이듬해 4월에 결국 씨앗을 맺어 거둘 수 있다.

씨앗을 가루 내면 겨자가루와 비슷하다. 씨앗을 거둔 뒤에도 뿌리에서 다시 잎이 돋아 또 1년을 먹을 수 있다. 만약 중인(中人, 신분이 높지도 낮지도 않은 보통 사람)의 집에서 자체로 2~3개 휴전의 개람과 1~2개 휴전의 부추만 심을 수 있다면 1년 내내 채소값을 무척 아낄 수 있다. 《무본신서》[15]

잎은 절임을 만들거나 시래기를 만들 수 있다. 뿌리는 껍질을 벗겨 낸 다음 삶아먹거나, 술지게미

功用

苗高, 剝葉食之, 剝而復生, 刀割則不長. 加火煮之, 以水淘浸, 或炒爁, 或拌食, 或包酸餡, 或捲餅. 生食頗有辛味.

五月園枯, 此菜獨茂, 故又曰"主園菜". 食至冬月, 以草覆其根, 四月終結子可收.

作末, 比芥末[2]. 根又生葉, 又食一年, 若中人之家, 但能自種三兩畦藍菜、一二畦韭, 周歲之中, 甚省菜錢.《務本新書》

葉作葅, 或作乾菜, 根剝去皮, 或煮食, 或糟藏醬豉.

---

15 출전 확인 안 됨;《農桑輯要》卷5〈瓜菜〉"藍菜"(《農桑輯要校注》, 185쪽).
[2] 比芥末 : 오사카본에는 주석으로 넣도록 쌍행으로 나중에 추가한 흔적이 있고,《農桑輯要·瓜菜·藍菜》에도 주석으로 되어 있다..

에 박아 저장하거나, 장에 넣어 두시[豉]16를 만든다.   《農政全書》
《농정전서》17

---

16 두시[豉]: 대두나 흑두를 삶은 뒤에 발효시켜 만든, 청국장과 비슷한 식품. 짠 두시와 싱거운 두시가 있는
   데, 음식의 조미료로 쓴다. 싱겁게 만든 두시는 약에 넣기도 한다.《본초강목》권30 〈과부(果部)〉 "능금"
   조항(1776쪽)에 능금의 즙으로 두시를 만들어 음식의 단맛이나 신맛을 조절했다는 기록이 보인다.《임원
   경제지 정조지》권6 〈조미료(미료지류)〉 "두시"(풍석 서유구 지음, 임원경제연구소 옮김,《임원경제지 정
   조지》3, 풍석문화재단, 2020, 184~195쪽)에 다양한 두시 제조법이 소개되어 있다.
17 《農政全書》卷40 〈種植〉 下 "雜種" '芥藍'(《農政全書校注》, 1122쪽).

10. 순무[蕪菁, 무청][1]

蕪菁

1) 이름과 품종

名品

일명 '만청(蔓菁)', '구영숭(九英菘)', '제갈채(諸葛菜)'
이다.[2]

一名"蔓菁", 一名"九英菘",
一名"諸葛菜".

【본초습유(本草拾遺)】[3][4] 순무[蕪菁]는 남쪽과 북쪽
지역의 통칭이다. 북쪽 지역 사람들은 '만청(蔓菁)'이

【本草拾遺】蕪菁, 南北之
通稱. 北人名"蔓菁", 塞北、

만청(《본초강목》)

무청(《본초도경》)

무청(《삼재도회》)

---

1 순무[蕪菁, 무청]: 쌍떡잎식물 양귀비목 겨자과의 한해살이풀 또는 두해살이풀. 주로 김치로 담가 먹는 채
   소. 풍석 서유구 지음, 임원경제연구소 옮김, 위와 같은 책, 229쪽에 순무씨기름에 대한 내용이 나온다.
2 일명……제갈채(諸葛菜)이다:《本草綱目》卷26〈菜部〉"蕪菁", 1611쪽에 보인다.
3 본초습유(本草拾遺): 중국 당(唐)나라 의학가인 진장기(陳藏器, 675~757)가 편찬한 의서. 전 10권이다.
   원서는 전하지 않으며,《당서·예문지(唐書·藝文誌)》·《증류본초(證類本草)》등의 책에서 그 일부를 볼 수
   있다.
4 출전 확인 안 됨;《本草綱目》卷26〈菜部〉"蕪菁", 1611쪽.

라 하고, 새북(塞北, 북쪽 변방)과 하서(河西, 황하 서쪽)에 서 심는 순무는 '구영숭(九英菘)'이라 한다.

河西種者, 名"九英菘".

본초강목[5] 유우석(劉禹錫)[6]의 《유빈객가화록(劉賓客嘉話錄)》[7]에 다음과 같이 적혀 있다.

本草綱目 劉禹錫《嘉話錄》云:

"제갈량(諸葛亮)[8]은 군대가 머무는 곳마다 병사들에게 오직 순무를 심으라고 했다. 그 이유는 막 싹이 돋은 순무순을 취하여 생으로 먹을 수 있다는

"諸葛亮所止, 令兵士獨種蔓菁者, 取其纔出甲, 可生啖, 一也; 葉舒, 可煮食,

순무

순무청

5 《本草綱目》卷26〈菜部〉"蕪菁", 1611~1612쪽.
6 유우석(劉禹錫):772~842. 중국 당(唐)나라의 시인. 자는 몽득(夢得). 개혁과 관료인 왕숙문(王叔文, 758~806), 유종원(柳宗元, 773~819) 등과 정치 개혁을 기도하였으나 좌천되어 지방관으로 있으면서 농민의 생활 감정을 노래한 《죽지사(竹枝詞)》를 펴냈으며, 시문집에 《유몽득문집》, 《유빈객집(劉賓客集)》, 《외집(外集)》 등이 있다. 본문의 《유빈객가화록(劉賓客嘉話錄)》의 내용은 강릉소윤(江陵少尹)이었던 위현(韋絢, 796~?)이 강릉의 빈객 유우석(劉禹錫)으로부터 들었던 이야기를 추후에 기록한 것이다. 위현(韋絢)의 《유빈객가화록》을 이시진의 《본초강목》 등 많은 책에서 유우석이 저자인 것으로 적었다.
7 유빈객가화록(劉賓客嘉話錄):중국 당(唐)나라 강릉소윤(江陵少尹)이었던 위현(韋絢)이 지은 책. 문인들의 극담(劇談)이나 해학, 점술, 동요, 가결, 민간에 떠도는 이야기 등 유우석에게서 들은 세상 이야기들을 적었다.
8 제갈량(諸葛亮):181~234. 중국 삼국 시대 촉한(蜀漢)의 정치가 겸 전략가. 명성이 높아 와룡선생(臥龍先生)이라 일컬어졌다. 유비(劉備)를 도와 오(吳)나라의 손권(孫權)과 연합하여 남하하는 조조(曹操)의 대군을 적벽(赤壁)의 싸움에서 대파하고, 형주(荊州)와 익주(益州)를 점령하였다. 221년 한나라의 멸망을 계기로 유비가 제위에 오르자 승상이 되었다.

손질한 순무

순무김치(이상 김재광)

점이 첫 번째이다. 잎이 펴지면 삶아 먹을 수 있다는 점이 두 번째이다. 오랫동안 주둔하면 그 세월만큼 잘 자란다는 점이 세 번째이다. 버려도 아까워하지 않은 점이 네 번째이다. 다시 돌아오면 쉽게 찾아서 캐먹을 수 있다는 점이 다섯 번째이다. 겨울에 뿌리를 먹을 수 있다는 점이 여섯 번째이다. 다른 여러 채소에 견주어 얻을 수 있는 이익이 매우 넓다. 지금 촉(蜀) 지역 사람들은 순무를 '제갈채(諸葛菜)'라 부른다"⁹】

二也; 久居則隨以滋長, 三也; 棄不令惜, 四也; 回則易尋而探, 五也; 冬月根可食, 六也. 比諸蔬其利甚博. 至今蜀人呼爲'諸葛菜'"】

---

9 제갈량(諸葛亮)은……부른다:《劉賓客嘉話錄》《叢書集成初編》2830, 6쪽).

2) 알맞은 토양

순무 심을 때는 넓은 땅을 구할 필요는 없다. 오직 좋은 땅이어야 한다. 묵힌 밭에 부순 담장흙을 새로 거름으로 주어야 좋다【주 만약 묵힌 밭에 새로 줄 담장흙거름이 없으면 재를 거름 삼아 두께가 0.1척이 되도록 준다. 재가 너무 많으면 건조하여 순무가 잘 나지 않는다】.《제민요술》[10]

순무를 심을 때는 묵힌 밭에 부순 담장흙 있는 곳을 써야 아주 좋다. 다만 이런 땅은 많을 수 없다. 따라서 높고 건조한 모래땅을 얻어 두껍게 거름을 주어야 한다. 만약 넓게 심으려 하면 밭벼 심었던 땅을 써도 좋다. 다만 반드시 6~7월에 씨를 심었다가, 밭벼를 벤 뒤 빨리 밭을 갈아 똥거름을 주고 옮겨 심어야 한다.《농정전서》[11]

土宜

種不求多, 唯須良地, 故墟新糞壞墻垣乃佳【注 若無故墟糞者, 以灰爲糞, 令厚一寸. 灰多則燥不生也】.《齊民要術》

種蕪菁, 用故墟壞墻基甚善. 但此地不能多, 宜得沙土高燥者, 厚壅之, 若欲廣植, 用旱稻地亦佳. 但須六七月下種, 俟刈稻後, 作速耕糞移植.《農政全書》

---

10 《齊民要術》卷3〈種蔓菁〉第18(《齊民要術校釋》, 184쪽).
11 《農政全書》卷28〈樹藝〉"蔬部"'蔓菁'(《農政全書校注》, 716쪽).

3) 심는 시기

4월에 순무 및 겨자, 다닥냉이[葶藶草], 아욱의 씨 앗을 거둔다. 6월 중복 뒤나 7월에 순무를 심을 수 있다. 10월이 되면 수확할 수 있다. 《사민월령》[12]

뿌리를 수확하려는 경우에는 밀과 보리의 그루 갈이[13]로 하여 6월 중순에 심는다. 10월에 땅이 얼 어붙으려고 하면 밭을 갈아 순무를 캐 낸다【주 1묘 당 몇 수레를 수확할 수 있다. 일찍 캔 것은 뿌리가 가늘다】.

또 순무를 다량으로 심는 법은 다음과 같다. 시장 근처의 좋은 밭 1경(100묘)에다 7월초에 심는 다【주 6월에 심은 순무는 뿌리는 비록 크지만 잎은 도리어[復][14] 벌레 먹는다. 반면 7월말에 심은 순무 는 잎이 비록 살지고 윤택하지만 뿌리는 도리어 가 늘고 작다. 7월 초에 심은 놈만이 뿌리와 잎이 모두 좋다】.《제민요술》[15]

가사협은 "순무 심기는 7월초에 해야 한다. 6월 에 심는 순무는 벌레가 먹는다."[16]라 하였으나 우리

時候

四月收蕪菁及芥、葶藶、冬 葵子, 六月中伏後, 七月可 種蕪菁. 至十月, 可收也. 《四民月令》

取根者, 用大小麥底, 六月 中種. 十月將凍, 耕出之 【注 一畝得數車. 早出者 根細】.

又多種蕪菁法: 近市良田 一頃, 七月初種之【注 六 月種者, 根雖粗大, 葉復 蟲食; 七月末種者, 葉雖膏 潤, 根復細小; 七月初種 者, 根葉俱得】.《齊民要 術》

賈氏言"種宜七月初. 六月 種者蟲食", 余家七月種者

---

12 출전 확인 안 됨;《齊民要術》卷3〈種蔓菁〉第18《齊民要術校釋》, 188쪽).

13 그루갈이 : 한 해에 두 가지의 작물을 번갈아 심어 수확하는 농법. 예컨대 여름에 벼를 재배하여 가을에 수 확한 뒤에 가을에는 보리를 심어 이듬해 봄까지 재배하는 방식이다. 이모작이라고도 한다.

14 도리어[復] : 원문의 "복(復)"을 "즉(則)"이나 "각(却)"의 뜻으로 봐야 한다는《齊民要術校釋》(189쪽, 주1번) 의 견해를 반영했다. 다음 문장의 "도리어"도 이와 마찬가지다.

15 《齊民要術》卷3〈種蔓菁〉第18《齊民要術校釋》, 184쪽).

16 순무……먹는다 : 바로 위의 기사에 보인다.

집에서 7월에 심은 순무는 아주 쓰고 벌레 먹었다. 오직 6월에 심은 순무만 뿌리그루가 좀 더 크고 벌레가 상하게 하지 못하였다. 연일 흐리고 비가 내리는 날씨를 만나면 무벌레[靑蟲, 또는 배추벌레]가 쉽게 생긴다. 그러면 반드시 부지런히 박멸해야 한다.

甚苦蟲, 惟六月種者, 根株稍大, 蟲不能傷耳. 遇連日陰雨, 易生靑蟲, 須勤撲治.

【안】 서광계(徐光啓)[17]가 매번 《제민요술》의 주석에 나오는 말을 인용할 때면 으레 가사협의 말이라고 기록해 놓았다. 이는 대개 가사협이 쓴 《제민요술》에 직접 주석을 달았다고 오인했기 때문이다.

【按】 徐氏每引《齊民要術》注語, 輒作賈氏說, 蓋誤認爲賈氏自注也.

지금 《문헌통고(文獻通考)》[18] 〈경적고(經籍考)〉에 실린 이도(李燾)[19]의 〈제민요술음의해석서(齊民要術音義解釋序, 《제민요술음의해석》 서문)〉를 고찰해보니, "지금 운사비승(運史秘丞)[20] 손공(孫公)[21]이 《제민요술음의해석》을 지었다."[22]라 하였다. 그렇다면 지금 통행되는

今考《文獻通考·經籍考》載李燾〈齊民要術音義解釋序〉云"今運使秘丞孫公爲之《音義解釋》", 則今行注解之爲孫氏所著明甚,

---

17 서광계(徐光啓) : 1562~1633. 중국 명나라의 학자. 자는 자선(子先)이고, 호는 현호(玄扈)이다. 마테오 리치(Matteo Ricci, 利瑪竇, 1552~1610)와 학술 교류가 밀접하여 《측량법의(測量法義)》와 《기하원본(幾何原本)》을 공역하였다. 실용적인 학문에 관심이 있어 《농정전서》를 저술했다.

18 문헌통고(文獻通考) : 원나라의 마단림(馬端臨, 1254~1323)이 지은 백과사전류의 저술. 모두 348권이다. 당나라 두우(杜佑, 735~812)가 지은 《통전(通典)》을 기초로, 상고 시대로부터 송(宋) 영종(寧宗) 때까지의 문물제도의 연혁을 기술했다. 전부(田賦)·전폐(錢幣)·호구(戶口)·직역(職役)·징각(徵榷)·시적(市糴)·토공(土貢)·국용(國用)·선거(選擧)·학교(學校)·직관(職官)·교사(郊社)·종묘(宗廟)·왕례(王禮)·악(樂)·병(兵)·형(刑)·경적(經籍)·제계(帝系)·봉건(封建)·상위(象緯)·물이(物異)·여지(輿地)·사예(四裔) 등의 24개의 고(考)로 나누었다. 그중 특히 〈경적고〉는 가장 특색 있는 부분이다. 모든 고마다 자신의 고증과 견해를 첨부하여 안설을 붙였다.

19 이도(李燾) : 1115~1184. 중국 송(宋)나라 학자. 자는 인보(仁甫), 호는 손암(巽巖). 저서로 《손암문집(巽巖文集)》이 있다.

20 운사비승(運史秘丞) : 운사(運史)의 승(丞). 운사는 중국 동한(東漢) 시대에 처음 생긴 관청으로 서적과 그림 등의 저작물을 담당한 비서감(秘書監)으로 추정된다. 비서감은 후에 비서성(秘書省)으로 개칭되었고, 비서성의 관장을 비서감(秘書監)이라 했다. 비서감 아래에 소감(少監)·승(丞)·비서랑(秘書郎)·정자(正字) 등이 있다. 주요업무는 길이 전할 역사저작물과 기타저작물을 관장했다. 당(唐)나라 때 어사대[蘭臺]로 개칭되었다.

21 손공(孫公) : 《제민요술음의해석(齊民要術音義解釋)》을 지은 사람으로 추정되나 미상이다.

22 지금……지었다 : 《文獻通考》 卷218 〈經籍考〉 45 "子"(《文淵閣四庫全書》 614, 583쪽).

《제민요술》의 주석은 손공이 지은 것이 분명하고, 가사협이 직접 주석을 단 것은 아니다.

非賈氏自注也.

우안 이시진의 《본초강목》에 "6월에 심은 순무는 뿌리는 크지만 잎은 좀먹고, 8월에 심은 순무는 잎은 좋지만 뿌리가 작다. 오직 7월초에 심은 순무만이 뿌리와 잎이 모두 좋다."[23]라 하였다. 이 설이 손씨의 주장과 꼭 맞으므로, 손씨와 이시진의 해설법을 옳게 받아들여야 한다.

又按 李時珍《本草綱目》云: "六月種者, 根大而葉蠹; 八月種者, 葉美而根小; 惟七月初種者, 根葉俱良." 其說, 與孫氏合, 當以孫、李爲是.

우리나라의 노련한 채소농부들[老圃]은 반드시 7월 처서(處暑, 양력 8월 22·23일경)가 되기를 기다린 뒤에 비로소 순무와 무를 심는다고 한다. 6월에 심은 순무와 무는 쓰고 벌레 먹는다. 이는 대개 삼복(三伏) 중에 심은 순무와 무는 흙기운의 고온다습으로 인해 벌레먹는 근심을 쉽게 조성하기 때문이다】《농정전서》[24]

我東老圃, 必俟七月處暑後, 始種蕪菁、萊菔云. 六月種者苦蠹. 蓋以伏內種者, 土氣蒸溽, 易釀蟲患也】《農政全書》

순무는 여름이면 말라 죽는다. 이때에 채소밭에 다시 심는다. 이 순무를 '계모채(鷄毛菜)'라 한다【농정전서[25] 순무 가운데 유독 뿌리를 남겨 씨앗을 취할 경우에는 6월에 심어서, 이듬해 4월에 거두어야 한다. 평상시 반찬으로 쓸 순무의 경우는 정월에서 8월까지 어느 달이나 심을 수 있다. 가사협이 "봄에서 가을까지 3번[輩] 심을 수 있으므로 늘

蔓菁, 夏則枯, 當此之時, 蔬圃中, 復種之, 謂"鷄毛菜"【農政全書 蔓菁獨留根取子者, 當六月種, 明年四月收耳. 若供食者, 正月至八月, 無月不可種. 賈氏所謂"自春至秋, 得三

---

23 6월에……좋다:《本草綱目》卷26〈菜部〉"蕪菁", 1612쪽.

24 《農政全書》卷28〈樹藝〉"蔬部" 蔓菁(《農政全書校注》, 718쪽).

25 《農政全書》卷28〈樹藝〉"蔬部" 蔓菁(《農政全書校注》, 715~716쪽).

좋은 절임을 제공한다."[26]라 했다. 이로 볼 때 여기에서 말한 '계모채(鷄毛菜)'란 역시 차례차례 연달아 식사에 제공할 수 있는 채소라는 의미가 아니겠는가】. 장다리를 먹는 시기는 바로 봄이 되었을 때이다. 《본초연의》[27]

씨앗을 취하려는 경우에는 6~7월에 심어서 이듬해 4월에 거두어야 한다. 만약 중춘(2월)에 심으면 또한 바로 장다리가 나서 가을에 심은 순무와 같이 익는다. 다만 뿌리가 작고, 줄기가 왜소하며, 씨앗의 양이 적을 뿐이다.

반찬으로 쓸 순무는 1월에서 8월까지 어느 때나 모두 심을 수 있다. 일반적으로 홍수나 가뭄을 만나 다른 곡식들은 심기에 이미 늦었다 하더라도 자투리땅만 있으면 바로 순무를 심을 수 있다. 그러므로 이는 흉년에 사람 목숨을 구제하는 먹을거리이다. 《군방보》[28]

輩, 常供好葅", 此云"鷄毛菜"者, 無亦謂其鱗次供用耳】. 食心, 正在春時. 《本草衍義》

取子者, 當六七月種, 來年四月收. 若中春種, 亦卽生薹, 與秋種者同熟, 但根小莖矮子少耳.

供食者正月至八月皆可種. 凡遇水旱, 他穀已晚, 但有隙地, 卽可種. 此以濟口食. 《群芳譜》

---

26 봄에서……제공한다:《齊民要術》卷3〈種蔓菁〉第18(《齊民要術校釋》, 184쪽).
27 《本草衍義》卷19〈蕪菁、蘆菔〉, 142쪽;《本草綱目》卷26〈菜部〉"蕪菁", 1612쪽.
28 《二如亭群芳譜》〈亨部〉"蔬譜" 1 '蔓菁'(《四庫全書存目叢書補編》80, 321쪽).

4) 종자 고르기

《본초도경(本草圖經)》[29]을 살펴보니, "남쪽 지역 사람들이 북쪽 지역의 순무종자를 가져다 심었더니, 처음 1년째에는 순무의 본래 모습과 비슷하였다. 그러다 2~3년이 되면 순무가 배추로 변했다."[30]라 하였다.

《당본초(唐本草)》[31]의 주석에 다음과 같은 내용이 있다. "배추는 북쪽 지역에서는 자라지 않는다. 어떤 사람이 배추 씨앗을 북쪽 지역에 심었더니, 처음 1년째에는 배추의 반이 순무가 되었고, 2년째에는 배추 품종이 모두 씨를 감추었다. 또 어떤 이가 순무 씨앗을 남쪽 지역에 심었더니, 또한 2년째에 모두 배추로 변해 버렸다.

토지에 알맞은 작물에는 반드시 이러한 사례들이 있다. 씨앗 역시 그에 따라 색깔이 변하였다. 다만 그 모양에는 다름이 없었을 뿐이다. 배추의 씨앗은 흑(黑)색이고 순무의 씨앗은 자적(紫赤)색이며, 크기가 서로 비슷하다."[32]

이와 같은 설들에 근거해보면, 남쪽의 배추와 북

擇種

按《本草圖經》云: "南人取北種種之, 初年相類, 至二三歲, 則變爲菘."

《唐本草》注云: "菘菜不生北土. 有人將子北種, 初一年半爲蕪菁, 二年菘種都絶. 有將蕪菁子南種, 亦二年都變.

土地所宜, 須有此例. 其子亦隨色變, 但粗細無異耳. 菘子黑, 蔓菁子紫赤, 大⑴小相似."

據如此說, 則南之菘、北之

---

29 본초도경(本草圖經): 중국 북송(北宋)대의 소송(蘇頌, 1020~1101)이 편찬한 본초류 저서. 총 20권이다. 소송이 집현교리(集賢校理)로 있을 당시 200여 종의 문헌을 참고하여 본초류 동식물을 그림과 함께 정리하였다. 명나라 때에《본초강목》이 나오기 전까지 가장 방대한 서적으로, 이후 본초류 저술에 큰 영향을 미쳤다.《도경본초(圖經本草)》라고도 한다.

30 남쪽……변했다:《本草圖經》卷17〈草部〉"蕪菁", 569쪽.

31 당본초(唐本草): 중국의 당(唐) 고종(高宗) 때에 이적(李勣, 594~669)과 소경(蘇敬) 등 22인이 단체로 편찬한 관찬 본초서.《신수본초(新修本草)》로도 불린다. 기존의 약초를 상세히 고증하고, 인도 등에서 들어온 외래종 약초까지 수습하여 총 20권으로 묶었다.

32 배추의……비슷하다:《新修本草》卷18〈菜部〉"菜上" '菘', 267쪽;《證類本草》卷27〈菜部上品總三十種〉 "菘菜"(《文淵閣四庫全書》740, 1035쪽).

⑴ 大: 저본에는 없음.《農政全書·樹藝·蔬部》에 근거하여 보충.

쪽의 순무는 그 종류가 지역의 풍토에 따른 것이다. 따라서 북쪽이나 남쪽에다 옮겨 심어야 할 이유가 결코 없다.

그러나 《본초도경》의 "숭채(菘菜, 배추)" 조항 아래에 또 "지금 서울[송나라 수도 개봉(開封)]에서 배추를 심는다. 이 배추는 남쪽 지역에서 심는 배추와 완전히 비슷하다. 다만 살지고 두툼하기가 조금 못 미칠 뿐이다."[33]라 했다. 그렇다면 배추도 북쪽 지역 풍토에 알맞지 않은 적이 없다.

우리 집에서 순무를 3~4년간 길렀어도 순무가 배추로 변한 적이 없었다. 다만 그 뿌리는 지역에 따라 크기의 차이가 있었다. 이 또한 배추가 지역에 따라 두꺼운 놈과 얇은 놈이 있는 이치와 같다.

《제민요술》에 "병주(幷州)[34]의 순무뿌리는 그 크기가 사발주둥이만 하다. 비록 다른 주(州)의 종자를 가져와 심더라도, 1년 만에 역시 이렇게 변한다."[35]라 했다【안 이 역시 가사협 《제민요술》의 주석에 나오는 말이지, 가사협 자신의 말은 아니다】.

지금 삼진(三晉)[36] 지역에서 생산되는 순무는 제로(齊魯)[37] 지역에서 생산되는 것보다 크다. 진중(秦中)[38]

蔓菁, 種類因地, 必無移植之理.

然《圖經》于"菘菜"條下又言"今京都種菘, 都類南②種, 但肥厚差不及耳", 則菘未嘗不宜北也.

余家種蔓菁三四年, 亦未嘗變爲菘也. 獨其根隨地有大小, 亦如菘有厚薄.

《齊民要術》稱"幷州蕪③菁根, 其大如椀口, 雖種他州子, 一年亦變"【按 此亦賈氏注語, 非賈氏語】.

而今三晉所産大于齊魯, 秦中所産大于三晉.

---

33 지금……뿐이다 : 《本草圖經》 卷17 〈草部〉 "菘菜", 571쪽.

34 병주(幷州) : 지금의 중국 산서성(山西省) 일대에 있던 옛 행정구역의 명칭.

35 병주(幷州)의……변한다 : 《齊民要術》 卷3 〈種蕪菁〉 第18(《齊民要術校釋》, 184쪽).

36 삼진(三晉) : 중국 전국 시대 위(魏)나라·조(趙)나라·한(韓)나라가 있던 지역을 이르는 말.

37 제로(齊魯) : 중국 산동성(山東省) 지역. 중국 전국 시대 제(齊)나라와 노(魯)나라가 모두 지금의 산동성(山東省) 지역에 있었기 때문에 이 지역을 가리키는 별칭이 되었다.

38 진중(秦中) : 중국 고대에 진(秦)나라가 있던 지역으로, 지금의 섬서성(陝西省) 일대.

② 南 : 《農政全書·樹藝·蔬部》에는 "兩".

③ 蕪 : 저본에는 "無". 오사카본·규장각본·국중본·《齊民要術·種蕪菁》에 근거하여 수정.

지역에서 생산되는 순무는 또 삼진 지역에서 생산되는 것보다 크다.

비록 이러한 이치가 있더라도 생각해보면 순무가 작아도 채소로 쓴다. 크기 차이가 재배하는 데 무슨 문제가 있겠는가? 진중 지역에서 오이를 심으면 그 크기가 다른 지방의 오이보다 10배나 크다. 그렇다고 다른 지방에서도 오이농사를 그만두지는 않는다.

왕정(王禎)이 말한 "오래전부터 이어져 온 논의에서는 작물 재배의 이러한 현상을 풍토(風土)가 알맞지 않다[風土不宜, 풍토불의]고 말을 한다."[39]라는 탄식, 아, 이런 말들은 백성의 농사를 크게 해치는 짓이다.

농사에 힘을 쏟는 선량한 농부들 가운데 전해들은 이런 말을 섣불리 믿고 좋은 이익을 그냥 버려 버리는 이가 많다. 농업의 근본을 생각한다면 이 허망한 설을 힘껏 배척하지 않으면 안 된다.

또 살펴보건대 《본초도경》에 "남쪽 지역 사람들이 순무를 심으면 배추로 변한다."[40]라고 했으니, 이 말을 한 데에는 역시 이유가 있다. 대개 배추와 순무는 본디 아주 비슷한 종류이다. 다만 뿌리의 크기에 차이가 있을 뿐이다. 북쪽 지역 사람들이 채소를 재배할 때에는 대부분 마른 똥거름을 써서 거름주기 때문에 뿌리가 크다. 반면 남쪽 지역 사람들은 거름물을 쓰기 때문에 크기가 북쪽 채소의 1/10도

此理雖則有之, 顧小而爲用, 何妨滋植耶? 秦中種瓜, 其大十倍他方, 他方亦不廢種瓜也.

王禎所謂"悠悠之論, 率以風土不宜爲說", 鳴呼, 此言大傷民事.

有力本良農, 輕信傳聞, 損棄美利者多矣. 計根本者, 不可不力排其妄也.

又按《本草》言"南人種蕪菁, 變爲菘", 此亦有故. 蓋菘與蕪菁本相似, 但根有大小耳. 北人種菜, 大都用乾糞甕之故根大; 南人用水糞, 十不當一.

39 오래전부터……한다:《王禎農書》〈百穀譜〉10 "雜類" '木綿', 161쪽. 왕정은 '풍토불의론(風土不宜)'을 고수하는 입장이 아니다. 이를 배격해야 한다는 취지에서 한 말이다. 전문은 풍석 서유구 지음, 임원경제연구소 옮김, 《임원경제지 전공지》2, 풍석문화재단, 2022, 84~87쪽을 참조.
40 남쪽……변한다:《本草圖經》卷17〈草部〉"蕪菁", 569쪽. 이 기사의 첫 단락에 이미 나왔다.

되지 않는다.

또 종자가 새로 전래되어서 순무종자를 얻었어도 똥거름으로 거름주는 데 뜻을 기꺼이 더하지 않고, 2~3년이 지난 뒤에도 좋은 종자를 가릴 줄 모른다. 그러니 그 뿌리가 어찌 작지 않을 수 있겠는가? 이와 같다면 곧 순무가 배추로 변한 듯이 보이게 되는 것이다.

앞으로는 반드시 땅을 갈 때 흙이 지극히 성글고 부드러워지도록 해야 한다. 땅이 모래흙이 아니라면 풀 태운 재를 많이 섞어야 한다. 흙이 만약 단단하게 굳었으면 순무뿌리 역시 커지지 않기 때문이다.

또 종자 고르기를 제일 중요한 뜻으로 삼아야 한다. 순무씨앗은 다른 채소에 비해 생장이 조금 더디다. 이 때문에 딱 장마철을 만나기 마련이다. 남쪽 지역에 비가 많이 내리면 여물지 않은 씨앗이 많다.

따라서 심을 때 힘써 키질로 씨앗을 까불러야 한다. 물에 일어 쭉정이를 걸러 내거나 씨앗을 손으로 가려 낸 다음 그중 가장 크면서도 둥글고 알찬 것을 취하여 심는다. 이렇게 하면 순무의 뿌리와 씨앗이 모두 크다. 만약 쭉정이를 흩뿌리면 뿌리 크기가 1/10도 되지 않는다. 《농정전서》[41]

又新傳得蕪菁種, 不肯加意糞壅, 二三年後, 又不知擇種, 其根安得不小? 如此便似蕪菁變爲菘也.

必須耕地極疏緩, 地非沙土, 多用草灰和之. 土若强緊, 根亦不大.

又以擇種爲第一義. 蕪菁子比他菜稍遲, 正値梅天, 南方多雨, 子多不實者.

種時務宜簸揚, 或淘汰, 或導擇, 取其最粗而圓滿者種之, 其本末俱大. 若漫種粃者, 卽十不當一也. 《農政全書》

남쪽 지역에서 순무를 심은 다음 씨앗 거두기는 대부분 망종(芒種)[42] 뒤에 한다. 매우(梅雨, 장맛비)[42] 중

南方種蕪菁, 收子多在芒種後. 梅雨中, 子旣不實,

41 《農政全書》卷28〈樹藝〉"蔬部"'蔓菁'(《農政全書校注》, 717~718쪽).
42 매우(梅雨, 장맛비) : 매실이 익을 무렵에 내리는 비.

에는 씨앗이 여물지 않았을 뿐 아니라 또 꼬투리 속에서 발아하는 경우도 있다. 이것을 흩어 뿌리면 큰 뿌리 순무는 없다. 게다가 씨앗을 조밀하게 심고 똥거름도 적게 주면, 이 순무가 배추로 변하는 일도 하등 괴이할 것 없다.

이제 듬성듬성하게 심고 거름을 많이 주려 한다는 점은 또한 그다지 어려울 게 없는 듯하다. 다만 장마철[梅時]의 많은 비는 사람의 힘으로 어찌 할 수 있는 일이 아니다. 근래에 새로 창안된 하나의 법이 아래에 있으니, 이대로 하면 좋은 품종을 얻을 수 있을 것이다.

일반적으로 봄에 장다리를 따 준 순무는 씨앗이 반 개월 지연되어 나온다. 만약 장다리를 2번 따 주면 씨앗이 1개월 지연되어 나온다.

그러므로 종자를 남겨야 하는 순무는 다음의 3개 대상으로 나누어 작업한다. ① 장다리를 따지 않고 망종 뒤에 씨앗을 거둘 대상. ② 장다리를 1번 따고 하지(夏至) 후에 씨앗을 거둘 대상. ③ 장다리를 2번 따고 소서(小暑, 양력 7월 7·8일경) 뒤에 씨앗을 거둘 대상.

남쪽 지역에 장맛비가 내리는 시기는 대부분 하지 앞이거나 하지 뒤이다. 그리고 소서 뒤 삼복(三伏) 무렵에는 맑은 날이 많다.

따라서 이렇게 3개 대상으로 나누어 씨앗을 거두면 앞의 1~2차 수확에서도 쭉정이가 되지 않고 실한 놈이 있기 마련이다. 게다가 여기서 다시 씨앗을 고르거나 물에 일어 쭉정이를 제거한 다음, 듬성듬

亦有莢中生芽者. 漫將作種, 便無大根. 加以密種少糞, 其變爲菘, 亦無怪也.

今欲稀種多壅, 似亦無難. 獨梅時多雨, 非人力可爲. 近立一法, 可得佳種.

凡蕪菁春時摘薹者, 生子遲半月. 若摘薹二遍, 卽遲一月矣.

宜將留種蕪菁, 分作三停, 其一, 不摘薹, 擬芒種後收子; 其一, 摘薹一遍, 擬夏至後收子; 其一, 摘薹二遍, 擬小暑後收子.

南方梅雨, 多在夏至前, 或時在夏至後. 小暑後伏時多晴.

分作三次收, 定有一兩次不秕者. 又復簡擇·淘汰, 稀種厚壅, 無緣可變爲菘矣. 同上

성하게 심고서 두텁게 거름주면 순무가 배추로 변할
만한 까닭이 없다. 《농정전서》[43]

　순무 씨앗으로는 묵은 것을 얻으려 해야 한다.　　　蕪菁子, 欲得陳. 《山林經
《산림경제보》[44]　　　　　　　　　　　　　　　　　濟補》

43 《農政全書》卷28 〈樹藝〉 "蔬部" '蔓菁'(《農政全書校注》, 716쪽).
44 출전 확인 안 됨;《山林經濟》卷1 〈治圃〉 "蕪菁"(《農書》2, 157쪽).

5) 심기와 가꾸기

種藝

땅을 갈 때는 흙을 푹 삶아야 한다. 7월 초에 순무씨앗을 심는다. 1묘당 씨앗 3승을 쓴다【주 처서에서 8월 백로(白露)에 이르기까지 언제든지 심을 수 있다. 빨리 심은 순무는 절임을 만들고, 늦게 심은 순무는 시래기를 만든다】.

耕地欲熟. 七月初種之. 一畝用子三升【注 從處暑至八月白露節皆得. 早者作菹, 晩者作乾】.

씨앗을 흩뿌려 심고 로(勞)로 흙을 쓸어 씨앗을 덮어 준다. 심을 때에는 흙의 습기를 이용하지 않는다【주 흙이 습하면 마르면서 땅이 굳어져서 새로 나온 잎이 타 버린다】.

漫散而勞. 種不用濕【注 濕則地堅葉焦】.

순무싹이 나면 김매지 않는다. 9월말에 잎을 거둔다【주 늦게 거두면 잎이 누렇게 시들어 떨어진다】.

旣生不鋤. 九月末收葉【注 晩收則黃落】.

잎을 거둔 뒤 뿌리는 그대로 남겨 두었다가 이듬해에 씨앗을 취한다. 10월에 쟁기질로 거칠게 흙을 일으켜[畤] 간다【주 렬(畤)은 력(力)과 철(輟)의 반절이다. 밭을 갈 때 일으켜진 흙이다】.

仍留[4]根取子. 十月中犂麤畤【注 力輟[5]反. 耕田起土也】.

밭을 갈 때 뽑힌 순무를 거둔다【주 만약 갈아서 흙을 일으켜 주지 않으면 남은 순무는 꽃이 피어도 무성하지 않고, 씨앗이 열려도 풍성하지 않다】. 《제민요술》[45]

拾取耕出者【注 若不耕畤, 則留者英不茂, 實不繁也】. 《齊民要術》

땅을 갈 때에는 똥거름을 더 주고서, 왕복하며

耕地, 宜加糞, 往復均蓋.

45 《齊民要術》 卷3 〈種蔓菁〉 第18(《齊民要術校釋》, 184쪽).

[4] 留 : 저본에는 "惡".

[5] 輟 : 저본에는 "耕". 오사카본·규장각본·국중본·《齊民要術·種蔓菁》에 근거하여 수정.

맞두레(《왕정농서》)

골고루 덮어 주어야 한다. 초가을이면 심을 수 있 다. 《무본신서》46

秋初可種.《務本新書》

순무 심는 법:먼저 풀을 베고, 비가 지나가면 밭 을 간다. 비가 내리지 않으면 심기 하루 전날 땅에 물을 주어 습기가 땅에 충분히 스며들게 한다. 다음 날 푹 삶기도록 밭을 갈고 휴전을 만든다. 누차(耬車) 로 심거나, 씨앗을 흩뿌린 다음 손가락 1개 두께로 흙을 덮어 준다.

種法: 先薙草, 雨過耕地. 不雨, 先一日灌地濕透, 明 日熟耕作畦. 或耬種, 或 漫散子, 覆土厚一指.

5~6일 이내에 비가 오면 굳이 물을 줄 필요가 없 다. 하지만 비가 오지 않으면 맞두레[戽斗, 호두]47로

五六日內遇雨, 不須灌; 無 雨, 戽水溝中遙潤之. 種

---

46 《農桑輯要》 卷5 〈瓜菜〉 "蔓菁"(《農桑輯要校注》, 176쪽).

47 맞두레[戽斗, 호두]:밭에 물을 주기 위해 대껍질이나 등나무가지를 촘촘하게 엮어 만든 한 말들이 도구. 양 옆에 끈을 단 다음 두 사람이 마주잡고 물을 퍼 담아서 끈을 당기면서 붓는다. 《임원경제지 본리지》권12 〈그림으로 보는 관개시설〉(상) "맞두레"를 참조 바람.

도랑의 물을 퍼서 밭에 물을 댄다. 심은 순무씨가 적으면 호리병물조리개로 물을 주거나, 물통으로 퍼다가 물을 뿌려 준다. 흙에 물 주지 않으면 흙이 단단하게 된다. 싹이 0.1척 이상 자라면 똥물거름을 준다. 《농정전서》[48]

少者, 噴壺下水, 或水斗遙灑之. 無澆土令實. 苗寸以上, 灌水糞. 《農政全書》

삼진(三晉) 지역 사람들이 전해온 순무 심는 법은 다음과 같다. 먼저 씨앗을 심고, 모종이 자라서 옮겨 심을 정도가 되기를 기다린다. 미리 땅을 갈아 푹 삶고 휴전을 만든다.

三晉人傳種蕪菁法: 先下子, 候苗長可蒔, 預耕熟地作畦.

이때 휴전마다 깊이가 0.7~0.8척이 되도록 파고 휴전 안의 흙을 일으켜 두둑을 만든 다음, 그 위에 모종을 옮겨 심는다. 두둑의 흙이 푸석푸석하면서도 깊으면 알뿌리의 크기가 보통의 순무보다 2배나 된다. 혹은 두둑 위에 골을 내고 여기에 씨앗을 심어도 된다. 이는 무[蘆菔] 심는 법과 같다. 《농정전서》[49]

每畦深七八寸, 起土作壟, 蒔苗其上. 壟土虛深[6], 根大倍常也. 或徑于壟上, 下子亦得. 種蘆菔法同. 同上

순무는 씨앗을 가려 심고서 싹이 나온 후에 바로 어린 순무를 솎아 내어 나물을 만들어 먹는다. 만약 옮겨 심지 않으려면 싹이 나는 대로 솎아 내어 먹고, 그중 큰 순무만을 남겨 둔다. 이때 포기마다의 거리가 1척 정도가 되게 한다. 만약 옮겨 심으려면

蕪菁, 擇子下種, 出甲後, 卽耘出小者作茹. 若不欲移植, 卽取次耘出, 存其大者, 令每本相去一尺許. 若欲移植, 俟長五七寸, 擇其

48 《農政全書》卷28〈樹藝〉"蔬部"'蔓菁'(《農政全書校注》, 716쪽).
49 《農政全書》卷28〈樹藝〉"蔬部"'蔓菁'(《農政全書校注》, 717쪽).
6 深:《農政全書·樹藝·蔬部》에는 "浮".

키가 0.5~0.7척이 되기를 기다렸다가 그중 큰 놈을 골라 옮겨 심는다. 《농정전서》[50]

순무를 심을 때에는 반드시 기름진 땅이어야 한다. 쟁기[犁]로 땅을 6~7차례 간다. 이때 흙이 매우 부드러운 상태가 좋다. 7월 중순 이후에 심는다. 씨앗을 묵히려면 말린 뱀장어를 삶은 즙에 담갔다가 햇볕에 말려서 심는다. 그러면 결코 벌레가 먹지 않는다. 겨울에 순무를 거둔 뒤에 틈틈이 뿌리를 캐서 별도로 움집에 저장한다【또한 찌거나 삶아서 먹을 수 있다】.

동지(冬至, 양력 12월 21·22일경)가 지난 뒤에 써레질하고[耙] 누차로 갈면서 푹 삶고 똥거름을 준다. 씨앗을 얻으려 할 때 순무그루를 조밀하게 남겨 두면 포기가 굵어지지 않는다【다른 판본에는 다음과 같이 적혀 있다. "동지가 지난 뒤에 갈퀴질을 하여 흙을 푹 삶고 똥거름을 준다. 틈틈이 그 알뿌리를 캔다. 씨앗을 얻으려면 순무를 뽑지 않는다"】. 《산거록》[51]

사방 1.5척에 1포기를 심으면 1보² 넓이에 16포기를 심을 수 있고, 1묘(畝)에 3,600포기를 심을 수

大者移之. 同上

種蕪菁, 須肥地. 犁耕六七遍, 甚不厭細. 七月半後種之. 子欲得陳, 以乾鰻鱺魚汁浸之, 曝乾種之, 必無蟲食. 冬收苗後, 間斸取根, 別窖藏之【亦可蒸煮食之】.

冬至後, 熟耙樓上糞, 留子斸稠卽不科【別本作: "冬至後, 爬熟上糞, 間拾其根, 留子者不斸"】. 《山居錄》

地方一尺五寸植一本, 一步十六本, 一畝三千六百本.

50 《農政全書》, 卷28〈樹藝〉"蔬部"'蔓菁'(《農政全書校注》, 716쪽).
51 출전 확인 안 됨;《居家必用》戊集〈種菜類〉"種蕪菁"(《居家必用事類全集》, 186쪽).

있다.[52] 포기마다 0.01두(1홉)의 씨앗을 거두면 1묘당 36두를 얻을 수 있다. 그러므로 순무의 채소에 비해 3~4배 가량 많은 이익을 얻을 수 있다. 《군방보》[53]

每本子一合, 可得三石六斗, 比荣子可多三四倍利. 《群芳譜》

6) 거두기

동지 전에 알뿌리를 취하여 처마 밑에 매달아 말린다【동지가 지나면 알뿌리 중간에 심줄이 배겨 좋지 않다】. 입춘이 되기 전에 거둔다. 이를 '말린 순무[乾蕪菁, 건무청]'라 이름한다. 삶아 먹으면 매우 달고 맛있다. 《화한삼재도회》[54]

收採

冬至前取根, 掛簷間乾之【過冬至則根心生筋膜, 不佳】. 立春前收之, 名"乾蕪菁", 煮食極甘美. 《和漢三才圖會》

---

52 사방……있다 : 순무 재배량에 대한 이 계산은 정확하게 산정된 결과는 아닌 듯하다. 이 설명대로 1보²에 16 포기를 심는다면 정사각형 농지에 가로 세로로 4포기씩 심는 셈이다. 이에 근거하면 1보의 길이는 6척(=1.5 ×4)이고, 1보²의 넓이는 36척²(=6×6)이다. 이는, 길이 '1보=6척'이고 넓이 '1묘=100보²'인 옛법을 적용한 계산이다. 하지만 1묘의 계산은 이 기준이 적용되지 않는다. 1묘에 3,600포기를 심었다고 했으므로, 1묘의 넓이는 225보²(=3,600포기/16포기)가 된다. 1묘=225보²이라는 이 같은 결과는 묘법(畝法)이 반영된 것이 아니다. 서유구가 제시한 묘법에 따르면 '과거의 묘법'과 '현재의 묘법'이 있다. 과거의 묘법은 길이 '1보=6척'이고 넓이 '1묘=100보²'이다. 현재의 묘법은 길이 '1보=5척'이고 넓이 '1묘=240보²'이다(《임원경제지 본리지》 권1 〈토지제도〉 "경묘법과 결부법" '과거와 현재의 묘법' 참조). 결국 본문의 순무 재배량 계산에서 과거의 묘법이 반영되려면, 1묘에 1,600포기를 심을 수 있다고 했어야 한다.

53 《二如亭群芳譜》〈亨部〉第2 "蔬譜" 1 '蔓菁'(《四庫全書存目叢書補編》80, 321쪽).

54 《和漢三才圖會》卷99 〈葷草類〉"蕪菁"(《倭漢三才圖會》12, 91쪽).

7) 보관하기

순무잎으로 절임을 담글 경우에는 요리법이 일반적인 법과 같다. 시래기 및 양저(蘘菹)[55]【주 양저는 이듬해 1월부터 비로소 담근다. 반드시 제일 좋은 채소를 남겨서 만들려 해야 한다】를 만들려 할 경우, 순무 자르기를 마치면 손이 가는 대로 고르고 다듬어 엮어 둔다. 이때 순무가 시들 때까지 기다리려 해서는 안 된다【주 시든 뒤에 엮으면 문드러진다】.

그늘지고 바람이 시원한 처마 아래에 걸어 놓는다. 이때 연기나 그을음이 닿지 않게 해야 한다【주 연기나 그을음이 닿으면 맛이 쓰다】.

마르면 부엌에 쌓아 놓고 거적[苫]으로 덮어 둔다【주 순무를 쌓을 때는 흐리고 습한 날씨를 기다렸다가 해야 한다. 그렇지 않으면 잎이 대부분 잘게 부스러진다. 쌓아서 덮어 두기를 오랫동안 하지 않으면 맛이 떫다】.

봄과 여름 휴전에 심어서 반찬으로 사용하는 순무는, 휴전을 만들어 아욱을 심는 법과 같다. 베기를 마치고 다시 심으면 봄부터 가을까지 3번 재배할 수 있다. 그러므로 항상 좋은 절임을 제공한다.《제민요술》[56]

收藏

其葉作菹者, 料理如常法. 擬作乾菜及蘘菹者【注 蘘菹者, 後年正月始作耳, 須留第一好菜擬之】, 割訖則尋手擇治而辮之, 勿待萎【注 萎而後, 辮則爛】.

掛着屋下陰中風涼處, 勿令烟熏【注 烟熏則苦】.

燥則上在廚積置以苫之【注 積時, 宜候天陰潤, 不爾多碎折. 久不積苫, 則澁也】.

春夏畦種供食者, 與畦葵法同. 翦訖更種, 從春至秋得三輩. 常供好菹.《齊民要術》

---

55 양저(蘘菹) : '양(蘘)'은 생강과에 속하는 양하(蘘荷)이고, '저(菹)'는 술을 담그고 양조한다는 뜻이다. 소금에 절여 제조할 때 보리누룩가루와 묽은 기장죽을 섞어 절이고 양조하며 보온한다. 이 과정이 술을 양조하는 방법과 같아서 '양저(蘘菹)'라 했다. 《제민요술》 권9의 〈채소절임과 생채 저장법〉 "양저법" 역시 이 방식을 가리킨다. 《齊民要術校釋》, 187쪽 주9번 참조.

56 《齊民要術》 卷3 〈蔓菁〉 第18(《齊民要術校釋》, 184쪽).

8) 쓰임새

시장에 팔려고 심는 순무는 오직 구영(九英)[57]을 심는다【주 구영은 잎과 알뿌리가 거칠고 크다.[58] 자신이 먹으려고 심는 순무는 뿌리가 잔 품종을 심어야 한다】.

1경(頃, 100묘) 넓이의 밭에서 순무잎 30수레를 거둔다. 1~2월에 시장에 가져다 판 이익으로 양저(襄菹)를 만든다. 3수레를 판 이익으로 남자노비 1명을 얻을 수 있다. 뿌리를 거둘 때 땅을 가는 법에 따라서 1경(頃) 넓이의 밭에서 순무잎 200수레를 거둔다. 이중 20수레를 판 이익으로 여자노비 1명을 얻을 수 있다.[59]

【주 잘게 썰고 줄기와 섞어서 소나 양에게 먹이거나 통째로 돼지에게 주어 먹이면 모두 가축을 살찌울 수 있다. 그 쓰임새가 메주콩에 버금간다】

1경(頃) 넓이의 밭에서 씨앗 200석을 거둔다. 이

功用

擬賣者, 純種九英【注 九英葉根粗大, 欲自食者, 須種細根】.

一頃取葉三十載. 正月、二月, 賣作襄菹, 三載得一奴. 收根依畤[7]法, 一頃收二百載, 二十載得一婢.

【注 細剉和莖飼牛羊, 全擬乞猪, 并得充肥, 亞于大豆】

一頃收子二百石. 輸與壓油

---

57 구영(九英) : 갓의 변종인 대두채(大頭菜). 짧은 줄기 위에 여러 편의 긴 깃 모양으로 갈라진 잎이 중앙에 떨기지어 나면서 큰 다발 모양이다. 주된 줄기 주위로 잔 줄기가 많이 돋아 있다. 이러한 부류를 이른바 "다두종(多頭種)"이라 한다. 현재 중국 남쪽의 어떤 지역에서는 무청이 '구영숭(九英菘)'의 속명이라고 하기도 한다.

58 구영은……크다 : 《제민요술》 원문에는 이 뒤에 "비록 팔 만하기는 하지만 냄새와 맛이 좋지 않다(雖堪擧賣, 氣味不美)."라는 내용이 더 있다.

59 3수레를……있다 : 남북조 시대 귀족과 관료는 노비를 대량으로 보유하고 있었으며, 한 가구에 노비는 천 명이거나 천 명 이상으로 그 수가 달랐다. 일반적인 사족 지주도 노비들을 매매해서 그들을 부려 밭을 갈고 베를 짜도록 하였다. 노비의 주된 발생 요인은 전쟁포로, 약탈민과 파산한 빈곤 농민들이다. 사고파는 몸값은 놀랄 정도로 싸서, 역사의 기록에 의하면 남조의 양나라에서 한 사람의 노비가 겨우 쌀 6두[斗]였다고 한다. 여기서 가사협이 기록한 노비의 몸값 역시 소나 말보다 저렴하다. 북제의 균전제도는 북위의 제도를 답습한 것으로서, 거기에는 법에 의해 관전(官田)을 받을 때 노비의 수를 규정하여, 7품 이상의 관리는 80여 명의 노비를 주었고, 관전을 받지 않는 경우 노비 숫자는 이 제약이 따르지 않았다. 《齊民要術校釋》을 참고하면 가사협은 태수로서 4품관이었는데, 그는 적어도 법으로 정한 노비는 80명을 소유하였으며 법으로 정해지지 않는 노비는 이에 제한을 받지 않았다. 가사협 저, 최덕경 역주, 《제민요술 역주》Ⅱ, 49쪽 주 79번 참조.

[7] 畤 : 저본에는 "時". 《齊民要術·蔓菁》에 근거하여 수정.

대두채(大頭菜)

를 기름 짜는 집에 실어다 팔면 3배의 좁쌀로 바꿀
수 있다. 즉 이는 좁쌀 600석을 거둔 셈이 되는 것
이다. 따라서 이 역시 조 심은 밭[穀田]보다 낫다.[60]
《제민요술》[61]

家, 三量成米, 此爲收粟
米六百石, 亦勝穀田.《齊
民要術》

    싹이 튼 뒤로부터 씨앗을 맺을 때까지 언제나 먹
을 수 있다. 10월초에 순무잎을 거두어 일부는 데쳐
서 나물을 만들고, 나머지는 햇볕에 말려 둔다. 뿌
리는 땅에 남겨 둔다.

自破甲至結子, 皆可食. 十
月初採苗, 煠作和菜, 餘者
曬過, 留根在地.

    혹 하북[河朔] 지역은 날씨가 추워 뿌리가 얼어 죽
을 염려가 있다. 이 때문에 10월말에 소에 쟁기 2개
를 간격을 벌리고 채워서 한차례 쟁기질을 한다. 이
때 나온 순무뿌리를 거두어 낸 다음, 밭의 흙을 골
고루 평평하게 골라 준다.

或慮河朔地寒凍死, 可於
十月終, 以牛隔兩犁耕一
犁, 拾去菜根之後, 却將暘
土擺均.

---

60 역시……낫다 :《제민요술·만청》에는 "또한 이 역시 조 심은 밭[穀田] 10경(頃)보다 낫다(亦勝穀田十頃)."
    라 하여 "곡전(穀田)" 뒤에 "십경(十頃)" 두 글자가 더 있다.
61 《齊民要術》卷3〈蔓菁〉第18(《齊民要術校釋》, 187쪽).

그리고 먼저 밭을 갈 때 거두어 낸 순무뿌리를 햇볕에 말려 둔다. 이를 겨울에 쪄서 먹으면 달고 맛이 있다. 파내지 않고 남긴 뿌리에서는 봄에 장다리가 돋아난다. 이 장다리 역시 채소 가운데 상등품이다. 《무본신서》[62]

4월에 씨앗을 수확하여 기름을 짠다. 섬서(陝西) 지방 사람들은 기름을 오직 식용으로만 쓴다. 하지만 등불을 밝히면 아주 밝다. 참깨보다 재배하기 쉽고 씨앗을 더 많이 수확한다. 순무씨기름을 먹으면 중풍을 일으키지 않는다. 사용할 때에 볶아서 쓴다. 순무씨기름에 참깨를 조금 섞어 볶으면 곧 참기름[小油][63]과 다를 것이 없다. 《무본신서》[64]

봄에는 싹을 먹는다. 여름에는 심을 먹는데, 이 심을 '장다리[薹子]'라고 한다. 가을에는 절임을 담을 수 있고, 겨울에는 뿌리를 쪄서 먹기에 좋다. 그러니 채소 가운데 가장 유익한 것이다. 늘 먹으면 몸 속을 통하게 하고 기운을 더해 주어 사람을 건강하

據先耕出之數曬過. 冬月蒸食, 甜而有味. 宿根春生薹苗, 亦菜中上品. 《務本新書》⑧

四月收子打油. 陝西惟食菜油, 燃燈甚明, 比芝麻易種收多, 油不發風. 臨用時熬動⑨, 少摻芝麻, 煉熟, 卽與小油無異. 同上

春食苗, 夏食心, 謂之"薹子", 秋可爲葅, 冬根宜蒸食. 菜中之最有益者. 常食通中益氣, 令人肥健. 《王氏農書》

---

62 출전 확인 안 됨;《農桑輯要》卷5〈瓜菜〉"蔓菁"(《農桑輯要校注》, 176~177쪽);《農政全書》卷28〈樹藝〉"蔬部" '蔓菁'(《農政全書校注》, 715쪽).

63 참기름[小油]:참깨를 볶아서 간 다음 착즙한 기름.《農政全書校注》, 746쪽 주59번 참조.

64 출전 확인 안 됨;《農桑輯要》卷5〈瓜菜〉"蔓菁"(《農桑輯要校注》, 177쪽);《農政全書》, 위와 같은 곳.

⑧ 自破……新書:이 내용은 오사카본 "種藝" 항목에 있었으며, 두주에 "自破부터 上品까지 '功用' 조항의《務本新書》기사 위로 옮겨 넣고,《務本新書》라고 주를 달아야 한다(自破至上品, 移入功用條《務本新書》之上, 而注以《務本新書》)."는 편집 지시가 있다.

⑨ 臨用時熬動:《農桑輯要·瓜菜·蔓菁》에는 "臨時熬用".

게 해 준다. 《왕정농서》[65]

여러 채소 가운데 순무는 유익함만 있고 해로움은 없어 세상에 공이 있다. 잎을 딴 나머지 순무에서는 씨앗을 수확하여 기름을 짠다. 《본초연의(本草衍義)[66]》[67]

諸菜之中, 有益無損, 於世有功. 探擷之餘, 收子爲油.《本草衍義》

65 《王禎農書》〈百穀譜〉3 "蔬屬" '蔓菁', 100~101쪽;《農政全書》卷28 〈樹藝〉"蔬部" '蔓菁'《農政全書校注》, 718쪽).

66 본초연의(本草衍義):중국 송나라의 약물학자 구종석(寇宗奭, ?~?)이 1116년에 지은 본초류의 저술. 모두 20권이며, 일명《본초광의(本草廣義)》라고도 한다. 427종의 약초의 이름과 효능 및 체질에 따른 처방법을 소개하고 있다.

67 《本草衍義》卷19 〈蕪菁、蘆菔〉, 142쪽.

11. 무[萊菔, 내복]¹【부록 당근[胡蘿 菔, 호라복]】²

萊菔【附 胡蘿菔】

1) 이름과 품종

일명 '노북(蘆萉)'【'萉'의 음은 '북(北)'이다. '복(菔)'과 같다】, '나복(蘿菔)', '박돌(雹突)', '자화숭(紫花菘)', '토수 (土酥)'이다.³

名品

一名"蘆萉【音北, 與菔同】", 一名"蘿菔", 一名"雹突", 一 名"紫花菘", 一名"土酥".

무《본초강목》

---

1 무[萊菔, 내복] : 양귀비목 십자화과의 한해살이풀 또는 두해살이풀. 풍석 서유구 지음, 임원경제연구소 옮 김,《임원경제지 정조지》1, 190~192쪽을 참조 바람.
2 당근[胡蘿菔, 호라복] : 쌍떡잎식물 산형화목 미나리과의 두해살이풀. 원산지는 아프가니스탄이다.
3 일명⋯⋯토수(土酥)이다 :《本草綱目》卷26〈菜部〉"萊菔", 1615쪽에 보인다.

무

연길무

무꽃(이상 안철환)

손질한 무(임원경제연구소, 파주시 금촌동 통일시장에서 촬영)

【본초강목】4 배추[菘, 숭]는 곧 채소 이름이다. 소나무[松]나 측백나무처럼 겨울을 잘 견디기 때문에 이름 붙였다. 무[萊菔]는 뿌리 이름이다. 상고 시대에는 '노복(蘆萉)'이라 부르다가, 중고 시대에는 '내복(萊菔)'으로 바뀌었고, 후세에는 와전되어 '나복(蘿菔)'이 되었다.

남쪽 지역 사람들이 '나박(蘿菔)'이라 부르는 이유는 박(菔)이 박(瓝)과 음이 같기 때문이다. 뿌리는 홍색과 백색 2가지가 있다. 그 모양에는 길쭉한 무와

【本草綱目】菘乃菜名, 因其耐冬如松柏也. 萊菔乃根名, 上古謂之"蘆萉", 中古轉爲"萊菔", 後世訛爲"蘿菔",

南人呼"蘿菔", 菔與瓝同. 其根有紅、白二色, 其狀有長圓二類.

---

4 《本草綱目》卷26〈菜部〉"萊菔", 1616쪽.

둥글둥글한 무 두 종류가 있다.

왕정농서 [5] 무는 한 품종에 네 가지 이름이 있다. 봄에는 '파지추(破地錐)'라 하고, 여름에는 '하생(夏生)'이라 하고, 가을에는 '나복(蘿菔)'이라 한다. 겨울에는 '토수(土酥)'라 한다. 그 이유는 깨끗하고 희기가 수락(酥酪, 치즈)과 같기 때문이다】

王氏農書 蘿菔, 一種四名. 春曰"破地錐", 夏曰"夏生", 秋曰"蘿菔", 冬曰"土酥". 謂其潔白如酥也】

일본무(상)와 중국무(하)(《왜한삼재도회》)

5 《王禎農書》〈百穀譜〉3 "蔬屬" '蘿菔', 102쪽;《農政全書》卷27 〈樹藝〉 "蔬部" '蘿菔'(《農政全書校注》, 695쪽).

2) 알맞은 토양

무를 심을 때는 부드러운 모래땅이 좋다.《사시 유요》6

땅을 선택할 때는 생땅[生地]7이어야 하고, 땅을 갈 때에는 푹 삶아야 한다【땅이 생것이면 해충이 생기지 않고, 밭을 푹 삶도록 갈면 잡초가 적다】. 《왕정농서》8

무 심는 법: 기름진 땅에 씨앗을 뿌려 심어야 한다. 모래땅에 뿌려 심으면 더욱 효과가 좋다. 척박한 땅에는 거름을 주고 두둑을 만든다.《칠수유고(七修類稿)9》10

비옥하고 토질이 좋으며 푹석푹석하고 부드러운 모래땅이 좋다. 땅이 척박하면 거름을 주고, 밭갈 이는 3~4차례 해 준다. 그리고 깨진 와기나 자갈을 골라 낸다.《증보산림경제》11

土宜

種宜沙輭地.《四時類要》

擇地宜生, 耕地宜熟【地生 則不蠹, 耕熟則草少】.《王 氏農書》

種蘿蔔法: 宜肥地撒種, 沙地尤效. 瘦地用糞作壟. 《七修類稿》

宜肥良鬆軟沙地, 地瘠用 糞, 耕治三四遍. 揀去瓦 礫.《增補山林經濟》

---

6 《사시찬요 역주》권3 〈유월〉 "농경과 생활" '무 파종하기', 352쪽;《增補山林經濟》卷6 〈治圃〉 "蘿蔔"(《農 書》3, 417쪽).

7 생땅[生地]: 개간하지 않은 원래 그대로의 굳은 땅. 또는 한 번도 거름을 주지 않은 채로 있는 땅. 소지(素 地)라고도 한다.

8 《王禎農書》, 위와 같은 곳;《農政全書》卷27 〈樹藝〉 "蔬部" '蘿蔔'(《農政全書校注》, 696쪽).

9 칠수유고(七修類稿): 중국 명나라 때에, 낭영(郞瑛, 1487~1566)이 펴낸 책. 천지·국사·의리·변증·시문· 사물·기학의 7가지로 분류하였으며, 각 방면에 걸쳐서 의심나는 점을 들고, 작은 항목으로 많이 나누어서 고증하였다. 1566년에 간행하였다. 총 51권이다.

10 출전 확인 안 됨;《農桑衣食撮要》卷下 〈六月〉 "種蘿蔔"(《文淵閣四庫全書》730, 307쪽).

11 《增補山林經濟》卷6 〈治圃〉 "蘿蔔"(《農書》3, 417쪽).

무 심을 흙은 푸석푸석해야 한다. 또 지대가 낮아 습기가 있는 땅을 좋아한다. 이 때문에 물가의 황색 세사토(細沙土, 고운 모래흙)가 최상이다.《행포지》[12]

무의 뿌리는 물을 가장 잘 빨아들인다. 비록 지대가 낮아 습기가 있는 땅이라도 몇 년 동안 무를 심으면 습한 땅을 건조한 땅으로 바꿀 수 있다.《행포지》[13]

種蘿菔土宜鬆, 又喜沮濕. 故濱水黃細沙土爲上.《杏蒲志》

蘿菔根最能吸水. 雖沮濕之地, 種蘿菔數年, 可使濕變爲燥. 同上

---

12 《杏蒲志》卷3〈種蔬瓜〉"種萊菔"(《農書》36, 155쪽).
13 《杏蒲志》, 위와 같은 곳.

3) 심는 시기

물무[水蘿蔔, 수라복][14]는 1~2월에 심는다. 60일이 지나면 뿌리와 잎을 모두 먹을 수 있다. 여름 4월에도 심을 수 있다.

큰무[大蘿蔔, 대라복]는 초복(初伏)에 심고, 물무는 말복(末伏)에 심는다. 모두 서리가 내리면 절임을 만들거나 보관하기 방법을 모두 쓸 수 있다. 원 사농사 《농상집요》[15]

2월 상순에 씨앗을 뿌려 심으면 3월 중순에 먹을 수 있다. 5월 상순에 씨앗을 뿌려 심으면 6월 중순에 먹을 수 있다. 6월 및 칠석(7월 7일) 뒤에도 심을 수 있다. 그러므로 매달 심을 수 있고, 매달 먹을 수 있다.

만약 묵은 씨앗이 있다면 입하(立夏, 양력 5월 5·6일경)가 지나고 바로 심는다. 이 씨앗은 5월이 되면 뿌리가 주먹만 해진다. 또 6월 6일에 심을 수 있고, 소서(小暑, 양력 7월 7·8일경)에도 심을 수 있다. 《거가필용》[16]

겨울뿌리를 저장하려면 무를 빨리 심어 몇 차례 서리를 맞고서야 수확해야 한다. 무김치를 담그려면 조금 늦게 심었다가 서리를 한 번 맞으면 캐야 한다.

時候

水蘿蔔, 正月、二月種. 六十日, 根葉皆可食. 夏四月亦可種.

大蘿蔔初伏種之, 水蘿蔔末伏種. 皆候霜降, 或醃或藏, 皆得用. 元司農司《農桑輯要》

二月上旬撒種, 三月中旬可食; 五月上旬撒種, 六月中旬可食. 六月及七夕後亦可種, 故月月可種, 月月可食.

若有陳子, 過立夏卽種. 至五月, 根大如拳. 又六月六日可種, 又小暑可種.《居家必用》

欲藏冬根, 宜早種. 屢經霜乃採. 欲沈爲葅, 差晚種, 一經霜須採, 則莖葉

---

14 물무[水蘿蔔, 수라복]: 쌍떡잎식물 장미목 장미과이 여러해살이풀. 뿌리잎과 어린순을 데쳐서 우려낸 뒤 무쳐 먹거나 쌈으로 먹는다. 전국 각지의 산야에서 자란다.
15 《農桑輯要》卷5〈瓜菜〉"蘿蔔"(《農桑輯要校注》, 177쪽).
16 《居家必用》戊集〈種菜類〉"種蘿蔔"(《居家必用事類全集》, 186쪽).

손질한 무

무줄기(이상 전영창)

이렇게 하면 줄기와 잎이 모두 연할 것이다. 《증보산
림경제》[17]

俱嫩矣. 《增補山林經濟》

---

17 《增補山林經濟》, 위와 같은 곳.

4) 종자 고르기

왕세무(王世懋)[18]의 《학포잡소(學圃雜疏)》〈과소소
(瓜蔬疏)〉[19]에 "무는 반드시 길고 눈처럼 희며, 배처
럼 달고 사르르 녹아야 최상품으로 친다."[20]라 했다.

우리나라에서는 반드시 영남(嶺南)과 호남(湖南)에
서 생산된 무가 좋다. 이따금 유난히 크고 배처럼
달고 시원한 무가 있다. 그러므로 남쪽 사람들의 속
담에 '배가 무만 못하다'는 말이 있다. 한강 북쪽 지
역에서 생산된 무는 이와는 전혀 비교가 안 된다.

상등품의 좋은 배를 칼로 속을 파서 중간을 텅
비게 한 뒤, 그 속에 무씨앗을 가득 채운다. 이어 축
축한 종이를 안에 붙여서 지대가 낮아 습기가 있는
땅에 이를 묻는다. 10여일이 지나면 싹이 난다. 싹
난 이 씨앗을 심으면 무뿌리가 달고 사르르 녹는 맛
이 배와 닮았다고 한다. 《행포지》[21]

擇種

王世懋《瓜蔬疏》云:"蘿菔,
須長而白如雪, 甛而消如
梨[1], 乃稱絶品."

吾東必以嶺、湖南之産爲
佳. 往往絶大而甛爽如梨,
故南人諺有"梨不如菁"之
語. 漢北之産, 殊不敵也.

取上好梨, 用刀刳瓤令中
空, 塡實蘿菔子于中, 濕紙
裹着, 埋置沮濕地. 十餘日
出而種之, 則其根甛消肖
梨云. 《杏蒲志》

---

18 왕세무(王世懋) : 1536~1588. 중국 명나라 때의 문장가. 자는 경미(敬美), 호는 인주(麟州). 명나라 대문호
   왕세정(王世貞)의 아우이다. 저서로 《봉상집(奉常集)》, 《관락기유고(關洛記遊稿)》 등이 있다.
19 과소소(瓜蔬疏) : 중국 명나라 때의 문장가인 중국 명나라 고문학자 왕세무(王世懋)가 쓴 원예전문서인 《학
   포잡소(學圃雜疏)》의 편명. 실제로는 〈과소(瓜疏)〉와 〈소소(蔬疏)〉로 나뉘어 있고, 본문은 이중 〈소소〉
   에 들어 있다. 〈소소〉는 채소의 종류와 먹는 방법 등에 대하여 기술하고 있다.
20 무는……친다 : 《學圃雜疏》〈蔬疏〉(《叢書集成初編》1355, 11쪽).
21 《杏蒲志》卷3〈種蔬瓜〉 "種萊菔"(《農書》36, 157~158쪽).
[1] 梨 : 저본에는 "梨". 오사카본·규장각본·국중본·《杏蒲志·種蔬瓜·種萊菔》에 근거하여 수정. 이 단락에
   나오는 '梨'는 모두 이와 동일하지만, 교감주는 생략하였다.

5) 심기와 가꾸기

무 심는 법은 순무 심는 법과 같다【주 무는 뿌리가 굵고 크다. 그 꼬투리 및 뿌리, 잎은 모두 생으로 먹을 수 있다. 씨앗을 취하려면 무를 풀로 덮어 주어야 한다. 그렇지 않으면 얼어 죽는다】.《제민요술》[22]

일반적으로 무를 심을 때는 먼저 숙성시킨 거름을 휴전에 골고루 펼친다. 이어서 재거름[火糞]을 씨앗과 골고루 섞고 뿌려 심는다. 싹이 나서 잎이 되면 간격을 살펴서 솎아 준다. 솎아 낸 무는 또한 반찬으로 쓸 수 있다.

간격이 듬성듬성해야 좋다【간격이 듬성듬성하면 뿌리가 크고 좋으며, 배면 이와 반대가 된다】. 넓이 1척² 되는 땅에 대략 2~3그루씩 남기면 된다. 두둑하게 거름주면 그 이익이 절로 배가 된다.《왕정농서》[23]

5월에 5~6차례 밭을 갈고, 6월 6일에 심는다. 김매기는 많이 해 줄수록 좋다. 간격이 배면 뿌리가 작아지기 때문에 중간에 솎아서 성글게 한다. 10월에 이르면 거두어 움집에 저장한다.《사시유요》[24]

種藝

種蘆菔法, 與蔓菁同【注 蘆菔, 根實粗大. 其角及根葉, 幷可生食. 取子者, 草覆之, 不則凍死②】.《齊民要術》

凡種, 先用熟糞均布畦內, 仍用火糞和子令均, 撒種之. 俟苗出成葉, 視稀稠, 去留之. 其去之者, 亦可供食.

以疏爲良【疏則根大而美, 密則反是】. 尺地約可二三窠. 厚可培壅, 其利自倍.《王氏農書》

五月犁五六遍, 六月六日種. 鋤不厭多. 稠卽根小, 間拔令稀. 至十月, 收窖之.《四時類要》

---

22 《齊民要術》卷3〈蔓菁〉第18(《齊民要術校釋》, 188쪽).
23 《王禎農書》, 위와 같은 곳;《農政全書》, 위와 같은 곳.
24 《사시찬요 역주》권3〈유월〉"농경과 생활"'무 파종하기', 352쪽.
② 取子……凍死:《齊民要術·蔓菁》에는 본래 소주(小注)에 적혀 있었으나,《齊民要術校釋·蔓菁》에서는 교감하여 본문으로 옮겼음.

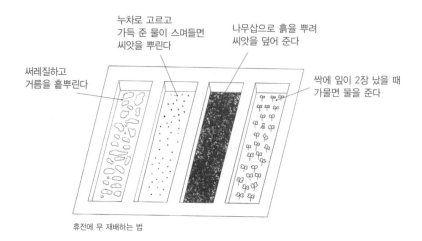

누차로 고르고
가득 준 물이 스며들면
씨앗을 뿌린다

나무삽으로 흙을 뿌려
씨앗을 덮어 준다

써레질하고
거름을 흩뿌린다

싹에 잎이 2장 났을 때
가물면 물을 준다

휴전에 무 재배하는 법

무를 심을 때는 먼저 땅을 깊이 파서 휴전을 만들고, 써레질하여 평평하게 고른다. 휴전마다 길이 12척, 너비 4척으로 만든다. 잘 삭은 고운 거름 1짐[擔]25을 휴전에 골고루 흩뿌린다. 다시 1차례 밭의 흙을 찍어서 일으킨다. 일으킨 흙을 덮고, 다시 누차(耬車)로 땅을 평평하게 골라 준다. 그런 다음 휴전에 물을 가득 준다.

물이 다 스며들면 그 위에 씨앗을 뿌린다. 나무삽[木枚]으로 흙을 떠다가 골고루 뿌려서 씨앗을 덮어 준다. 싹에서 잎이 2장 났을 때, 가물면 물을 준다. 씨앗 1승당 20개의 휴전에 심을 수 있다. 원 사농사《농상집요》26

種蘿蔔, 先深斸成畦, 杷平. 每畦可長二丈二尺, 闊四尺. 用細熟糞一擔, 均布畦內. 再斫③一遍, 卽起. 覆土, 再耬平, 澆水滿畦.

候水滲盡, 撒種于上. 用木枚均撒覆土. 苗出兩葉, 旱則澆之. 每子一升, 可種二十畦. 元司農司《農桑輯要》

---

25 짐[擔]: 곡식 따위를 담기 위하여 짚으로 엮어 만든 그릇. 전하여, 양이나 부피의 단위를 나타낸다. 일반적으로 양의 단위 1석(石, 10두)을 가리킨다.

26 《農桑輯要》, 위와 같은 곳.

③ 斫:《農桑輯要·瓜菜·蘿蔔》에는 "斸".

이슬이 있을 때 써레질한 땅에 파종하면 벌레가 생긴다. 김매기는 많이 해 줄수록 좋다. 싹이 배게 나면 조금 솎아서 성글게 해 준다. 그러면 굵고 커진다. 서리가 내린 뒤 절임을 담그거나 움집에 저장해도 모두 좋다. 7월에 심으면 늦다.《칠수유고》[27]

10월에 무뿌리를 움집에 저장한다. 12월이 되면 무뿌리를 4조각으로 갈라 1척마다 1포기씩 심는다. 거름을 두텁게 얹어 주고, 가물면 물을 준다. 봄이 되면 싹이 굵어지고, 줄기는 엄지손가락굵기만 해 진다. 이 줄기를 삶아 먹으면 사람에게 이롭다.《산거록》[28]

이 채소는 사람에게 이롭다. 순번을 정하여 차례대로 심는다【안 굳이 때를 가리지 않고 다 먹으면 곧바로 다시 심는다는 말이다】. 싹을 생으로 먹거나 익혀서 먹는다.《산거록》[29]

무는 목화밭에 씨앗을 뿌려 심어도 좋다.《사시찬요(四時纂要)[30]》[31]

입추(立秋, 양력 8월 8·9일경)에 밭 갈아 메밀[蕎麥]을

種帶露耙地則生蟲. 鋤不厭頻. 苗稠, 小拔令稀, 則肥大. 霜降後, 或醃或藏窖皆可. 七月種遲.《七修類稿》

十月取蘿菔根, 窖藏之. 至臘月, 取根四破劈, 一尺一科種之. 厚上糞, 旱卽澆之. 至春, 苗肥, 莖如母指大. 煮食益人.《山居錄》

此物益人. 作番次種【按謂不擇時, 纔盡卽復種也】. 取苗生熟啖之. 同上

蘿菔, 撒種于木棉田亦佳. 《四時纂要》

立秋耕蕎麥, 雜蘿菔耕之,

---

27 출전 확인 안 됨;《農桑衣食撮要》卷下〈六月〉“種蘿蔔”《文淵閣四庫全書》730, 307쪽).
28 출전 확인 안 됨;《居家必用》戊集〈種菜類〉“種蘿菔”《居家必用事類全集》, 186쪽).
29 출전 확인 안 됨;《居家必用》, 위와 같은 곳.
30 사시찬요(四時纂要):중국 당나라 시인 한악(韓鄂, ?~?)이 996년에 편찬한 농서.《예기(禮記)》〈월령(月令)〉의 체제를 따라 매달 해야 할 농사일 등을,《제민요술》등의 문헌을 인용하여 정리했다.
31 출전 확인 안 됨;《山林經濟》卷1〈治圃〉“蘿菔”《農書》2, 156쪽).

심을 때 무를 섞어 심으면 둘 다 잘 자란다. 《사시찬 요》[32]

两得. 同上

씨앗을 성글게 심는다. 배게 심었으면 뿌리가 작아지기 때문에 반드시 솎아 내야 한다. 《증보산림 경제》[33]

疏下其種, 稠則根小須趁 去之.《增補山林經濟》

6) 보관하기

12월에 움집에다 시렁을 만들어 여기에 무를 거꾸로 매단다. 그런 다음 움집의 입구를 막는다. 무가 필요하면 그때그때 가져다 쓴다. 곧장 6월에 이르기까지도 무뿌리가 변질되지 않을 것이다. 《산거 록》[34]

收藏

臘月取根於窖中, 作架倒 懸着, 蓋却窖口. 須卽取 用. 直至六月, 心不壞. 《山居錄》

---

32 출전 확인 안 됨;《山林經濟》, 위와 같은 곳.
33 《增補山林經濟》卷6〈治圃〉"蘿蔔"(《農書》3, 417~418쪽).
34 출전 확인 안 됨;《居家必用》, 위와 같은 곳.

7) 종자 거두기

종자를 거두려면 9~10월에 거둔 무를 이용해야 한다. 그 가운데 좋은 무를 골라 수염뿌리를 제거하고 잎은 그대로 둔 채 옮겨 심는다. 제때 물을 주면 이듬해 봄 2월에 종자를 거두어 파종에 대비할 수 있다【묵은 뿌리를 땅에 그대로 두고 옮겨 심지 않은 무에서 나온 종자는 좋지 않은 종자이다. 이 때문에 심어도 병이 생겨 굵어지지 않는다】.《왕정농서》[35]

만약 이듬해에 종자를 내리려면 깊은 움집에 무뿌리를 묻어 저장해 두고, 입구 중간에 기운이 통할 수 있도록 풀 한 줌을 놓는다. 이듬해 봄기운이 움집을 통해 들어가 새싹이 돋아나오면 꺼낸다. 두둑이나 휴전을 만들어 여기에 거름을 주고 무를 옮겨 심는다. 가물면 물을 준다. 이때 꼭 필요한 만큼만 주어야 한다. 하지(夏至, 양력 6월 21·22일경)가 지난 뒤에 씨앗을 거두면 가을종자로 삼을 수 있다. 원 사농사《농상집요》[36]

收種[4]

欲收種子, 宜用九月、十月收者, 擇其良, 去鬚, 帶葉移栽之. 澆灌得所, 至春二月, 收子, 可備蒔種【宿根在地不經移種者, 爲斜子, 種之, 疥而不肥】.《王氏農書[5]》

如要來年出種, 深窖內埋藏, 中安透氣草一把. 至春透芽生, 取出. 作壟或畦, 下糞栽之. 旱則澆, 須令得所. 夏至後收子, 可爲秋種. 元司農司《農桑輯要》

---

35 《王禎農書》〈百穀譜〉3 "蔬屬"'蘿蔔', 102쪽;《農政全書》卷27〈樹藝〉"蔬部"'蘿蔔'(《農政全書校注》, 696쪽).

36 《農桑輯要》, 위와 같은 곳.

[4] 種 : 저본에는 "藏". 오사카본·규장각본에 근거하여 수정.

[5] 王氏農書 : 저본에는 "齊民要術".《王禎農書》·《農政全書》에 근거하여 수정.

8) 움집에서 어린 싹 기르는 법

10월에 뿌리를 캐어 잎을 제거하고 움집 속에 넣으면 무에서 저절로 황색 싹이 돋아난다. 그때그때 채취하여 나물을 만들어 먹으면 아주 좋다.

만약 싹을 기르지 않고 겨울을 넘기려면 뿌리끝을 잘라 내어 0.05척 정도 남겨 둔다. 그런 다음 대가리 부분을 깎아 내고 다시 인두로 지져 싹이 나지 못하도록 한 뒤, 움집 속에 넣는다. 그러면 이듬해 봄이 되어도 갓 캔 것처럼 매우 싱싱하다. 《증보산림경제》[37]

窖養芽法

十月採根去葉, 納土窖中, 自生黃芽. 旋旋取作菜食之甚佳.

若要過冬, 截去根尾, 只留半寸許, 削平根頭, 又用鐵烙, 不令吐芽, 投窖中. 至春, 完好如新採者.《增補山林經濟》

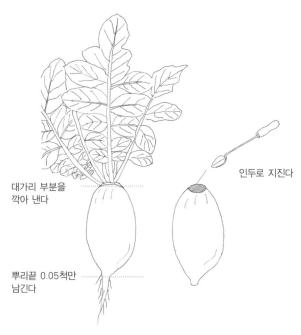

대가리 부분을 깎아 낸다

인두로 지진다

뿌리끝 0.05척만 남긴다

싹 기르지 않고 무 저장하는 법

---

37 《增補山林經濟》卷6〈治圃〉"蘿葍"(《農書》3, 418쪽).

9) 쓰임새

채소 가운데 오직 순무와 무만이 넓은 밭에 대량으로 심을 수 있다. 효과가 빠르고 이익이 배가 되기 때문이다. 그러나 순무는 북쪽 지역에서 그 이익을 많이 얻고, 남쪽 지역에서는 재배하는 곳이 드물다. 반면 무는 북쪽 지역은 물론 남쪽 지역까지 모두 재배된다.

훌륭한 점은 생으로든 익혀서든 모두 먹을 수 있다는 것이다. 또 절임을 만들고 식초나 두시[豉]에 담가서 사시사철 반찬에 도움을 줄 수 있다. 흉년에도 굶주림을 해소할 수 있다. 이처럼 쓰임새가 매우 넓다【농정전서 38 무는 기(氣)와 혈(血)을 소모시키기 때문에 순무보다 10배나 못하다】.《왕정농서》39

功用

蔬茹之中, 惟蔓菁與蘿菔可廣種. 成功速而爲利倍. 然蔓菁, 北方多獲其利, 而南方罕有之. 蘿菔南方所通.

美者, 生熟皆可食, 醃藏醋豉以助時饌. 凶年亦可濟飢. 功用甚廣【農政全書 蘿菔剋氣耗血, 不如蔓菁十倍】.《王氏農書》

---

38 《農政全書》卷27〈樹藝〉"蔬部" '蘿菔'(《農政全書校注》, 696쪽).
39 《王禎農書》〈百穀譜〉3 "蔬屬" '蘿菔', 102~103쪽;《農政全書》, 위와 같은 곳.

10) 당근 심는 법　　　　　　種胡蘿蔔法

당근은 삼복(三伏) 중에 휴전에 심거나 거친 땅에
흩어 뿌려 심는다. 《무본신서》[40]

胡蘿蔔, 伏內畦種, 或壯
地漫種. 《務本新書》

물을 자주 주면 저절로 굵고 커진다. 《경리옥함
(鏡理玉函)[41]》[42]

頻澆灌則自然肥大. 《鏡理
玉函》

당근(안철환)

시장에 나온 당근(임원경제연구소, 파주시 금촌동
통일시장에서 촬영)

당근(《왜한삼재도
회》)

---

40 출전 확인 안 됨;《農桑輯要》卷5〈瓜菜〉"蘿蔔"(《農桑輯要校注》, 177쪽);《農政全書》卷27〈樹藝〉"蔬
部"'蘿蔔'(《農政全書校注》, 697쪽).

41 경리옥함(鏡理玉函):《임원경제지 전공지》권1〈Ⅰ. 누에치기와 길쌈(상)〉에 근거하면, 《경리옥함》은 중국
명나라 학자 황성증(黃省曾, 1490~1540)의《잠경(蠶經)》또는《잠경》이 포함된 농서로 추정했다. 왜냐하
면《전공지》에 인용된《경리옥함》부분이 모두《잠경》에 수록되었기 때문이다(풍석 서유구 지음, 임원경
제연구소 옮김《임원경제지 전공지》1, 79쪽). 하지만《관휴지》에 당근 심는 법 등의 채소 관련 내용도 인
용한 것으로 미루어 볼 때, 《잠경》보다는《잠경》을 포함하고 있는 농서로 보는 것이 타당할 듯하다.

42 출전 확인 안 됨;《農政全書》, 위와 같은 곳.

12. 배추[菘, 숭][1]

菘

1) 이름과 품종

名品

일명 '백채(白菜)'이다.[2]

一名"白菜".

【본초강목[3] 배추에는 2가지 품종이 있다. 한 품종은 줄기가 둥글고 두터우며 옅은 청색이다. 다른 한 품종은 줄기가 납작하고 얇으면서 백색이다. 그 잎은 두 품종 모두 옅은 청백색이다. 또 우두숭(牛肚菘)[4]이 있다. 우두숭은 가장 굵고 크다】

【本草綱目 有二種: 一種, 莖圓厚微靑; 一種, 莖扁簿而白. 其葉皆淡淸白色. 又有牛肚菘, 最肥大】

배추(백숭)(《본초강목》)

---

1 배추[菘, 숭]: 양귀비목 십자화과의 두해살이풀. 잎이 여러 겹으로 포개져 자란다. 한국, 중국, 일본 등지에 분포한다. 《임원경제지 정조지》 권1 〈음식재료 요점 정리(식감촬요)〉 "채소" '배추'(풍석 서유구 지음, 임원경제연구소 옮김, 《임원경제지 정조지》 1, 188~189쪽)를 참조 바람.
2 일명 백채(白菜)이다: 《本草綱目》 卷26 〈菜部〉 "菘", 1605쪽에 보인다.
3 《本草綱目》, 위와 같은 곳.
4 우두숭(牛肚菘): 중국 강소성(江蘇省) 중부 양자강 하류의 양주(揚州)에서 나는 품종. 잎이 둥글고 커서 부채와 비슷하다.

제주토종 구억배추

배추꽃

개성 배추(이상 안철환)

배추싹(국립원예특작과학원에서 촬영)

배추(이상 임원경제연구소, 파주시 월롱면 덕은리에서 촬영)

2) 알맞은 토양

土宜

낮고 습한 땅이 좋다. 《증보산림경제》[5]

宜卑濕地. 《增補山林經
濟》

---

5 《增補山林經濟》卷6〈治圃〉"菘菜"(《農書》3, 421쪽).

3) 심는 시기

2월 상순에 씨앗을 뿌려 심으면 3월 중순에 먹을 수 있고, 5월 상순에 씨앗을 뿌려 심으면 6월 중순에 먹을 수 있다.《구선신은서》[6]

가을에 배추를 심을 때는 7월 7일이 지난 뒤가 좋다. 봄에 배추를 심어 씨앗을 거두는 법은 무종자 거두는 법과 같다.《증보산림경제》[7]

4) 종자 고르기

중국 품종이 더욱 굵고 크다. 김장김치를 담그면 시원하고 맛있다.《증보산림경제》[8]

時候

二月上旬撒種, 三月中旬可食; 五月上旬撒種, 六月中旬可食.《臞仙神隱書》

秋種, 宜七夕後. 春種收子, 與蘿蔔同.《增補山林經濟》

擇種

唐種尤肥大[1]. 沈冬菹冷美.《增補山林經濟》

배추(《왜한삼재도회》)

---

6 출전 확인 안 됨;《增補山林經濟》, 위와 같은 곳.
7 《增補山林經濟》, 위와 같은 곳.
8 《增補山林經濟》, 위와 같은 곳.
[1] 肥大:《增補山林經濟》에는 "佳".

5) 심기와 가꾸기

배추 심는 법은 순무 심는 법과 같다. 《제민요술》[9]

북경 일대[10]에서 배추 심는 법: 땅을 갈아 고랑[畎] 3개와 두둑[伐][11] 3개를 만든다. 고랑에 배추를 심고 말똥거름으로 두텁게 거름준다. 잎이 2~3장 나면 두둑의 흙을 무너뜨려 뿌리에 바짝 붙여 북주고, 잎끝 몇 촌(寸)만 드러나도록 한다.

잎이 점점 자라면서 점점 북주기 때문에 두둑 밖이 오히려 높아지고 두둑은 오히려 깊어진다. 물항아리에 물을 받아다가 고랑에 물을 주어 양 두둑 사이에 항상 물이 흐르도록 하면 뿌리와 잎이 오래도록 습기를 머금는다. 또 배추가 고랑에서 자라기 때문에 바람을 맞거나 햇볕을 쬐지 않으므로 황색의 속잎이 통통하며 부드럽기가 다른 지방에서 나는 배추 중에 대적할 만한 것이 없다. 《행포지》[12]

북경(北京) 일대, 요양(遼陽)[13], 심양(瀋陽)[14] 일대에서 생산되는 배추는 통통하고 부드럽기가 일반 배

種藝

種菘法, 與蔓菁同. 《齊民要術》

燕薊[2]種菘法: 耕地作三畎三伐[3], 種菘于畎中, 以馬矢厚壅之. 待生三二葉, 卽隤壟土, 附根壅培, 只露葉梢數寸.

漸長漸壅, 壟外却高, 壟上却深. 抱甕灌水, 令兩壟之間, 常汩汩然, 則根葉長得潤濕. 又不見風日, 黃嫩肥脆, 他産莫之敵也. 《杏蒲志》

菘産於燕薊、遼、瀋者, 肥脆異常. 銀莖碧葉, 一根之

---

9 《齊民要術》卷3〈蔓菁〉第18(《齊民要術校釋》, 188쪽).
10 북경 일대: 원문의 '연계(燕薊)'를 풀이한 것이다. 연계는 옛 연(燕)나라의 도읍지 계주(薊州)를 가리킨다. 지금의 북경을 포함한 하북성 일대이다.
11 두둑[伐]: 원문의 '벌(伐)'에 갈아 일으킨 흙, 곧 간 흙이라는 뜻이 있어서 '두둑'이라고 풀이하였다.
12 《杏蒲志》卷3〈種蔬瓜〉"種菘"(《農書》36, 160쪽).
13 요양(遼陽): 중국 요녕성(遼寧省) 중부에 있는 요양현(遼陽縣) 일대.
14 심양(瀋陽): 중국 요녕성의 성도(城都).
② 薊:《杏蒲志·種蔬瓜·種菘》에는 "京".
③ 三畎三伐:《杏蒲志·種蔬瓜·種菘》에는 "細畎".

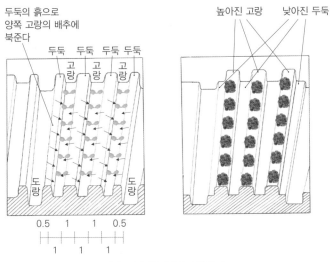

두둑의 흙으로
양쪽 고랑의 배추에
북준다

두둑 두둑 두둑 두둑

고랑 고랑 고랑

도랑   도랑

0.5   1   1   0.5

1   1   1

높아진 고랑   낮아진 두둑

북경에서 고랑에 배추 재배하는 법(추정도)

추와 다르다. 은색 줄기에 벽색(碧色, 푸른색) 잎이 나고, 한 포기의 크기가 거의 두 줌[握]보다 크다. 우리나라의 의주[灣州][15] 또한 청나라 지역과 인접해 있어서 배추를 심으면 그 크기가 엄청 크다. 옛날에 '배추는 북쪽 지역이 좋지 않다.'라는 말은 거짓이다.

　내가 일찍이 의주 사람에게 배추 심는 법을 구했다. 부드러우면서 흑색인 땅을 골라 말똥거름으로 두텁게 거름주고 호미로 휴전에 두둑을 만들어 배추를 심는다. 싹이 자라 몇 촌이 되면 물을 끌어다 대주어 항상 휴전에 물이 가득 차도록 해 준다. 봉황성(鳳凰城)[16] 사람들이 배추를 심는 법도 이와 같다

大幾過兩握. 我國, 灣州, 亦以隣於彼境, 種菘絶大. 古稱"菘不宜北"者, 妄也.

余嘗從灣人求其法. 擇軟脆黑壤, 以馬糞厚壅之, 鋤成畦壟而種之. 待苗長數寸, 引水灌之, 使水常滿畦內. 鳳凰城人種菘之法, 如此云. 同上

15　의주[灣州] : 평안북도 북서단 의주(義州) 일대. 용만(龍灣)이라고도 한다.

16　봉황성(鳳凰城) : 중국 요녕성 봉성진(鳳城鎭)에 있었던 고구려 산성(山城). 오골성(烏骨城)이라고 불렸다.

고 한다. 《행포지》[17]

6) 물주기와 거름주기 　　　　　　　　　　澆壅

심은 뒤에 거름재로 덮어 준다. 자주자주 물을 種後, 以糞灰蓋之. 頻頻
준다. 《구선신은서》[18] 　　　　　　　　　　澆灌. 《臞仙神隱書》[4]

---

[17] 《杏蒲志》卷3 〈種蔬瓜〉"種菘"(《農書》36, 159~160쪽).

[18] 출전 확인 안 됨;《增補山林經濟》, 위와 같은 곳.

[4] 種後……隱書:오사카본에는 이 부분이 "種藝" 조항에 들어 있고, "'종후(種後)'에서 '요관(澆灌)'까지는 주
(注, 즉 '구선신은서' 5글자를 가리킴)와 함께 모두 물주기와 거름주기[澆壅] 조항으로 옮겨 넣어야 한다(種
後至澆灌竝注, 移入澆壅)."는 두주가 달려 있다.

7) 황아(黃芽, 황색 싹) 기르는 법

배추에서 줄기와 잎을 잘라 내고 배추심만 남겨 두면서 땅과 0.2척 정도 떨어뜨린다. 여기에 거름흙으로 북주어 평평하게 만든 다음 큰 옹기로 배추를 덮어 둔다. 옹기 밖은 흙으로 빽빽하게 북주어 기운이 통하지 않도록 한다. 보름이 지난 뒤에 채취하여 꺼낸다. 이를 '황아채(黃芽菜)'라 한다. 그 맛이 가장 좋다. 《중궤록(中饋錄)[19]》[20]

연경(燕京)에서 채소밭을 가꾸는 사람들은 겨울에 말똥을 움집에 넣고 거름주어 배추가 바람을 맞거나 햇볕을 쪼지 않도록 한다. 자라 나온 싹과 잎이 모두 연한 황색으로, 부드럽고 좋은 상태라서 찌꺼기가 없다. 이를 '황아채(黃芽菜)'라 한다. 부귀한 사람들은 이를 훌륭한 채소로 여긴다. 대개 황색의 연한 부추[韮黃, 구황]를 모방한 법이다. 《본초강목》[21]

養黃芽法

將白菜割去梗葉, 止留菜心, 離地二寸許, 以糞土壅平, 用大缸覆之. 缸外以土密壅, 勿令透氣. 半月後取出[5], 名曰"黃芽菜". 其味最佳. 《中饋錄》

燕京[6]圃人, 冬月[7]以馬糞入窖壅, 菸不見風日. 長出苗葉, 皆嫩黃色, 脆美無滓, 謂之"黃芽菜". 豪貴以爲嘉品. 蓋倣韭黃之法也. 《本草綱目》

---

19 중궤록(中饋錄):중국 청(淸)나라의 여성 요리사 증의(曾懿, ?~?)의 조리서. 부친을 따라 강남 지방을 두루 돌아다녔다. 내용은 강남 일대의 음식 풍속, 조리법, 음식 보존법 등이다.

20 《說郛》卷95上〈中饋錄〉"製蔬" '黃芽菜'(《文淵閣四庫全書》881, 411쪽).

21 《本草綱目》, 위와 같은 곳.

⑤ 出:《說郛·中饋錄·黃芽菜》에는 "食".

⑥ 燕京:오사카본에는 이 글자 위에 "요옹(澆壅) 항목 아래에《구선신은서(臞仙神隱書)》를 인용한 글을 옮겨 적어야 하고, 연경(燕京)부터 법야(法也)까지는 주(注, 즉 '본초강목' 4글자를 가리킴)와 함께 양황아법(養黃芽法)의 《중궤록(中饋錄)》 기사 아래에 옮겨 적어야 한다(澆壅下移書《臞仙神隱書》, 而燕京至法也竝注, 移書于養黃芽法《中饋錄》之下)."라는 두주가 달려 있다.

⑦ 冬月:《本草綱目·菜部·菸》에는 "又".

앞의 주 6번의 원본. 원고가 이동할 위치를 선으로 표시하고 두주를 적었다.

앞의 주 4번의 원본. 이동할 원고를 꺽쇠로 표시하고 두주를 적었다.(이상 《관휴지》 오사카본)

13. 쑥갓[茼蒿, 동호][1]

茼蒿

1) 이름과 품종

일명 '봉호(蓬蒿)'이다.[2]

名品

一名"蓬蒿".

【본초강목[3] 모양과 기운이 쑥[蓬蒿]과 똑같기[同] 때문에 이렇게 이름 붙였다. 꽃과 잎은 흰쑥[白蒿]과 약간 비슷하며, 맛은 맵고 달아 쑥 냄새가 난다. 4월 에 장다리가 올라오면 높이는 2척 남짓이다. 짙은

【本草綱目 形氣同乎蓬蒿 故名. 花葉微似白蒿, 其味 辛甘, 作蒿氣. 四月起薹, 高二尺餘. 開深黃色花, 狀

쑥갓(《본초강목》)

쑥갓싹(임원경제연구소, 국립원예특작과학원에서 촬영)

---

1 쑥갓[茼蒿, 동호] : 쌍떡잎식물 초롱꽃목 국화과의 한해살이풀 또는 두해살이풀. 《임원경제지 정조지》 권1 〈음식재료 요점 정리(식감촬요)〉 "채소" '쑥갓'(풍석 서유구 지음, 임원경제연구소 옮김, 위와 같은 책, 192 쪽)을 참조 바람.
2 일명 봉호(蓬蒿)이다 : 《本草綱目》 卷26 〈菜部〉 "同蒿", 1629쪽에 보인다.
3 《本草綱目》, 위와 같은 곳.

쑥갓1

쑥갓2(이상 안철환)

황색 꽃을 피운다. 모양은 홑꽃 국화와 같다. 꽃 한 송이에 씨를 맺을 때는 거의 100개의 씨앗이 공모양을 이룬다. 가장 쉽게 무성해진다】

如單瓣菊花. 一花結子, 近百成毬, 最易繁茂】

2) 알맞은 토양

기름진 땅이 좋다. 《증보산림경제》[4]

土宜

宜肥地. 《增補山林經濟》

3) 심는 시기

2월에 심으면 항상 먹을 수 있다. 추사(秋社)[5] 10일 전에 심으면 가을채소로 삼을 수 있다. 원 사농사《농상집요》[6]

時候

二月種, 可爲常食. 秋社前十日種, 可爲秋菜. 元司農司《農桑輯要》

3월에 심고, 5월에 씨앗을 거둔다. 7~8월에 심은 쑥갓은 맛이 더욱 좋다. 《증보산림경제》[7]

三月種之, 五月收子. 七八月種者尤美. 《增補山林經濟》

---

4 《增補山林經濟》卷6〈治圃〉"艾芥"《農書》3, 424쪽).
5 추사(秋社): 입추 후 다섯 번째 무일(戊日).
6 《農桑輯要》卷5〈瓜菜〉"同蒿"《農桑輯要校注》, 185쪽).
7 《增補山林經濟》, 위와 같은 곳.

4) 심기와 가꾸기

휴전을 만들어 심는 법은 다른 채소 심는 법과
같다. 원 사농사《농상집요》[8]

5) 종자 거두기

만일 종자를 내고자 한다면 봄나물로 먹다가 다
먹지 않고 남겨 둔 쑥갓을 종자로 삼을 수 있다. 원
사농사《농상집요》[9]

6) 쓰임새

쑥갓잎은 끓는 물에 삶으면 차(茶)와 짝할 만하
다. 채소 중에 별미(別味)이다.《왕정농서》[10]

種藝

作畦下種, 如他法. 元司農
司《農桑輯要》

收種

如欲出種, 春菜食不盡者,
可爲子. 元司農司《農桑輯
要》

功用

其葉可湯泡, 以配茶茗. 菜
中之有異味者.《王氏農書》

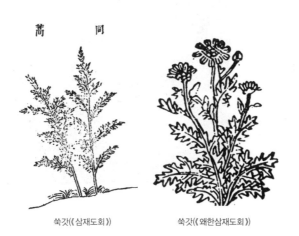

쑥갓(《삼재도회》)　　쑥갓(《왜한삼재도회》)

8　《農桑輯要》, 卷5〈瓜菜〉"同蒿"(《農桑輯要校注》, 185쪽).

9　《農桑輯要》, 위와 같은 곳.

10　《王禎農書》〈百穀譜〉5 "蔬屬"'同蒿', 120쪽;《農政全書》卷28〈樹藝〉"蔬部"'茼蒿'(《農政全書校注》,
　　733쪽).

14. 유채[蕓薹, 운대][1]

蕓薹

1) 이름과 품종

名品

일명 '호채(胡菜)', '한채(寒菜)', '대개(薹芥)', '유채(油菜)'이다.[2]

一名"胡菜", 一名"塞菜", 一名"薹芥", 一名"油菜".

【본초강목】[3] 이 채소는 장다리[薹]가 잘 올라온다. 그러므로 운대(蕓薹), 대개(薹芥)라 이름 붙였다.

【本草綱目】 此菜易起薹, 故名蕓薹、薹芥. 羌 隴、氐

유채(《본초강목》)

유채싹(임원경제연구소, 국립원예특작과학원에서 촬영)

---

1 유채[蕓薹, 운대]: 쌍떡잎식물 양귀비목 십자화과의 두해살이풀.《임원경제지 정조지》권1 〈음식재료 요점 정리(식감촬요)〉 "채소" '운대(蕓薹, 유채·평지)'(풍석 서유구 지음, 임원경제연구소 옮김, 위와 같은 책, 184~185쪽)를 참조 바람.
2 일명……유채(油菜)이다:《本草綱目》卷26 〈菜部〉 "蕓薹", 1603쪽에 보인다.
3 《本草綱目》, 위와 같은 곳.

유채꽃(안철환)

강족(羌族)[4]이 사는 농(隴)[5]과 저족(氐族)[6]이 사는 호 (胡)[7]는 그 땅이 몹시 춥다[寒]. 그런데 겨울에 이 채 소를 많이 심으면 서리와 눈을 견뎌 낸다. 그러므로 호채(胡菜), 한채(寒菜)라 부른다. 이는 대개 오늘날의 유채(油菜)이다.

모양과 색깔은 배추[白菜]와 약간 비슷하다. 늦겨 울에서 초봄에 장다리를 따서 나물로 먹는다. 3월이 면 쇠어서 먹을 수 없다. 작은 황색 꽃을 피우고, 꽃 잎은 4개이다. 겨자꽃과 같다.

꼬투리를 맺으면 씨를 거둔다. 씨 역시 겨자씨와 같고, 회적색이다. 볶아서 기름을 짜면 황색이다. 이 기름으로 호롱불을 밝히면 매우 밝다】

胡, 其地苦寒, 而冬月多種 此菜, 能歷霜雪, 故稱胡 菜、寒菜. 蓋今之油菜也.

形色微似白菜. 冬末春初 採薹心爲茹, 三月則老不可 食. 開小黃花, 四瓣, 如芥 花.

結莢收子, 亦如芥子, 灰赤 色. 炒過搾油黃色, 燃燈 甚明】

4 강족(羌族): 중국 감숙성(甘肅省)에 거주하는 소수 민족. 청해성(靑海省)·사천성(四川省) 서북부 산간 등 지에 널리 분포한다.
5 농(隴): 지금의 중국 감숙성(甘肅省) 일대 지방.
6 저족(氐族): 중국 감숙성(甘肅城) 무도(武都) 인근에 거주하는 소수 민족. 중국 서방의 여러 소수 민족을 가리켜 '저강(氐羌)'이라고도 한다.
7 호(胡): 미상. 저족(氐族)이 주로 거주한 중국 감숙성(甘肅城) 일대의 어느 곳으로 추정된다.

유채꽃밭(정성섭·김복남)

2) 심는 시기

2~3월에 심는다. 가을에 심은 유채는 서리가 충분히 내리면 거두어 겨울채소로 삼는다.《증보산림경제》[8]

3) 심기와 가꾸기

잎을 따 먹기 위해 심는 유채는 7월 중순에 심는다. 심는 법은 순무 심는 법과 같다. 이미 싹이 난 뒤로는 또한 김매지 않는다. 서리가 충분히 내려야 거둔다【주 서리가 충분히 내리기 전에 거두면 맛이 떫다】.

종자를 취하려면 2~3월에 비가 내릴 때 심는다. 가물면 휴전에 심고 물을 준다. 5월에 씨앗이 여물면 종자를 거둔다【주 유채는 겨울에 풀로 덮어 주면 또한 종자를 취할 수 있다. 또한 생으로 반찬에 쓸 수 있다】.《제민요술》[9]

유채는 8월에 심는다. 9~10월에 휴전을 손질하고, 돌절굿공이로 흙에 구멍을 내서 이 구멍에 나누어 옮겨 심는다. 흙으로 그 뿌리를 눌러 준 다음 거름물을 준다. 만약 물이 얼면 물을 주어서는 안 된다.

2월이 되면 간간이 풀을 말끔히 제거해 준다. 물주기는 자주 할수록 좋다. 물을 자주 주면 무성해진

時候

二三月下種. 秋種者, 霜足收, 爲冬菜[1].《增補山林經濟》

種藝

取葉者, 七月半種. 種法, 與蕪菁同. 既生, 亦不鋤之. 足霜乃收【注 不足霜卽澁】.

取子者, 二三月好雨澤時種. 旱則畦種水澆. 五月熟而收子【注 薹薑, 冬天草覆, 亦得取子. 又得生茹供食】[2].《齊民要術》

油菜, 八月下種. 九十月治畦, 以石杵舂穴, 分栽. 用土壓其根, 糞水澆之. 若水凍, 不可澆.

至二月, 間削草淨. 澆不厭頻則茂盛. 薹長摘去中心,

---

8 《增補山林經濟》卷6〈治圃〉"薹薑"(《農書》3, 429쪽).
9 《齊民要術》卷3〈種蜀芥、芸薹、芥子〉第23(《齊民要術校釋》, 205쪽).
[1] 爲多菜:《增補山林經濟·治圃·薹薑》에는 없음.
[2] 取子……供食:오사카본에는 이 내용을《齊民要術》기사의 순서와 다르게 편집한 흔적이 있다.

다. 장다리가 올라올 때 장다리심을 잘라 주면 사방
으로 떨기지어 나면서 씨앗도 많이 열린다. 《편민도
찬(便民圖纂)10)》11

則四面叢生, 子多.《便民
圖纂》

오하(吳下)12 지역 사람들이 유채 심는 법: 땅갈이
는 2~3차례 해 주고, 김매기는 흙이 아주 부드럽도
록 해 준다. 너비 6척이 되도록 두둑과 도랑을 만든
다. 두둑 위에 가로로 4포기씩 심는다. 포기 줄의
간격은 각각 1.5척이다.

吳下人種油菜法: 耕地再
三, 鋤令極細, 作壟幷溝,
廣六尺. 壟上橫四科, 科行
相去, 各一尺五寸.

진흙 같은 재거름【안 진흙 같은 재거름 만드는
법은 위에서 소개한 〈거름주기 총서[糞壅總敍, 분용총
서]〉에 보인다13】을 골고루 위에 뿌린다. 그런 다음
유채를 옮겨 심는다.

用糞灰泥【按 糞灰泥法,
見上《糞壅總敍》】均撒上
面, 然後將菜栽移植.

유채를 옮겨 심은 다음날 똥거름을 준다. 이때
땅에 습기가 있으면 똥거름 3/10에 물 7/10의 비율
로 주고, 땅이 건조하면 똥거름 1/10에 물 9/10의
비율로 준다. 이와 같이 3~4차례 한다. 옮겨 심은
유채가 점점 무성해지면 그에 따라 점점 순 똥거름
[眞糞]을 덧거름으로 준다.

植之明日糞之. 地濕者, 糞
三水七; 乾者, 糞一水九.
是三四遍, 菜栽漸盛, 漸
加眞糞.

겨울에 다시 두둑을 김매 주고, 도랑의 진흙을

冬月再鋤壟, 溝泥鍬起,

---

10 편민도찬(便民圖纂):중국 명나라 광번(鄺璠, 1465~1505)이 편찬한 백과사전류의 저서. 15권(혹은 16권)
이며, 1493년에 처음으로 간행하였다. 광번은 강남에서 관직을 지낼 때 농가의 사정에 깊이 알 수 있었고,
그 경험을 바탕으로 이 책을 저술하였다. 《편민찬(便民纂)》을 모델로, 《종수서(種樹書)》와 《다능비사(多
能鄙事)》등의 내용을 참고하여 일상생활에 도움을 줄 수 있는 긴요한 내용만으로 만들었다.

11 《便民圖纂》卷6 〈樹藝類〉下 "種諸色蔬菜" '油菜', 62쪽.

12 오하(吳下):중국 강소성(江蘇省) 남동부에 있는 소주(蘇州) 일대.

13 진흙……보인다:《임원경제지 관휴지》권1 〈총서〉 "물주기와 거름주기" '거름 저장법'에 나온다.

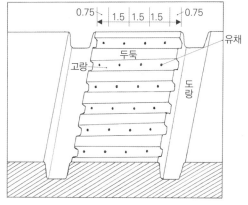

전체 6척

0.75 | 1.5 | 1.5 | 1.5 | 0.75

유채

두둑

고랑

도랑

오하 사람들이 유채 심는법

삽[鍬][14]으로 파서 두둑 위에 더해 준다. 이렇게 하면 한편으로는 뿌리에 북주는 셈이 되고, 한편으로는 그 도랑을 깊게 만들어 봄비의 배수에 대비하게 된다.

12월에 또 걸쭉한 똥거름[濃糞]을 생진흙 위에 덧거름으로 준다. 봄철에 얼었던 땅이 풀리면 생진흙을 잘게 부순다. 1~2월에 밭의 비옥도와 습도를 살펴서 생진흙을 더해 주거나 덜어 낸다. 똥거름으로 4차례 덧거름준다.

2월에 장다리가 나오면 따서 술지게미에 절였다가 쓰임에 대비한다. 이렇게 하면 곧 다시 장다리가 많이 나서 꽃과 열매가 더욱 번성해진다. 입하(立夏, 양력 5월 5·6일경) 뒤에 포기를 뽑아 씨앗을 거둔다. 《농정전서》[15]

加壅上, 一則培根, 一則深其溝以備春雨.

臘月又加濃糞生泥上. 春月凍解, 將生泥打碎. 正二月中視田肥瘦, 燥濕加減. 加糞壅四次.

二月中生薹, 摘取之, 糟醃聽用, 卽復多生薹心, 花實益繁. 立夏後, 拔科收子. 《農政全書》

---

14 삽[鍬]: 흙을 파헤치거나 떠서 던지는 기구.
15 《農政全書》卷28〈樹藝〉"蔬部"'藏菜'(《農政全書校注》, 731~732쪽).

4) 쓰임새

유채씨앗은 기름을 짤 수 있고, 남은 깻묵은 밭에 거름줄 수 있다.《편민도찬》[16]

功用

子可搾油, 柤可壅田.《便民圖纂》

중간 규모의 농사를 짓는 농부는 1묘(畝)당 씨앗 2석(石)과 땔감 10석을 거둔다. 땔감 중에 골라 누에섶[蠶簇][17]을 만든다.《농정전서》[18]

中農之人, 畝子二石, 薪十石. 薪中爲蠶簇也.《農政全書》

어린 장다리를 따서 상추와 섞어 생으로 먹을 수 있다.《증보산림경제》[19]

採嫩薹, 可和萵苣生茹.《增補山林經濟》

---

16 출전 확인 안 됨;《農政全書》卷28〈樹藝〉"蔬部" '蕓薹'(《農政全書校注》, 731쪽).
17 누에섶[蠶簇] : 누에가 고치를 짓게 하려고 만들어 주는 용기. 잠족(蠶簇)이라고도 한다. 풍석 서유구 지음, 임원경제연구소 옮김,《임원경제지 전공지》2, 풍석문화재단, 2022, 224~233쪽에 자세히 보인다.
18 《農政全書》卷28〈樹藝〉"蔬部" '藏菜'(《農政全書校注》, 732쪽).
19 출전 확인 안 됨.

15. 시금치[菠薐, 파릉][1]

菠薐

1) 이름과 품종

일명 '파사초(波斯草)', '적근초(赤根草)'이다.[2]

名品

一名"波斯草", 一名"赤根草[1]".

【가화록(嘉話錄)】[3][4] 시금치는 종자가 서역의 나라에서 왔다. 어떤 승려가 그 종자를 가지고 와서는, "본래 파릉국(頗陵國)[5]의 종자이다. 그런데 와전되어 파릉(菠薐)이 되었을 뿐이다."라 했다.

【嘉話錄】 菠薐, 種自西國. 有僧將其子來, 云: "本是頗陵國之種, 語訛爲菠薐耳."

【본초강목】[6] 방사(方士)[7]들이 몰래 파사초(波斯草)라 이름 붙였다. 그 줄기는 부드럽고 무르며, 가운데가 비었다. 그 잎은 녹색이고 기름지며, 부드럽고 도톰하다. 잎은 뾰족한 모양 1개가 곧장 올라오고, 옆으로

【本草綱目】 方士隱名爲波斯草. 其莖柔脆中空, 其葉綠膩柔厚, 直出一尖, 旁出兩尖, 似鼓子花葉而長

---

1 시금치[菠薐, 파릉]: 쌍떡잎식물 중심자목 명아주과의 한해살이 또는 두해살이풀. 《임원경제지 정조지》 권1 〈음식재료 요점 정리(식감촬요)〉 "채소" '시금치'(풍석 서유구 지음, 임원경제연구소 옮김, 《임원경제지 정조지》 1, 197~198쪽)를 참조 바람.

2 일명······적근초(赤根草)이다: 《本草綱目》 卷27 〈菜部〉 "菠薐", 1645쪽에 보인다.

3 가화록(嘉話錄): 중국 당나라의 재상 위현(韋絢, ?~?)이 선종(宣宗) 대중(大中) 10년(856)에 강릉에 있을 때 지은 작품. 당대의 시인 유우석(劉禹錫, 772~842)과 나눈 담화를 기록하고 있어, 《유공가화록(劉公嘉話錄)》·《유빈객가화록(劉賓客嘉話錄)》이라고도 한다.

4 《劉賓客嘉話錄》《文淵閣四庫全書》1035, 460쪽);《本草綱目》, 위와 같은 곳.

5 파릉국(頗陵國): 7세기 초에서 9세기 중엽까지 존재했던, 티베트[吐蕃] 서남부에 있던 니파라국(尼婆羅國)의 이칭. 오늘날의 네팔 지역이다.

6 《本草綱目》, 위와 같은 곳.

7 방사(方士): 신선의 술법을 닦는 사람. 특히 도교의 도인을 가리킨다. 방술사·도사·선인(仙人)이라고도 한다.

① 草:《本草綱目·菜部·菠薐》에는 "菜".

뾰족한 모양 2개가 올라와서 마치 고자화(鼓子花)[8]의 잎과 비슷하지만 그보다 길고 크다.

그 뿌리는 길이가 몇 촌(寸)이고, 크기는 도라지와 같지만 그와 달리 적색이고, 맛이 더욱 달고 좋다. 4월에 1척 정도로 장다리가 올라온다. 장다리에는

大.
其根長數寸, 大如桔梗而色赤, 味更甘美. 四月起薹尺許. 有雄雌. 就莖開碎紅

시금치(《본초강목》)

시금치(《왜한삼재도회》)

시금치싹(임원경제연구소, 국립원예특작과학원에서 촬영)

선메꽃잎과 비슷한 시금치잎

선메꽃잎

남가새씨와 같은 시금치씨앗

8 고자화(鼓子花): 쌍떡잎식물 메꽃과의 여러해살이풀. 메꽃류의 겹꽃품종이다. 어린 순과 줄기를 식용하고 전체를 약용한다. 《임원경제지 예원지》 권3 〈꽃류(하)(풀꽃)〉 "전지모란(纏枝牡丹)"(풍석 서유구 지음, 임원경제연구소 옮김, 《임원경제지 예원지》 1, 풍석문화재단, 2022, 482~483쪽)에 보인다.

뿔시금치(안철환)

시금치(임원경제연구소, 파주시 금촌동 통일시장에서 촬영)

메꽃류. 고자화는 이 메꽃류의 겹꽃 품종이다(서정남)

시금치

암컷과 수컷이 있다. 자잘한 홍색 꽃을 피운다. 꽃
이 무더기로 피어 있지만 잘 보이지 않는다. 암꽃은
열매를 맺고, 가시가 있으며, 모양은 남가새[蒺藜, 질려]
씨와 같다】

花, 叢簇不顯. 雌者結實,
有刺, 狀如蒺藜子】

2) 심는 시기

봄 1월·2월에 모두 심을 수 있고, 자라는 대로 먹을 수 있다. 추사일 이후 20일이 지나 심은 시금치를 거두어 움에 저장할 수 있다. 그러면 겨울 내내 푸른 채소를 늘 먹을 수 있다.

만일 종자를 내고자 한다면 10월에 심기를 마친다. 땅이 얼어 붙을 때가 되면 물을 준다. 그러면 이듬해 하지(夏至, 양력 6월 21·22일경) 이후에 씨앗을 거둔다. 이 씨앗으로 가을에 심을 수 있다. 원 사농사 《농상집요》[9]

1월·2월에 모두 심을 수 있다. 추사일 이후 20일이 지나 휴전에 심은 다음 마른 말똥으로 북주어 서리와 눈을 막는다. 10월에 물을 주어 겨울찬거리에 대비한다. 맹기(孟祺)[10]《농상집요》[11]

시금치는 다음 달 초하루가 되어야 싹이 난다. 그래서 27~28일에 심어야 다음달 초에 바로 싹이 난다. 심을 때는 반드시 그 종자를 으깨서 껍데기가 벌어지게 해야 씨앗에 물이 스며들어 불어나기 쉽

時候

春正月、二月皆可種, 逐旋食用. 秋社後二十日種者, 可於窨內收藏. 冬季常食青菜.

如欲出子, 十月內種訖. 至地凍時, 水澆過, 來年夏至後收子. 可爲秋種. 元司農司《農桑輯要》

正月、二月皆可種. 秋社後二十日種于畦內, 以乾馬糞培之以避霜雪. 十月內以水沃之以備冬食. 孟祺《農桑輯要》

菠菜, 過月朔乃生, 須二十七八間種之, 月初卽生. 種時須以其子砑開, 易浸脹.《博聞錄》

---

9 《農桑輯要》卷5〈瓜菜〉"菠薐"《農桑輯要校注》, 184쪽).

10 맹기(孟祺):1230~1281. 중국 원나라 초기의 명신(名臣)이자 의학자(醫學者). 자는 덕경(德卿). 염복(閻複, 1236~1312), 이겸(李謙, ?~?), 서염(徐琰, ?~?)과 함께 동평사걸(東平四傑)로 불린다. 저서에 《농상집요(農桑輯要)》가 있다.

11 《農桑輯要》, 위와 같은 곳. 앞의 기사와 중복된 부분만 《농상집요》에서 확인되고 나머지는 보이지 않는다. 출처가 같은 《농상집요》이나 내용이 다른 점으로 보아 맹기의 《農桑輯要》가 따로 있을 가능성도 있다.

다. 《박문록》[12]

　시금치는 다음달 초하루가 되어야 싹이 난다. 이 달 1~2일에 심은 시금치와 27~28일에 심은 시금치가 모두 다음달 초하루가 되어야 싹이 난다. 시험해 보니 믿을 만했다. 《종수서(種樹書)》[13][14]

　시금치 중 8~9월에 심은 시금치로는 겨울찬거리에 대비가 되고, 1~2월에 심은 시금치로는 봄채소 반찬에 대비가 된다. 《본초강목》[15]

菠薐, 過月朔乃生. 今月初一二間種者與二十七八間種者, 皆過來月初一乃生. 驗之信然. 《種樹書》

菠薐, 八月、九月種者, 可備冬食；正月、二月種者, 可備春蔬. 《本草綱目》

12　출전 확인 안 됨；《農桑輯要》, 위와 같은 곳.
13　종수서(種樹書)：중국 명나라의 문인 유정목(俞貞木, 1331~1401)의 저서. 상권은 1년 12개월마다 알맞은 나무심기를 다루고, 중권과 하권은 오곡·상마(桑麻, 뽕과 삼)·채소·과일·꽃나무 재배방법을 다루었다.
14　《種樹書》〈菜〉《叢書集成初編》1469, 10쪽).
15　《本草綱目》卷27 〈菜部〉 "菠薐", 1645쪽.

3) 심기와 가꾸기

시금치는 휴전을 만들어 심는다. 무 심는 법과 같다. 원 사농사《농상집요》[16]

시금치는 7~8월에 씨앗을 물에 불린다. 껍질이 불어 부드럽게 되면 건져 내어 헤쳐서 말린다. 땅에 재를 섞는다. 그런 다음 기름진 땅에 씨앗을 뿌려 심고 똥거름물을 준다. 싹이 나면 물만 주다가 더 자라면 이어서 똥거름물을 준다. 그러면 무성해진다.《농정전서》[17]

시금치밭을 손질할 때는 흙을 매우 부드럽게 해 주고 똥거름을 매우 비옥하게 준 다음 심는다. 이어서 말똥거름으로 덮어 준다. 시금치가 자랐으면 더 이상 똥거름을 써서는 안 된다.《사시찬요》[18]

1~2월에 씨앗을 1~2일 동안 물에 담근다. 씨앗이 부풀어 오르면 건져 내어 헤쳐서 말린다. 그런 다음 땅에 씨앗을 놓고 사발로 덮는다. 싹이 나면 기름지고 부슬부슬한 땅을 골라 휴전을 만든다.

매달 하순에 심는다. 물주기를 부지런히 하면 자라는 대로 먹을 수 있다. 그러나 봄에 심은 시금치는

種藝

菠薐, 作畦下種. 如蘿蔔法. 元司農司《農桑輯要》

菠薐, 七八月間以水浸子. 殼軟撈出, 控乾. 就地以灰拌. 撒肥地, 澆以糞水. 芽出, 惟用水澆, 待長, 仍用糞水澆之則盛.《農政全書》

治地極細, 用糞極肥, 然後下種. 仍以馬糞蓋之. 旣長, 不可用糞.《四時纂要》

正二月內將子水浸一二[2]日, 候脹, 撈出, 控乾, 盆覆地上. 俟芽出, 擇肥鬆地, 作畦.
每月下旬下種, 勤澆灌, 可逐旋食用. 然春種多蟲,

---

16 《農桑輯要》, 위와 같은 곳.
17 《農政全書》卷28〈樹藝〉"蔬部"'菠菜'(《農政全書校注》, 732쪽).
18 출전 확인 안 됨;《山林經濟》卷1〈治圃〉"種菠菜"(《農書》2, 159쪽).
② 一二:《二如亭群芳譜》에는 "二三".

벌레가 많아서 가을에 심어서 좋은 시금치만 못하   不如秋種者佳.《群芳譜》

다.《군방보》[19]

---

19 《二如亭群芳譜》〈亨部〉第2 "蔬譜" 2 '菠菜'(《四庫全書存目叢書補編》80, 345쪽).

4) 쓰임새

다 먹지 않고 남겨 둔 시금치는 끓는 물에 살짝 데쳤다가 햇볕에 말린다. 채소밭의 채소들이 다 말라 죽었을 때에 말린 시금치를 따뜻한 물에 담가 부드럽게 한 다음 조리해 먹으면 맛이 아주 좋다. 원사농사《농상집요》[20]

봄에 장다리가 난다. 늦봄에 줄기와 잎이 쇨 때가 되면 끓는 물에 살짝 데쳤다가 햇볕에 말린다. 그리하여 채소밭의 채소가 다 말라 죽었을 때의 식용으로 갖추어 두면 아주 좋다. 그러므로 시금치는 진실로 사계절 내내 쓸 수 있는 채소이다.《왕정농서》[21]

功用[3]

食不盡者, 滾湯內掠熟, 曬乾. 遇園枯時, 溫水浸軟, 調食甚良. 元司農司《農桑輯要》

春月出薹. 至春暮莖葉老時, 用沸湯掠過, 曬乾, 以備園枯時食用甚佳. 實四時可用之菜也.《王氏農書[4]》

---

20 《農桑輯要》, 위와 같은 곳.
21 《王禎農書》〈百穀譜〉5 "蔬屬" '菠薐', 119쪽;《農政全書》卷28〈樹藝〉"蔬部" '菠菜'(《農政全書校注》, 732~733쪽).
③ 功用 : 오사카본에는 "收採"로 적었다가 "功用"으로 수정한 흔적이 있다.
④ 春月……農書 : 오사카본에는 이 내용을 "功用" 항목으로 분리했다가 이 위의 기사를 "功用" 항목에 편입시키면서 지운 흔적이 있다.

16. 공심채[蕹菜, 옹채]¹

蕹菜

1) 이름과 품종

名品

【본초강목】² 옹(蕹)은 옹(壅)과 같다. 이 채소는
오직 북주기를 해야[壅] 성장하므로 '옹(蕹)'이라고 한
다. 줄기가 부드러워 덩굴과 같으며, 속이 비었다.
잎은 시금치[菠薐]처럼 생겼거나 원뿔모양의 끝[鏊頭]
처럼 뾰족하다.

【本草綱目】 蕹, 與壅同.
此菜惟以壅成, 故謂之
"蕹". 幹柔如蔓而中空, 葉
似菠薐①及鏊頭形.

옹채(《본초강목》)

---

1 공심채[蕹菜, 옹채]: 쌍떡잎식물 통화식물목 메꽃과의 한해살이 덩굴식물. 공심채(空心菜)·옹채(蕹菜)라
   고도 한다. 풍석 서유구 지음, 임원경제연구소 옮김, 《임원경제지 정조지》1, 198쪽 옹채(蕹菜) 항목을 함
   께 참조 바람.
2 《本草綱目》卷27〈菜部〉"蕹菜", 1646쪽.
① 薐: 저본에는 "薐". 《本草綱目·菜部·蕹菜》에 근거하여 수정.

공심채(옹채)잎

공심채(옹채)꽃

옹채(《왜한삼재도회》)

본초습유(本草拾遺)[3] 중국 영남(嶺南)[4]에서 심는다. 덩굴로 자라고 흰 꽃이 핀다. 먹을 수 있다】

本草拾遺 嶺南種之. 蔓生, 開白花, 堪茹】

---

3 출전 확인 안 됨;《本草綱目》, 위와 같은 곳.
4 영남(嶺南):중국 남부의 5대 산맥 아래쪽에 위치한, 광동(廣東)에서 광서(廣西) 일대.

2) 알맞은 토양

공심채의 본성은 습지가 좋다. 《본초강목》[5]

3) 심기와 가꾸기

남방 사람들은 갈대를 짜서 뗏목을 만든 다음 여기에 작은 구멍을 뚫어 물 위에 띄운다. 그런 다음 물속에 공심채씨를 뿌리면 마치 부평초뿌리처럼 수면에 뜬다. 다 자라면 줄기와 잎이 모두 갈대 뗏목의 구멍 속에서 나와 물을 따라 아래위로 떠올랐다 가라앉았다 하니, 남쪽 지방의 기이한 채소이다. 《남방초목상(南方草木狀)[6]》[7]

서리와 눈을 두려워한다. 9월에는 흙움집 속에 넣어 저장했다가 3~4월에 꺼내어 거름흙으로 거름 주면 곧바로 마디마다 싹이 난다. 한 포기만 심어도 휴전 1개를 만들 수 있다. 《본초강목》[8]

土宜

性宜濕地.《本草綱目》

種藝

南人編葦爲筏，作小孔，浮水上. 種蕹子於水中，則如萍根浮水面. 及長成，莖葉皆出於葦筏孔中，隨水上下，南方之奇蔬也.《南方草木狀》

畏霜雪. 九月藏入土窖中，三四月取出，壅以糞土，卽節節生芽，一本可成一畦也.《本草綱目》

5　《本草綱目》, 위와 같은 곳.
6　남방초목상(南方草木狀) : 중국 진(晉)나라 혜제(惠帝, 재위 290~306) 때에 대신을 역임한 혜함(嵆含, 263~306)이 찬술한 중국 최초의 식물학 문헌. 광동(廣東)·광서(廣西) 및 월남(越南) 지역의 식물 80종의 전래에 관한 내용을 수록하고 있다. 현재 원본은 소실되었으나, 여러 사료에 부분적으로 인용되고 있다.
7　출전 확인 안 됨;《本草綱目》, 위와 같은 곳.
8　《本草綱目》, 위와 같은 곳.

17. 근대[恭菜, 첨채][1]

恭菜

1) 이름과 품종

일명 '군달(莙蓬)'이다.[2]

【본초강목】[3] 첨(恭)은 첨(甜, 달다)과 통하는데, 맛이 달기 때문이다.

잎은 청백색으로 백숭채(白菘菜, 백색 배추)의 잎과 비슷하지만 그보다 짧고, 줄기 역시 비슷하지만 그보다 다소 작다. 날것으로든 익혀서든 모두 먹을 수 있고, 흙냄새가 살짝 난다. 4월에 잔 백색 꽃을 피

名品

一名"莙蓬".

【本草綱目】恭, 與甜通, 因其味也.

其葉靑白色, 似白菘菜葉而短, 莖亦相類而差小. 生熟皆可食, 微作土氣. 四月開細白花. 結實狀如茱萸

첨채(《왜한삼재도회》)

근대싹

---

1 근대[恭菜, 첨채]:쌍떡잎식물 중심자목 명아주과의 여러해살이풀. 맛은 시금치와 비슷하지만 향기와 맛이 더 진하다. 주로 된장국, 된장무침 등 우리나라 향토 음식의 주재료로 사용된다. 풍석 서유구 지음, 임원경제연구소 옮김, 《임원경제지 정조지》1, 199쪽 '근대'를 함께 참조 바람.

2 일명 군달(莙蓬)이다:《本草綱目》卷27〈菜部〉"恭菜", 1646쪽에 보인다.

3 《本草綱目》, 위와 같은 곳.

적근대싹(이상 임원경제연구소, 국립원예특작과학원에서 촬영)

근대(국립원예특작과학원)

운다. 열매가 맺히면 모양이 수유나무열매껍질과 같
으면서 가볍고 속이 비어 있으며 황토색이다. 속에
자잘한 씨가 있다. 뿌리는 백색이다】

棣①, 而輕虛, 土黃色. 內
有細子, 根白色】

---

① 棣 : 저본에는 "秫".《本草綱目·菜部·恭菜》에 근거하여 수정.

2) 심는 시기

봄 2월에 파종하여, 여름 4월에 옮겨 심는다. 채
소밭의 채소들이 말라 죽으면 근대를 먹는다. 원 사
농사《농상집요》[4]

군달은 8월에 심는다. 10월에 휴전을 손질하고
포기를 나누어 옮겨 심는다. 거름물을 자주 준다.
《편민도찬》[5]

근대는 아무 때나 심어도 잘 자라므로, 사계절
언제나 있다.《화한삼재도회》[6]

3) 심기와 가꾸기

군달은 휴전을 만들어 심는데, 무 심는 법과 같
다. 원 사농사《농상집요》[7]

4) 종자 거두기

만일 종자를 내고자 한다면 다 먹지 않고 남겨
둔 근대를 땅이 얼어붙으려고 할 때 뿌리를 캐내어
따뜻한 곳에 보관해 둔다. 이듬해 봄에 싹이 나면
다시 옮겨 심을 수 있다. 여기에서 종자를 거둔다.
원 사농사《농상집요》[8]

時候

春二月種之, 夏四月移栽.
園枯則食. 元司農司《農桑
輯要》

菾蓬, 八月下種. 十月治畦
分栽. 頻用糞水澆之.《便
民圖纂》

菾菜, 不時下種則生, 四
時有之.《和漢三才圖會》

種藝

菾蓬, 作畦下種, 如蘿蔔
法. 元司農司《農桑輯要》

收種

如欲出子, 留食不盡者, 地
凍時出, 于暖處收藏. 來年
春透, 可栽. 收種. 元司農
司《農桑輯要》

4　《農桑輯要》卷5〈瓜菜〉"菾蓬"《農桑輯要校注》, 185~186쪽).
5　《便民圖纂》卷6〈樹藝類〉下"種諸色蔬菜"'甛菜', 62쪽.
6　《和漢三才圖會》卷102〈柔滑菜〉"菾菜"《倭漢三才圖會》12, 166쪽).
7　《農桑輯要》卷5〈瓜菜〉"菾蓬"《農桑輯要校注》, 185쪽).
8　《農桑輯要》卷5〈瓜菜〉"菾蓬"《農桑輯要校注》, 186쪽).

종자를 거두고자 한다면 묵은 그루를 남겨 둔다. 거기에서 줄기가 올라와 백색 꽃을 피우고 씨앗을 맺는다.《화한삼재도회》[9]

欲收種, 遺下古株, 抽莖, 開白花結子.《和漢三才圖會》

---

9 《和漢三才圖會》, 위와 같은 곳.

18. 상추[萵苣, 와거]¹

萵苣

1) 이름과 품종

일명 '와채(萵菜)', '천금채(千金菜)'이다.²

【농정전서(農政全書)³ 거(苣)는 옛 문헌에 거(蕖)라 했다. 《시경》〈소아(小雅)·채기(采芑)〉에 "쓴 나물[芑]을 잠깐 뜯는다."⁴라 했는데, 쓴 나물은 바로 상추 [苣]이다.

名品

一名"萵菜", 一名"千金菜".

【農政全書 苣, 古文作蕖. 《詩·小雅》"薄言采芑"卽苣 也.

상추(《왜한삼재도회》)

상추싹(임원경제연구소, 국립원예특작과학원에서 촬영)

1　상추[萵苣, 와거]: 국화과의 한해살이풀. 기원전 4500년경의 고대 이집트 피라미드 벽화에 작물로 기록되어 있으며, 기원전 550년에 페르시아 왕의 식탁에 올랐다는 기록도 있을 만큼 재배 역사가 오래되었다. 풍석 서유구 지음, 임원경제연구소 옮김, 《임원경제지 정조지》1, 206~207쪽 '상추'를 함께 참조 바람.

2　일명……천금채(千金菜)이다:《本草綱目》卷27〈菜部〉"萵苣", 1661쪽에 보인다.

3　《農政全書》卷28〈樹藝〉"蔬部"'蒿'(《農政全書校注》, 734쪽).

4　쓴……뜯는다:《毛詩正義》卷10〈小雅〉"采芑"(《十三經注疏整理本》5, 750쪽).

매꼬지상추(안완식)

7개월 정도 자란 상추(안철환)

상추는 다음과 같이 3종류가 있다. 백거(白莒), 고거(苦莒), 와거(萵莒)는 모두 삶아서는 안 된다. 그러므로 통틀어 '생채(生菜)'라 한다. 팽승(彭乘)[5]은 "와채(萵菜)는 와국(萵國)[6]으로부터 왔기 때문에 이렇게 이름 붙였다."[7]라 했다】

有三種: 白莒、苦莒、萵莒, 皆不可烹煮, 故通曰"生菜". 彭乘曰: "萵菜, 自萵國來故名."】

5 팽승(彭乘) : 985~1049. 중국 북송 때의 학자. 자는 이건(利建). 익주(益州) 화양(華陽) 사람이다. 저서로 《묵객휘서(墨客揮犀)》가 있다.

6 와국(萵國) : 미상. 이보다 앞선 시기인 북송 시대 사람인 도곡(陶穀, ?~970)의 《청이록(清異錄)》에 "상추[萵莒]는 일명 천금채이다. 와국의 사신이 왔을 때 수나라 사람들이 상추씨앗을 구매하였는데, 비싼 가격에 샀기 때문에 천금채라 이름 붙였다(萵莒, 名千金菜, 萵國使者來, 隋人求得菜種, 酬之甚厚故名)."라는 내용이 보인다[《格致鏡原》卷62〈蔬類〉"萵莒"(《文淵閣四庫全書》1032, 220쪽)]. 한편, 조선 후기의 학자 한치윤(韓致奫, 1765~1814)이 찬술한 《해동역사(海東歷史)》에서는 "전대의 역사서를 두루 상고해 보아도 와국이란 나라가 없으며, 오로지 《당서(唐書)》〈실위열전(室韋列傳)〉에 파와부(婆萵部)가 유성(柳城)의 북쪽에 있다고 하였으니, 이곳이 와국인 듯하다. 그리고 이는 모두 동이족(東夷族)에 속하는 나라여서 잘못 전해져 와국을 고려(高麗)라고 한 것인가? 상고할 수가 없다."라 했다[《海東歷史》卷26〈物産志〉"菜類"'萵莒'(한국고전종합DB)].

7 와채(萵菜)는……붙였다:《본초강목》(위와 같은 곳)에서 팽승의 《묵객휘서(墨客揮犀)》에 나온다고 했으나, 이 책에서는 출전 확인 안 됨.

2) 알맞은 토양

기름진 땅이 가장 좋다.《본초강목》[8]

3) 심는 시기

봄 1월이나 2월에 심으면 항상 먹을 수 있다. 추사일(秋社日, 입추 후 5번째 무일) 1~2일 전에 심은 상추는 상강(霜降, 양력 10월 23·24일경)이 지난 뒤에 절임을 만들 수 있다. 만일 씨앗을 내고자 한다면 1월이나 2월에 심어서 90일 만에 거둔다. 원 사농사《농상집요》[9]

6월에 밭을 간다.《사시찬요(四時纂要)》[10]

2~3월에 겨자[芥]와 같이 심는다. 6월에 씨앗을 거두어 7월에 다시 심는다.《산림경제보》[11]

土宜

最宜肥地.《本草綱目》

時候

春正月、二月種之, 可爲常食. 秋社前一二日種者, 霜降後可爲醃菜. 如欲出種, 正月、二月種之, 九十日收. 元司農司《農桑輯要》

六月耕.《四時纂要》

二三月與芥同種. 六月收子, 更種於七月.《山林經濟補》

상추꽃(안철환)   상추대

---

8 《本草綱目》, 위와 같은 곳.
9 《農桑輯要》卷5〈瓜菜〉"萵苣"(《農桑輯要校注》, 185쪽).
10 《사시찬요 역주》권3〈유월〉"농경과 생활" "가을 아욱 파종하기", 341쪽.
11 출전 확인 안 됨;《山林經濟》卷1〈治圃〉"種萵苣"(《農書》2, 158쪽).

상추는 8~9월에 심어서, 12월에 나누어 옮겨 심는다. 그러면 봄에 일용할 수 있는 채소가 된다. 《화한삼재도회》[12]

萵苣, 八九月下種, 臘月分種. 春月爲日用之菜. 《和漢三才圖會》

4) 종자 고르기

흰 줄기에 잎이 큰 상추가 좋고, 자색 상추는 그보다 못하다. 《사시찬요》[13]

擇種

白莖葉大者佳, 紫者劣. 《四時纂要》

5) 심기와 가꾸기

상추는 다른 채소 심는 법과 같이 휴전을 만들어 심는다. 다만 싹을 틔우기 위해서는 먼저 씨앗을 물에 1일 동안 담갔다가 촉촉한 땅 위에 천을 깔고 그 위에 씨앗을 놓는다. 그런 다음 사발로 덮어 놓는다. 싹이 살짝 돋아나면 심는다. 원 사농사《농상집요》[14]

種藝

萵苣, 作畦下種如他法. 但可生芽, 先用水浸種一日, 于濕地上鋪襯, 置子於上. 以盆椀合之, 候芽微出則種. 元司農司《農桑輯要》

6) 물주기와 거름주기

물 탄 오줌을 자주 주면 날마다 잎이 나온다. 《화한삼재도회》[15]

澆壅[1]

頻灌水尿, 卽逐日生葉. 《和漢三才圖會》

7) 와순(萵筍) 기르는 법

8월에 심는다. 싹이 자라면 휴전을 손질하고 포기를 나누어 옮겨 심는다. 이듬해 잎을 따 내고 바

養萵筍法

八月下種. 待長, 治畦分栽, 來年摘取隨澆, 則中心

---

12 《和漢三才圖會》卷102 〈柔滑菜〉 "萵苣"《倭漢三才圖會》12, 178쪽).

13 《사시찬요 역주》, 위와 같은 곳.

14 《農桑輯要》卷5 〈瓜菜〉 "萵苣"《農桑輯要校注》, 184~185쪽).

15 《和漢三才圖會》, 위와 같은 곳.

[1] 澆壅:오사카본에는 이 내용이 '種藝' 항목에 있었으나 "澆壅" 2자를 보충하여 별도의 항목을 만든 흔적이 있다.

로 물을 주면 상추대가 굵고 커진다. 이것이 바로 와 순이다. 《한정록》16

肥大, 卽萵筍.《閑情錄》

8) 쓰임새

功用

4월에 상추대가 올라오면 껍질을 벗기고 생으로 먹는다. 맛은 오이[胡瓜]와 같고, 술지게미에 절여 먹어도 좋다. 강동(江東)17 사람들은 이 상추대를 소금에 절이고 말렸다가 꾹꾹 눌러 그릇에 채우고서 나라에 바치는 지역 특산물로 갖춘다. 이를 '와순'이라 한다. 《본초강목》18

四月抽薹, 剝皮生食, 味如胡瓜, 糟食亦良. <u>江東人鹽曬壓實以備方物, 謂之"萵筍".</u>《本草綱目》

그 줄기(상추대)는 껍질을 벗겨 식초에 담가 두면 먹을 때 부드럽고 맛있다. 《화한삼재도회》19

其莖, 剝皮漬醋, 食脆美.《和漢三才圖會》②

꽃대 올라온 상추1

꽃대 올라온 상추2(이상 임원경제연구소, 경주시 손곡동에서 촬영)

16 《閑情錄》〈治農〉"習儉"(《農書》1, 111쪽).
17 강동(江東):중국 남쪽에 있는 양자강(揚子江) 동쪽 일대.
18 《本草綱目》, 위와 같은 곳.
19 《和漢三才圖會》, 위와 같은 곳.
② 其莖……圖會:오사카본에는 이 내용을 나중에 보충한 흔적이 있다.

19. 거여목[苜蓿, 목숙]¹

苜蓿

1) 이름과 품종

名品

일명 '목속(木粟)', '광풍초(光風草)'이다.²

一名"木粟", 一名"光風草".

【본초강목】³ 곽박(郭璞)⁴은 '목숙(牧宿)'이라고 했다.⁵ 이는 묵은[宿] 뿌리에서 저절로 나서 소나 말을 먹여 기를[牧] 수 있다는 말이다. 나원(羅願)의 《이아익》에는 '목속(木粟)'이라 했다. 이는 거여목열매[米]로

【本草綱目】郭璞作"牧宿", 謂其宿根自生, 可飼牧牛馬也. 羅願《爾雅翼》作"木粟", 言其米可炊飯也.

개자리

개자리 열매

---

1 거여목[苜蓿, 목숙]:콩과의 두해살이풀. 본래 고대 그리스인들에게 남러시아의 캅카스(Kavkaz) 산맥 동남 일대에서 재배한 말의 사료라고 알려져 있다. 목숙은 그리스어 'Medikai'의 음사이다. 풍석 서유구 지음, 임원경제연구소 옮김, 《임원경제지 정조지》1, 201~202쪽 '거여목'을 함께 참조 바람.
2 일명……광풍초(光風草)이다:《本草綱目》卷27〈菜部〉"苜蓿", 1652쪽에 보인다.
3 《本草綱目》, 위와 같은 곳.
4 곽박(郭璞):227~324. 중국 진(晉)나라의 시인이자 학자. 자는 경순(景純). 중국 고대의 천문지리서인 《산해경(山海經)》에 주석을 달았다. 후한의 풍수학자 청오(靑烏, ?~?)의 《청오경(靑烏經)》을 인용하여 저술한 《금낭경(錦囊經)》은 후대의 지리서에 큰 영향을 미쳤다.
5 곽박(郭璞)은……했다:출전 확인 안 됨.

밥을 지을 수 있다는 말이다.⁶

갈홍(葛洪)⁷의 《서경잡기(西京雜記)》⁸에는 "낙유원(樂遊苑)⁹에는 거여목이 많다. 바람이 그 사이로 불면 항상 쏴아 하는 소리가 난다. 햇볕이 그 꽃을 비추면 광채가 난다. 이 때문에 '회풍(懷風, 바람을 품다)', '광풍(光風, 바람에 광채나다)'이라 이름 붙였다. 무릉(茂陵) 사람들은 '연지초(連枝草)'라 했다."¹⁰라 했다.《금광명경(金光明經)》¹¹에는 '색비력가(塞鼻力迦)'라 했다¹²】

葛洪《西京雜記》云: "樂游苑多苜蓿, 風在其間, 常蕭蕭然. 日照其花, 有光采, 故名'懷風'·'光風', 茂陵人謂之'連枝草'",《金光明經》謂之"塞鼻①力迦"】

---

6 나원(羅願)의……말이다:《爾雅翼》卷8〈釋草〉"苜蓿"(《文淵閣四庫全書》222, 325쪽).

7 갈홍(葛洪):283~343. 중국 동진(東晉)의 사상가. 자는 치천(稚川), 호는 포박자(抱朴子). 불로불사의 술법을 집대성한 사상가. 저서로《포박자(抱朴子)》·《신선전(神仙傳)》이 있다.

8 서경잡기(西京雜記):중국 동진(東晉)의 갈홍(葛洪)이 지은 책. 전한의 천자·후비·유명 인사들의 일화, 궁실의 제도와 풍습, 원지(苑池)·비보(秘寶) 등에 관하여 잡다하게 기록했다. 수도 장안(長安)을 중심으로 지리·풍속·사건·제도, 특히 천자가 상주한 미앙궁(未央宮)과 궁중의 원지인 상림원(上林苑)·곤명지(昆明池) 등의 묘사가 매우 자세하다. 6권. 전한 말의 유흠(劉歆)이 원저자라고도 하나 분명하지는 않다.

9 낙유원(樂遊苑):중국 장안성 동남쪽 승평방(昇平坊) 안에 있던 언덕. 지세가 높아 장안 시내를 조망할 수 있다. 한나라 선제(宣帝) 때 낙유묘(樂遊廟)를 설치하면서 장안 사람들이 명절이나 기념일에 찾는 행락지가 되었다.

10 낙유원(樂遊苑)에는……했다:《西京雜記》卷1(《文淵閣四庫全書》1035, 4쪽).

11 금광명경(金光明經):중국 북량(北涼) 시대(397~439)에 승려 담무찬(曇無讖, Dharmaraksa, 385~443)이 번역한 불교 경전이다.《인왕경(仁王經)》,《법화경(法華經)》과 아울러 '호국삼부경(護國三部經)'으로 불린다. 원명은《금광명최승왕경(金光明最勝王經)》이다.

12 《금광명경(金光明經)》에는……했다:《金光明最勝王經》卷7〈大辯才天女品〉第15-1(趙城金藏本, 50쪽).

① 鼻:《金光明經·大辯才天女品》에는 "畢".

2) 알맞은 토양

토질이 좋고 푹 삶은 땅이 좋다.《제민요술》[13]

土宜

地宜良熟.《齊民要術》

3) 심는 시기

7~8월에 거여목을 심을 수 있다.《사민월령(四民月令)》[14]

7월에 심는다.《제민요술》[15]

時候

七月、八月可種苜蓿.《四民月令》

七月種之.《齊民要術》

4) 심기와 가꾸기

휴전에 심고 물을 주는데, 모두 부추 심는 법과 같다【주 이 역시 1번 잘라 낼 때마다 1번 거름을 준다. 쇠스랑으로 흙을 파서 일으킨 뒤에 물을 준다】.

한지(旱地)에 심을 때는 누차의 발에 강(耩)을 장착하여 2번 땅을 간 다음 두둑을 높고 넓게 한다. 바가지에 구멍을 뚫고 씨앗을 여기에 담아 씨를 심었다가, 고무래[批契][16]를 끌면서 흙을 덮는다.

매년 1월이 되면 마른 잎을 태운다. 땅이 질어지면 바로 두둑을 갈아 쇠스랑으로 긁어 주고[鋤棒] 다

種藝

畦種水澆, 一如韭法【注 亦一剪一上糞. 鐵杷耬土, 令起, 然後下水】.

旱[2]種者, 重耬耩地, 使壟深闊. 竅瓠下子[3], 批契曳之.

每至正月, 燒去枯葉. 地液輒耕壟, 以鐵齒鋤棒鋤棒

---

13 《齊民要術》卷3〈種苜蓿〉第29(《齊民要術校釋》, 224쪽).

14 《사시찬요 역주》권4〈칠월〉"농경과 생활" '거여목 파종하기', 386쪽;《사시찬요 역주》권4〈팔월〉"농경과 생활" '거여목 파종하기', 429쪽;《齊民要術》, 위와 같은 곳.

15 《齊民要術》, 위와 같은 곳.

16 고무래[批契]: 가사협 저, 최덕경 역주,《제민요술 역주(齊民要術譯註)》, 75쪽 주162번에 따르면, "비(批)는 가운데를 쪼개는 것이며, 계(契)는 한쪽은 머리가 크고 한쪽은 머리가 작은 나무 쐐기이다. 묘취위 교석본에서 비계(批契)는 새끼를 허리에 묶어 끌면서 흙을 덮는 기구이다."라 했다[《齊民要術》卷3〈種蔥〉第21(《齊民要術校釋》, 201~202쪽)].

② 旱: 저본에는 "早".《齊民要術·種苜蓿》에 근거하여 수정.

③ 子: 저본에는 "水".《齊民要術·種苜蓿》에 근거하여 수정.

시 괭이[魯斫]¹⁷로 움푹한 곳의 흙을 찍어서 부쉬 주면 몹시 무성해진다【주】그렇게 하지 않으면 여윈다】.

1년에 3번 베어 거둔다. 씨앗을 남겨 둘 경우는 1번 베었으면 그친다. 《제민요술》¹⁸

거여목은 만일 휴전을 만들어 심지 않으면 곧 보리와 섞어서 심어도 무방하다. 《사시유요》¹⁹

거여목 심었던 땅을 태울 때는 12월에 불 지르기를 마친다. 2년에 1번 두둑 밖을 갈아 주어도 뿌리는 시들지 않는다. 《사시유요》²⁰

거여목은 심은 지 7~8년이 지나면 뿌리가 땅에 가득해져 땅도 왕성해지지 못하기 때문에 별도로 다른 곳에 심어야 한다. 뿌리는 또 땔감으로 쓰기에 알맞다. 《농정전서》²¹

여름에 씨앗을 취하여 메밀[蕎麥]과 섞어 심는다. 그러면 메밀을 벨 때쯤 거여목에서 뿌리가 나고, 이듬해에 저절로 거여목의 싹이 난다. 단지 1번 벨 수

之, 更以魯斫劚其科土, 則滋茂矣【注】不爾則瘦】. 一年三刈, 留子者, 一刈則止. 《齊民要術》

苜蓿, 若不作畦種, 卽和麥種之不妨. 《四時類要》

燒苜蓿之地, 十二月燒之訖, 二年一度, 耕壟外, 根卽不衰. 同上

苜蓿, 七八年後, 根滿, 地亦不旺, 宜別種之. 根亦中爲薪. 《農政全書》

夏月取子, 和蕎麥種. 刈蕎時, 苜蓿生根, 明年自生. 止可一刈, 三年後便盛. 每

17 괭이[魯斫]: 가사협 저, 최덕경 역주, 《제민요술 역주》(127쪽, 주312번)에 의하면, 노작(魯斫)의 작(斫)은 괭이[钁, 곽]로서 오늘날 호미로 통칭되는 농구를 의미한다고 했다.

18 《齊民要術》 卷3 〈種苜蓿〉 第29(《齊民要術校釋》, 224쪽).

19 《사시찬요 역주》 권4 〈팔월〉 "농경과 생활" '거여목 파종하기', 429쪽;《農桑輯要》 卷6 〈竹木〉 "苜蓿"(《農桑輯要校注》, 245쪽).

20 《사시찬요 역주》 권5 〈십이월〉 "잡사와 시령불순" '거여목 태우기', 567~568쪽;《農桑輯要》 卷6 〈竹木〉 "苜蓿"(《農桑輯要校注》, 245~246쪽).

21 《農政全書》 卷28 〈樹藝〉 "蔬部" '苜蓿'(《農政全書校注》, 735쪽).

있는데, 3년이 지나면 무성해진다. 해마다 3번 베어 낸다. 종자를 받기 위해 남겨 두려면 1번만 벤다. 6~7년이 지난 뒤에는 다시 개간하여 뿌리를 제거하고 별도로 종자를 심는다.

만약 양절(兩浙)[22] 지방에서 대나무를 심는 법과 같이 심는다면, 묘(畝) 1개마다 금년에 거여목의 뿌리를 반쯤 제거하고 3년이 되면 별도로 나머지 반을 제거한다. 이와 같이 하면서 다시 거여목뿌리를 바뀌게 해 주면 오랫동안 살 수 있으므로, 번거롭게 다시 심을 필요가 없다.

만약 거여목밭을 개간한 뒤, 이듬해에 곡식을 심으면 반드시 2배로 거두게 된다. 여러 해 동안 쌓인 거여목잎이 썩어서 개간한 땅이 더욱 기름지기 때문이다. 그러므로 지금 삼진(三晉)[23] 지방 사람들은 거여목을 3년간 재배했으면 곧바로 개간하여 밭을 만든다. 이는 기름진 땅에 빨리 곡식을 심으려고 해서이다. 《군방보》[24]

歲三刈, 欲留種者, 止一刈. 六七年後, 墾去根, 別用子種.

若傚兩浙種竹法, 每一畝今年半去其根, 至第三年去另一半. 如此更換, 可得長生, 不煩更種.

若墾後, 次年種穀, 必倍收. 爲數年積葉壞爛, 墾地復深, 故今三晉人刈草三年, 卽墾作田, 亟欲肥地種穀也. 《群芳譜》

---

22 양절(兩浙): 중국 전당강(錢塘江) 이남의 절동(浙東)과 이북의 절서(浙西) 지방.
23 삼진(三晉): 중국 춘추 시대 진(晉)나라의 세 대부였던 위사(魏斯)·조적(趙籍)·한건(韓虔)이 세운 위(魏)·조(趙)·한(韓) 세 제후국. 지금의 산서성(山西省)·하남성(河南省)·하북성(河北省) 남쪽 지역 일대이다.
24 《二如亭群芳譜》〈貞部〉"卉譜"1 '苜蓿'(《四庫全書存目叢書補編》80, 812쪽);《廣群芳譜》卷14〈蔬譜〉"苜蓿", 322~323쪽.

5) 쓰임새

초봄에 생으로 먹기에 좋고, 국을 끓이면 매우 향기롭다. 길게 자라면 말먹이로 좋으니, 말이 더욱 좋아한다. 거여목은 특성상 오래 살기 때문에 파종하는 사람이 1번 수고하면 오래도록 편안하게 거두어 먹는다. 도읍(都邑) 성곽 주위의 알맞은 곳에 심는다. 《제민요술》[25]

일반적으로 거여목은 봄에 먹는다. 말린 채소로 만들어 먹으면 사람에게 매우 유익하다. 《사시유요》[26]

功用

春初旣中生噉, 爲羹甚香. 長宜飼馬, 馬尤嗜之. 此物長生, 種者一勞永逸, 都邑負郭所宜種之. 《齊民要術》

凡苜蓿春食, 作乾菜, 至益人. 《四時類要》

---

25 《齊民要術》, 위와 같은 곳.
26 《사시찬요 역주》권5 〈십이월〉 "잠사와 시령불순" '거여목 태우기', 568쪽;《農桑輯要》卷6 〈竹木〉 "苜蓿"(《農桑輯要校注》, 246쪽).

20. 비름[莧, 현]¹

莧

1) 이름과 품종

名品

【비아(埤雅)^{2 3}】비름의 줄기와 잎은 모두 크고 높아서 잘 보인다[見]. 그러므로 글자가 '현(見)'자를 따르니, 지사자(指事字)⁴이다.

【埤雅】莧之莖葉, 皆高大而易見, 故字從見, 指事也.

쇠비름(《삼재도회》)   비름(《왜한삼재도회》)

---

1   비름[莧, 현]:쌍떡잎식물 중식자목 비름과의 한해살이풀. 자생 조건에 크게 구애받지 않고 전국의 들이나 밭에서 쉽게 자란다. 일반적으로 데쳐서 나물로 먹는다. 풍석 서유구 지음, 임원경제연구소 옮김, 《임원경제지 정조지》1, 202~204쪽 '비름'을 함께 참조 바람.

2   비아(埤雅):중국 송나라의 문인 육전(陸佃, 1042~1102)이 저술한 훈고서. 총 20권. 서명은 《이아(爾雅)》를 보충했다는 의미에서 《비아(埤雅)》라고 이름 붙였다.

3   《埤雅》卷17 〈釋草〉"莧"(《文淵閣四庫全書》222, 207쪽).

4   지사자(指事字):육서(六書), 곧 상형(象形)·지사(指事)·회의(會意)·형성(形聲)·전주(轉注)·가차(假借) 중 지사(指事)의 원리로 만들어진 글자. 추상적인 생각이나 뜻을 점이나 선 등으로 부호화했다.

비름싹(임원경제연구소, 국립원예특작과학원에서 촬영)

꿩의비름 전초

촉본초(蜀本草)[5] 비름은 모두 6종으로, 적현(赤莧, 붉은 비름), 백현(白莧, 흰 비름), 인현(人莧, 참비름), 자현(紫莧, 자색 비름), 오색현(五色莧, 5색 비름), 마현(馬莧, 쇠비름)이다. 이중 오직 인현과 백현만 약에 넣을 수 있다.

본초강목[6] 비름은 성숙해지면 사람이 자라듯이 줄기를 뽑아 올린다. 작은 꽃을 피워 이삭이 영근다. 이삭 속에는 자잘한 씨앗이 있다. 씨앗은 납작하고 광택이 나는 흑색으로, 개맨드라미씨앗[靑箱子]이나 맨드라미씨앗[鷄冠子]과 다름이 없다.

세현(細莧, 가는 비름)은 곧 야생비름으로, 북쪽 지방 사람들은 이를 '강현(糠莧)'이라 부른다. 줄기가 부드럽고 잎이 가늘며, 나자마자 씨앗을 맺는다. 맛은 집에서 키운 비름에 비하여 더욱 좋다. 민간에서는 개맨드라미싹을 '계관현(鷄冠莧)'이라 한다】

蜀本草 莧凡六種, 赤莧、白莧、人莧、紫莧、五色莧、馬莧也. 惟人、白二莧入藥.

本草綱目 莧老則抽莖如人長. 開細花成穗, 穗中細子, 扁而光黑, 與靑箱子、鷄冠子無別.

細莧卽野莧也, 北人呼爲"糠莧". 柔莖細葉, 生卽結子. 味比家莧更勝. 俗呼"靑箱苗"爲"鷄冠莧"】

5 출전 확인 안 됨 ;《本草綱目》卷27〈菜部〉"莧", 1653쪽.
6 《本草綱目》卷27〈菜部〉"莧", 1654쪽.

2) 심는 시기

5월에 심어서 채소밭의 채소들이 다 말라죽고 없을 무렵 먹는다. 원 사농사《농상집요》[7]

요즘 사람들 가운데에는 3~4월에 심는 사람도 있다.《왕정농서》[8]

2월 중에 심어서 3월 하순에 옮겨 심는다.《농정전서》[9]

3) 심기와 가꾸기

인현(人莧)은 다른 채소 심는 법처럼 휴전을 만들어 심는다. 원 사농사《농상집요》[10]

3월에 가지를 심은 휴전 옆으로 옮겨 심고, 가지 휴전과 똑같이 물을 뿌려 주면 무성해진다.《농정전서》[11]

4) 종자 거두기

만약 종자를 내고자 한다면 다 먹지 않고 남겨둔 비름에서 8월에 씨앗을 거둔다. 원 사농사《농상

時候[1]

五月種之, 園枯則食. 元司農司《農桑輯要》

今人有三四月種者.《王氏農書》

二月間下種, 三月下旬移栽.《農政全書》

種藝

人莧, 作畦下種如他法. 元司農司《農桑輯要》

三月移栽于茄畦之旁, 同澆灌之則茂.《農政全書》

收種

如欲出種, 留食不盡者, 八月收子. 元司農司《農桑輯

---

7 《農桑輯要》卷5〈瓜菜〉"人莧"(《農桑輯要校注》, 185쪽).
8 《王禎農書》〈百穀譜〉5 "蔬屬" '人莧', 110쪽;《農政全書》卷28〈樹藝〉"蔬部" '莧'(《農政全書校注》, 733쪽).
9 《農政全書》卷28〈樹藝〉"蔬部" '莧'(《農政全書校注》, 733쪽).
10 《農桑輯要》, 위와 같은 곳.
11 《農政全書》, 위와 같은 곳.
[1] 時候 : 오사카본에는 이 항목의 내용을 지운 흔적이 있다.

집요》[12]

要》

5) 쓰임새

비름은 위장을 배부르게 할 수 있어서 사람이 배고픔을 느끼지 않도록 한다. 여름에 줄기와 잎을 밥 위에 덮어 두면 밥이 쉬지 않는다. 여린 줄기와 잎을 데쳐서 겨자즙과 섞어 나물을 만들어 먹으면 사람에게 유익하다.《증보산림경제》[13]

功用

莧能飽腸胃, 令人不思食. 暑月取莖葉, 覆飯上 [2] 則不餿. 煮嫩莖葉, 和芥汁作菜食, 益人.《增補山林經濟》

무성히 자란 비름

꽃대 올라온 비름(이상 임원경제연구소, 경주시 손곡동에서 촬영)

---

12 《農桑輯要》, 위와 같은 곳.
13 《增補山林經濟》卷6〈治圃〉"莧"(《農書》3, 433쪽).
[2] 上 : 저본에는 없음. 《增補山林經濟·治圃·莧》에 근거하여 보충.

21. 고추[番椒, 번초][1]

番椒

1) 이름과 품종

名品

【<u>농정전서</u>[2] 고추열매는 마치 몽당붓의 끝과 같고, 홍색이어서 볼 만하다.

【<u>農政全書</u>】 子如禿筆頭, 色紅可觀.

번초(《왜한삼재도회》)

---

1 고추[番椒, 번초]: 쌍떡잎식물 통화식물목 가지과의 한해살이풀. 열대성 식물로, 늦봄부터 여름에 걸쳐 재배하는 대표적인 양념 재료이다. 열대지역에서는 여러해살이풀이지만, 우리나라에서는 겨울을 나지 못하므로 한해살이풀처럼 기른다. 풍석 서유구 지음, 임원경제연구소 옮김, 《임원경제지 정조지》1, 188쪽 '고추'를 함께 참조 바람. 중국과 우리나라의 고문헌에 나오는 "초(椒)"는 "촉초(蜀椒)", "진초(秦椒)", "단초(丹椒)", "대초(大椒)", "호초(胡椒)" 등으로 다양하다. 1400년대에 작성된《유합(類合)》과 1527년 최세진(崔世珍, 1468~1542)이 편저한《훈몽자회(訓蒙字會)》에는 椒를 "고쵸"라고 훈을 달았는데, 이를 비롯한 여러 가지 역사자료를 통해서 임진왜란 이전에도 우리나라에 고추가 있었으며, 임진왜란 이후에 들어온 고추는 "번초(番椒)"라는 새로운 품종이라는 견해도 있다. 권대영·정경란·양혜정·장대자 지음, 《고추이야기》, 도서출판 효일, 2011, 38쪽 등을 참조 바람.
2 《農政全書》卷38〈種植〉"木部"'椒'(《農政全書校注》, 1053쪽).

고추싹(국립원예특작과학원에서 촬영)

옮겨 심은 고추모종

고추열매

고추(이상 임원경제연구소, 파주시 월롱면 덕은리에서 촬영)

화한삼재도회 [3] 고추는 남만(南蠻)[4]에서 나왔다. 명나라 말엽에야 비로소 중국에 들어왔기 때문에 《본초강목》에 실리지 않았다. 잎은 버들잎과 비슷하지만 그보다 작고, 또 후추나무잎과도 비슷하지만 그보다 부드럽다. 떨기지어 나며 가지가 연하다. 곳곳에 옮겨 심는다.

5월에 백색의 작은 꽃을 피워 고추열매를 맺는

和漢三才圖會 番椒出於南蠻. 大明末, 始入中國, 故《本草綱目》不載. 葉如柳而小, 亦似胡椒葉而柔. 叢生枝脆, 處處栽之.

五月開小白花結子. 有數

---

3 《和漢三才圖會》卷89〈味果類〉"番椒"(《倭漢三才圖會》10, 473~474쪽).
4 남만(南蠻) : 중국 남부에 거주하던 부족의 호칭. 중국의 역대 왕조가 남방 민족을 낮잡아 일컫던 말이다. 주로 유구(琉球)·섬라(暹羅) 등을 가리킨다.

다. 몇 가지 품종이 있는데, 열매의 모양이 붓의 끝과 같거나 몽치[椎子]와 같거나 앵두와 같거나 갈매[椑柿]와 같거나, 떨기지어 나거나 위로 열매가 맺히기도 한다.

풋고추는 청색이었다가 익으면 적색이 된다. 간혹 황적색이 되기도 한다. 고추씨앗은 가지[茄子]씨앗과 같다. 씨앗이 몹시 맵기 때문에 입술과 혀를 얼얼하게 하여 목구멍이 아프기도 하다. 불을 만나면 더욱 매워진다.

[안] 본래 남만(南蠻)에서 나왔기 때문에 일명 '남초(南椒)'이고, 그 맛이 맵기 때문에 민간에서 '고초(苦椒)'라 한다】

品, 如筆頭, 如椎子, 如櫻桃, 如椑柿, 或攢生, 或向上.

生靑熟赤, 或黃赤色. 子如茄子仁, 甚辣, 麻唇舌 ① 或嚘, 得火則愈烈.

[按] 以其本出南蠻, 故一名 "南椒"; 以其味辣, 故俗稱 "苦椒"】

---

① 舌 : 저본에는 없음. 《和漢三才圖會·味果類·番椒》에 근거하여 보충.

2) 알맞은 토양

마른 땅이 좋다. 《산림경제보》[5]

土宜

宜燥土.《山林經濟補》

3) 심는 시기

2월에 심어서 4~5월에 비가 내리면 옮겨 심는다. 바람이 잘 부는 곳에 재배하면 열매가 무성해진다. 《산림경제보》[6]

時候

二月下種, 四五月間遇雨, 移栽. 當風處, 實繁.《山林經濟補》

4) 심기와 가꾸기

민간에서는 "고추는 열매를 맺지 않는 꽃이 없다."라 했으니, 꽃 1송이마다 반드시 열매 1개를 맺는다는 뜻이다. 그러나 본성이 습기를 가장 꺼린다. 만일 습지에 심었다가 장마를 만나 물이 고이거나 잠기게 되면 꽃마다 모두 쓸모가 없어져 열매를 맺지 못하게 된다.

이 때문에 오늘날 서울에서 고추 농사를 짓는 노련한 채소농부는 반드시 땅을 갈아 큰 두둑을 먼저 만든다. 큰 두둑 위에 다시 여러 개의 작은 두둑을 가로 방향으로 만든다. 이때 작은 두둑의 높이는 0.5~0.6척 정도 되게 한다. 그런 다음 작은 두둑 위에 고추를 심는다. 이는 대개 습함을 멀리하고자 해서이다. 《행포지》[7]

種藝

俗謂"番椒無浪花", 謂一花必結一實 ②也. 然性最忌濕, 苟種之濕地, 遇潦淳淹, 則花花皆浪, 不曾結子.

故今都下老圃之業此者, 必耕地作大壟, 復於大壟上橫 ③作衆小壟, 令高五六寸, 而種于小壟之上, 蓋欲其遠濕也.《杏蒲志》

---

5 출전 확인 안 됨;《山林經濟》卷1〈治圃〉"種南椒"(《農書》2, 162쪽).
6 출전 확인 안 됨;《山林經濟》, 위와 같은 곳.
7 《杏蒲志》卷3〈種蕃椒〉(《農書》36, 161쪽).
② 實:《杏蒲志·種蕃椒》에는 "子".
③ 橫 : 저본에는 없음.《杏蒲志·種蕃椒》에 근거하여 보충.

5) 쓰임새

고추열매는 맛이 매워 위장을 열고 입맛을 돋운다. 간혹 채소와 섞어 김치를 담그거나 가루 낸 뒤 장을 담그기도 한다. 그리하여 오늘날 일상생활에서 빠뜨릴 수 없는 채소가 되었다.《행포지》[8]

功用

其子味辣, 開胃進食. 或和菜沈菹, 或屑之醃醬. 今爲日用不可闕之菜.《杏蒲志》

---

8 《杏蒲志》卷3〈種蕃椒〉(《農書》36, 162쪽).

22. 양하(蘘荷)¹

蘘荷

1) 이름과 품종

名品

일명 '복저(覆菹)', '가초(嘉草)'이다.²

一名"覆菹", 一名"嘉草".

【본초강목】³ 복저(覆菹)는 허신(許愼)⁴의 《설문해자(說文解字)》에는 '복저(葍苴)'라 했고⁵, 사마상여(司馬

【本草綱目】 覆菹①, 許氏 《說文》作"葍苴②", 司馬相

백양하《본초도경》

양하잎

---

1 양하(蘘荷): 생강과의 여러해살이풀. 8~10월에 노란 꽃이 이삭과 같은 모양으로 피고, 열매는 자라면서 열매 속이 여러 칸으로 나뉘어져서 각 칸 속에 많은 종자가 들어 있는 구조를 띤다. 원산지는 열대 아시아로, 남쪽 지방에서 잘 자란다.

2 일명……가초(嘉草)이다:《本草綱目》卷15〈草部〉"蘘荷", 1006쪽에 보인다.

3 《本草綱目》, 위와 같은 곳.

4 허신(許愼):30~124. 중국 후한의 학자. 자는 숙중(叔重). 남각좨주(南閣祭酒)를 역임하였고, 젊어서 널리 경적(經籍)을 통달하였다. 저서에《설문해자(說文解字)》14편과《오경이의(五經異義)》가 있다.

5 허신(許愼)의……했고:《說文解字》卷2〈一篇下〉"草部 "蘘《說文解字注》, 24쪽).

① 菹: 저본에는 "苴".《本草綱目·草部·蘘荷》·《史記·司馬相如列傳》에 근거하여 수정.

② 苴:《說文解字·艸部·蘘》에는 "菹".

양하(국립원예특작과학원)

相如[6]의 〈상림부(上林賦)〉에는 '박저(猼苴)'라 했다.[7]

도경본초(圖經本草) [8] 잎은 파초[甘蕉]와 비슷하다. 뿌리는 생강과 비슷하지만 그보다 통통하다. 양하잎은 겨울에 마르지만, 뿌리는 절임을 만들 수 있다.

농정전서 [9] 양하는 파초와 매우 비슷하다. 파초는 열매를 맺는 데 비해, 양하는 열매를 맺지 않는다. 때때로 꽃을 피워 그 속에 단 즙[甘露]을 함유하기 때문에 또 '감로자(甘露子)'라 이름 붙였다. 하지만 이것이 덩굴져 자라는 감로자는 아니다. 지금 영북(嶺北)[10] 지방 민가에서 심는 파초는 모두 양하일 뿐이다】

如《上林賦》作"猼苴③".

圖經本草 葉似甘蕉. 根似薑④而肥. 其葉冬枯, 根堪爲葅.

農政全書 蘘荷絕似芭蕉. 芭蕉結子, 此不結子. 有時開花, 承甘露, 故又名"甘露子", 非蔓生之甘露也. 今嶺北人家所種蕉, 皆蘘荷耳】

---

6 사마상여(司馬相如) : BC.179~BC.117. 중국 전한 시대의 문인. 자는 장경(長卿). 사부(辭賦)를 잘 지었으며, 문체가 화려한 것으로 유명했다. 후육조(後六朝)의 문인들이 그를 많이 모방했다. 저서에 《자허부(子虛賦)》 등이 있다.

7 사마상여(司馬相如)의……했다 : 출전 확인 안 됨 ; 《史記》 卷117 〈司馬相如列傳〉 第57, 3004쪽.

8 《圖經本草》 卷17 〈菜部〉 "白蘘荷"(《本草圖經》, 578쪽).

9 《農政全書》 卷28 〈樹藝〉 "蔬部" '蘘荷'(《農政全書校注》, 738쪽).

10 영북(嶺北) : 막북(漠北)과 같다. 내몽고 북부와 고비사막 이북 지역인 현재의 외몽골 지방이다.

③ 苴 : 《本草綱目·草部·蘘荷》·《史記·司馬相如列傳》에는 "且".

④ 薑 : 저본에는 "薑牙". 《圖經本草·菜部·白蘘荷》에 근거하여 삭제.

2) 알맞은 토양

양하는 나무그늘 아래에 심어야 한다. 《제민
요술》[11]

土宜

蘘荷宜在樹陰下.《齊民要
術》

본성이 그늘을 좋아하여 나무 아래에서 생장해
야 더욱 좋다.

반악(潘岳)의 〈한거부(閑居賦)〉[12]에 "양하는 그늘
의지하고, 콩은 햇볕 향하네."[13]라 했으니, 이것이
다. 《도경본초》[14]

性好陰, 在木下生尤美.

潘岳《閑居賦》云"蘘荷依
陰, 時[5]藿向陽"是也.《圖
經本草》

3) 심기와 가꾸기

2월에 심는다. 1번 심으면 영원히 자라며, 또 김
매 줄 필요가 없다. 거름 약간을 얹고 흙으로 그 위
를 덮어 주어야 한다. 8월초에는 그 싹을 밟아서 죽
인다【주 싹을 밟아 주지 않으면 뿌리가 번성하지
못한다】.

9월 중에는 옆으로 자란 뿌리를 잘라 절임을 만
든다. 또한 장 속에 담가 두어도 된다. 10월말에는 조
[穀]나 맥류의 겨로 덮어 주었다가【주 덮어 주지 않으
면 얼어 죽는다】, 2월에 쓸어 낸다. 《제민요술》[15]

種藝

二月種之. 一種永生, 亦不
須鋤. 微須加糞, 以土覆
其上. 八月初, 踏其苗令死
【注 不踏則根不滋潤】.

九月中, 取旁生根爲葅, 亦
可醬中藏之. 十月終, 以穀、
麥糠覆之【注 不覆則凍死】,
二月掃去之[6].《齊民要術》

---

11 《齊民要術》卷3〈種蘘荷芹蘆〉第28(《齊民要術校釋》, 220쪽).
12 한거부(閑居賦) : 중국 서진 때의 문인 반악(潘岳)의 작품. 《예기(禮記)》의 편명인 '중니한거(仲尼閑居)'의
   뜻을 취했다. 반악이 50세 때 장안령(長安令)으로 옮겼다가 박사로 제수되자 벼슬을 버리고 전원으로 돌
   아가 관직 생활을 탄식하며 이 작품을 지었다.
13 양하는……향하네 : 출전 확인 안 됨;《爾雅翼》卷7〈釋草〉"蘘荷"(《文淵閣四庫全書》222, 316쪽).
14 《圖經本草》, 위와 같은 곳.
15 《齊民要術》, 위와 같은 곳.
⑤ 時 : 저본에는 "葵".《圖經本草·菜部·白蘘荷》에 근거하여 수정.
⑥ 二月掃去之 :《齊民要術·種蘘荷芹蘆》에는 소주(小註)로 적혀 있다.

4) 보관하기

종름(宗懍)[16]의 《형초세시기(荊楚歲時記)》[17]에는 "11월에 소금으로 양하를 저장하여 겨울 저장채소[冬儲]를 갖추고, 또 벌레를 예방한다."[18]라 했다. 사유(史游)[19]의 《급취편(急就篇)》[20]에 "양하는 겨울에 저장을 했다."[21]라 했다. 그러니 이 같은 보관법은 그 유래가 오래되었다. 《도경본초》[22]

收藏

宗懍《荊楚歲時記》云: "仲冬以鹽藏蘘荷, 用備冬儲, 又以防蠱." 史游《急就篇》云: "蘘荷冬日藏." 其來遠矣.《圖經本草》

5) 쓰임새

적색과 백색 2종이 있다. 백양하(白蘘荷)는 약에 넣는다. 적양하(赤蘘荷)는 먹기에 좋아 매실과자[梅果]를 만들 때 재료로 많이 쓴다. 《도경본초》[23]

功用

有赤、白二種. 白者入藥, 赤者堪噉, 及作梅果, 多用之.《圖經本草》

---

16 종름(宗懍): 502~565. 중국 남조(南朝) 때 사람, 자는 원름(元懍). 강릉(江陵)에 대대로 살았으며, 양(梁) 무제(武帝) 보통(普通) 6년(525)에 수재(秀才)로 천거되어 벼슬에 올랐다. 병부상서와 이부상서에 올랐으며, 거기대장군(車騎大將軍)에 임명되었다. 대표적인 저서는 《형초세시기》이다.

17 형초세시기(荊楚歲時記): 중국 남조(南朝)의 종름(宗懍, 502~565)이 양나라 땅인 형주(荊州, 춘추전국시대 초나라가 있던 지역)의 풍속과 고사에 대해 기록한 《형초기(荊楚記)》에 수(隋)나라 두공섬(杜公瞻, ?~?)이 주를 더하여 지은 책.

18 11월에……예방한다: 《荊楚歲時記》《文淵閣四庫全書》589, 25쪽).

19 사유(史游): ?~?. 중국 한나라 원제(元帝) 때 황문령(黃門令)을 지낸 인물이다. 행적은 미상이다. 자학(字學)과 서법(書法)에 밝았으며, BC40년에 초학 교재인 《급취편》을 저술하였다.

20 급취편(急就篇): 중국 한나라의 서예가 사유(史游)가 편찬한 문자 교본. 당시의 사용 한자 약 1,900자를 31장으로 나누고, 물명(物名)과 인명 등을 3자구(字句) 또는 7자구로 배열한 후 각운(脚韻)을 달아 암송하기 편리하게 만들었다. 《급취장(急就章)》이라고도 한다.

21 양하는……했다: 《急就篇》卷2(《文淵閣四庫全書》223, 26쪽).

22 《圖經本草》, 위와 같은 곳.

23 《圖經本草》卷17〈菜部〉"白蘘荷"(《本草圖經》, 579쪽).

23. 고수(고수풀)[胡荽, 호수]¹

胡荽

1) 이름과 품종

일명 '원수(蒝荽)', '향수(香荽)'이다.²

【본초강목³《설문해자》에는 '준(葰)'이라 되어 있고, "생강의 종류이니 입을 향기롭게 해 준다."⁴라 했다. 줄기는 부드럽고 잎은 가늘며, 뿌리에는 수염이 많아 텁수룩하다[綏綏然].

장건(張騫)이 서역에 사신으로 가서 처음으로 종

名品

一名"蒝荽", 一名"香荽".

【本草綱目 按《說文》作葰, 云: "薑屬, 可以香口也." 其莖柔葉細, 而根多鬚綏綏然也.

張騫使西域, 始得種歸,

고수(《왜한삼재도회》)

고수싹(임원경제연구소, 국립원예특작과학원에서 촬영)

---

1 고수(고수풀)[胡荽, 호수] : 쌍떡잎식물 산형화목 미나리과의 한해살이풀. 향유(香荽)라고도 한다. 풍석 서유구 지음, 임원경제연구소 옮김, 《임원경제지 정조지》1, 193~195쪽 '고수풀'을 함께 참조 바람.

2 일명……향수(香荽)이다 : 《本草綱目》卷26〈菜部〉"胡荽", 1630쪽에 보인다.

3 《本草綱目》, 위와 같은 곳.

4 《설문해자》에는……준다 : 《說文解字》卷2〈一篇下〉"草部" '葰'(《說文解字注》, 25쪽); 《通雅》卷2〈疑始〉(《文淵閣四庫全書》857, 92쪽).

고수(임원경제연구소, 국립원예특작과학원에서 촬영)　　　　　　고수(고수풀)

자를 얻어 돌아왔기 때문에 역시 '호수(胡荽)'라 이름 붙였다. 민간에서는 '원수(蒝荽)'라 한다. 원(蒝)은 곧 줄기와 잎이 펴져 흩어진 모양이다.

처음 싹이 날 때엔 줄기가 부드럽고 잎이 둥글며, 잎에는 꽃가지가 있다. 뿌리는 부드러우면서 희다. 겨울과 봄에 채취한다. 향기롭고 맛이 좋아 먹을 수 있다. 도가(道家)에서는 오훈채(五葷菜)[5]의 하나로 친다.

입하(立夏, 양력 5월 5·6일경)가 지난 뒤에 자잘한 꽃들이 미나리[芹菜]꽃처럼 떨기 지어 핀다. 꽃은 옅은 자색이다. 씨는 대마[麻, 삼]씨앗과 같고, 역시 매운 향기가 난다】

故亦名"胡荽". 俗呼爲"蒝荽", 蒝卽莖葉布散之貌也.

初生柔莖圓葉, 葉有花岐, 根軟而白. 冬春采之, 香美可食. 道家五葷之一也.

立夏後開細花成簇如芹菜花, 紫淡色. 子如大麻子, 亦辛香】[1]

5　오훈채(五葷菜) : 매운 향과 맛이 나는 다섯 가지 채소를 말한다. 마늘, 부추, 파, 달래 그리고 여기에 소개한 고수이다. 문헌에 따라 유채(油菜)나 무릇[興蕖, 홍거]을 넣기도 한다.

[1] 辛香 : 오사카본에는 이 아래에 "본초습유 석륵은 호(胡)자를 피휘했다. 그래서 병주(幷州)·분주(汾州)의 사람들은 호수(胡荽)를 향수(香荽)라고 불렀다(本草拾遺 石勒諱胡, 故幷·汾人呼爲香荽)."라는 내용을 적었다가 지운 흔적이 있다.

2) 알맞은 토양

고수는 흑색이고 연하며 푸르스름한 빛을 띠는 좋은 모래흙땅이 좋다【주 나무 그늘 아래가 좋고, 조[禾]나 콩을 심을 수 있는 땅도 좋다】.《제민요술》6

土宜

胡荽宜黑輭靑沙良地【注
樹陰下得②, 禾、豆處亦
得】.《齊民要術》

3) 심는 시기

고수는 반드시 그믐날 오후에 심어야 한다.《박문록》7

時候

胡荽必於月晦日晚下種.
《博聞錄》

---

6 《齊民要術》卷3〈種胡荽〉第24(《齊民要術校釋》, 207쪽).
7 출전 확인 안 됨;《齊民要術》, 위와 같은 곳.
② 得 : 저본에는 "不得".《齊民要術·種胡荽》에 근거하여 수정.

4) 심기와 가꾸기

푹 삶기도록 3차례 밭을 간다. 봄에 심으려면 가을에 갈아 놓은 땅을 쓴다. 봄에 얼음이 풀리고 땅이 부풀어 올라오면서 습기가 있을 때 습기를 머금은 채로 급히 심는다.

심는 법: 시장이 가까운 성읍(城邑) 근교의 밭에는 1묘(畝)당 씨앗 2승을 특별히[故][8] 배게 심는다. 이를 점차 김매 주고 솎아서 팔거나 생채소로 먹는다. 성읍에서 멀리 떨어진 외지의 농장으로, 시장이 없는 곳에서는 1묘당 씨앗 1승을 심으면 성글고 밴 정도가 꼭 알맞다.

6~7월에 심기도 한다. 먼저 햇볕에 바싹 말린 다음, 심으려고 할 때 씨앗을 단단한 땅에 펼쳐 놓는다. 이때 씨앗 1승에 촉촉한 흙 한 줌을 섞은 다음 발로 비벼 깨트림으로써 씨방을 2조각으로 나눈다.

【주】 많이 심을 때는 벽돌이나 와기로 비벼도 좋고, 토매[木礱, 목롱][9]로 찧어도 좋다. 씨앗에 속씨 2개가 있고, 속씨마다 각각 씨방에 붙어 있다. 그러므로 만일 씨방을 깨트려서 2조각으로 만들지 않으면 싹 나올 구멍이 막힌 상태로[疏密][10] 물에 젖으면서 싹이 나지 못한다.

種藝

三徧熟耕. 春種者, 用秋耕地. 開春凍解地起, 有潤澤時, 急接澤種之.

種法: 近市負郭田, 一畝用子二升, 故穊種, 漸鋤取, 賣供生菜也. 外舍無市之處, 一畝用子一升, 疏密正好.

六七月種. 先燥曬, 欲種時, 布子於堅地, 一升與一掬濕土和之, 以脚搓令破, 作兩段.

【注】 多種者, 以磚瓦搓之亦得, 以木礱礱之亦得. 子有兩仁, 仁仁各著, 故不破兩段, 則疏密水裹而不生.

---

8   특별히[故]: 원문의 고(故)가 특별히[特爲]의 의미라는 《齊民要術校釋》(209쪽, 주3번)의 해설을 반영했다.

9   토매[木礱, 목롱]: 곡식을 갈아서 껍질을 벗기는 기구. 《임원경제지 본리지》권11 〈그림으로 보는 농사 연장〉(하) '찧기 기구와 고르기 기구' '토매'에 자세히 나온다.

10 싹……상태로[疏密]: 원문의 "소밀(疏密)"을 옮긴 것이다. 글자 그대로 풀어 "싹이 성글게 나거나 배게 난다."는 식으로 풀면 의미가 통하지 않는다. "疏密"을 "면밀(綿密, 치밀하게 달힘)"의 오류로 판단한 《齊民要術校釋》(208쪽 주④번)을 반영하여 이같이 옮겼다.

씨방에 흙을 묻혀 흙이 씨방 속으로 들어가게 해 주면 싹이 금방 나면서 성장도 빠르다. 심을 때에는 씨앗을 건조하게 해 주어야 한다. 이 채소는 비가 아니면 싹이 나지 않기 때문에 습한 땅을 필요로 하지 않는다[11]】

着土者, 令土③入殼中, 則 生疾而長速. 種時欲燥, 此菜非雨不生, 所以不求濕 下也】

---

11 이……않는다：가사협 저, 최덕경 역주, 《제민요술 역주》(90쪽, 주203번)에 따르면, 원문의 "비우불생(非 雨不生)"은 "축축한 땅에 파종할 필요가 없다."는 뜻을 가리킨다고 했다. 앞 구절에서 "파종할 때는 건조해 야 한다."라는 내용과 상반되기 때문에 상세히 설명하였다. 앞의 경우에는 마른 종자를 파종하는 것이고, 여기에서는 굳이 종자를 담가 축축한 땅에 파종할 필요가 없음을 가리킨다.
③ 土：《齊民要術·種胡荽》에는 "注".

토매《본리지》

木
礱

목롱(《천공개물》)

아침이나 저녁에 공기의 습도가 높을 때 누차[耬] 의 발에 강(耩)을 장착하여 땅을 갈고 두둑을 만든 다. 여기에 손으로 씨앗을 뿌려 준 뒤, 바로 로(勞)질 하여 땅을 평평하게 해 준다.

【주】봄비는 기약하기 어렵기 때문에 반드시 못 을 의지해야 한다. 우물쭈물하다가 파종할 기회를 놓치면 안 된다. 땅이 1월 중에 녹으면 이때는 절기 가 너무 일러서 비록 종자를 물에 담그더라도 싹이 나지 않는다. 이때는 다만 씨앗이 건조한 상태로 심 어야지 씨앗을 물에 담가서 파종해서는 안 된다. 땅 이 2월이 되어야 비로소 다 녹으면 시기가 조금 늦 다. 그렇기 때문에 습기가 적어져서 제때 싹이 나 지 않으면 한해 농사를 망치게 될까 걱정된다. 이때 는 곧 따뜻한 곳에서 고수씨앗을 대그릇에 담아 1일 에 3번 물을 뿌려 준다. 이렇게 2~3일이면 싹이 난 다. 아침저녁으로 촉촉한 곳에 흩뿌려 던져 두면 며 칠이 지난 뒤 모두 싹이 나올 것이다. 이는 대체로 삼 심는 법과 비슷하다. 가령 10~20일 지난 뒤에도 싹 이 나오지 않더라도 이상하게 생각하지 않아도 되니, 저절로 나올 것이다. 풀이 있으면 바로 뽑아 준다】

고수가 0.2~0.3척 자라면 배게 자란 고수를 솎 아 내어 반찬으로 올리거나 시장에 판다.

10월에 서리가 충분히 내려야 거둔다.

씨앗을 취하려면 그대로 뿌리를 남겨 두고, 다만 중간을 솎아 주어 드문드문 남겨 둔다【주】배면 씨 앗이 잘 생기지 않는다】. 그리고 풀로 그 위를 덮어 준다【주】풀로 덮어 주면 고수를 반찬으로 올릴 수

於朝暮潤時, 以耬耩作壟, 以手散子, 卽勞令平.

【注】春雨難期, 必須藉澤, 蹉跎失機則不得矣. 地正 月中凍解者, 時節旣早, 雖 浸, 芽不生, 但燥種之, 不 須浸子. 地若二月始解者, 歲月稍晚, 恐澤少, 不時 生, 失歲計矣. 便於暖處籠 盛胡荽子, 一日三度以水沃 之, 二三日則芽生, 于朝暮 時接潤漫擲之, 數日悉出 矣. 大體與種麻相似. 假 令十日、二十日未出者, 亦 勿怪之, 尋自當出. 有草, 乃令拔之】

苗生二三寸, 鋤去穊者, 供 食及賣.

十月足霜, 乃收之.

取子者, 仍留根, 間拔令稀 【注】穊卽不生】. 以草覆上 【注】覆者得供生食, 又不 凍死】.

있고, 또한 서리에 얼어 죽지 않는다】.

이듬해 5월에 씨앗이 여물면 뽑아서 햇볕에 쬐어 말린다【주 습하게 해서는 안 된다. 습하면 씨가 물기에 젖어서 문드러진다】. 도리깨로 타작을 하여 씨앗을 받은 다음 둥구미[蒿篅]¹²를 만들어 여기에 담아 둔다. 겨울에는 또한 움에 넣어 저장해 두었다가 여름이 되면 다시 꺼낸다. 다만 습하지 않아야 또한 5~6년을 저장할 수 있다.

及五月子熟, 拔取曝乾【注 勿使令濕, 濕則裛鬱】, 格柯打出, 作蒿篅盛之. 冬月亦得入窖, 夏還出之. 但不濕, 亦得五六年停.

1묘당 씨앗 10석(石)을 거둔다. 도읍에 내다 팔면 1석당 비단 1필을 받을 수 있다.

一畝收十石, 都邑糶賣, 石堪一疋絹.

만약 땅이 부드럽고 좋으면 굳이 거듭 밭을 갈아 개간할 필요가 없다. 씨앗이 익었을 때 좋은 씨앗이 조금 떨어지기를 기다린다. 그러한 뒤에 고수그루를 뽑고, 땅을 1차례 깊고 꼼꼼히 김매 주기만 한 다음 로질하여 땅을 평평하게 해 준다. 6월에 장맛비가 연달아 내릴 때, 떨어진 종자[穭]¹³【주 '穭'의 음은 려(呂)이다】가 저절로 나서 땅을 가득 채우면 밭을 갈아서 심는 수고를 덜어 준다.

若地柔良, 不須重加耕墾者, 於子熟時好子稍有零落者, 然後拔取, 直深細鋤地一遍, 勞令平. 六月連雨時, 穭⁴【注 音呂】生者亦尋滿地, 省耕種之勞.

가을에 심은 고수가 이듬해 5월에 씨앗이 익으면 뽑아내고 급히 밭을 갈아 준다. 10여 일이 지난 뒤에 또 1번 갈아 주고, 6월에 다시 1번 갈아 준다. 이렇게 하여 마치 삼밭처럼 흙을 고르게 푹 삶는다.

秋種者, 五月子熟, 拔去急耕. 十餘日又一轉, 入六月, 又一轉, 令好調熟如麻地.

---

12 둥구미[蒿篅] : 원문의 "호(蒿)"를 "고(藁)"의 잘못이라 한 견해를 따라 옮겼다(가사협 저, 최덕경 역주, 《제민요술 역주》, 93쪽 주210 참조). 둥구미는 짚으로 둥글고 울이 깊게 걸어 만든 그릇이다.

13 떨어진 종자[穭] : 원문의 "여(穭)"는 곡식 따위가 남긴 종자로, 환경과 기후에 따라서 저절로 나는 것을 의미한다.

④ 穭 : 저본에는 "櫓". 《齊民要術·種胡荽》에 근거하여 수정.

이어서 곧 6월에 가물 때 누차[耬]의 발에 강(耩)을 장착하여 땅을 갈고 두둑을 만든다. 씨앗을 발로 비벼 껍질을 깨뜨린 다음 손으로 뿌리고, 다시 로질하여 땅을 평평하게 해 준다. 이는 봄에 심는 법과 모두 같다. 다만 이미 가물 때 심었으므로, 봄에 파종하는 법과 다르게 습도가 높은 상태에서 누차를 굳이 쓸 필요가 없다.

即於六月中旱時, 耬構作壟, 蹉子令破, 手散, 還勞令平, 一同春法. 但既是旱種, 不須耬潤.

이 채소는 가물 때 심더라도 장맛비를 맞지 않으면 싹이 나지 못한다. 이 때문에 봄에 심는 경우와 다르게 반드시 촉촉한 땅에 심어야 한다.[14] 이와 같이 심은 뒤에도 장맛비를 맞지 못하면 비록 1개월 동안 싹이 나지 않더라도 이상하지 않다. 맥류를 수확한 뒤 그루갈이를 한 땅에 심어도 좋다. 이때는 다만 밭을 급히 고르게 푹 삶아 주어야 한다.

此菜旱種, 非連雨不生. 所以不同春月要求濕下. 種後, 未遇連雨, 雖一月不生, 亦勿怪. 麥底地亦得種, 止須急耕調熟.

비록 '가을 파종[秋種]'이라 이름 붙이기는 했지만 심는 시기는 6월이다. 6월에는 장맛비가 내리지 않는 경우가 없기 때문에 연일 내리는 비를 맞아 싹이 나면 뿌리가 튼튼하고 포기가 크다. 7월에 심을 경우에는 비가 많이 내리면 또한 좋다. 하지만 비가 적게 내리면 싹이 온전하게 나지 못하기 때문에 다만 뿌리가 가늘고 포기가 작아져서 6월에 심은 경우와 다르다. 그러면 손실이 10배가 될 것이다.

雖名"秋種", 會在六月. 六月中無不霖, 遇連雨生, 則根強科大. 七月種者, 雨多亦得, 雨少則生不盡, 但根細科小, 不同六月種者, 便十倍失矣.

【농정전서】[15] 휴전에 심어 물을 주는데, 하필 장

【農政全書】畦種水澆, 何

---

14 이 채소는……한다 : 이 두 문장은 앞 단락의 끝 문장과 상반되는 의미라서, 그 끝 문장의 주석의 내용이 본문으로 잘못 편집되었다는 견해도 있다(《齊民要術校釋》, 211쪽 주④ 참조).

15 《農政全書》卷28〈樹藝〉"蔬部"'蕳蒡'(《農政全書校注》, 730쪽).

맛비를 기다릴 것이 있는가? 그리고 비가 온다고 보장할 수 있는가】

대체로 습한 땅에 심지 않는다. 싹이 몇 촌(寸)으로 자라면 배게 자란 고수를 솎아 내어 반찬으로 올리거나 시장에 판다.

절임을 담글 경우에는 10월에 서리가 충분히 내려야 거둔다. 1묘당 수레 2대의 양을 거두는데, 1대당 값이 비단 3필이다.

만약 남겨 두어 겨울에 먹으려면 풀로 덮어 주어야 겨울이 끝나도록 먹을 수 있다.

봄에 약간을 심어서 반찬으로 먹으려면 휴전에 심어야 좋다. 휴전에 심는 법은 모두 아욱 심는 법과 같다. 씨앗을 손으로 비벼 씨방을 2조각 내고 물을 주면 싹이 난다. 이것을 심는다【주 낮에는 발[箔]로 덮어 주고, 밤이 되면 걷어 준다. 낮에 덮어 주지 않으면 너무 뜨거워서 싹이 나지 않고, 밤에 걷어 주지 않으면 벌레가 살게 된다】.《제민요술》[16]

먼저 종자를 몽둥이로 짓눌러 까서 4월·5월·7월 그믐날 오후 늦게 심어야 한다. 고수를 심을 때는 습지가 좋다. 재로 덮고 물을 주면 잘 자란다.《농정전서》[17]

必須連雨乎? 雨[5]可必乎】

大都不用觸地濕. 生高數寸, 鋤去概者, 供食及賣.

作菹者, 十月足霜, 乃收之. 一畝兩載, 載直絹三正.

若留冬中食者, 以草覆之, 尚得竟冬食.

其春種小小供食者, 自可畦種. 畦種者, 一如葵法. 挼子沃水, 生芽, 種之【注書用箔蓋, 夜則去之. 晝不蓋, 熱不生, 夜不去, 蟲棲之】.《齊民要術》

先將子捍開, 四月、五月[6]、七月晦日晚宜種. 種宜濕地, 以灰覆之, 水澆則易長.《農政全書》

16 《齊民要術》卷3〈種胡荽〉第24(《齊民要術校釋》, 207~210쪽).
17 《農政全書》卷28〈樹藝〉"蔬部"'葫荽'(《農政全書校注》, 730쪽).
[5] 雨:《農政全書·樹藝·蔬部》에는 없음. 오사카본에 이 글자를 보충한 흔적이 보인다.
[6] 四月五月:《農政全書·樹藝·蔬部》에는 "四五遍".

5) 온실[炕] 재배법

북경 사람들은 겨울에 캉[炕][18]에 불을 지펴 고수를 재배한다. 줄기와 잎이 모두 아황색을 띤다. 몹시 향기롭고 맛있으며 부드럽고 여리다. 다만 자연스런 이치에 따라 자란 것이 아니므로 사람에게 해로울까 걱정된다. 《군방보》[19]

炕養法

都下人，冬月火炕，養蔬荽，莖葉鵝黃色，甚香美脆嫩．第非出自然，恐不益人．《群芳譜》

6) 쓰임새

그 씨앗을 곱게 빻아 가루로 만들면 향기로우면서도 살짝 맵다. 요리를 할 때 향신료로 써서 맛을 돋우는 경우가 많다. 채소류 가운데 씨앗과 잎을 모두 활용할 수 있고, 생채로나 익혀서나 모두 먹을 수 있기 때문에 세상에 몹시 유익하다. 《왕정농서》[20]

功用

其子擣細，香而微辛，食饌中多作香料以助其味．於蔬菜中[7]，子葉皆可用，生熟皆可食，甚有益于世也．《王氏農書》

7) 자질구레한 말

세상에 전하는 말에 고수[園荽]종자를 뿌리고 때때로 음란한 이야기를 해 주면 고수가 무성하게 자란다고 했다. 그래서 사대부들이 저속한 이야기를 고수밭에게 마구 해댄다. 《상산야록(湘山野錄)[21]》[22]

瑣言

世傳園荽布種．時口誦藝，則滋茂．故士大夫以穢談爲撒園荽．《湘山錄》[8]

---

18 캉[炕]：만주 지역에서 구들을 가리키는 용어. 풍석 서유구 지음, 임원경제연구소 옮김, 《임원경제지 섭용지》1, 풍석문화재단, 2016, 116~118쪽에 자세히 보인다.

19 《二如亭群芳譜》〈亨部〉第2 "蔬譜" 1 '蒝荽'(《四庫全書存目叢書補編》80, 316쪽).

20 《王禎農書》〈百穀譜〉 5 "蔬屬" '葫荽', 118쪽；《農政全書》 卷28 〈樹藝〉 "蔬部" '蒝荽'(《農政全書校注》, 730쪽).

21 상산야록(湘山野錄)：중국 송나라 승려 문형(文瑩, ?~?)이 지은 책. 총 3권. 《상산록(湘山錄)》이라고도 한다. 문형은 자가 도온(道溫)으로, 절강성 전당[錢塘, 지금의 항주(杭州)] 사람이다. 구양수(歐陽修), 소순흠(蘇舜欽) 등 대문호들과 교유했다.

22 《湘山野錄》卷中(《文淵閣四庫全書》1037, 246쪽).

[7] 中：《王禎農書·百穀譜·人莧》에는 없음.

[8] 世傳……山錄：오사카본에는 "《상산록》 한 조목은 별도로 '자질구레한 말[瑣言]' 한 항목을 세워서 '쓰임새[功用]' 아래에 써야 한다(《湘山錄》一條，別立瑣言一目，書于功用之下)."라는 두주가 있다.

24. 난향(蘭香)[1]

蘭香

1) 이름과 품종

名品

일명 '나륵(羅勒)', '의자초(醫子草)'이다.[2]

一名"羅勒", 一名"醫子草".

【본초강목[3] 《업중기(鄴中記)》[4]에 "후조(後趙)의 3대 임금인 석호(石虎, 334~349 재위)가 피휘(避諱)[5]했다."[6]라 했다. 이는 후조(後趙)의 건국자인 석륵(石勒)의 이름

【本草綱目 《鄴中記》云: "石虎諱." 言勒, 改羅勒爲 香菜, 俗呼"醫子草", 以其

나륵(《왜한삼재도회》)

난향

---

1 난향(蘭香): 쌍떡잎식물 통화식물목 꿀풀과의 한해살이풀. 풍석 서유구 지음, 임원경제연구소 옮김, 《임원 경제지 정조지》1, 195~196쪽 '나륵(羅勒)'을 함께 참조 바람.

2 일명……의자초(醫子草)이다: 《本草綱目》卷26〈菜部〉"羅勒", 1640쪽에 보인다.

3 《本草綱目》, 위와 같은 곳.

4 업중기(鄴中記): 중국 진(晉)나라의 문인 육홰(陸翽, ?~?)가 편찬한 서적. 진나라와 그 이전의 역사 및 각 종 전거를 기록했다. 원서는 일실되었으나, 후대에 새로 모아서 간행한 책이 《사고전서》에 수록되어 있다.

5 피휘(避諱): 문장에 선왕의 이름자나 국왕, 조상, 성인이 쓰는 이름자가 나타나는 경우에 공경과 삼가는 뜻 을 표시하기 위하여 획의 일부를 생략하거나 뜻이 통하는 다른 글자로 대치하는 관습.

6 후조(後趙)의……피휘(避諱)했다: 《鄴中記》(《文淵閣四庫全書》463, 311쪽).

인 늑(勒)을 피휘하여 '나륵'을 '향채(香菜)'로 고쳤다는 말이다. 민간에서 '의자초'라 부르는 이유는 그 씨앗이 병을 치료하는[治醫] 데 쓰였기 때문이다.

子治醫也.

가우본초(嘉祐本草) [7][8] 난향은 다음의 세 품종이 있다. 한 품종은 차조기[紫蘇]잎과 비슷하다. 다른 품종은 잎이 크고 20보(步) 이내에 들어서면 향기를 맡을 수 있다. 나머지 한 품종은 생채로 만들어 먹을 수 있다.

嘉祐本草 有三種: 一種似紫蘇葉, 一種葉大, 二十步內卽聞香, 一種堪作生菜.

2) 심는 시기

3월에 대추나무잎이 자라기 시작해야 난향을 심는다【주 너무 일찍 심으면 씨앗만 허비할 뿐이다. 날씨가 추워서 싹이 나지 않기 때문이다】.《제민요술》[9]

時候

三月中, 候棗葉始生, 乃種蘭香【注 早種者, 徒費子耳, 天寒不生】.《齊民要術》

---

7 가우본초(嘉祐本草) : 송(宋)나라 때 의학서인《개보본초(開寶本草)》를 기초로 여러 의가들의 학설을 참고하여 편찬한 본초학 전문 의학서(醫學書).《보주신농본초(補注神農本草)》와 같은 책이다.
8 출전 확인 안 됨;《本草綱目》, 위와 같은 곳.
9 《齊民要術》卷3〈種蘭香〉第25(《齊民要術校釋》, 213쪽).

3) 심기와 가꾸기

휴전을 손질하고 물을 대 주는 방식은 아욱 심는 법과 모두 같다. 물기가 있을 때 씨앗 뿌리기를 마치고 물이 흙에 다 스며들면 잘 삭은 거름을 체로 치면서[籭] 겨우 씨앗만 덮일 정도로 살짝 뿌려 주고 그친다【주 두껍게 덮으면 싹이 나지 않거나 싹을 약하게 하기 때문이다】.

낮에는 발로 덮어 주고, 밤이 되면 걷어 준다【주 낮에는 햇볕을 보지 못하게 해야 하고, 밤에는 이슬을 받아야 한다】. 싹이 나면 발을 걷어 주고, 항상 물이 넉넉하게 해 주어야 한다.

6월에 장맛비가 내리면 뽑아서 옮겨 심는다【주 중심대를 따서 진흙 속에 옮겨 심으면 또한 살아난다. 여러 향채(香菜)류와 같은 종류를 열거하지 않은 까닭은 심는 법이 모두 난향과 같기 때문이다】.《제민요술》10

種藝

治畦下水, 一同葵法. 及水散子訖, 水盡, 篩熟糞, 僅得蓋子便止【注 厚則不生, 弱苗故也】.

晝日箔蓋, 夜則去之【注 晝日不用見日, 夜須受露氣】. 生卽去箔, 常令足水.

六月連雨, 拔栽之【注 搯心栽泥中, 亦活. 自如[1]雜香菜不列者, 種法悉與此同】.《齊民要術》

4) 종자 취하는 법

술가(術家)11들이 양뿔이나 말발굽을 태워 재를 만든 다음 봄에 습지에 뿌린 뒤 두루 밟아 주면 곧 난향이 난다.《도씨본초주(陶氏本草注)》12

取種法

術家取羊角、馬蹄燒作灰, 春撒濕地, 遍踏之, 卽生羅勒.《陶氏本草注》

---

10 《齊民要術》卷3〈種蘭香〉第25(《齊民要術校釋》, 213~214쪽).
11 술가(術家) : 음양(陰陽), 복서(卜筮), 점술(占術) 등의 원리로써 인사(人事)의 길흉화복을 예측하는 사람.
12 출전 확인 안 됨 :《本草綱目》, 위와 같은 곳.
[1] 如 :《齊民要術·種蘭香》에는 "餘".

5) 물주기와 거름주기

향채는 늘 물고기 씻은 물을 뿌려 주면 향이 진하고 무성해진다. 도랑진흙물이나 쌀뜨물은 더욱 좋다.《박문록》[13]

향채(香菜)와 토룡비(土龍肶, 차조기)[14]는 거름물을 주어서는 안 된다. 거름물을 주면 향이 나지 않는다. 단지 도랑진흙물이나 쌀뜨물을 주면 좋다.《종수서》[15]

6) 거두기

절임을 만들거나 묵나물[16]을 만들려면 9월에 거둔다【주 너무 늦으면 묵나물이 좋지 않다】.

묵나물을 만들려면 날씨가 화창할 때 땅에 바짝 붙여 베어 낸 다음 땅에 펼쳐서 햇볕에 말린다. 마르면 비벼서 가루 낸 뒤, 단지에 담아 필요할 때마다 꺼내서 쓴다【주 뿌리째 뽑아 매달아 놓으면 습기가 남아 썩어 문드러질 수 있고, 또한 참새똥이나 흙먼

澆壅

香菜, 常以洗魚水澆之, 則香而茂. 溝泥水、米泔尤佳.《博聞錄》

香菜與土龍肶, 不得用糞澆, 澆則不香. 只以溝泥水、米泔汁澆之, 佳.《種樹書②》

收採

作葅及乾者, 九月收【注晚卽乾惡】.

作乾者, 天晴時, 薄地刈取, 布地曝之. 乾乃挼取末, 甕中盛, 須則取用【注拔根懸者, 裛爛, 又有雀糞、塵土之患也】.

---

13 출전 확인 안 됨;《本草綱目》, 위와 같은 곳.
14 토룡비(土龍肶, 차조기):《농정전서교주》의 주석에 의거하여 차조기로 보았다. 이에 따르면, "《종예필용(種藝必用)》,《이문광독(夷門廣牘)》,《종수서(種樹書)》에는 '비(肶)'를 '뇌(腦)'로 썼다. 토룡뇌(土龍腦)는 수소(水蘇, 차조기)의 별칭이다. 이 조항은 중국 남송 시대의 의학자 온혁(溫革)의《분문쇄쇄록(分門瑣碎錄)·잡설(雜說)》로부터 나왔다."라고 되어 있다(《農政全書校注》, 760쪽 주210번 참조).
15 《種樹書》卷下〈菜〉(《叢書集成初編》1469, 60쪽).
16 묵나물:묵혀 두었다가 먹는 나물. 묵은 나물이라고도 한다.
② 香菜……樹書:오사카본에는 "《博聞錄》과《種樹書》두 조목은 모두 별도로 '물주기와 거름주기[澆壅]' 항목을 세워서 '거두기[收採]' 위에 써야 한다(《博聞錄》、《種樹書》二條, 竝別立澆壅一目, 而書于收採之上)." 라는 두주가 있다.

지가 묻을 염려가 있다】.

씨앗을 취하려면 10월에 거둔다. 《제민요술》[17]

取子者, 十月收. 《齊民要術》

7) 쓰임새

채소밭 둘레나 물가에 널리 심어야 한다. 흉년에는 또한 구황작물로 쓸 수 있다. 《구선신은서(臞仙神隱書)》[18]

功用

園邊、水側, 宜廣種[3]之. 飢年亦可濟用. 《臞仙神隱書》

여름과 가을에 잎을 따서 나물로 먹을 수 있다. 간혹 잎을 저며 다른 여러 채소와 섞어 무칠 수도 있다. 더러는 평소에 먹는 밀가루 음식류에 모두 얹어 먹을 수 있다. 그러면 향미(香味)를 돕는다. 《사류전서(事類全書)[19]》[20]

夏秋採葉, 可作菜食. 或切葉以芼諸菜, 或於素食麵粉之類, 皆可覆食, 以助香味也. 《事類全書》

---

17 《齊民要術》卷3〈種蘭香〉第25(《齊民要術校釋》, 214쪽).

18 출전 확인 안 됨;《本草綱目》卷26〈菜部〉"羅勒", 1640쪽.

19 사류전서(事類全書): 미상. 중국 양(梁)나라 때 지어진 저서라고 하지만 정확히 알 수 없다. 현재《農政全書》(4회)와《王禎農書》(2회)의 소부(蔬部)에 인용문헌 중 하나로 언급되었다.

20 출전 확인 안 됨;《農政全書》卷28〈樹藝〉"蔬部"'蘭香'(《農政全書校注》, 738쪽).

③ 種: 저본에는 없음. 오사카본·규장각본·《本草綱目·菜部·羅勒》에 근거하여 보충.

25. 백합(百合)[1]

百合

1) 이름과 품종

名品

일명 '번(蟠)', '강구(强瞿)', '산뇌저(蒜腦藷)'이다.[2]

一名"蟠", 一名"强瞿", 一名 "蒜腦藷".

【본초강목】[3] 백합병(百合病)[4]을 전적으로 치료하기 때문에 이렇게 이름 붙였다. 그 뿌리는 마늘[大蒜, 대

【本草綱目】 專治百合病故 名. 其根如大蒜, 其味如山

추백합   산단   권단(이상 《왜한삼재도회》)

---

1 백합(百合) : 백합과 백합속의 여러해살이풀을 통틀어 이르는 말. 높이는 30~100cm이며, 잎은 촘촘히 어긋나고 피침 모양이다. 5~6월경에 줄기 끝에서 깔때기 모양의 흰 꽃이 2~3개 옆을 향하여 벌어져 난다. 뿌리는 약용한다.

2 일명……산뇌저(蒜腦藷)이다 : 《本草綱目》 卷27 〈菜部〉 "百合", 1680쪽에 보인다.

3 《本草綱目》 卷27 〈菜部〉 "百合", 1680~1681쪽.

4 백합병(百合病) : 정신병의 일종. 중병을 앓고 난 후 심폐에 음이 허해지고 내열이 생겨서 오는 병증으로, 말이 없고 잠을 자지 못하며 오한과 발열 증상이 생긴다. 이때, 백합을 먹으면 고칠 수 있다고 전해진다. 《임원경제지 인제지》 卷5 〈외인(外因)〉 "상한(傷寒)" '상한(傷寒)이 나은 후의 이상 증상 치료법'에 백합증의 여러 증상에 대해 자세히 소개하고 있다.

백합 털중나리

백합 털중나리잎

권단

산]과 같고, 맛은 '마[山藷, 산저]'와 같기 때문에 민간에서 '산뇌저(蒜腦藷)'라 한다. 옆으로 자라는 식물을 '구(瞿)'라 한다. 이 식물은 꽃·잎·뿌리가 모두 사방으로 자라기 때문에 '강구(强瞿)'라 했다.

대개 잎이 짧으면서 넓고 댓잎과 약간 비슷하며 백색 꽃잎이 사방으로 드리워지는 것은 백합이다. 잎이 길면서 좁고 버드나무[柳]잎과 같이 뾰족하며, 홍색 꽃잎이 사방으로 드리워지지 않은 것은 산단(山丹)이다.

줄기와 잎이 산단과 비슷하지만 그보다 키가 크고, 홍색 꽃에 황색을 띠면서 꽃잎이 사방으로 드리워져 있으며, 잎에 흑색 반점이 있고, 그 씨앗이 먼저 맺혀 가지와 잎 사이에 있는 것은 권단(卷丹)이다】

藷, 故俗稱"蒜腦藷". 物旁生謂之"瞿", 此物花、葉、根皆四向, 故曰"强瞿".

蓋葉短而闊, 微似竹葉, 白花四垂者, 百合也. 葉長而狹, 尖如柳葉, 紅花不四垂者, 山丹也.

莖葉似山丹而高, 紅花帶黃而四垂, 上有黑斑點, 其子先結, 在枝葉間者, 卷丹也】

2) 알맞은 토양

기름진 땅이 좋다. 《농정전서》[5]

土宜

宜肥地. 《農政全書》

3) 심는 시기

2월에 심는다. 《사시유요》[6]

時候

二月種. 《四時類要》

추분(秋分, 양력 9월 22·23일경) 절기에 비늘줄기[鱗莖][7]를 나누어 심는다. 하지만 옮겨 심어서는 안 된다. 2년에 1번 나누어 심는다. 그렇지 않으면 말라 죽는다. 《군방보》[8]

秋分節取其瓣分種之. 不可移①. 二年一分, 不然枯死. 《群芳譜》

---

5 《農政全書》卷40 〈種植〉 "雜種 下" '百合'(《農政全書校注》, 1120쪽).
6 《사시찬요 역주》권2 〈이월〉 "농경과 생활" '백합 파종하기', 177쪽; 《農桑輯要》卷6 〈竹木〉 "百合"(《農桑輯要校注》, 242쪽).
7 비늘줄기[鱗莖] : 원문의 "판(瓣)"을 풀이한 것이다. 지하에 있는 식물체의 일부인 뿌리나 줄기 또는 잎 따위가 달걀 모양으로 비대하여 양분을 저장한 알뿌리를 의미한다. 알뿌리는 비늘줄기[鱗莖], 알줄기[球莖], 덩이줄기[塊莖], 뿌리줄기[根莖], 덩이뿌리[塊根] 등으로 나뉘는데, 백합은 잎의 기부가 변형 비대하여 층상(層狀)의 비늘조각을 이루어 짧은 땅속줄기에 붙어 있는 비늘줄기에 해당한다. 이 때문에 이와 같이 풀이하였다.
8 출전 확인 안 됨; 《廣群芳譜》卷47 〈花譜〉 "百合花", 1127쪽.
① 不可移: 《廣群芳譜·花譜·百合花》에는 "春分不可移".

4) 심기와 가꾸기

백합을 심을 때는 봄에 뿌리 가운데 큰 놈을 쪼개서 비늘줄기를 취한다. 그런 다음 휴전에 마늘 심는 법과 같이 심는다.

내가 살펴보니, 마늘 심는 법은 다음과 같다. 마늘은 토질이 좋고 부드러운 땅이 좋다. 3차례 두루 땅을 간 다음, 누차(耬車)의 발에 강(耩)을 장착하여 땅을 갈고 두둑을 만들어 여기에 심는다. 이때 간격은 0.5척당 1개씩이다. 2월 중순에 3차례 두루 김매준다. 김매 주지 않으면 그루가 작아진다. 심을 때 줄을 맞추어 포기마다 거름물을 준다.

한 해가 지난 뒤에 간격을 살펴서 다시 별도의 휴전에 옮겨 심는다. 싹은 부젓가락[火筯][9] 크기와 같다. 3월이 되면 줄기 끝부분을 꺾어 주고 똥거름을 준다. 이와 같이 하면 심은 그해에 뿌리크기가 계란만

種藝

種百合, 春取其根大者, 擘取瓣, 於畦上如種蒜之法.

余按種蒜法, 宜良輭地. 三徧耕, 以耬耩逐壟下之. 五寸一科. 二月半鋤之, 滿三遍, 不鋤則科小. 種時作行, 逐科上, 糞澆水.

經年後看稀稠, 更移別畦中栽. 苗如火筯大. 至三月卽折頭上糞. 當年大如鷄子.

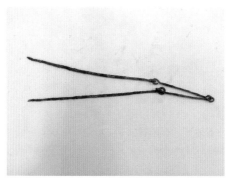

부젓가락(국립중앙박물관)

---

9 부젓가락[火筯]:화로에 꽂아 두고 불덩이를 집거나, 재를 헤치는 데 쓰는, 쇠로 만든 연장. 부저·화젓가락이라고도 한다.

해진다.

흙이 건조하면 물을 준다. 3년 뒤에 크기가 술잔
만 해진다. 매년 순서를 정해 차례대로 심어서 백합
재배가 끊기게 해서는 안 된다.

이 식물에는 닭똥 거름이 더욱 좋다. 구덩이마다
깊이 0.5~0.6척으로 한다. 먼저 닭똥을 넣고 난 뒤
에 다시 흙을 넣는다.

씨앗을 심어도 좋지만 씨앗을 심으면 2년이 지난
뒤에야 싹이 날 수 있다. 시간이 너무 오래 걸리기
때문에 비늘줄기로 심는 것보다 훨씬 못하다.

【다른 판본에는 다음과 같이 적혀 있다. "흙으로
는 기름진 땅을 좋아한다. 여기에 똥거름을 더 넣고
흙을 푹 삶는다. 봄에 뿌리 가운데 큰 놈을 쪼개서
비늘줄기를 취한다. 그런 다음 휴전에 마늘 심는 법
과 같이 심는다. 이때 간격은 0.5척당 1개씩이다. 백
합을 심을 때는 줄을 곧게 만들고, 또 거름을 넣고
물을 준다.

싹이 나면 김매 주어 사방에 잡초가 전혀 나지
않도록 한다. 봄 이후에 싹이 성근 곳과 밴 곳을 살
펴서 다시 밴 곳의 그루를 성근 곳으로 별도로 옮겨
심는다.

휴전이 마르면 곧바로 물을 준다. 3년이 지난 뒤
에 뿌리의 크기가 주먹만 해지는데, 그런 뒤에 캐서
먹는다.

또 씨앗을 취하여 심어도 좋다. 하지만 간혹 1~2

乾卽澆之. 三年後大如盞,
年年須作番次種, 不可令
絶.

此物尤宜鷄糞. 每坑深
五六寸. 先着鷄糞, 後更入
土.

取子種之亦得, 須二年, 方
可苗生, 遠不如瓣.

【別本云: "土[2]好肥地, 加
糞, 熟斸訖. 春中取根大
者, 擘取瓣, 於畦中如種蒜
法. 五寸一瓣. 種之直作行,
又加糞灌水.

苗出卽鋤, 令四邊絶無草.
春後看稀稠處, 更別移栽.

待畦中乾, 卽灌水. 三年後
其大如拳, 然後取食.

又取子種亦可, 或一年以後

---

[2] 土:《居家必用·種藥類·種百合》에는 "上".

년이 지난 뒤에야 비로소 싹이 나고, 몹시 더디게 자라므로, 비늘줄기로 심는 것만 못하다"】《산거록》[10]

봄에 백합 가운데 뿌리가 큰 놈을 쪼개서 얻은 비늘줄기를 0.5척당 1개씩 심는다. 이에 앞서 깊이 0.5~0.6척으로 구덩이를 판다. 여기에 닭똥거름을 1층 깔고, 다음으로 그 위에 흙을 더한다. 그런 뒤에 비늘줄기를 흙 위에 놓고 흙으로 덮는다. 2~3월에 김매 주고 맑은 똥거름물을 준다. 2년이 지나면 비늘줄기의 크기가 술잔만 해진다. 《고금의통대전(古今醫統大全)[11]》[12]

二年以來始生, 生甚遲, 不如種瓣"》《山居錄》

春百合取根大者, 擘瓣, 五寸地一科種之. 先掘深五六寸, 着鷄糞一層, 次加土, 然後以瓣安土上蓋之. 二三月鋤之, 灌淸糞. 逾二年, 如盞大.《古今醫統》

---

10 출전 확인 안 됨 ;《居家必用》戊集 〈種藥類〉 "種百合"(《居家必用事類全集》, 179쪽).
11 고금의통대전(古今醫統大全) : 명나라 의약학자 서춘보(徐春甫, 1520~1596)가 1556년에 완성한 의서. 총 100권이다. 서춘보는 금원사대가의 한 사람인 동원(東垣) 이고(李杲, 1180~1251)의 학설을 존중하였고, 내과(內科)·부인과(婦人科)·소아과(小兒科) 등에 능통하여 많은 사람을 치료했다
12 출전 확인 안 됨 ;《千金翼方》卷14 〈退居〉 "種造藥" 第6 '種百合法'(《孫思邈醫學全書》, 743쪽).

5) 물주기와 거름주기

물을 자주 주면 꽃이 흐드러지게 피고 맑은 향이 정원에 가득하다. 추분(秋分, 양력 9월 22·23일경)에도 비늘줄기를 나누어 심을 수 있다.《농정전서》[13]

澆壅

頻澆則花開爛熳, 淸香滿庭. 秋分亦可分.《農政全書》

6) 쓰임새

뿌리를 햇볕에 말린 다음 찧어 가루 낸 뒤, 체로 곱게 쳐서 쓰면 사람에게 아주 유익하다.《사시유요》[14]

功用

取根曝乾, 擣爲麪, 細篩, 甚益人.《四時類要》

---

13 《農政全書》, 위와 같은 곳.
14 《사시찬요 역주》 권2 〈이월〉 "농경과 생활" '백합가루 만들기', 178쪽;《農桑輯要》, 위와 같은 곳.

26. 감로자(甘露子, 석잠풀)[1]

甘露子

1) 이름과 품종

名品

일명 '초석잠(草石蠶)', '토용(土蛹)', '적로(滴露)', '지과아(地瓜兒)'이다.[2]

一名"草石蠶", 一名"土蛹", 一名"滴露", 一名"地瓜兒".

【 본초강목 】[3] 초석잠(草石蠶)과 토용(土蛹)은 뿌리의 모양 때문에 붙인 이름이고, 감로(甘露)는 뿌리의 맛 때문에 붙인 이름이다.

【 本草綱目 】 蠶、蛹, 以根形而名, 甘露, 以根味而名.

2월에 싹을 틔운다. 모난 줄기에 잎이 마디에 마주나며, 폭이 좁은 잎에 톱니가 있는 모양이 모두

二月生苗. 方莖對節, 狹葉有齒, 竝如鷄蘇. 但葉皺

석잠풀의 뿌리

---

1 감로자(甘露子, 석잠풀):꿀풀과의 여러해살이풀. 한국, 중국, 일본, 시베리아 동부 등지에 분포한다. 우리나라에는 산과 들의 습지에서 자란다. 풍석 서유구 지음, 임원경제연구소 옮김, 《임원경제지 정조지》 1, 212쪽 '감로자(甘露子)'를 함께 참조 바람.
2 일명……지과아(地瓜兒)이다:《本草綱目》卷27 〈菜部〉 "草石蠶", 1683쪽에 보인다.
3 《本草綱目》, 위와 같은 곳.

석잠풀

계소(鷄蘇)⁴와 같다. 다만 그와는 달리 잎이 주름지
고 솜털이 있을 뿐이다. 4월에 작은 꽃을 피워 이삭
이 영그는데, 차조기[紫蘇, 자소]의 화수(花穗, 이삭모양
의 꽃)와 같다. 이삭에서 열매를 맺으면 형개(荊芥)⁵ 씨
앗과 같다.

그 뿌리는 다 자란 누에와 같이 구슬을 이어 놓
은 듯한 모양이다. 이 뿌리를 쪄 먹으면 맛이 백합뿌
리와 같다】

有毛耳. 四月開小花成穗,
一如紫蘇花穗. 結子如荊
芥子.

其根連珠狀如老蠶. 蒸食,
味如百合】

2) 알맞은 토양

일반적으로 감로자를 심을 때는 채소밭의 그늘
가까운 땅이 좋다. 땅은 촉촉하여 습한 곳이 좋다.
《왕정농서》⁶

비옥한 흙이 좋고, 또 촉촉하여 습한 곳이 좋다.

土宜

凡種宜於園圃近陰地. 地
宜沾潤.《王氏農書》

宜沃土, 又宜沾濕. 凡種

---

4 계소(鷄蘇) : 감로자(甘露子, 석잠풀)의 전초를 햇볕에 말린 것.
5 형개(荊芥) : 꿀풀과에 속하는 일년생초본식물. 가소(假蘇)·서명(鼠蓂)·강개(薑芥)라고도 한다.
6 《王禎農書》〈百穀譜〉 5 "蔬屬" '甘露子', 124쪽;《農政全書》卷28 〈樹藝〉 "蔬部" '甘露子'(《農政全書校
   注》, 739쪽).

일반적으로 감로자를 심을 때는 채소밭의 그늘 가
까운 곳이 좋다. 간혹 나무그늘 아래 성글게 심어도
좋다. 《군방보》[7]

宜于園圃近陰處，或樹陰
下疏種之.《群芳譜》

감로자는 기름진 땅이 좋다. 《농정전서》[8]

宜肥地.《農政全書》

3) 심는 시기

時候

2~3월에 심는다. 《군방보》[9]

二月、三月種.《群芳譜》

3월에 심어서, 9월에 뿌리를 캐서 먹는다. 《산림
경제보》[10]

三月下種，九月採根食.
《山林經濟補》

---

7 《二如亭群芳譜》〈亨部〉第2 "蔬譜" 2 '甘露子'(《四庫全書存目叢書補編》80, 347쪽).
8 《農政全書》卷28〈樹藝〉"蔬部" '甘露子'(《農政全書校注》, 739쪽).
9 《二如亭群芳譜》, 위와 같은 곳.
10 출전 확인 안 됨;《山林經濟》卷1〈治圃〉"種滴露"(《農書》2, 161쪽).

4) 심기와 가꾸기

種藝

백지(白地)[11] 내에 구종법(區種法)으로 심는다. 여름에 맥류겨[麥糠, 맥류의 속겨]로 덮어 주면 이슬을 맞고 몹시 무성해진다. 《무본신서》[12]

白地內區種. 暑月以麥糠蓋之, 承露滋茂.《務本新書》

흙을 푹 삶되, 기름지고 토질이 좋은 땅이 좋다. 뿌리를 3~4척마다 1구덩이씩으로 드문드문 심는다. 이슬이 내린 뒤에 잎 위의 물방울이 모여 떨어지면 모두 뿌리로 스며든다. 뿌리는 소라모양과 같다. 이 뿌리를 쪄 먹으면 맛이 백합뿌리와 같다. 반드시 자주 김매 주어야 한다. 《산거록》[13]

熟斸, 地宜肥良. 取子稀種, 三四尺一窠, 露下後, 葉上得雨, 滴下盡爲根, 子如螺形. 蒸煮之, 味如百合. 須數耘之.《山居錄》

봄에 심는다. 맥류의 겨를 거름으로 쓴다. 《왕정농서》[14]

春時種之. 用麥糠爲糞.[1]《王氏農書》

비가 내릴 때 푸석푸석한 흙에 재를 섞어 뿌리를 덮어 준 다음 김매어 잡초를 말끔히 뽑아 내면 무성히 자란다. 《군방보》[15]

雨中, 以灰雜鬆土, 覆掩根, 鋤草淨則生繁.[2]《群芳譜》

---

11 백지(白地): 농사가 잘 되지 않아 거두어들일 것이 없거나 작물을 심지 않은 땅.

12 출전 확인 안 됨;《農桑輯要》卷5〈瓜菜〉"甘露子"(《農桑輯要校注》, 187쪽).

13 출전 확인 안 됨;《居家必用》戊集〈種藥類〉"種甘露子法"(《居家必用事類全集》, 179쪽).

14 《王禎農書》, 위와 같은 곳;《農政全書》, 위와 같은 곳.

15 《二如亭群芳譜》, 위와 같은 곳.

[1] 春時……爲糞: 오사카본에는 이 내용이 '土宜' 항목 첫 단락에 있다. 그리고 "春時부터 爲糞까지는, 아래 《산거록》의 기사 아래에 옮겨 적고 《왕씨농서》라고 주석을 달아야 한다(春時止爲糞, 移書于下《山居錄》之下, 而注以《王氏農書》)."는 두주와 "이를 種藝 종류 항목으로 옮겨야 한다(移種藝類)."는 편집 지시가 있다.

[2] 雨中……生繁: 오사카본에는 이 내용이 '土宜' 항목 두 번째 기사에 있다. 그리고 "雨中부터 生繁까지는 아래 《산거록》의 기사 아래에 옮겨 적고 《군방보》라고 주석을 달아야 한다(雨中至生繁, 移書于《山居錄》之下, 而注以《群芳譜》)."는 두주와 "이를 種藝 종류 항목으로 옮겨야 한다(移種藝類)."는 편집 지시가 있다.

뿌리를 드문드문 심는다. 그 뿌리는 모두 구슬을 이어 놓은 듯한 모양이다. 이때 반드시 말끔히 김매 주어야 무성해진다. 《농정전서》¹⁶

취자稀種. 其根皆連珠. 須 耘淨, 方茂. 《農政全書》③

덩굴줄기가 뻗어 나갈 때 흙으로 덩굴줄기의 마디를 덮어 주면 마디마다 뿌리가 생긴다. 알뿌리는 하얗게 빛나서 사랑스럽다. 《증보산림경제》¹⁷

蔓長④時, 以土掩蔓節, 則 節節生卵, 瑩白可愛. 《增 補山林經濟》⑤

초겨울에 흙으로 그 뿌리를 두텁게 덮어 주면 봄이 되어 다시 싹이 난다. 《증보산림경제》¹⁸

冬初用土厚覆其根, 則至 春復生. 同上

---

16 《農政全書》, 위와 같은 곳.
17 《增補山林經濟》 卷6 〈治圃〉 "滴露"(《農書》3, 425쪽).
18 《增補山林經濟》, 위와 같은 곳.
③ 取子……全書 : 오사카본에는 이 기사가 위에 있는 "白地……滋茂" 기사와 《務本新書》를 출전으로 하는 한 기사였으나, 《王禎農書》의 기사를 대조하고서 두 개로 나눈 것으로 보인다. 또한 이 기사는 《山居錄》의 내용 바로 앞에 있었는데, 두 기사의 순서를 바꾸라는 편집 지시가 있다.
④ 長 : 《增補山林經濟·治圃·滴露》에는 "生".
⑤ 蔓長……經濟 : 오사카본에는 이 기사 위에 "3월에 씨를 뿌리고 9월에 뿌리를 캐서 먹는다. 《산림경제보》(三月下種, 九月採根食. 《山林經濟補》)."라는 내용을 적었다가 지운 흔적이 있다. 이 기사는 앞의 '時候' 항목에 이미 반영되어있는데, 중복으로 작성해서 지운 것으로 보인다..

5) 거두기

가을이 되어야 거둔다. 《왕정농서》[19]

收採

至秋乃收. 《王氏農書》

6) 종자 거두기

남겨 두어 종자로 만들려면 뿌리를 움 속에 저장해 둔다. 이는 생강 저장법과 같다. 《산림경제보》[20]

收種

其留作種者, 藏置窖中, 法如藏薑. 《山林經濟補》

7) 쓰임새

감로자는 생으로도 익혀서도 모두 먹을 수 있다. 밀전(蜜煎)[21]으로 만들거나 장(醬)을 써서 절임으로 담글 수도 있고, 두시(豆豉)를 만들 수도 있다. 그 쓰임새를 두루 갖추고 있기에 진실로 채소 중에 빠뜨려서는 안 될 것이다. 《왕정농서》[22]

功用

生熟皆可食. 可用蜜煎, 或醬漬之, 作豉亦得. 詳其功用, 固蔬中之不可遺者. 《王氏農書》[6]

---

[19] 《王禎農書》, 위와 같은 곳;《農政全書》, 위와 같은 곳.

[20] 출전 확인 안 됨;《山林經濟》, 위와 같은 곳.

[21] 밀전(蜜煎):과일이나 식물의 뿌리, 줄기, 열매, 생강, 연근 등을 꿀이나 설탕에 쟁이거나 조려서 만든 과자인 정과(正果). 《임원경제지 정조지》 권3 〈과줄(과정지류)〉 "밀전과"(풍석 서유구 지음, 임원경제연구소 옮김, 《임원경제지 정조지》 2, 풍석문화재단, 2020, 62~82쪽)에 다양한 종류의 밀전과가 보인다.

[22] 《王禎農書》, 위와 같은 곳;《農政全書》, 위와 같은 곳.

[6] 亦得……農書:오사카본에는 이 기사 앞에 있는 "群芳譜"라는 소주를 지우고 "만들 수도 있다. 그 쓰임새를 두루 갖추고 있기에 진실로 채소 중에 빠뜨려서는 안 될 것이다. 《왕정농서》(亦得. 詳其功用, 固蔬中之不可遺者,《王氏農書》)."라는 내용을 보충한 흔적이 있다. "群芳譜"라는, 본래 쓴 소주 위의 짧은 내용에도 네 군데나 수정을 한 점과 함께 보면, 처음에는 《群芳譜》를 인용했다가 나중에 《王禎農書》에서 비슷한 내용을 찾은 뒤 이를 추가한 것으로 보인다.

27. 차조기[紫蘇, 자소][1]

紫蘇

1) 이름과 품종

名品

일명 '적소(赤蘇)', '계임(桂荏)'이다.[2]

一名"赤蘇", 一名"桂荏".

【본초강목[3] 소(蘇)는 소(穌)를 따르고 음은 소(酥)
이며, 시원하게 펴진다는 뜻이다. 차조기의 본성이
시원하게 펴져서 기운을 돌게 하고 혈(血)을 조화롭
게 하기 때문에 '소(蘇)'라고 했다.

【本草綱目 蘇從穌, 音酥,
舒暢也. 蘇性舒暢, 行氣
和血, 故曰"蘇".

'자소(紫蘇)'라고 이름 붙인 까닭은 백소(白蘇, 들깨)

其曰"紫蘇"者, 以別白蘇

자소《본초강목》

차조기

---

1 차조기[紫蘇, 자소] : 꿀풀과의 한해살이풀. 높이는 30~100cm이며, 잎은 마주나고 달걀 모양에 가장자리
에 톱니가 있다. 8~9월에 연한 자주색 꽃이 잎겨드랑이나 줄기 끝에서 피고, 열매는 둥근 모양의 수과(瘦
果)를 맺는다. 들깨와 모양이 거의 비슷하지만 잎과 줄기의 색깔이 다르다. 풍석 서유구 지음, 임원경제연
구소 옮김, 《임원경제지 정조지》 3, 230쪽 '차조기씨기름(자소자유)', 《임원경제지 정조지》 4, 162쪽 '차조
기술(소자주)'를 함께 참조 바람.
2 일명……계임(桂荏)이다 : 《本草綱目》 卷14 〈草部〉 "蘇", 920쪽에 보인다.
3 《本草綱目》, 위와 같은 곳.

와 구별하기 위해서이다. 차조기는 바로 들깨[荏, 임] 종류지만, 맛은 계피처럼 한층 맵다. 이 때문에 《이아(爾雅)》에서는 '계임(桂荏)'이라 했다.[4]

也. 蘇乃荏類, 而味更辛如桂, 故《爾雅》謂之"桂荏".

잎은 둥글면서도 끝이 뾰족하며, 사방에 톱니모양이 있다. 기름진 땅에서 자란 차조기는 앞면과 뒷면이 모두 자색인 반면 척박한 땅에서 자란 차조기는 앞면은 청색이고 뒷면은 자색이다.

其葉圓而有尖, 四圍有鉅齒. 肥地者面背皆紫, 瘠地者面青背紫.

꽃이 이삭으로 영글 때는 형개(荊芥)이삭처럼 씨방을 만든다. 씨앗은 겨자씨처럼 자잘하지만 그와 달리 황적색이며, 들기름처럼 기름을 짤 수 있다】

其花成穗, 作房如荊芥穗. 子細如芥子而色黃赤, 可取油如荏油】

차조기1

차조기2(이상 정성섭·김복남)

<hr />

4 《이아(爾雅)》에서는……했다 : 《爾雅注疏》 卷8 〈釋草〉 第13(《十三經注疏整理本》24, 267쪽).

2) 알맞은 토양

차조기를 심을 때는 반드시 기름진 땅에 심어야
한다.《산거록》[5]

3) 심는 시기

차조기와 들깨는 같은 시기에 휴전에 심는다.
《제민요술주》[6]

2~3월에 심는다. 혹은 지난해에 떨어진 묵은 씨
가 땅에서 저절로 나기도 한다.《본초강목》[7]

2월에 심는다. 4~5월에 비가 내린 뒤 옮겨 심을
수 있다.《증보산림경제》[8]

4) 심기와 가꾸기

심을 때 땅이 푹 삶기도록 갈기는 오곡 심을 때와
매일반이다. 4월에 심는다. 잡초가 있으면 즉시 김
매 준다.《산거록》[9]

5) 거두기

꽃이 지면 곧바로 거둔다. 지체하면 씨앗이 떨어
지기 때문에 황색이 되기를 기다릴 수 없다. 이 식물

土宜

種紫蘇, 須肥地.《山居
錄》

時候

紫蘇與荏, 同時畦種.《齊
民要術註》

二三月下種. 或宿子在地自
生.《本草綱目》

二月下種, 四五月雨後, 可
移栽.《增補山林經濟》

種藝

熟耕之, 與①種五穀一般.
四月種, 有草卽耘.《山居
錄》

收採

花斷卽收. 遲則子落, 不可
待黃. 此物鳥雀好喫, 尤宜

5　출전 확인 안 됨;《居家必用》戊集〈種藥類〉"種紫蘇"(《居家必用事類全集》, 183쪽).

6　《齊民要術》卷3〈種荏蓼〉第26(《齊民要術校釋》, 215쪽).

7　《本草綱目》, 위와 같은 곳.

8　《增補山林經濟》卷6〈治圃〉"紫蘇"(《農書》3, 428쪽).

9　출전 확인 안 됨;《居家必用》, 위와 같은 곳.

①　與《居家必用·種藥類·種紫蘇》에는 "如".

은 참새가 즐겨 먹기 때문에 더욱 빨리 거두어야 한
다.《산거록》10

5~6월에 뿌리째 캐서 거두어 그 뿌리를 불로 구
워 그늘에 말리면 오래 지나도 잎이 떨어지지 않는
다. 9월에 씨앗을 거둔다.《본초강목》11

6) 쓰임새

차조기잎이 여릴 때 다른 채소와 섞어서 먹거나
절임을 담그면 향이 매우 좋다. 여름에 차조기를 끓
여 마신다.《본초강목》12

잎을 따서 모든 생선국이나 고깃국에 넣으면 아
주 좋다. 또 어독(魚毒, 물고기를 먹고 생긴 병)이나 해
독(蟹毒, 게를 먹고 중독된 병)을 풀 수 있다.《증보산림
경제》13

旱收之.《山居錄》

五六月連根采收, 以火煨
其根, 陰乾則經久葉不落.
九月收子.《本草綱目》

功用

其葉嫩時, 可和蔬茹之, 或
作菹, 甚香. 夏月作熟湯飲
之.《本草綱目》

摘葉, 入一切魚②肉羹, 甚
良. 能解魚蟹毒.《增補山
林經濟》

---

10 출전 확인 안 됨:《居家必用》, 위와 같은 곳.
11 《本草綱目》,《本草綱目》卷14〈草部〉"蘇", 920쪽.
12 《本草綱目》, 위와 같은 곳.
13 《增補山林經濟》, 위와 같은 곳.
② 魚:《增補山林經濟·治圃·紫蘇》에는 "鷄".

28. 회향(茴香)[1]

茴香

1) 이름과 품종

名品

일명 '회향(蘹香)', '팔월주(八月珠)'이다.[2]

一名"蘹香", 一名"八月珠".

【명의별록(名醫別錄)[3][4] 누린내가 나는 고기를 삶을 때 회향 약간을 넣으면 곧바로 누린내가 사라지고, 냄새 나는 장(醬)에 회향가루를 넣어도 향이 좋아진다. 그러므로 '회향(回香, 향을 되돌린다)'이라 했다.

【名醫別錄】 煮臭肉, 下少許, 即無臭氣, 臭醬入末亦香, 故曰"回香".

사상자(《본초도경》)

회향(《구황본초》)

팔각회향의 꽃 앞면과 뒷면,
씨앗의 모습(《왜한삼재도회》)

---

1 회향(茴香) : 산형과의 여러해살이풀. 높이는 1~2미터이며, 잎은 깃모양이다. 7~8월에 노란 꽃이 가지 끝에 산형(繖形, 우산모양)꽃차례가 몇 개씩 모여서 핀다. 열매는 원기둥 모양이다. 향기가 있다. 열매로는 기름을 짜거나 향신료, 약재로 쓴다. 풍석 서유구 지음, 임원경제연구소 옮김, 《임원경제지 정조지》 1, 195쪽 '회향(茴香)'을 함께 참조 바람.
2 일명……팔월주(八月珠)이다 : 《本草綱目》 卷26 〈菜部〉 "蘹香", 1636쪽에 보인다.
3 명의별록(名醫別錄) : 중국 위진(魏晉) 시대의 학자 도홍경(陶弘景)이 지은 의학서. 총 3권으로, 단사나 수은 등의 극약에서부터 영지와 복령에 이르기까지 각종 약재의 맛과 성질 및 효능 등을 소개하고 있다.
4 출전 확인 안 됨;《本草綱目》, 위와 같은 곳.

회향

본초강목⁵ 민간에서는 옷섶에 품고 다니다가[懷] 씹어 먹는 경우가 많다. 아마도 '회향(懷香, 향을 품는다)'이라는 이름은 이 때문에 붙인 듯하다.

묵은 뿌리에서 한겨울에 싹이 떨기지어 난다. 통통한 줄기에 가느다란 잎이 난다. 5~6월에 꽃이 핀다. 그 꽃은 사상자(蛇床子)⁶ 꽃과 같지만 그와 달리 황색이다.

씨앗을 맺으면 크기가 맥류의 낟알만 하고 가벼우면서 잔 모가 있다.⁷ 민간에서는 이를 '대회향(大茴香)'이라 한다. 크기가 작을 경우에는 '소회향(小茴香)'이라 한다】

本草綱目 俚俗多懷之衿衽, 咀嚼, 恐懷香之名, 以此也.

宿根深冬生苗作叢, 肥莖絲葉. 五六月開①花, 如蛇床②花而色黃.

結子, 大如麥粒, 輕而有細稜. 俗呼"大茴香", 其小者謂之"小茴香"】

---

5 《本草綱目》卷26〈菜部〉"蘹香", 1636~1637쪽.
6 사상자(蛇床子):산형과의 두해살이풀. 6~8월에 흰 꽃이 피고, 열매는 가시 같은 털이 있다.
7 잔 모가 있다:모는 팔각모양이다. 이 때문에 회향의 일명을 팔월주(八月珠)가 아니라 팔각주(八角珠)라고 보기도 한다.《本草綱目》卷26〈菜部〉"蘹香", 1636쪽.
① 開:저본에는 "間". 오사카본·규장각본·《本草綱目·菜部·蘹香》에 근거하여 수정.
② 床:저본에는 "狀". 오사카본·규장각본·《本草綱目·菜部·蘹香》에 근거하여 수정.

2) 알맞은 토양

햇볕이 잘 드는 땅이 좋다. 《군방보》[8]

土宜

宜向陽地.《群芳譜》

3) 심기와 가꾸기

봄에 날씨가 따뜻해지면 햇볕이 잘 드는 곳에 구덩이들을 파고 거름과 흙을 잘 섞어 둔다. 구덩이들에 먼저 물을 주고, 눅눅하지 않은 햇회향씨앗을 쓴다. 땅을 가늠하여 씨앗을 뿌리고, 그 위에 흙을 뿌려서 살짝 덮어 준다.

구덩이 남쪽에 대략 가늠하여 어저귀[檾, 경][9]를 심어 여름 햇볕을 가려 준다. 손가락 3~4개 두께의 높이로 자랐을 때 가물면 물을 준다.

간혹 장마철에 햇회향씨앗을 심어도 좋다. 10월에 가지 끝을 잘라 내고 거름흙으로 뿌리를 덮어 준 다음, 이듬해 3월에 걷어 낸다. 《무본신서》[10]

거름흙을 씨앗과 섞어 심는다. 그 상태에서 삼[麻] 1포기를 심어 햇볕을 가려 준다. 10월에 마른 가지를 잘라 내고 거름흙으로 뿌리 아래를 북준다. 《군방보》[11]

種藝

春暖, 向陽掘區, 糞土相和. 區先下水, 子用新香不浥者. 量地下子, 摻土微蓋.

區南, 約量種檾以遮夏日. 長高三四指, 旱則澆之.

或霖雨時, 取新子種之亦可. 十月斫去條梢, 以糞土覆根, 三月去之.《務本新書》

以糞土和子, 種之. 仍種麻一科以避日色. 十月斫去枯梢, 以糞土壅根下.《群芳譜》

---

8 《二如亭群芳譜》〈亨部〉第2 "蔬譜" 1 '茴香'(《四庫全書存目叢書補編》80, 301쪽).

9 어저귀[檾, 경]:아욱과의 한해살이풀. 줄기 껍질로부터 섬유를 채취할 수 있다. 농촌의 밭이나 휴전, 길가 등에서 자란다. 맹마(莔麻)·동마(桐麻)라고도 한다.

10 출전 확인 안 됨;《農桑輯要》卷6〈竹木〉"茴香"(《農桑輯要校注》, 239쪽).

11 《二如亭群芳譜》, 위와 같은 곳.

29. 미나리[芹, 근]

芹

芹

1) 이름과 품종

名品

일명 '수영(水英)', '초규(楚葵)'이다.[1]

一名"水英", 一名"楚葵".

【본초강목】[2] 근(芹)은 옛날에는 근(蘄)으로 썼다. 초(草)와 근(斳)을 따랐으니, 해성(諧聲, 형성자)이다. 그 본성이 아욱[葵, 규]처럼 차고 매끄럽기 때문에《이아(爾雅)》에서는 '초규'라 했다.[3]

【本草綱目】 芹古[1]作蘄, 從草、斳, 諧聲也. 其性冷滑如葵, 故《爾雅》謂之"楚葵".

《여씨춘추(呂氏春秋)》에는 "채소 중에 뛰어난 것으

《呂氏春秋》: "菜之美者,

미나리1

미나리2(파주시 월롱면 덕은리에서 촬영)

---

1 일명……초규(楚葵)이다:《本草綱目》卷26〈菜部〉"水斳", 1632쪽에 보인다.

2 《本草綱目》卷26〈菜部〉"水斳", 1633쪽.

3 《이아(爾雅)》에서는……했다:《爾雅注疏》卷8〈釋草〉第13(《十三經注疏整理本》24, 278쪽).

① 古:《本草綱目·菜部·水斳》에는 "當".

미나리3(이상 임원경제연구소. 파주시 금촌동 통일시장에서 촬영)　　미나리(정성섭·김복남)

로는 운몽(雲夢)4의 미나리가 있다."5라 했다. 운몽은 바로 초(楚)나라 지방이다. 초(楚)나라에 기주(蘄州)와 기현(蘄縣)6이 있다.《이아익》에서 "이 지역에 미나리가 많이 나기 때문에 글자가 근(斤)자를 따랐다."7라 했다. 이 역시 통한다.

　미나리에는 논미나리[水芹, 수근]와 밭미나리[旱芹, 한근]가 있다. 논미나리는 방죽이나 못 등지에서 나고, 밭미나리는 평지에서 자란다. 적색과 백색 2종이 있다】

有雲夢之芹." 雲夢, 楚地也. 楚有蘄州、蘄縣,《爾雅翼》云:"地多産芹, 故字從斤." 亦通.

有水芹、旱芹, 水芹生陂澤間, 旱芹生平地, 有赤、白二種】

4　운몽(雲夢): 중국 호북성(湖北省) 중서부에 있는 현(縣). 전국 시대 초나라의 7택(七澤) 중의 하나. 굴원(屈原)의 〈초사(楚辭)〉, 사마상여(司馬相如)의 〈자허부(子虛賦)〉에 이곳을 소재로 한 작품이 남아 있다.
5　채소……있다:《呂氏春秋》卷14〈孝行覽〉第2 "本味"(《文淵閣四庫全書》848, 374쪽).
6　기주(蘄州)와 기현(蘄縣): 지금의 중국 호북성(湖北省) 기춘현(蘄春縣) 일대.
7　이 지역에……따랐다:《爾雅翼》卷5〈釋草〉"芹"(《文淵閣四庫全書》222, 301쪽).

미나리꽃

2) 알맞은 토양

집에서 가까운 웅덩이나 연못에 심어야 한다. 또 물이 넉넉한 곳을 골라야 한다. 《증보산림경제》[8]

땅은 매우 기름져야 하고, 특히 물이 모자라서는 안 된다. 《행포지》[9]

3) 심는 시기

2월에 거름을 주고 미나리를 심는다. 《증보산림경제》[10]

土宜

宜種近宅汚池中, 又擇足水處. 《增補山林經濟》

地要極肥, 尤不可缺水. 《杏蒲志》[2]

時候[3]

二月加糞種之. 《增補山林經濟》

---

8 《增補山林經濟》卷6〈治圃〉"芹"(《農書》3, 416쪽).
9 《杏蒲志》卷3〈種芹〉(《農書》36, 160쪽).
10 《增補山林經濟》, 위와 같은 곳.
[2] 地要……蒲志 : 오사카본에는 이 기사가 없음.
[3] 時候 : 오사카본에는 이 기사가 '土宜' 항목의《增補山林經濟》기사에 속해 있으며, "作水田" 3자를 지우고 "增補山林經濟"라는 소주를 쓴 후 "二月……經濟"를 별도의 '時候' 항목을 만들라는 편집 지시가 있다.

4) 심기와 가꾸기

미나리는 뿌리를 거두어 휴전에 심는다. 항상 물을 풍족하게 주어야 한다. 쌀뜨물[潘]【주 반(潘)은 보(普)와 관(官)의 반절(反切)이다. 쌀을 씻은 물이다】및 소금기가 있는 물을 특히 꺼린다【이런 물을 주면 죽는다】. 본성이 쉽게 무성해지며, 맛이 달고 부드러워서 야생인 돌미나리보다 낫다. 《제민요술》[11]

미나리를 심을 때에는 배게 심어서 곁줄기가 뻗어 나오지 못하도록 해야 한다. 7~8월에 또 그 뿌리를 뽑아서 다시 심는다. 싹이 나오면 김장김치[冬菹]에 충당한다. 《증보산림경제》[12]

못가나 우물가의 물이 넉넉한 곳을 고른다. 논[水田]의 작은 1뙈기에 똥거름으로 거름을 준다. 이어서 여러 번 밭을 간 다음 여러 번 써레질하고[耙, 파][13] 여러 번 써레질하여[耖, 초][14] 흙을 매우 부드럽고 기름지게 한다.

돌미나리[野芹, 야근]를 채취한 뒤 배개 심는데, 배게 심을수록 더욱 좋다. 뿌리는 서로 꼭꼭 붙여 비늘이 잇닿은 듯이 심어 주어야 좋다. 만약 조금이라

種藝

芹收根畦種之. 常令足水. 尤忌潘【注 普官切, 淅米汁也】泔及鹹水【澆之則死】. 性易繁茂而甜脆, 勝野生者. 《齊民要術》

種芹, 宜密, 使不抽旁枝. 七八月間, 又拔其根而更種. 生芽以備冬菹. 《增補山林經濟》

擇池邊、井側足水. 水田一小畦, 用大糞糞之, 屢耕, 屢耙屢耖, 令極細膩.

採野芹, 槩種之, 愈槩愈好. 令根蹙蹙相鱗次, 乃善. 若稍疏則亂抽旁枝, 而

---

11 《齊民要術》卷3〈種蘘荷芹蘆〉第28(《齊民要術校釋》, 221쪽).

12 《增補山林經濟》, 위와 같은 곳.

13 써레질하고[耙, 파] : 써레로 흙덩이를 흩뜨리고 풀을 제거하는 일. 《임원경제지 본리지》권10〈그림으로 보는 농사 연장〉(상) "갈이 연장과 삶이 연장" '써레[耙]'에 자세히 보인다.

14 써레질하여[耖, 초] : 밭의 흙덩이를 성글성글하게 부수는 연장. 써레[耖]이빨보다 2배 정도 길고 간격도 더 촘촘하다. 《임원경제지 본리지》권10〈그림으로 보는 농사 연장〉(상) "갈이 연장과 삶이 연장" '써레[耖]'에 자세히 보인다.

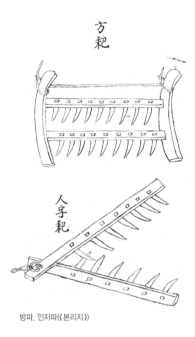

方耙

人字耙

방파, 인자파(《본리지》)

도 성글게 심으면 곁줄기를 어지럽게 뻗어 내기 때문
에 본줄기는 말라서 부드럽지 않고 맛도 없게 된다.

　싹이 1척 남짓 자라면 땅에 바짝 붙이고 베어 먹
는다. 자라는 대로 베어 먹으니, 1번 고생으로 오래
도록 편안하다. 《행포지》[15]

莖瘦不脆美矣.

待苗尺餘, 附地刈食. 旋
苗旋刈, 一勞永逸. 《杏蒲
志》[4]

15 《杏蒲志》卷3 〈種芹〉(《農書》36, 160~161쪽).

[4] 杏蒲志 : 오사카본에는 《杏蒲志》의 내용이 없고 "《杏蒲志》의 해당 내용을 다음에 보태어 넣어야 한다(《杏
蒲志》添入次)."라는 두주가 있다. 기사 분량이 적지 않은 점으로 보아, 별지를 붙여 놓았을 가능성이 있으
나 별지는 확인되지 않았다.

5) 보관하기

돌미나리는 반드시 백색의 여린 잎을 취해야 좋다. 저염(低鹽)으로 1~2일을 절였다가 끓는 물에 데친다. 말릴 때에는 반드시 1일을 말려야 맛이 빼어나다.《농정전서》[16]

收藏

野芹, 須取嫩白爲佳. 輕鹽一二日, 湯焯過. 曬須一日乾, 方妙.《農政全書》

---

[16]《農政全書》卷28〈樹藝〉"蔬部" '芹'(《農政全書校注》, 734쪽).

30. 순채[蒓, 순][1]

蒓

1) 이름과 품종

名品

일명 '묘(茆)', '수규(水葵)', '노규(露葵)', '마제초(馬蹄草)'이다.[2]

一名"茆", 一名"水葵", 一名 "露葵", 一名"馬蹄草".

【본초강목】[3] 순채는 본래 순(蒓)으로 썼다. 순(純)은 바로 실[絲] 이름이다. 순채의 줄기가 실과 비슷하기 때문이다. 그 본성이 물을 좇으면서 매끄럽기 때문에 또 '수규(水葵)'라 한다.

【本草綱目】蒓本作蒓，純乃絲名. 其莖似之也. 其性逐水而滑, 故又稱"水葵".

순채(《왜한삼재도회》)

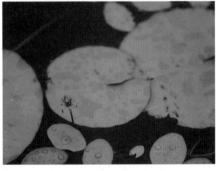

순채

---

1 순채[蒓, 순]: 쌍떡잎식물 미나리아재비목 수련과의 여러해살이 수초. 연못에서 자라지만 옛날에는 잎과 싹을 먹기 위해 논에 재배하기도 하였다. 부규·순나물이라고도 한다. 풍석 서유구 지음, 임원경제연구소 옮김, 《임원경제지 정조지》1, 236쪽 '순채[蒓]'를 함께 참조 바람.
2 일명……마제초(馬蹄草)이다:《本草綱目》卷19〈草部〉"蒓", 1372쪽에 보인다.
3 《本草綱目》卷19〈草部〉"蒓", 1372~1373쪽.

순채꽃

순채잎

《안씨가훈(顏氏家訓)》[4]에 "채(蔡)군은 아버지의 휘가 순(純)이므로 순(蒓)을 노규(露葵)로 바꿔 불렀다."[5]라 했다. 《시경·노송(魯頌)》〈반수(泮水)〉에 "그 묘(茆)를 잠깐 채취하네."[6]라 했다. 이들은 곧 순채이다.

호수나 연못에서 난다. 잎은 마름[荇菜, 행채]과 같지만 그보다 조금 더 둥글고, 모양은 말발굽[馬蹄]과 비슷하다. 그 줄기는 자색이다. 크기가 큰 순채는 젓가락만 하다. 부드럽고 매끄러워 국을 끓이기에 좋다. 여름철에 황색 꽃이 피고, 청자색의 씨앗을 맺는다. 그 크기는 팥배나무 속의 가느다란 씨앗만 하다.

봄에서 여름으로 넘어갈 무렵 아직 잎이 나지 않은 여린 줄기를 '치순(稚蓴)'이라 한다. 잎이 조금 자라 펴진 순채를 '사순(絲蓴)'이라 한다. 가을이 되어 쇤 순

《顏氏家訓》云: "蔡郎父諱純, 改蒓爲露葵." 《詩》云: "薄采其茆." 卽蓴也.

生湖澤中. 葉如荇菜而差圓, 形似馬蹄. 其莖紫色, 大如箸. 柔滑可羹. 夏月開黃花, 結實靑紫色. 大如棠梨中有細子.

春夏嫩莖未葉者, 名"稚蓴"; 葉稍舒長者, 名"絲蓴"; 至秋, 老則名"葵蓴".

4 안씨가훈(顏氏家訓): 중국 남북조 시대 말기의 귀족 안지추(顏之推, 531~591)가 자손을 위하여 저술한 교훈서. 2권 20편. 가족도덕·대인관계를 비롯하여 구체적인 경제생활·풍속·학문·종교 나아가서는 문자·음운(音韻) 등 다양한 내용을 구체적인 체험과 풍부한 사례를 바탕으로 논하였다.
5 채(蔡)군은……불렀다:《顏氏家訓》卷上〈勉學篇〉第8(《文淵閣四庫全書》848, 959쪽).
6 그……채취하네:《毛詩正義》卷20〈魯頌〉"泮水"(《十三經注疏整理本》6, 1646쪽).

채를 '규순(葵蓴)'이라 한다. 간혹 '저순(豬蓴)'이라고도 쓴다. 이는 돼지[豬]에게 먹일 수 있다는 뜻이다】

或作"豬蓴", 言可飼豬也】

2) 알맞은 토양

순채는 진흙을 싫어하고 모래를 좋아하기 때문에 진흙 속에서는 싹이 나지 않는다. 《화한삼재도회》[7]

土宜

蓴惡泥而喜沙, 不生淤泥中.《和漢三才圖會》

3) 심기와 가꾸기

방죽이나 호수와 가까우면 호수에 심어야 좋다. 흐르는 냇물이 가까우면 냇물의 물길을 터서 못을 만들어 심어야 좋다. 다만 깊이를 잘 가늠해야 한다. 물이 너무 깊으면 줄기가 두꺼워지고 잎은 작아지며, 물이 얕으면 잎이 많아지고 줄기는 야윈다.

순채의 본성은 잘 나기 때문에 1번 심으면 오래도록 얻는다. 자라는 물이 깨끗해야 한다. 더러운 것을 견디지 못한다. 그리하여 똥물이 못에 들어가면 죽는다. 10승 남짓 심으면 쓰기에 충분하다. 《제민요술》[8]

種藝

近陂、湖, 可於湖中種之. 近流水者, 可決水爲池種之. 以深淺爲候, 水深則莖肥葉小, 水淺則葉多而莖瘦.

蓴性易生, 一種永得. 宜潔淨. 不耐汚, 糞穢入池卽死矣. 種一斗餘許足用.《齊民要術》

물을 끌어다 못을 만든 다음 돌을 쌓아 벽을 두르고 가운데 순채를 띄워 둔다. 반드시 아래로 물을 통하게 하여 물이 항상 깨끗하게 하면 무성해진다. 《증보산림경제》[9]

引水作池, 甃以石放蓴. 必通下流, 使水常潔則盛.《增補山林經濟》

---

7 《和漢三才圖會》卷97〈水草類〉"蓴"(《倭漢三才圖會》12, 22쪽).
8 《齊民要術》卷6〈養魚〉第61(《齊民要術校釋》, 463쪽).
9 《增補山林經濟》卷6〈治圃〉"蓴"(《農書》3, 427쪽).

4) 쓰임새

3~4월부터 7~8월까지는 순채를 '사순(絲蓴)'이라고 한다. 이때는 줄기가 부드럽고 매끄러우며 맛이 달다. 상강(霜降, 양력 10월 23·24일경) 이후로는 '괴순(塊蓴)'이라 한다. 이때는 줄기가 까칠하고 맛이 약간 쓰다. 국을 끓이면 잡다한 채소보다는 오히려 낫다. 《증보산림경제》[10]

功用

自三四月至七八月, 名"絲蓴", 柔滑味甘. 霜降以後, 名"塊蓴", 澁而少苦. 取以爲羹, 猶勝雜菜. 《增補山林經濟》

---

10 《增補山林經濟》, 위와 같은 곳.

31. 여뀌[蓼, 료][1]

蓼

1) 이름과 품종

名品

일명 '장(䕌)', '우료(虞蓼)'이다.[2]

一名"䕌", 一名"虞蓼".

【이아(爾雅)[3] 장(䕌)은 우료(虞蓼)이다.

【爾雅 䕌, 虞蓼.

곽박주(郭璞注)[4] 우료는 택료(澤蓼)이다. 일명 '수료(水蓼)'이다.

郭璞注 虞蓼, 澤蓼也. 一名"水蓼".

여뀌(《본초도경》)

여뀌1

1　여뀌[蓼, 료]:쌍떡잎식물 마디풀목 마디풀과의 한해살이풀. 한해살이로 바로 서서 자라고, 마디가 팽창한 것처럼 굵어지며 적색을 띤다. 줄기를 싸고 있는 턱싼잎[托葉鞘]에 털이 있다. 식물체 전체에 매운 맛이 있다. 풍석 서유구 지음, 임원경제연구소 옮김, 《임원경제지 정조지》 3, 253쪽 '여뀌누룩', 《임원경제지 정조지》 4, 167쪽 '여뀌술'을 함께 참조 바람.
2　일명……우료(虞蓼)이다:《本草綱目》卷16〈草部〉"水蓼", 1093쪽에 보인다.
3　《爾雅注疏》卷8〈釋草〉第13《十三經注疏整理本》24, 67쪽).
4　《爾雅注疏》, 위와 같은 곳.

여뀌2

여뀌3

흰여뀌1

흰여뀌2(이상 임원경제연구소, 파주시 탄현면 대동리에서 촬영)

동의보감 [5] 연못에서 자란다. 여뀌에는 자료(紫蓼, 자색 여뀌)·적료(赤蓼, 적색 여뀌)·청료(靑蓼, 청색 여뀌)·향료(香蓼, 기생여뀌)·마료(馬蓼, 말여뀌)·수료(水蓼)·목료(木蓼) 등 7종이 있다. 이중 오직 자료·향료·청료만 사람이 먹을 수 있다. 잎은 모두 작고 좁다. 모든 여뀌는 꽃이 홍백색이고, 씨앗은 모두 적흑색이다】

東醫寶鑑 生水澤中. 有紫蓼、赤蓼、靑蓼、香蓼、馬蓼、水蓼、木蓼等七種. 惟紫蓼、香蓼、靑蓼, 爲人所食. 葉俱小狹. 諸蓼, 花皆紅白, 子皆赤黑】

---

5 《東醫寶鑑》〈湯液篇〉卷2 "菜部" '蓼實'(《原本 東醫寶鑑》, 718쪽).

2) 심는 시기

3월에 여뀌를 심을 수 있다. 최식(崔寔)[6]은 또 "1월에 심을 수 있다."[7]라 했다.《제민요술》[8]

時候
三月可種蓼. 崔寔又云:"正月可種."《齊民要術》[1]

3) 심기와 가꾸기

여뀌는 물을 댈 수 있는 휴전[水畦]에 심는 것이 더 좋다.《제민요술》[9]

種藝
蓼宜水畦種.《齊民要術》

4) 거두기

여뀌로 절임을 담그려면 싹이 0.2척 정도 자랐을 때 싹을 잘라서 비단 포대에 담아 장독 속에 담가둔다. 싹이 다시 자라면 또 자른다. 이렇게 하면 항상 어린 싹을 얻을 수 있다【주 만약 가을을 기다린다면 씨앗은 여물어 떨어지고, 줄기는 이미 단단해지며, 잎 또한 마른다】.

씨앗을 취하려면 열매가 여물기를 기다렸다가 재빨리 취한다【주 본성이 쉽게 시들기 때문에 늦으면 다 떨어진다】.《제민요술》[10]

收採[2]
蓼作菹者, 長二寸則翦, 絹袋盛, 沈於醬甕中. 又長, 更翦. 常得嫩者【注 若待秋, 子成而落, 莖旣堅硬, 葉又枯燥也】.

取子者, 候實成, 速取之【注 性易凋零, 晚則落盡】.《齊民要術》

5) 새싹 기르는 법

초봄에 여뀌열매를 취하여 물을 담은 조롱박에

養芽法
春初取蓼實, 以葫蘆盛水

---

6 최식(崔寔) : 중국 후한의 학자로, 자는 자진(子眞)이다. 앞에 소개한《사민월령》의 저자이다.

7 1월에……있다 : 출전 확인 안 됨.

8 《齊民要術》권3〈種荏蓼〉第26(《齊民要術校釋》, 216쪽).

9 《齊民要術》권3〈種荏蓼〉第26(《齊民要術校釋》, 215쪽).

10 《齊民要術》권3〈種荏蓼〉第26(《齊民要術校釋》, 215~216쪽).

1 時候……要術 : 오사카본에는 이 기사가 없음.

2 收採 : 오사카본에는 이 기사가 아래의 '養芽法' 뒤에 있으며, 이 둘의 순서를 바꾸라는 편집 지시가 있다.

담근다. 이를 불 위에 높이 걸어 놓고 밤낮으로 따뜻하게 데워 주면 마침내 홍색 싹이 난다. 이를 가져다 나물을 무쳐 오신반(五辛盤)[11]을 갖춘다.《본초연의(本草衍義)》[12]

浸濕. 高掛於火上, 晝夜使煖, 遂生紅芽. 取而爲蔬, 以備五辛盤.《本草衍義》

6) 쓰임새

5~6월에는 여뀌로 절임을 만들어서 비름에 곁들여 먹을 수 있다.《제민요술》[13]

功用

五月、六月中, 蓼可爲虀以食莧.《齊民要術》

여뀌싹1

여뀌싹2(이상 임원경제연구소, 파주시 월롱면 덕은리에서 촬영)

---

11 오신반(五辛盤) : 오신(五辛)은 매운맛이 나는 5가지 훈채(葷菜). 파, 달래, 마늘, 부추, 여뀌, 겨자, 미나리, 무싹 등 매운 맛이 나는 여러 채소를 가리킨다. 일반적으로는 마늘, 달래, 부추, 유채, 고수를 가리키지만, 나라와 시대, 지역과 각 절기에 따라 다르게 사용되었다. 옛날 풍속에, 입춘일(立春日)이면 봄을 맞는 의미에서 이 5가지 나물을 만들어 먹고 또 이 나물을 쟁반[盤]에 담아서 이웃에 나누어 주곤 했던 데서 온 말이다.《임원경제지 정조지》권7 〈절식(절식지류)〉"입춘(立春)의 절식" '오신반(五辛盤) 만들기(오신반방)'(풍석 서유구 지음, 임원경제연구소 옮김,《임원경제지 정조지》4, 풍석문화재단, 2020, 190~191쪽)에 자세히 보인다.
12 《本草衍義》卷19 〈蓼實〉, 143쪽;《東醫寶鑑》, 위와 같은 곳.
13 《齊民要術》권3 〈種莊蓼〉第26(《齊民要術校釋》, 216쪽).

32. 버섯[菌, 균][1]

菌

1) 이름과 품종

名品

【일용본초(日用本草)】[2][3] 땅에서 자라는 버섯을 '균(菌)'이라 하고, 나무에서 자라는 버섯을 '누(檽)', 또는 '심(蕈)'이라 한다. 심(蕈)에는 '느타리버섯[天花蕈, 천화심][4]'·'표고버섯[蘑菰蕈, 마고심][5]'·'참나무버섯[香蕈, 향

【日用本草】地生名"菌", 木生名"檽", 又名"蕈". 有"天花蕈", "蘑菰蕈", "香蕈", "肉蕈", 皆因濕氣熏蒸而

목이버섯   양두채   표고버섯(이상 《왜한삼재도회》)

1 　버섯[菌, 균] : 균류 중에서 눈으로 식별할 수 있는 크기의 자실체를 형성하는 무리의 총칭. 일반적으로 버섯은 갓, 대 혹은 줄기, 주름살, 턱받이, 대주머니 혹은 외피막으로 구성되어 있다. 버섯은 식용 또는 약용으로 널리 사용되고 있다. 풍석 서유구 지음, 임원경제연구소 옮김, 《임원경제지 정조지》 1, 225쪽 '목이버섯'~232쪽 '지이(地耳)'를 함께 참조 바람.

2 　일용본초(日用本草) : 중국 원(元)나라 오서창(吳瑞創)이 지은 식물학서적. 매일 식용하는 식물의 종류, 성질, 형태, 조리법 등을 자세히 기술했다.

3 　출전 확인 안 됨;《東醫寶鑑》〈湯液篇〉卷2 "菜部" '木耳'(《原本 東醫寶鑑》, 719쪽).

4 　느타리버섯[天花蕈, 천화심] : 담자균류 주름버섯목 느타리과의 버섯.

5 　표고버섯[蘑菰蕈, 마고심] : 담자균류 느타리과에 속하는 식용버섯.

노루궁뎅이버섯

계종버섯

표고버섯 종균 심은 나무(정성섭·김복남)

느타리버섯1

느타리버섯2(이상 임원경제연구소, 파주시 금촌동 통일시장에서 촬영)

심]6'·'육심(肉蕈)7'이 있다. 모두 습기가 훈증되어 생긴 다. 산 속 궁벽한 곳에서 난 버섯은 독이 있어 사람 을 죽인다.

成. 生山中僻處者, 有毒殺 人.

농정전서 8 북쪽 지방에는 곰보버섯[羊肚菜, 양두채]9 이 있다. 괸 물에서 나며 갈대뿌리에서 자란다. 남

農政全書 北土有羊肚[1] 菜, 生天澯中, 葦根所爲

---

6   참나무버섯[香蕈, 향심]:담자균류 느타리과의 식용버섯인 표고버섯의 일종.

7   육심(肉蕈):담자균류 느타리과의 식용버섯인 표고버섯의 일종. 백색이다.

8   《農政全書》卷28〈樹藝〉"蔬部"'菌'(《農政全書校注》, 739~740쪽).

9   곰보버섯[羊肚菜, 양두채]:자낭균류 주발버섯목 곰보버섯과의 버섯. 양두균(羊肚菌)이라고도 한다.

[1]   肚:저본에는 "指".《農政全書·樹藝·菌》에 근거하여 수정.

쪽 지방에는 천선채(天仙菜)[10]가 있다. 이는 띠풀뿌리에서 자란다. 망태버섯[竹茹, 죽여][11]은 대나무뿌리에서 자란다. 기타 천화(天花)·마고(麻菇)·계종(鷄㙡)버섯[12]·노루궁뎅이버섯[猴頭, 후두][13] 따위는 모두 초목의 뿌리가 썩어 문드러진 데에서 생긴다.

또 오목이(五木耳, 5가지의 나무버섯)는 곧 뽕나무버섯[桑耳, 상이], 회화나무버섯[槐耳, 괴이], 느릅나무버섯[榆耳, 유이], 버드나무버섯[楊耳, 양이], 닥나무버섯[楮耳, 저이]이다】

也. 南土有天仙菜, 茅根所爲也. 有竹茹[2], 竹根所爲也. 他如天花、麻菇、鷄㙡、猴頭之屬, 皆草木根腐壞而成者.

又五木耳, 卽桑、槐、榆、楊、楮所生者】

---

10 천선채(天仙菜):문맥상 버섯의 일종으로 추정된다. 녹조식물 염주말과의 민물말인 염주말[念珠—]이라고도 하는데, 정확하지 않다.
11 망태버섯[竹茹, 죽여]:담자균류 말뚝버섯과의 버섯.
12 계종(鷄㙡)버섯:담자균류 송이과에 속하는 버섯. 버섯의 맛이 닭고기[鷄]와 비슷하다고 하여 붙여진 이름이다. 계종균(雞㙡菌)·계육사고(雞肉絲菇)·백의고(白蟻菇)라고도 한다.
13 노루궁뎅이버섯[猴頭, 후두]:노루궁뎅이과의 버섯. 버섯 모양이 원숭이 머리와 비슷하다고 해 붙여진 이름이다. 식용 및 약재로 쓰인다. 후두고(猴頭菇)·후두균(猴頭菌)이라고도 한다.
② 茹:저본에는 "筎".《農政全書·樹藝·菌》에 근거하여 수정.

2) 심기와 가꾸기

3월에 버섯종균을 심을 때 썩은 닥나무[構木]
【농정전서 14 구(構)는 곧 곡목(穀木)이다. 일명 '저엽
(楮葉, 닥나무잎)'이다. 꽃받침이 있는 것을 '저(楮)'라 하
고, 꽃받침이 없는 것을 '구(構)'라 한다.15 단성식(段
成式)16의 《유양잡조(酉陽雜俎)》17에 보인다】 및 닥나무
잎을 취하여 땅에 묻는다. 항상 쌀뜨물을 부어 주어
촉촉하게 해 주면 2~3일이 지나 곧바로 난다.

또 다른 법: 휴전에 썩은 거름을 준다. 닥나무를
길이 0.6~0.7척으로 자르고, 찧어 부스러기를 낸 뒤
채소 심는 법과 같이 휴전에 골고루 흩뿌린다. 그리
고 흙으로 덮고 물을 주어 오랫동안 습하게 해 준다.

만약 작은 버섯종균이 처음 생기면 갈퀴를 위로
향하여 들고 몽치로 밭을 쳐 준다. 다음날 아침 또
종균이 돋아 나면 다시 몽치로 밭을 쳐 준다. 이렇
게 3차례 한 뒤에 나는 버섯은 몹시 크게 자라므로
따서 먹는다. 이 버섯은 본래 닥나무에서 나왔으므
로, 먹어도 사람을 해치지 않는다. 《사시유요》18

種藝

三月種菌子, 取爛構木
【農政全書 構, 卽穀也. 一
名 "楮葉", 有瓣曰 "楮", 無
瓣曰 "構". 見段成式《酉陽
雜俎》及葉, 於地埋之. 常
以泔澆令濕, 三兩日卽生.

又法: 畦中下爛糞. 取構
木, 可長六七寸, 截斷磓
碎, 如種菜法, 於畦中均
布. 土蓋水澆, 長令潤.
如初有小菌子, 仰杷椎之.
明朝又出, 亦椎之. 三度後
出者甚大, 卽收食之. 本自
構木, 食之不損人. 《四時
類要》

---

14 《農政全書》卷28〈樹藝〉 "蔬部" '菌'(《農政全書校注》, 740쪽).

15 구(構)는······한다:《酉陽雜俎》卷18〈廣動植〉3 "木篇" '構'(《叢書集成初編》277, 148쪽).

16 단성식(段成式):803~863. 중국 당나라 때의 학자. 자는 가고(柯古). 지괴소설을 잘 지었으며 시와 문장에
모두 뛰어났다. 이상은(李商隱)·온정균(溫庭筠) 등의 대시인들과 이름을 나란히 하였다. 주요 저서에《유
양잡조(酉陽雜俎)》가 있다.

17 유양잡조(酉陽雜俎):중국 당나라의 문학가 단성식(段成式)이 저술한 수필집. 전집 20권, 속집 10권을 합
하여 총 30권 1,288조로 이루어져 있다. 유양(酉陽)은 산 이름이고, 잡조(雜俎)는 잡다한 것을 모아 놓았
다는 뜻이다. 그 내용은 서명에서 알 수 있듯이 인사(人事)·신괴(神怪)·음식(飮食)·의약(醫藥)·사탑(寺
塔)·동물(動物)·식물(植物) 등 매우 광범위하며, 전기(傳奇)·지괴(志怪)·잡록(雜錄)·고증(考證) 등 그 문
체도 다양하여, 당대(唐代) 필기소설 가운데 독창성 높은 대표작으로 꼽는다.

18 《사시찬요 역주》권2〈삼월〉 "농경과 생활" '버섯 파종하기', 219~220쪽;《農桑輯要》卷5〈瓜菜〉 "菌
子"(《農桑輯要校注》, 179쪽).

썩은 뽕나무·향장목(香樟木)[19]·황남목(黃楠木)[20] 등을 잘라서 1척 길이의 토막으로 만든다. 12월에 썩은 낙엽을 쓸어 담은 다음 기름진 음지를 골라 나무와 섞어서 깊이 간 휴전에 묻되, 채소 심는 법과 같이 한다.

봄에 쌀뜨물을 부어 주면 수시로 버섯이 난다. 날마다 3차례씩 물을 주면 곧 크기가 주먹만 해진다. 채취하는 법은 소채(素菜)[21] 채취하는 법과 같다. 볶아 먹거나, 포를 만들어도 모두 좋다. 나무 위에서 자란 버섯은 사람을 상하게 하지 않는다. 《야속품(野蔌品)[22]》[23]

用朽桑木、樟木、楠木, 截成一尺長段. 臘月掃爛葉, 擇肥陰地, 和木埋于深畦, 如種菜法.

春月用泔水澆灌, 不時菌出. 逐日灌以三次, 卽大如拳. 釆同素菜, 炒食、作脯俱美. 木上生, 不傷人. 《野蔌品》

음지로 향한 곳을 취하고 그곳에서 잘 자라는 나무를 가려 심는다【단풍나무[楓]·종가시나무[櫧][24]·북나무[栲][25] 등의 나무이다】. 위 나무들이 자라면 베어 낸 다음 도끼로 나무를 잘게 쪼갠다. 구덩이를 만들어 나무조각을 넣은 다음 흙으로 덮고 꾹꾹 눌러 준다.

해가 지나 나무가 썩으면 버섯을 잘게 잘라 구덩

取向陰地, 擇其所宜木【楓、櫧、栲等樹】. 伐倒, 用斧碎砍, 成坎, 以土覆壓[3]之.

經年樹朽, 以蕈碎剉, 均

---

19 향장목(香樟木) : 녹나무과에 속하는 상록교목인 녹나무.

20 황남목(黃楠木) : 미상. 녹나무과에 속하는 상록교목인 녹나무의 일종으로 추정된다.

21 소채(素菜) : 향신료류의 채소가 아닌 일반 채소.

22 야속품(野蔌品) : 중국 명나라의 극작가 고렴(高濂, ?~?)이 산야(山野)의 채소를 두루 망라한, 일종의 양생·본초류 서적. 본래 《준생팔전(遵生八箋)》〈음선복식전(飮膳服食箋)〉 내의 '야속류(野蔌類)'에 있던 내용이 따로 단행본으로 독립한 것이다. 감국화와 구기자를 비롯하여 콩나물[黃豆芽]에 이르기까지 91종의 나물류를 소개하고 있다.

23 출전 확인 안 됨;《遵生八牋》卷12〈飮膳服食牋〉中 "木菌"《遵生八牋校注》, 453쪽).

24 종가시나무[櫧] : 쌍떡잎식물 참나무목 참나무과의 상록교목.

25 북나무[栲] : 쌍떡잎식물 무환자나무목 옻나무과의 낙엽관목.

③ 壓 : 저본에는 "厭". 오사카본·규장각본·《王禎農書·百穀譜·菌子》에 근거하여 수정.

이에 골고루 흩뿌리고, 쑥잎 및 흙으로 덮는다. 그
리고 때때로 쌀뜨물을 뿌려 준다. 대여섯 시간이 지
나면 몽둥이로 나무를 두드려 준다. 이를 '경심(驚蕈,
버섯 놀라게 하기)'이라 한다.

비나 눈이 내린 뒤 날씨가 따뜻해지면 버섯이 빠
르게 난다. 비록 해가 지나더라도 이익을 얻을 수 있
으므로 이익이 매우 많다. 버섯 따기를 마친 뒤, 구
덩이 안에 종자를 남겨 두면 이듬해 그대로 다시 난
다. 땅의 상태를 살펴서 해를 바꾸어 가며 다른 버
섯종균으로 번갈아 심는다.《왕정농서》[26]

표고버섯의 경우, 먼저 뽕나무나 닥나무 등의 여
러 나무를 흙 속에 묻는다. 여기에 쌀뜨물을 뿌려
주어 마고가 나면 딴다. 민간에서 이 버섯을 '계퇴마
고(鷄腿蘑菰)'라고 이름 붙였다. 이는 버섯의 맛이 꼭
닭고기[鷄]와 같다는 뜻이다. 어떤 품종 중에 모양이
양의 창자[羊肚]와 같으며 벌집모양과 같은 것은 '양
두채(羊肚菜)'라 한다.《본초강목》[27]

표고버섯은 남해안의 여러 곳에서 난다. 정해진
나무 없이 아무데서나 자란다. 간혹 나무를 베고 그
나무를 취하여 6~7월이 되면 짚둥구미로 덮고 물
을 뿌려 항상 촉촉하게 해 주면 표고버섯이 난다.

布坎內, 以蒿葉及土覆之.
時用泔澆灌. 越數時則以
槌棒擊樹[4], 謂之"驚蕈".

雨雪[5]之餘, 天氣蒸煖, 則
蕈生疾. 雖踰年而獲利, 利
則甚博. 採訖, 遺種在內,
來歲仍發復. 相地之宜,
易歲代種.《王氏農書》

蘑菰, 埋桑楮諸木於土
中, 澆以米泔, 待菰生, 采
之. 俗名"鷄腿蘑菰", 謂其
味如鷄也. 一種狀如羊肚,
有蜂窠眼者, 名"羊肚菜".
《本草綱目》

蘑菰, 產南海諸處. 生無
定木. 或伐取其木, 待六七
月, 覆以藁篅, 澆水令恒濕
則生菰. 味甚香美. 或以

26 《王禎農書》〈百穀譜〉 4 "蔬屬" '菌子', 111쪽;《農政全書》卷28〈樹藝〉"蔬部" '菌'(《農政全書校注》, 740쪽).
27 《本草綱目》卷28〈菜部〉"蘑菰蕈", 1718쪽.
[4] 以蒿……擊樹 : 오사카본에는 이 내용을 보충하라는 편집 지시가 있다.
[5] 雪 :《王禎農書·百穀譜·菌子》에는 "露".

맛이 아주 향기롭고 좋다. 간혹 도끼 끝으로 나무를 수시로 때려 흔들어 주면 버섯이 잘 자란다. 《증보 산림경제》[28]

斧頭時時打動, 則易生也. 《增補山林經濟》

3) 쓰임새

햇버섯을 따서 바로 생으로 데쳐 먹으면 향이 아주 좋다. 햇볕에 쬐어 말리면 향이 좋은 말린 버섯이 된다. 지금 깊은 산 궁벽한 산골짜기에 사는 사람들은 이 버섯으로 농사를 대신한다. 거의 하늘이 이 버섯을 키워서 그 이익은 그들에게 남겨 주는 셈이다. 《왕정농서》[29]

功用

新探, 起[6]生煮食, 香美. 曝乾則爲乾香蕈. 今深山窮谷之民, 以此代耕, 殆天苴此品以遺其利也. 《王氏農書》

---

28 《增補山林經濟》卷6〈治圃〉"蘑菰"(《農書》3, 436~437쪽).
29 《王禎農書》, 위와 같은 곳;《農政全書》, 위와 같은 곳.
6 起:《王禎農書·百穀譜·菌子》에는 "趁".

33. 두릅[木頭菜, 목두채][1]

木頭菜

1) 이름과 품종

名品

【해동농서(海東農書)[2][3] 두릅은 그 나무가 깊은 산 속에서 자란다. 엄나무[海桐, 해동][4]처럼 큰 가시가 있다. 봄에 순이 나면 따서 먹을 수 있다】

【海東農書 木頭菜, 其木 生深山中. 有巨刺如海桐. 春生筍, 可採食】

2) 심기와 가꾸기

種藝

초봄에 땅이 풀리면 채소밭에 옮겨 심고 물을 준

春初, 地釋移栽園圃中, 水

두릅나무

두릅(이상 정성섭·김복남)

두릅순(한동희)

---

1 두릅[木頭菜, 목두채]:두릅나무에 달리는 새순으로, 독특한 향이 나는 산나물. 목두채(木頭菜)라고도 한다.
2 해동농서(海東農書):조선 후기의 문신 서호수(徐浩修, 1736~1799)가 편찬한 농서. 우리나라 농학의 전통 위에서 우리나라의 자연 조건을 반영하고 중국의 농업 기술까지도 수용해 전제(田制)·수리(水利)·농기(農器)에 관한 문제들을 포함하는 새로운 농학의 체계화를 시도했다.
3 《海東農書》권3 〈菜類〉 "木頭菜"(《農書》10, 231쪽).
4 엄나무[海桐, 해동]:쌍떡잎식물 산형화목 두릅나무과의 낙엽교목.

두릅

두릅나무1(이상 임원경제연구소)

두릅나무2

두릅순

두릅(이상 임원경제연구소)

다. 두릅순이 돋으면 따서 나물로 먹거나 구워서 먹으면 아주 좋다. 또 10월 하순에 큰 질동이나 작은 항아리에 흙을 채워서 1척 남짓의 가지를 나무에서 많이 취하여 흙 위에 어지러이 꽂는다. 그런 다음 온실에 두고 따뜻한 물을 자주 준다. 그러면 가지에 모두 순이 돋아난다.《증보산림경제》[5]

澆之. 待抽筍作菜, 或炙食甚佳. 又於十月下旬, 用大盆或小甕實以土, 多取枝長尺餘, 亂揷土面, 置煖室中, 頻澆溫水則枝皆吐筍. 《增補山林經濟》

---

5 《增補山林經濟》卷6〈治圃〉 "木頭菜"(《農書》3, 428쪽).

34. 부록 아울러 살필 만한 나물 종류

附 互考蔬品

34-1) 첨채(甜菜, 구기자나물)

甜菜

【안】 첨채는 바로 구기자나무순[枸杞苗, 구기묘][1]이다. 《본초강목》에 "구기자나무는 봄에 순이 나고, 잎은 석류나무[石榴]잎과 같지만 그보다 연하고 얇아서 나물로 먹을 수 있다."[2]라 했다. 민간에서 부르는 '감채(甘菜)'가 이것이다.

구기자나무는 《만학지(晩學志)》에 이미 자세하기 때문에[3] 여기서는 다만 휴전에 심고 순을 자르는 법만 기록한다.

【按】甜菜, 卽枸杞苗. 《本草》云: "枸杞, 春生苗, 葉如石榴葉, 而軟薄堪食." 俗呼"甘菜"是也.

枸杞, 已詳《晚學志》, 此特著其畦種翦苗之法.

[산거록][4] 일반적으로 구기자나무를 심을 때는 길게 뻗은 줄기를 0.4척 정도의 길이로 잘라서 수백 묶음을 국사발크기로 만든다. 이때 새끼줄로 느슨하게[慢][5] 묶는다. 휴전마다 부추휴전에서 조성한 적당 간격의 줄처럼 4~5줄로 나누어 만든다. 곁에는 별도로 구덩이를 판다. 그 깊이는 0.7~0.8척이다.

山居錄 凡種枸杞, 取種連莖剉之, 令四寸許數百束如羹碗大, 以草索束之. 每畦分作四五行如韭畦稀稠行, 側別掘坑, 深七八寸, 令寬於束子, 挑安糞及土.

---

1 구기자나무순[枸杞苗, 구기묘] : 구기자나무의 연한 잎이나 순. 구기엽(枸杞葉)·구기채(枸杞菜)·구기첨(枸杞尖)이라고도 한다.
2 구기자나무는……있다 : 《本草綱目》 권36 〈木部〉 "枸杞 地骨皮", 2112쪽.
3 구기자나무는…… 때문에 : 《임원경제지 만학지》 권4 〈나무류[木類]〉 "구기자나무[枸杞]"에 보인다.
4 출전 확인 안 됨 : 《居家必用》 戊集 〈種藥類〉 "種枸杞"(《居家必用事類全集》, 178~179쪽).
5 느슨하게[慢] : "만(慢)"은 원문에 없으나 《거가필용》에 적혀 있기 때문에 이를 살려 옮겼다.

그 지름은 구기자나무 묶음보다 넉넉하게 만든 뒤,
거름과 흙을 여기에 채워 돋운다.

구덩이마다 0.3척 간격으로 한다. 구덩이가 완성
되면 구기자나무 묶음을 여기에 넣고 똑바로 세워서
심는다. 잘 삭은 소똥거름을 별도로 골고루 섞어 준
다. 농도는 밀가루풀과 같이 만들어 구덩이 속에 붓
는다. 구기자나무 묶음 위에 물을 가득 준다. 물이
줄어 들면 물을 더 준다.

每坑相去三寸, 坑成, 下束
子, 竪立種之. 別調和熟牛
糞, 稀如麪糊, 注坑中, 灌
束子上令滿. 減卽添灌之.

구덩이마다 이와 같이 한 뒤에 거름흙으로 가득
북준다. 이어서 흙 위에 다시 잘 삭은 소똥거름을
더 얹어 주어 구덩이를 평평하게 만든 뒤에 물을 준
다. 이렇게 하면 오래 지나지 않아서 묶음으로 된 큰
그루에서 싹이 난다. 이런 밭이 0.5묘 정도의 넓이
라야 비로소 충분히 먹을 수 있게 된다. 싹이 났을
때에 매우 크고 여린 상태에서, 부추 자르는 법처럼
싹이 나온 부분을 잘라 내되, 잘라 낼 때에는 땅에
바짝 붙여 땅과 수평이 되도록 한다. 자를 때 싹의
반을 남기면 싹이 단단해진다. 그렇다고 너무 깊이
자르면 뿌리를 상하게 한다.

坑坑如此, 然後以肥土壅
之滿訖, 土上更加熟牛糞,
令與坑平, 然後灌水. 不
久卽生大科. 半畝許, 始足
食. 生時甚肥嫩, 如翦韭
法, 從頭起割之, 令共地
平. 留半則梗硬, 翦深則
傷根.

싹을 자를 때에는 이른 아침에 일어나서 해야 하
고, 한낮의 더울 때나 비가 오는 날은 피해야 한다.
오직 맑게 갠 날 이른 아침에 해야 좋다. 가꾸는 일
을 이 법과 같이 하면 몇 사람에게 반찬을 제공할
수 있다.

翦時欲早起, 避晝熱及雨
中. 惟晴早晨爲佳. 修事如
法, 可供數人.

또 다른 법: 다만 휴전에 채소 심는 법과 같이 구
기자씨를 심는다. 이어서 거름을 주고 물을 준다.
심은 그해에는 싹이 비록 여위겠지만 3년이 지난 뒤

又法: 但於畦中種子, 如種
菜法. 上糞下水. 當年雖
瘦, 三年以後還肥可愛.

구기자나무(국립원예특작과학원에서 촬영)　　　구기자(이상 임원경제연구소, 파주시 금촌동 통일시장에서 촬영)

에는 도리어 통통해져서 사랑스럽다.

　순이 길게 자라지 않게 해야 한다. 너무 길게 자라면 줄기와 싹을 먹을 수 없기 때문이다. 만일 다 먹지 못하고 남은 순이 있으면 모조리 잘라서 묵나물을 만들고 겨울철에 일상에서 먹을 수 있도록 갖춘다. 이와 같이 하면 봄부터 가을까지 구기자나무 싹이 떨어지지 않는다.

　씨앗은 맛이 달고 좋은 나무의 씨앗을 심어야 한다. 만약 뿌리나 줄기를 심는다면 그 잎이 두툼하고 크면서도 가시가 없는 것을 고르면 이것이 진짜이다. 가시가 있고 잎이 작은 것은 '백극(白棘, 갯대추나무)'과 같아, 먹을 수 없다.

　일반적으로 2월 2일에 심고, 싹 자르기는 1년에 5번 한다. 이 회수를 넘어서는 안 된다】

勿令長, 莖苗卽不堪食. 如食不盡, 却劚作乾菜以備冬間常用. 如此, 從春及秋, 其苗不絕.

子取甘好者種之. 若種根莖, 擇取葉厚大無刺者, 是眞. 有刺葉小者是"白棘", 不堪服食.

凡種用二月初二日[1], 劚一年五度. 不可過此數也】

─────────
[1] 二日:《居家必用·種藥類·種枸杞》에는 "一".

34-2) 오가묘(五加苗, 오가피나물)

【안】 오가피나무는 《만학지》에 자세하다.[6]

【군방보】[7] 기름진 땅을 손질하고, 2척마다 뿌리 1개를 묻는다. 이때 예전에 묻혔던 흔적이 있는 곳까지 묻히게 심어 주면 아주 잘 살아난다. 오가피나무순이 나면 순지르기를 마친 다음, 김매 주고 북준다】

34-3) 청양(青蘘, 참깨나물)

【안】 바로 참깨의 싹이다. 참깨는 《본리지(本利志)》에 자세하다.[8]

【산거록】[9] 꼬투리의 모서리가 8개인 참깨를 '거승(巨勝)'이라 한다. 진짜 거승을 채소 심는 법과 같이 휴전에 심는다. 순이 나면 역시 먹을 만하다. 항상 심

五加苗

【按】五加木詳《晚學志》.

【群芳譜】治肥地, 每二尺埋一根, 令沒舊痕, 甚易活. 苗生, 從一頭剗訖, 鋤土壅之】

青蘘

【按】卽胡麻苗. 胡麻詳《本利志》.

【山居錄】胡麻角八稜者爲"巨勝". 取眞巨勝, 畦中如生菜法種之. 候苗出, 亦堪

오가피나무순

참깨싹(임원경제연구소, 국립원예특작과학원에서 촬영)

6　오가피나무는……자세하다:《임원경제지 만학지》 권4 〈나무류〉 "오가피나무[五加]"에 보인다.
7　《二如亭群芳譜》〈利部〉第3 "藥譜" 1 '五加'(《四庫全書存目叢書補遍》80, 555쪽).
8　참깨는……자세하다:《임원경제지 본리지》 권7 〈곡식 이름 고찰〉 "밭곡식" '참깨'에 보인다.
9　출전 확인 안 됨;《居家必用》戊集〈種藥類〉 "種青蘘法"(《居家必用事類全集》, 181쪽).

을 씨앗을 남겨 두었다가 가을이 되면 여기저기에 두루 심는다. 이 법에 따라 많이 심으면 그 맛이 매우 부드럽고 좋아 아욱보다 못하지 않다. 또 머리를 감아도 좋다】

食. 常留子種, 至秋徧徧. 依此法多種之, 其味甚滑美, 不減於葵, 亦堪沐髮】

34-4) 필두채(筆頭菜, 죽대나물)

【안 바로 죽대[黃精]의 순이다. 죽대는 〈약초류〉에 보인다.[10]

筆頭菜

【按 卽黃精苗. 黃精見《藥類》.

도경본초 [11] 죽대의 순이 처음 날 때 채취하여 나물로 먹는다. 이를 '필두채(筆頭菜)'[12]라 한다】

圖經本草 黃精苗初生時, 采爲菜茹, 謂之"筆頭 ② 菜"】

죽대

---

10 죽대는······보인다:《임원경제지 관휴지》권4 〈약초류〉 "죽대[黃精]"에 보인다.

11 《圖經本草》卷4 〈草部〉 上品 "黃精"(《本草圖經》, 79쪽).

12 필두채(筆頭菜):죽대의 싹. 싹의 모양이 연하고 부드러우며, 붓의 모양과 비슷하기 때문에 이와 같이 불렸다.

② 頭:《圖經本草·草部·黃精》에는 없음.

34-5) 지황묘(地黃苗, 지황나물)

【안】 지황은 〈약초류〉에 자세하다.[13]

【산거록】[14] 지황은 그 잎을 먹고 싶으면 다만 안개와 이슬이 걷히고 난 뒤라야만, 옆으로 난 줄기의 잎을 딴다. 가운데 줄기에서 바로 난 잎을 따지 말아야 한다. 지황묘는 사람에게 매우 이로우므로 여러 약채소보다 훌륭하다】

地黃苗

【按】地黃詳《藥類》.

【山居錄】地黃, 欲食其葉, 但霧露散後, 摘取旁葉. 勿損中心正葉. 甚益人, 勝諸藥菜】

생지황(파주시 금촌동 통일시장에서 촬영)

쇠무릎싹(이상 임원경제연구소, 국립원예특작과학원에서 촬영)

34-6) 대절채(對節菜, 쇠무릎나물)

【안】 바로 쇠무릎[牛膝]의 순이다. 모난 줄기에다 마디가 두드러져 있으며, 잎은 모두 마주나기 때문에 이렇게 이름 붙였다. 〈약초류〉에 자세히 보인다.[15]

對節菜

【按】卽牛膝苗也. 方莖暴節, 葉皆對生故名. 詳見《藥類》.

---

13 지황은……자세하다:《임원경제지 관휴지》권4 〈약초류[藥類]〉 "지황(地黃)"에 보인다.
14 출전 확인 안 됨;《居家必用》戊集 〈種藥類〉 "種地黃"(《居家必用事類全集》, 182쪽).
15 〈약초류〉에……보인다:《임원경제지 관휴지》권4 〈약초류〉 "쇠무릎[牛膝]"에 보인다.

산거록 [16] 가을에 씨앗을 거두었다가 봄이 되면 심는다. 채소 심는 법과 같다. 거름을 주고 물을 준다. 순이 나면 나물로 먹을 수 있다. 부추 자르는 법과 같이 순을 자르고 반드시 씨앗을 많이 남겨 두어야 한다. 가을에 심어도 괜찮다】

山居錄 秋收子, 至春種. 如種菜法. 上加糞灌水. 苗出, 堪采, 即如翦韭法翦之, 須多留子. 秋中種亦可】

34-7) 삽주채(霎周菜, 삽주나물)

【안】 바로 삽주[朮]의 순이다. 뿌리를 쪼개서 휴전에 심는다. 거름을 주고 물을 준다. 1년이 지나면 **빽빽해진다.** 그 순이 연할 때 먹을 수 있다. 산과 들에서 나는 야생 삽주채는 2월에 나물로 먹을 수 있다. 우리나라 사람들은 이 나물을 '삽주채(霎周菜)'라 한다. 삽주 심는 법은 〈약초류〉에 자세히 보인다[17]】

霎周菜

【按】 即朮苗也. 取根劈破, 種之畦中, 上糞下水. 一年即稠. 其苗嫩時可茹. 其山野生者, 二月可采. 東人謂之"霎周菜". 種朮法詳見《藥類》】

34-8) 결명묘(決明苗, 결명자나물)

【안】 강망결명(芒芒決明)의 연한 순이다. 〈약초류〉에 자세히 보인다.[18]

決明苗

【按】 芒芒決明嫩苗也. 詳見《藥類》.

산거록 [19] 봄에 씨앗을 휴전에 심는다. 거름을 주고 물을 준다. 잎이 나면 따서 먹는다. 그 꽃을 그늘에서 말려서도 먹을 수 있다】

山居錄 春取子, 畦中種之. 上糞下水. 葉生採食. 其花陰乾, 亦可食】

---

16 출전 확인 안 됨;《居家必用》戊集 〈種藥類〉"種牛膝"(《居家必用事類全集》, 180쪽).
17 삽주……보인다:《임원경제지 관휴지》권4 〈약초류〉"삽주[朮]"에 보인다.
18 〈약초류〉에……보인다:《임원경제지 관휴지》권4 〈약초류〉"결명(決明)"에 보인다.
19 출전 확인 안 됨;《居家必用》戊集 〈種藥類〉"種決明法"(《居家必用事類全集》, 180쪽).

방풍싹(임원경제연구소, 국립원예특작과학원에서 촬영)

34-9) 산호채(珊瑚菜, 방풍나물)

【안】 바로 방풍(防風)의 순이다. 심는 법은 〈약초류〉에 자세하다.[20]

【본초강목】[21] 석방풍(石防風)은 2월에 여린 순을 따서 나물을 만든다. 맛이 맵고 달면서 향기로워서 '산호채'라 부른다】

34-10) 형개묘(荊芥苗, 정가나물)

【안】 정가는 〈약초류〉에 자세하다.[22]

【도경본초】[23] 정가의 순이 막 날 때는 맛이 맵고 향이 좋아 먹을 만하다. 오늘날 사람들은 정가순을 따서 생채를 만든다】

珊瑚菜

【按】 卽防風苗也. 種法詳《藥類》.

【本草綱目】 石防風, 二月採嫩苗作菜, 辛甘而香, 呼"珊瑚菜"】

荊芥苗

【按】 荊芥詳《藥類》.

【圖經本草】 初生, 辛香可噉, 今人取作生菜】

---

20 심는……자세하다 :《임원경제지 관휴지》권4 〈약초류〉 "방풍(防風)"에 보인다.
21 《本草綱目》卷13 〈草部〉 "防風", 790쪽.
22 정가는……자세하다 :《임원경제지 관휴지》권4 〈약초류〉 "정가"에 보인다.
23 《圖經本草》卷17 〈菜部〉 "假蘇"(《本草圖經》, 581쪽).

34-11) 박하묘(薄荷苗, 영생이나물)

【안 영생이는 〈약초류〉에 자세히 보인다.[24] 그 잎은 어릴 때 생으로 먹을 수 있고, 또 절임을 담글 수도 있다】

薄荷苗

【按 薄荷詳見《藥類》. 其葉嫩時可生啖, 又可作菹】

34-12) 우방묘(牛蒡苗, 우엉나물)

【안 우엉은 〈약초류〉에 자세히 보인다.[25]

牛蒡苗

【按 牛蒡詳見《藥類》.

산거록[26] 이 식물은 채소 중에 좋은 품목이다. 휴전뿐만 아니라 단지 노는 땅이면 아무데나 심을 수 있다. 뿌리와 잎은 모두 먹을 수 있다】

山居錄 此物菜中佳品. 非惟畦中, 但閑地皆可種. 根葉俱可食】

우엉싹(이상 임원경제연구소, 국립원예특작과학원에서 촬영)

34-13) 망우채(忘憂菜, 원추리나물)

【안 바로 원추리[萱, 훤]의 순이다. 원추리 심는

忘憂菜

【按 即萱苗也. 種萱法詳

---

24 영생이는……보인다:《임원경제지 관휴지》 권4 〈약초류〉 "영생이"에 보인다.
25 우엉은……보인다:《임원경제지 관휴지》 권4 〈약초류〉 "우엉"에 보인다.
26 출전 확인 안 됨:《居家必用》戊集〈種藥類〉 "種牛蒡法"(《居家必用事類全集》, 184쪽).

원추리순

원추리(이상 임원경제연구소. 한밭수목원에서 촬영)

법은《예원지(藝畹志)》에 자세하다.[27]

《藝畹志》.

산거록[28] 원추리뿌리를 휴전으로 옮겨 드문드문 심는다. 심은 지 1년 만에 곧 빽빽해진다. 순을 잘라 먹는 법은 구기자나무순을 잘라 먹는 법과 같다. 자르기를 마치면 다시 난다. 맛은 봄에 처음 난 순이 좋고, 가을 이후로는 먹기에 좋지 않다.

山居錄 移根畦中, 稀種之. 一年以後卽稠. 翦苗食之如枸杞法. 翦訖, 還生. 味如春初者好, 至秋下[3], 不堪食.

안 원추리꽃도 절임으로 상에 올릴 수 있다. 이시진(李時珍)이 "오늘날 동쪽 지역 사람들은 그 꽃받침을 따서 말렸다가 판다. 이를 '황화채(黃花菜)'[29]라 한다."[30]라 했다】

按 萱花亦可薦菹. 李時珍云: "今東人採其花跗, 乾而貨之, 名爲'黃花菜'】

27 원추리……자세하다:《임원경제지 예원지(藝畹志)》 권3 〈꽃류(하)(풀꽃)〉 "훤(萱, 원추리)(풍석 서유구 지음, 임원경제연구소 옮김,《임원경제지 예원지》1, 풍석문화재단, 2022, 440~444쪽"에 보인다.

28 출전 확인 안 됨;《居家必用》戊集〈種藥類〉"種合歡法"《居家必用事類全集》, 180쪽).

29 황화채(黃花菜):《임원경제지 정조지》 권4 〈채소음식(교여지류)〉 "자잡채"(풍석 서유구 지음, 임원경제연구소 옮김,《임원경제지 정조지》2, 풍석문화재단, 2020, 251~252쪽 참조).

30 오늘날……한다:《本草綱目》卷16〈草部〉"萱草", 1036쪽.

③ 下 : 저본에는 "夏".《居家必用·種藥類·種合歡法》에 근거하여 수정.

34-14) 신감채(辛甘菜, 당귀나물)

【안】 바로 겨울에 기른 승검초(당귀)의 순이다. 승검초는 〈약초류〉에 자세하다.[31]

辛甘菜

【按】 即冬養當歸筍也. 當歸詳《藥類》.

海동농서(海東農書)[32] 10월에 당귀뿌리를 캐서 흙움집을 만들고 그 속에 심는다. 날마다 3~4승의 숯불을 피워 은은히 비춰 준다. 차츰 싹이 올라오는 모습을 살피며 숯의 양을 점점 더한다. 일반적으로 40여 일이 지나면 싹이 즐비하게 돋아서 은비녀의 다리마냥 투명하고 하얗다. 벌꿀에 찍어 먹으면 향기롭고 맛이 좋다.

海東農書 十月採當歸根, 作土室, 種其中. 日熾炭三四升, 隱映之. 視其漸茁, 稍稍增炭. 凡四十餘日, 櫛然而抽, 瑩白如銀釵股. 揷鼈蜜噉之, 香美.

증보산림경제 겨울에 당귀순 기르는 법: 기다란 흙움집을 짓고, 흙움집 안으로 기름진 흙을 실어다 붓는다. 이 흙으로 큰 휴전을 만들고, 그 안에 당귀뿌리를 심는다. 그런 다음 매일 따뜻한 물을 주면

增補山林經濟 當歸養冬筍法: 作長土宇, 宇內運入肥土, 作大畦, 種根於其中. 日以溫水澆之, 則黃芽

참당귀1

참당귀2(이상 국립원예특작과학원에서 촬영)

일당귀(이상 임원경제연구소, 파주시 금촌동 통일시장에서 촬영)

---

31 승검초는……자세하다:《임원경제지 관휴지》권4 〈약초류〉 "승검초"에 보인다.
32 《海東農書》권3 〈菜類〉 "辛甘菜"《農書》10, 232쪽).
33 《增補山林經濟》卷6 〈治圃〉 "當歸"《農書》3, 427쪽).

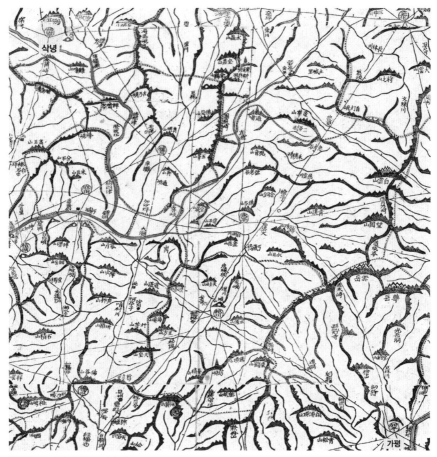

삭녕(朔寧)과 가평(加平)《대동여지도》

노란 싹이 돋아 높이 자란다.

苗長.

안 오늘날 경기도의 가평(加平)[34]·삭녕(朔寧)[35] 등의
고을에서는 당귀 기르는 일을 업으로 삼아 공물로
충당한다】

按 今京畿 加平、朔寧等
邑, 業此以充貢獻】

---

[34] 가평(加平) : 경기도 가평군 가평읍, 북면(적목리 제외), 상면, 청평면(삼회리 제외), 하면, 남양주시 수동면
내방리·외방리·입석리, 춘천시 서면 일대의 옛 지명.

[35] 삭녕(朔寧) : 경기도 연천군 북서부 일대에 있던 군. 지금의 대부분 북한 지역에 속해 있다.

34-15) 괴아채(槐芽菜, 회화나물)

【안】 회화나무는 《만학지》에 자세하다.[36]

【산거록】[37] 회화나무씨앗을 휴전에 메기장과 섞어 심는다. 겨울이 되면 불을 놓아 사르고, 이듬해에 바로 순을 취하여 먹는다. 순을 취할 때마다 구기자나무순을 취하는 법대로 한다. 흙을 넣고 깊게 간 뒤, 거름을 주고 물을 준다.

이와 같이 하면 늦가을까지 항상 어린 회화나무순을 따 먹을 수 있고, 또한 벌레도 생기지 않는다. 만약 뿌리가 커지면 잘라 제거한다. 아울러 날카로운 보습이나 호미로 흙을 깊게 납작하도록 깎고 바로 거름을 준다. 초봄에 비가 내린 뒤 심는다】

34-16) 콩나물[黃豆芽菜, 황두아채]

【안】 복식가(服食家)[38]들은 검은콩[黑大豆, 흑대두]을 물에 담가 두었다가 싹이 0.4~0.5척 정도 자라면 말린다. 이것을 '대두황권(大豆黃卷)'이라 한다. 오늘날에는 메주콩만을 물에 담가 두었다가 싹을 내어 나물 반찬으로 충당한다. 겨울철에 콩나물을 기르는 사람들은 메주콩을 매일 미지근한 물로 바꿔 주고, 따뜻한 방에 둔다】

槐芽菜

【按】 槐詳《晚學志》.

【山居錄】 取槐子畦中和穄黍, 種之. 至冬放火燒, 明年便取苗喫. 每取苗, 依取枸杞法. 入土深劚, 上糞澆水.

如此, 直至秋末, 常得嫩槐芽食. 又且無蟲. 若根大, 卽劚去, 并以快鍬、鋤深剗匾, 便上糞. 於春初雨過種也】

黃豆芽菜

【按】 服食家取黑大豆水浸, 長芽可四五寸, 便乾之, 名爲"大豆黃卷". 今只用黃大豆水浸, 生芽以充蔬饌. 冬月養芽者, 日以微溫水易之, 置煖室】

---

36 회화나무는……자세하다:《임원경제지 만학지》권4 〈나무류〉 "회화나무[槐]"에 보인다.
37 출전 확인 안 됨;《居家必用》戊集 〈種菜類〉 "種槐芽"《居家必用事類全集》, 186~187쪽).
38 복식가(服食家):식생활과 음식을 통해 건강한 삶을 추구하고 병을 치료하려는 사람들.

콩나물

숙주나물(이상 임원경제연구소, 파주시 금촌동 통일시장에서 촬영)

34-17) 숙주나물[菉豆芽菜, 녹두아채]

【종수서】[39] 좋은 녹두를 가려 2일 동안 물에 담가 둔다. 녹두가 불면 새 물로 일고서 대충 말린다. 갈대자리에 물을 흩뿌려 촉촉하게 만들고 땅바닥에 깐 다음 그 위에 녹두를 뿌린다. 그리고 축축한 풀거적으로 덮어 주면 그 싹이 절로 자란다. 콩나물[大豆芽]도 이와 같다.

【군방보】[40] 먼저 축축한 모래를 사기항아리 속에 넣는다. 그 위에 녹두를 골고루 뿌리기를, 심고 가꾸는 법대로 한다. 이를 속이 깊은 통으로 덮어 씌운 채 방에 보관하여 바람을 맞거나 햇볕에 쬐지 않도록 한다.

1차례씩 손을 오므려 물을 받았다가 모래에 흩뿌려 두루 스며들도록 한다. 싹의 길이가 1척 정도가 되면 뽑아서 끓는 물에 살짝 데쳤다가 무침요리

菉豆芽菜

【種樹書】揀菉豆, 水浸二宿. 候漲, 以新水淘, 控乾. 用蘆席灑濕襯地, 摻豆於上. 以濕草薦覆之, 其芽自長. 大豆芽同此.

群芳譜 先取濕沙, 納瓷器中. 以菉豆均撒其上, 如種藝法. 深桶覆, 藏室中, 勿令見風日.

一次掬水灑透. 俟其苗長可尺許, 摘取, 蟹眼湯綽過. 以料薑供之. 赤豆亦

---

39 출전 확인 안 됨.
40 《二如亭群芳譜》〈亨部〉"穀譜" '綠豆'(《四庫全書存目叢書補編》80, 285쪽);《廣群芳譜》卷10 〈穀譜〉"綠豆", 231쪽.

로 상에 올린다. 팥도 좋지만 아무래도 녹두의 훌륭　可, 然不如綠豆之佳】
함만은 못하다】

34-18) 위유묘(萎蕤苗, 둥굴레나물)　　　　　　萎蕤苗

【안】 둥굴레[萎蕤, 위유]는 〈약초류〉에 자세히 보인　【按】 萎蕤詳見《藥類》. 種
다.[41] 심는 법과 자르는 법은 모두 죽대[黃精]의 경우　法、翦法竝同黃精】
와 같다】

둥굴레순(파주시 파주읍 연풍리에서 촬영)

둥굴레(임원경제연구소, 파주시 금촌동 통일시장에서 촬영)

34-19) 홍화채(紅花菜, 잇꽃나물)　　　　　　　紅花菜

【안】 바로 홍람(紅藍)의 순이다. 순이 어릴 때 끓　【按】 卽紅藍苗也. 嫩時可
는 물에 데친 다음 기름과 소금으로 무쳐 먹을 수　煠熟, 油鹽調食. 過食則
있다. 하지만 지나치게 많이 먹으면 사람의 이가 누　令人齒黃也. 紅藍詳《晚學
렇게 된다. 홍람은《만학지》에 자세하다[42]】　　　志》】

34-20) 차륜채(車輪菜, 질경이나물)　　　　　　車輪菜

【안】 바로 질경이[車前, 차전]의 순이다. 순이 어릴　【按】 卽車前苗也. 嫩時煠

---

41 둥굴레[萎蕤, 위유]는……보인다:《임원경제지 관휴지》 권4 〈약초류〉 "둥굴레"에 보인다.
42 홍람은……자세하다:《임원경제지 만학지》 권5 〈기타 초목류[雜植]〉 "잇꽃[紅藍]"에 보인다.

질경이싹(임원경제연구소, 한밭수목원에서 촬영)　　　　궁궁이잎

때 끓는 물에 데친 다음 물에 담가 점액과 거품을 제거하여 깨끗이 헹군다. 그런 다음 기름과 소금으로 무쳐 먹는다. 질경이는 〈약초류〉에 자세히 보인다[43]】

熟, 水浸去涎沫, 淘淨, 油鹽調食. 車前子詳見《藥類》】

34-21) 미무(蘼蕪, 궁궁이나물)

【안 바로 궁궁이[芎藭, 궁궁]의 싹이다. 싹이 어릴 때 끓는 물에 데친 다음 물을 갈아가면서 담가 매운 맛을 제거한다. 그런 다음 기름과 소금으로 무쳐 먹는다. 또 삶아서 즙을 마실 수도 있다. 그러면 매우 향기롭다. 궁궁이는 〈약초류〉에 보인다[44]】

蘼蕪

【按 卽芎藭苗也. 嫩時煠熟, 換水浸去辛味. 油鹽調食. 亦可煮飲, 甚香. 芎藭見《藥類》】

34-22) 향채(香菜, 노야기나물)

【안 바로 노야기[香薷]의 순이다. 노야기는 〈약류〉에 자세히 보인다.[45]

본초강목[46] 중국 사람들은 3월에 심는다. '샹차이

香菜

【按 卽香薷苗也. 香薷詳見《藥類》.

本草綱目 中州人三月種

---

43 질경이는……보인다:《임원경제지 관휴지》 권4 〈약초류〉 "질경이"에 보인다.
44 궁궁이는……보인다:《임원경제지 관휴지》 권4 〈약초류〉 "궁궁이[芎藭]"에 보인다.
45 노야기는……보인다:《임원경제지 관휴지》 권4 〈약초류〉 "노야기[香薷]"에 보인다.
46 《本草綱目》 卷14 〈草部〉 "香薷", 909쪽.

[香菜]'라 부른다. 나물로 먹는다】

之, 呼爲"香菜", 以充蔬品】

34-23) 녹곽(鹿藿, 들녹두나물)

鹿藿

【안】 바로 들녹두[野綠豆]의 순이다. 《본리지(本利志)》〈곡식 이름 고찰[穀名攷]〉에 자세히 보인다.[47]

【按】 卽野綠豆苗也. 詳見 《本利志·穀名攷》.

촉본초(蜀本草)[48] 녹두는 생으로 먹을 수 있다. 5~6월에 싹을 채취해서 햇볕에 말린다. 나물로 먹을 수 있다】

蜀本草 鹿豆可生噉. 五月、六月采苗, 曬乾. 可充蔬茹】

34-24) 제니묘(薺苨苗, 모싯대나물)·제니근(薺苨根, 모싯대 뿌리)

薺苨苗、根

【안】 이미 〈약초류〉에 보인다.[49] 순과 뿌리 모두 좋은 나물이 된다.

【按】 已見《藥類》. 苗根俱 爲佳蔬.

행엽사삼(모싯대)(《구황본초》)

모싯대싹(임원경제연구소, 한밭수목원에서 촬영)

---

47 《본리지(本利志)》……보인다 : 《임원경제지 본리지》 권7 〈곡식 이름 고찰〉 "밭곡식" '녹두'(서유구 지음, 정명현·김정기 역주, 《임원경제지 본리지》 2, 소와당, 2008, 548~549쪽)에 보인다.

48 출전 확인 안 됨 : 《本草綱目》 卷27 〈菜部〉 "鹿藿", 1671쪽.

49 이미……보인다 : 《임원경제지 관휴지》 권4 〈약초류〉 "모싯대"에 보인다.

접시꽃(임원경제연구소, 파주시 월롱면 덕은리에서 촬영)

구황본초 [50] 어린순을 끓는 물에 데친 다음 찬물에 헹구어 기름과 소금으로 무쳐 먹는다. 뿌리는 물을 갈아가면서 삶으면 역시 먹을 수 있다. 사람들이 뿌리를 꿀에 졸여서 과자로도 먹는다】

救荒本草 嫩苗煤熟, 水淘, 油鹽拌食. 根換水煮亦可食. 人以蜜煎充果】

34-25) 촉규묘(蜀葵苗, 접시꽃나물)

【안】 접시꽃[蜀葵]은 《예원지》에 자세하다.[51] 순이 어릴 때 나물로 먹을 수 있다】

蜀葵苗

【按】 蜀葵詳《藝畹志》. 苗嫩時可茹食】

34-26) 죽순(竹筍)

【안】 일명 '약(籥)', '태(箈)', '권(薍)', '죽태(竹胎)', '죽아(竹牙)', '초황(初篁)', '죽자(竹子)'이다.

竹筍

【按】 一名"籥", 一名"箈", 一名"薍", 一名"竹胎", 一

---

50 《救荒本草》卷4〈草部〉"杏葉沙參"(《文淵閣四庫全書》730, 744쪽).

51 접시꽃[蜀葵]은……자세하다:《임원경제지 예원지》권3〈꽃류(하)〉"촉규(蜀葵, 접시꽃)"(풍석 서유구 지음, 임원경제연구소 옮김, 《임원경제지 예원지》1, 445~449쪽)에 보인다.

승려 찬녕(贊寧)[52]의 《순보(筍譜)》[53]에 실린 이름과
품종은 모두 90여 종이다. 생산지와 싹의 발아 시
기가 저마다 다르다. 이중에는 먹을 수 있는 품종도
있고 먹을 수 없는 품종도 있다. 대체로 모두 남쪽
지역에서 생산된다.

우리나라에는 다양한 품종이 없고, 오직 영남과
호남 지방의 왕대[大竹] 자라는 곳에서 생산되는 죽
순은 팔뚝크기만 하다. 토박이들은 소금에 절였다
가 먼 곳으로 부쳐 맛 좋은 음식을 자랑한다. 한강
이북 지방에는 드물게 난다.

名"竹牙", 一名"初篁", 一名
"竹子".

僧贊寧《筍譜》所載名品,
凡九十餘種. 其所産之地,
抽發之時, 各自不同, 有可
食者, 有不可食者. 大抵皆
南産也.
我東則無多種, 惟嶺、湖南
産大竹處出筍如臂大. 土
人鹽藏寄遠, 詫爲珍味.
漢北則罕有之.

[순보(筍譜)] [54] 죽순 채취법: 이슬을 피하여 해가 뜬
뒤에 땅을 깊게 파서 죽순을 취한다. 여기서 아래
절반을 잘라 내고 죽순을 취하는 즉시 밀봉한 대그
릇 속에 넣는다. 이것을 유단(油單)[55]으로 덮어 절대
바람을 맞지 않도록 해야 한다. 바람을 맞으면 금세
굳기 때문이다.

죽순에서 수건으로 흙을 닦아 낸다. 이때 역시
물에 닿게 해서는 안 된다. 죽순을 껍질째 끓는 물

[筍譜] 探筍之法: 可避露,
日出後掘深土取之, 半折
取鞭根, 旋得投密竹器中.
以油單覆之, 勿令見風. 風
吹旋堅.

以巾紛拭土, 又不宜見水.
含殼沸湯瀹之, 煎宜久.

---

52 찬녕(贊寧) : 919~1001. 중국 송(宋)나라 때의 승려. 속성(俗姓)은 고(高)이다. 문사(文辭)에 매어 뛰어났
고, 청담(淸談, 청아한 이야기)을 잘 하였다. 송 태조(太祖)가 고대 시대의 공복으로 자색을 띤 자의(紫衣)
를 하사하고, 통혜대사(通慧大師)라는 호를 내렸다.
53 순보(筍譜) : 중국 송나라 때 승려인 찬녕(贊寧, 919~1001)이 편찬한 죽순 전문 서적. 죽순의 명칭과 효능,
먹는 방법, 재배 방법 등을 수록하고 있다.
54 《筍譜》〈三之食〉(《文淵閣四庫全書》845, 196~197쪽).
55 유단(油單) : 기름에 결은 두껍고 질긴 큰 종이.

에 삶되, 삶기는 오래 해야 한다.

캔 지 1일 된 죽순을 '언(蔫)'이라 하고, 2일 된 죽
순을 '어(菸)'라 한다. 바람을 맞으면 바람에 닿은 부
분의 뿌리가 굳고, 물에 들어가면 물이 스며든 부분
의 육질이 단단해진다. 껍질을 벗겨 삶으면 죽순의
맛을 잃어버리고, 생죽순에 칼을 대면 부드러운 맛
을 잃는다.

採筍, 一日曰"蔫", 二日曰
"菸". 見風則觸本堅, 入水
則浸肉硬. 脫殼煮則失味,
生著刃則失柔.

저장법: 소금에 절여 물을 뺀 뒤, 다시 소금을 뿌
리고 찹쌀죽을 만들어 저장하면 여름철을 잘 날 수
있다.

藏法: 鹽出水後, 加鹽, 糯
米粥藏, 可以過暑月.

또 《식경(食經)》[56]에, "솜대[淡竹][57]를 소금에 넣어
하룻밤을 재운 다음, 쌀겨를 끓였다가 식혀서 여기
에 보관한다. 다시 꺼내어 별도로 쌀겨를 끓인 다음
여기에 소금을 더 뿌려 보관한다."[58]라 했다.

又《食經》云: "淡竹, 安鹽
中一宿, 煮糠令冷藏之. 再
出, 別煮糠, 加鹽藏之."

안 《농정전서》에서 《식경》을 인용하여 다음과 같
이 말했다. "솜대 죽순을 다루는 법은 다음과 같다.
육질의 길이가 0.5~0.6척 되는 죽순을 소금 속에
넣고 하룻밤을 재운다. 소금에서 꺼내어 소금을 완
전히 털어 낸다. 싸라기 10승을 끓인 다음 5승씩 나

按 《農政全書》引《食經》
云: "淡竹筍法: 取筍肉
五六寸者, 按鹽中一宿. 出
鹽令盡, 煮麋一斗, 分五
升, 與一升鹽相和, 麋熟須

---

56 식경(食經): 미상. 음식에 관하여 재료 및 조리법에 관하여 서술한 조리서. 이씨(李氏)·최호(崔浩)·축훤(竺
暄)·회남왕(淮南王)·신농(神農)·마완(馬琬) 등의 인물이 썼다고 전해지는 《식경》이 전한다.
57 솜대[淡竹]: 볏과의 하나. 높이는 10미터 정도이고, 참대보다 가지는 가늘게 갈라지고 마디는 더 높이 솟는
다. 잎은 피침 모양이고 가지 끝에 1~5개 내지 2~3개씩 달린다. 약 60년을 주기로 꽃이 피고 열매를 맺은
후 시들어 죽는다. 4~5월에 나오는 죽순은 식용한다. 중국이 원산지로 한국, 일본, 중국에서 재배한다.
58 솜대[淡竹]를……보관한다: 출전 확인 안 됨.

누어 한곳에만 소금 1승을 섞는다. 이때 싸라기죽이 뜨겁기 때문에[59] 반드시 식혀야 한다. 그런 다음 소금 넣어서 짠 싸라기죽에 죽순을 넣어 두었다가 1일 뒤에 죽을 닦아 낸다. 이어서 소금 넣지 않은 싸라기죽에 이 죽순을 넣어 두면 5일 뒤에 먹을 수 있다."[60]라 했다. 《순보》의 내용과 약간 다르다.

令冷. 內竹筍糜中, 一日拭之. 內淡糜中, 五日可食."
與此少異.

죽순 생으로 저장하는 법: 1석(石)들이 질그릇 1개에 통통한 죽순을 골라 담고 이 질그릇을 땅에 엎어 놓는다. 흙과 그릇아가리가 맞닿는 부분을 된진흙으로 꼭꼭 막아서 절대로 바람이 들지 않도록 한다. 죽순이 나지 않는 계절이 되어 질그릇을 들춰 보면 죽순이 그릇에서 또아리를 틀며 잘 자라고 있다. 그중 약한 곳을 자르고 바람을 맞지 않도록 한다. 이를 끓는 물에 넣었다가 바로 데친 뒤에 비로소 대껍질을 벗긴다.

生藏法: 將陶器一口可收一石者, 選肥筍覆之. 密泥塞之, 勿令風入. 到無筍時, 揭器則宛轉器中, 取其弱處翦之, 勿令見風. 入湯便瀹後, 方脫皮.

안 우리나라의 영남과 호남 사람들이 이 법을 많이 사용한다. 죽순을 기를 때 그 뿌리가 크고 기운이 왕성한 것은 질그릇을 하룻밤만 엎어 두어도, 금세 그릇 속에 뿌리가 가득 서린다. 예정된 기일을 넘기고서도 그릇을 들춰 보지 않으면 죽순이 왕왕 그릇을 깨고 삐죽 솟아 나오기도 한다.

按 我國嶺、湖南人多用此法. 養筍, 其本大氣盛者, 覆器一夜, 輒蟠滿器中. 過期不揭器, 則往往破器迸出.

---

59 뜨겁기 때문에: 원문의 "숙(熟)"을 옮긴 것이다. "숙(熟)"이 "열(熱)"의 오기일 것이라는 주장(《農政全書校注》, 1106쪽 주 33번)을 반영했다.
60 솜대……있다:《農政全書》 권39 〈種植〉 "雜種" 上 '竹'(《農政全書校注》, 1093~1094쪽).

죽순

다른 법: 죽순을 가져다 뾰족한 끝부분을 자른 다음 소금 끓인 물로 삶는다. 이를 완전히 식혀 병에 넣고, 미리 식힌 소금 끓인 물을 함께 넣는다. 이어서 병아가리를 밀봉한 뒤에 병을 우물 바닥에 담가 놓는다. 9월이 되어 우물물이 따뜻해질 무렵 이른 아침에 병을 꺼내 보면 생죽순과 같다.

一法: 將筍截其尖銳, 用鹽湯煮之. 停冷入瓶, 用前冷鹽湯同封, 瓶口令密後, 沈於井底. 至九月井水暖, 早取出, 如生.

죽순 말리는 법: 살아 있는 큰 죽순을 가져다 뾰족한 끝부분을 제거하고 가운데를 반으로 쪼갠다. 이를 진한 소금물에 오랫동안 담가 놓았다가 햇볕에 쬐어 말린다. 사용할 때에는 물에 오랫동안 담가 둔다. 이때 물을 바꿔가면서 담가 두면 햇죽순과 같아진다.

乾法: 將大筍生去尖銳, 頭中折之, 多鹽漬停久, 曝乾. 用時久浸, 易水而漬, 如新筍也.

왕정농서 61 죽순 캐는 법: 떨기 지어 자란 대숲 가

王氏農書 探筍之法: 視其

61 《王禎農書》〈百穀譜〉9 “竹木” ‘筍’, 149쪽;《農政全書》권39〈種植〉“雜種”上 ‘筍’(《農政全書校注》, 1093쪽).

운데 땅이 경사지고 조밀하게 난 죽순을 살펴서 벤다. 대뿌리[竹鞭]가 방정하게 뻗어가는 곳에 있는 죽순은 캐서는 안 된다. 이 죽순을 캐면 대나무가 번성하지 못하기 때문이다】

叢中斜密者芟取之. 竹鞭方行處不宜採, 採則竹不繁】

34-27) 포순(蒲筍, 부들순)

【안 바로 부들[香蒲, 향포]의 순이다. 부들은《만학지》에 보인다.[62]

蒲筍

【按 卽香蒲筍. 香蒲見《晚學志》.

도경본초[63] 초봄에 어린잎이 나온다. 잎이 수면으로 나올 때 땅속에 들어가 있는 중심줄기를 채취한다. 이 줄기는 백색으로, 숟가락자루크기이다. 이를 생으로 먹으면 달고 부드럽다. 식초에 절이면 죽순 맛과 같아 매우 맛이 있다.《주례》에서는 이를 '포저

圖經本草 春初生嫩葉. 出水時, 取中心入地. 白蒻, 大如匕柄者, 生啖之, 甘脆. 以醋浸, 如食筍, 大美.《周禮》謂之"蒲菹".[4]

부들(《본초도경》)

부들(임원경제연구소, 한밭수목원에서 촬영)

---

62 부들은……보인다:《임원경제지 만학지》권5 〈기타 초목류〉 "부들[香蒲]"에 보인다.

63 《圖經本草》卷5 〈草部〉 "蒲黃"(《本草圖經》, 134쪽).

[4] 周禮謂之蒲菹:《圖經本草·草部·蒲黃》에는 "周禮以爲菹謂其始生."

부들

(蒲菹)'64라 했다.65

본초강목 66 부들의 어린뿌리는 데쳐 먹거나, 쪄
서 먹거나, 햇볕에 말려 가루 내고 떡을 만들어 먹
을 수 있다. 《시경·대아(大雅)》〈한혁(韓奕)〉에 "오직
죽순과 부들이로다."67라 한 것이 이것이다】

本草綱目 嫩根可煠食、
蒸食及曬乾磨粉作餠食.
《詩》云"惟筍及蒲"是也】

34-28) 마미채(馬尾菜, 갈대나물)

馬尾菜

【안 바로 갈대[蘆]의 순이다. 갈대는 《만학지》에
보인다.68

【按 卽蘆筍. 蘆見《晩學
志》.

---

64 포저(蒲菹) : 부들김치. 《임원경제지 정조지》 권4 〈채소음식〉 "김치" '부들김치(향포저) 담그기(향포저
방)'(풍석 서유구 지음, 임원경제연구소 옮김, 《임원경제지 정조지》 2, 풍석문화재단, 2020, 233쪽)에 자
세히 보인다.

65 《주례》에서는……했다:《周禮注疏》卷25 〈大祝〉(《十三經注疏整理本》8, 782쪽).

66 《本草綱目》卷19 〈草部〉 "香蒲", 1362쪽.

67 오직……부들이로다:《毛詩正義》卷18 〈大雅〉 "韓奕"(《十三經注疏整理本》6, 1449쪽).

68 갈대는……보인다:《임원경제지 만학지》 권5 〈기타 초목류〉 "갈대[葦]"에 보인다.

갈대 새순(국립생태원)

농정전서[69] 갈대순은 3월 초에 나며, 중심부가 쑥 삐져 올라온다. 그 아래 부분은 크기가 젓가락만 하며, 위는 뾰족하고 가늘다. 황흑색 가루가 있어서 이를 만지면 손에 묻는다. 백색 부분을 취하여 먹으면 달고 부드럽다. 일명 '축탕(蓫薚)'이다. 이를 양주(楊州)[70]에서는 '마미(馬尾)'라 하고, 유주(幽州)[71]에서는 '지평(旨苹)'이라 한다】

農政全書 蘆筍, 三月初生, 其心挺出. 其下本, 大如筯, 上銳而細. 有黃黑勃, 著之, 汚人手. 把取正白, 噉之甜脆. 一名"蓫薚", 楊州謂之"馬尾", 幽州謂之"旨苹"】

---

69 《農政全書》卷40〈種植〉"雜種"下'葦'(《農政全書校注》, 1124쪽).
70 양주(楊州) : 지금의 중국 강소성(江蘇省) 일대.
71 유주(幽州) : 지금의 중국 하북성(河北省) 일대.

35. 부록 산과 들의 나물 ⟮附⟯ 山野蔌品

35-1) 냉이[薺, 제][1]

【본초강목】[2] 냉이는 무성하게[濟濟] 나기 때문에 '제(薺)'라고 한다. 불가[釋家]에서는 그 줄기를 취하여 등불심지를 돋아 주는 대를 만든다. 모기나 나방을 피할 수 있으므로 '호생초(護生草)'라 한다.

크고 작은 몇 종류가 있다. 작은냉이는 잎과 꽃과 줄기가 납작하고 맛이 좋다. 그중 가장 가늘고 작은냉이는 '사제(沙薺)'라 한다. 큰냉이는 그루와 잎

【本草綱目】 薺生濟濟①, 故謂之"薺". 釋家取其莖, 作挑燈杖, 可辟蚊, 蛾, 謂之"護生草".

有大小數種. 小薺, 葉、花、莖扁味美, 最細小者, 名"沙薺"也; 大薺, 科、葉皆

냉이꽃

---

1 냉이[薺] : 쌍떡잎식물 이판화군 십자화과의 두해살이풀.
2 《本草綱目》 卷27 〈菜部〉 "薺", 1648쪽.
① 濟 : 저본에는 "澤". 《本草綱目·菜部·薺》에 근거하여 수정.

냉이1   냉이2(이상 임원경제연구소. 파주시 월롱면 덕은리에서 촬영)

이 모두 크지만, 맛은 작은냉이만 못하다. 그중 줄기가 단단하고 털이 있는 큰냉이는 '석명(菥蓂)'이라 한다. 이 냉이는 맛이 썩 좋지 못하다. 모두 동지가 지난 뒤에 싹이 난다.

　2~3월에 줄기가 0.5~0.6척 자라면 자잘한 흰 꽃이 핀다. 작은 개구리밥[水萍]처럼 생긴 깍지를 맺으며, 깍지에는 3개의 모가 있다. 깍지 안에 있는 잔 씨앗은 '차(薋)'라 한다. 4월에 거둔다. 사광(師曠)[3]이 "그해에 풍년이 들려고[甘] 하면 감초(甘草)가 먼저 난다. 감초는 냉이이다."[4]라 한 것이 이것이다.

　증보산림경제 [5] 처음 날 때 국을 끓여 먹을 만하다. 겨울에 뿌리를 캐다가 흙움집 속에 옮겨 심어 저장

大而味不及. 其莖硬有毛者, 名"菥蓂", 味不甚佳. 并以冬至後生苗.

二三月起莖五六寸, 開細白花, 結莢如小萍而有三角. 莢內細[2]子, 名"薋". 四月收. 師曠云: "歲欲甘, 甘草先生, 薺"是也.

增補山林經濟 初生可作羹茹. 冬月採根, 藏土宇

3　사광(師曠):?~?. 중국 춘추 시대 진(晉)나라의 악사(樂師). 자는 자야(子野). 태어날 때부터 눈이 보이지 않았는데, 음률(音律)을 잘 판별하여 소리로 길흉(吉凶)까지 점쳤다고 전한다.《사광점(師曠占)》의 저자로 알려져 있으나, 실제로는 이름을 가탁한 책인 듯하다.

4　그해에……냉이이다:《齊民要術》卷3〈雜說〉第30《齊民要術校釋》, 247쪽).

5　《增補山林經濟》卷6〈治圃〉"薺"《農書》3, 432쪽).

②　細:저본에는 "納". 오사카본·규장각본·《本草綱目·菜部·薺》에 근거하여 수정.

한 뒤 캐서 국을 끓여 먹으면 좋다. 간혹 말려 저장해 두어도 먹을 만하다】

中, 取作羹佳. 或乾儲亦可食】

35-2) 말냉이[馬薺, 마제][6]

【동본초(東本草)[7][8] 맥류밭에 잘 난다. 2월에 잎을 채취해서 절임을 담근다. 어릴 때에는 개구리밥잎과 비슷하지만 그보다 조금 더 크다.

【東本草 喜生麥田中. 二月可採葉作葅. 嫩時似水萍葉而稍大.

말냉이

다 자라 꽃핀 말냉이(이상 임원경제연구소, 신안군 흑산도에서 촬영)

증보산림경제[9] 이른 봄에 잎으로 절임을 담그면 좋다. 조금 더 지나 꽃과 줄기가 날 때는 겨자 맛이 나서 더욱 좋다】

增補山林經濟 早春取葉作葅佳. 花莖時芥氣尤美】

6　말냉이[馬薺, 마제] : 쌍떡잎식물 양귀비목 겨자과의 두해살이풀. '말'은 '크다'는 뜻이다.
7　동본초(東本草) : 미상. 《관휴지》 전권을 통틀어 권2에서 총 3차례 인용된다. 말냉이·곰취·동취 항목이 그것이다. 곰취의 산지(産地)를 설명하면서, 지평현(砥平縣)의 용문산(龍門山, 경기 양평군 용문면과 옥천면 경계)에서 나는 곰취가 가장 좋다고 하였다. 이러한 지명과 내용으로 미루어 볼 때 조선에서 간행된 본초서(本草書)로 추정된다.
8　출전 확인 안 됨.
9　《增補山林經濟》 卷6 〈治圃〉 "馬薺"(《農書》 3, 432쪽).

35-3) 고사리[蕨, 궐][10]

【비아(埤雅)】[11] 주(周)나라와 진(秦)나라에서는 '궐(蕨)'이라 하고, 제(齊)나라와 노(魯)나라에서는 '별(虌)'이라 했다. 처음에 싹이 나올 때 모양이 큰 참새가 발을 오므린 듯하고, 또 그 발이 움츠린[蹷] 듯하기 때문에 '궐(蕨)'이라 이름 했다. 민간에서는 "처음 싹이 나올 때 자라[虌]다리와 비슷하기 때문에 '별(虌)'이라 한다."라 했다.

蕨

【埤雅】周、秦曰"蕨", 齊、魯曰"虌". 初生狀如大雀拳足, 又如其足之蹷, 故謂之"蕨". 俗云: "初生亦類虌脚, 故曰'虌'也."

햇고사리1(임원경제연구소, 파주시 파주읍 연풍리 명학산에서 촬영)　햇고사리2(임원경제연구소)

【군방보(群芳譜)】[12] 2~3월에 싹이 난다. 오므리고 굽은 모양이 어린아이가 주먹을 쥔 듯하다. 자라면 봉황꼬리처럼 넓게 펴진다. 줄기가 여리고 잎이 없을 때 따서 잿물에 삶아 끈끈하고 미끌미끌한 액을 제거한다. 이를 햇볕에 말려 나물로 만들면 맛이 달고 미끌미끌하다.

【群芳譜】二三月生芽, 拳曲狀如小兒拳. 長則展寬如鳳尾. 莖嫩無葉時採取, 以灰湯煮, 去涎滑, 曬乾作蔬, 味甘滑.

---

10 고사리[蕨]: 양치류에 속하는 다년생 식물.
11 《埤雅》卷18〈釋草〉"蕨"(《文淵閣四庫全書》222, 213쪽).
12 《二如亭群芳譜》〈亨部〉第2 "蔬譜" 2 '蕨'(《四庫全書存目叢書補編》80, 349쪽).

데친 고사리1

말려 삶은 고사리(이상 임원경제연구소, 파주시 금촌동 통일시장
에서 촬영)

뿌리는 자색이고, 그 껍질 안에 백색 가루가 들
어 있다. 뿌리를 문드러지게 찧은 다음 씻고 앙금을
가라앉혀서 가루를 얻는다. 이를 '궐분(蕨粉)'이라 하
며, 쪄서 먹을 만하다. 또 씻어 낸 껍질로 가느다란
가닥을 만들어 먹는다 색이 옅은 자색인 놈이 맛이
미끌미끌하고 좋다.

根紫色, 皮內有白粉, 擣
爛, 洗澄取粉, 名"蕨粉",
可蒸食, 亦可漉皮作線. 色
淡紫, 味滑美.

이아익 [13] 시골 사람들이 그해에 산에 불을 지르면
이듬해에 고사리가 많이 난다. 오래도록 고사리가 나
던 곳에 늙고 쉰 고사리잎이 두루 퍼져 있는 경우 사
람들이 그곳을 표시하고 '고사리 터[蕨基]'라 한다.

爾雅翼 野人今歲焚山, 則
來歲蕨茱繁生. 其舊生蕨
之處, 蕨葉老硬敷披, 人
誌之, 謂之"蕨基".

증보산림경제 [14] 늦은 봄에 통통한 줄기에 아직 오
므린 잎이 펴지지 않은 고사리를 꺾어다 찌거나 삶아
먹는다. 햇볕에 말려 겨울 묵나물로 대비할 수 있다】

增補山林經濟 春晚折肥
莖未伸拳者, 蒸煮食之. 曬
乾, 可備冬蔬】

---

13 《爾雅翼》卷4〈釋草〉"蕨"(《文淵閣四庫全書》222, 287쪽).
14 《增補山林經濟》卷6〈治圃〉"蕨"(《農書》3, 434쪽).

들완두[薇]

관중(貫衆)

35-4) 들완두[薇, 미]15

【본초강목 16 왕안석(王安石)17의 《자설(字說)》에
"들완두는 미천한 사람들[微賤]이 먹던 음식이다."18
라 했다. 이 때문에 '미(薇)'라 한다.

맥류밭에서 나고, 언덕이나 못가에도 있다. 곧 지
금의 들완두[野豌豆]이다. 촉(蜀) 지방 사람들은 이를
'소채(巢菜)'라 한다. 덩굴로 자라며, 줄기와 잎의 맛
이 모두 완두와 비슷하다. 그 잎[藿]으로는 나물을
만들어 먹거나 국에 넣어도 모두 좋다.

薇

【本草綱目 王氏《字說》:
"薇, 微賤所食." 因③謂之
"薇".

生麥田中, 原澤亦有, 卽今
野豌豆, 蜀人謂之"巢菜".
蔓生, 莖葉氣味皆似豌豆.
其藿作蔬入羹皆宜.

---

15 들완두[薇] : 콩과 나비나물속의 여러해살이풀. 이 항목에서 서유구는 들완두를 뜻하는 '미(薇)'의 표제어
아래 《본초강목》과 《증보산림경제》에서 기사를 인용하였다. 그런데, 두 책에서 가리키는 채소가 각각 다
르다. 우선, 《본초강목》에서 말한 '미(薇)'는 줄기가 위로 곧게 자랄 수 없어 다른 물체에 붙거나 의지해 사
는 덩굴식물이라고 했다. 한편, 《증보산림경제》에서는 '미(薇)'를 '회초미'라고 하였는데, 우리나라 민간에
서는 이 채소를 '고비채(고비나물)'라 부른다. 위 기사에는 누락되었으나 "그 뿌리는 관중이라고 한다(其根
爲貫衆)."라는 내용 또한 보인다. 관중은 양치식물 고사리목 면마과의 여러해살이풀로 산지의 나무 그늘에
무리지어 자란다. 이러한 사실에 근거해보면, 서유구가 다른 채소를 이름이 같다는 이유로 잘못 분류한 것
으로 파악할 수 있다.
16 《本草綱目》卷27〈菜部〉"薇", 1669쪽.
17 왕안석(王安石) : 1021~1086. 중국 송나라의 정치가이자 학자이다. 자는 개보(介甫). 북송 시기의 시인·문
필가로 활약하였다. 당송팔대가(唐宋八大家) 중 한 사람이다.
18 들완두는……음식이다 : 출전 확인 안 됨.
③ 因 : 저본에는 "曰". 오사카본·규장각본·《本草綱目·菜部·薇》에 근거하여 수정.

증보산림경제 [19] 봄과 여름 사이에 여린 줄기를 채취해서 국이나 나물로 먹는다. 햇볕에 말려 겨울 묵나물로 대비할 수 있다. 우리나라 민간에서는 '고비채(高非菜, 고비나물)'라 부른다. '만궐(彎蕨)'이라고도 한다】

增補山林經濟 春夏間採嫩莖, 作羹茹. 曬乾, 可備冬蔬. 東俗呼爲"高非菜", 亦稱"彎蕨"】

고비1

고비2(이상 임원경제연구소, 국립수목원에서 촬영)

---

19 《增補山林經濟》 卷6 〈治圃〉 "薇" (《農書》3, 434쪽).

35-5) 얼치기완두[小巢菜, 소소채][20]

【본초강목】[21] 일명 '교요(翹搖)'이다. 이는 그 줄기와 잎이 부드럽고 아름다워서 우뚝하게[翹然] 바람에 나부끼는[搖] 모양이 있다는 말이다. 소식(蘇軾)[22]은 "채소 중에 훌륭한 것으로는 촉 지방의 소채(巢菜)이다. 옛 친구인 소원수(巢元修)[23]가 즐겨 먹었기 때문에 '원수채(元修菜)'라고 한다."[24]라 했다.

육유(陸游)[25]는 "촉(蜀) 지방의 채소에는 2가지 소채(蔬菜)가 있다. 큰 소채는 바로 열매가 맺히지 않은 완두이고, 작은 소채는 논에서 난다. 오(吳) 지방에도 많다. 일명 '야잠두(野蠶豆)'이다."[26]라 했다. 위에서 말한 모든 식물이 이 채소를 가리킨다.

곳곳에 모두 자란다. 촉 지방 사람들이 가을에 심었다가 봄에 채취하고, 시들어갈 때 흙을 갈아엎어서 밭에 녹비(綠肥)가 되도록 한다. 덩굴은 노두(蕓豆, 여우콩)[27]덩굴과 비슷하지만 그보다 가늘다. 잎은

小巢菜

【本草綱目】一名"翹搖", 言其莖葉柔婉, 有翹然飄搖之狀也. 蘇東坡云: "菜之美者, 蜀鄕之巢. 故人巢元修嗜之, 因謂之'元修菜'."

陸放翁云: "蜀蔬有兩巢, 大巢卽豌豆之不實者, 小巢生稻田中. 吳地亦多. 一名'野蠶豆'." 皆指此菜也.

處處皆有. 蜀人秋種春采, 老時耕轉壅田. 蔓似蕓豆而細. 葉似初生槐芽及蒺藜而色靑黃.

---

20 얼치기완두[小巢菜, 소소채]: 쌍떡잎식물 장미목 콩과의 두해살이풀. 새완두와 살갈퀴의 중간 정도 되는 모습이라고 해서 붙은 이름이다. 《임원경제지 정조지》 권1 〈음식재료 요점 정리(식감촬요)〉 "채소" '교요(翹搖)'(풍석 서유구 지음, 임원경제연구소 옮김, 《임원경제지 정조지》1, 209쪽)에 자세히 보인다.

21 《本草綱目》 卷27 〈菜部〉 "翹搖", 1670쪽.

22 소식(蘇軾): 1037~1101. 중국 송나라 때 관리이자 문인. 당송팔대가 중 한 명으로, 《적벽부(赤壁賦)》 등 다양한 작품을 남겼다. 문집으로는 《동파전집(東坡全集)》이 있다.

23 소원수(巢元修): 중국 북송 시대에 활동했던 인물. 당송팔대가(唐宋八大家)의 한 사람인 소식(蘇軾)과 절친했던 것으로 알려져 있다. 이밖의 다른 정보는 알려져 있지 않다.

24 채소……한다: 《東坡全集》 卷13 〈元修菜〉(《文淵閣四庫全書》1107, 208쪽).

25 육유(陸游): 1125~1209. 중국 남송 시기의 시인. 자는 무관(務觀), 호는 방옹(放翁). 남송 제일의 시인으로, 나라의 상황을 개탄한 시나 전원의 한적한 생활을 주제로 한 시가 많다. 글씨도 뛰어났다. 저서에 《검남시고(劍南詩稿)》가 있다.

26 촉(蜀)……야잠두(野蠶豆)이다: 《劍南詩稿》 卷16 〈巢菜〉(《文淵閣四庫全書》1162, 283쪽).

27 노두(蕓豆, 여우콩): 쌍떡잎식물 장미목 콩과의 덩굴성 한해살이풀.

남가새(질려)

막 돋아 난 회화나무순이나 남가새[蒺藜, 질려][28]와 비슷하지만 그와 달리 청황색이다.

막 꽃이 피려고 하면서 꽃받침은 아직 생기지 않았을 때 채취하여 쪄서 먹는다. 술을 붓거나 소금을 뿌려 고깃국을 끓이거나 떡을 만들면 맛이 팥잎과 같다. 3월에 작은 꽃을 피운다. 자백(紫白)색 꽃이다. 열매가 맺히면 완두와 비슷하지만 그보다 작다】

欲花未蕚之際, 采而蒸食. 點酒下鹽, 芼羹作餡[4], 味如小豆藿. 三月開小花, 紫白花. 結角子, 似豌豆而小】

35-6) 좀명아주[灰藋, 회조][29]

【본초강목[30] 곳곳의 들판에 있다. 4월에 싹이 난다. 줄기에 자홍색 선과 모서리가 있다. 잎은 뾰

灰藋

【本草綱目 處處原野有之. 四月生苗, 莖有紫紅線、

---

28 남가새[蒺藜, 질려] : 쌍떡잎식물 이판화군 쥐손이풀목 남가새과의 한해살이풀.

29 좀명아주[灰藋, 회조] : 쌍떡잎식물 중식자목 명아주과의 한해살이풀. 《임원경제지 정조지》권1〈음식재료 요점 정리(식감촬요)〉"채소" '회조(灰藋)'(풍석 서유구 지음, 임원경제연구소 옮김,《임원경제지 정조지》1, 210쪽)에 자세히 보인다.

30 《本草綱目》卷27〈菜部〉"灰藋", 1671쪽.

[4] 餡 : 저본에는 "稻".《本草綱目·菜部·翹搖》에 근거하여 수정.

족하면서 이지러진 부분이 있고, 앞면은 청색이고 뒷면은 백색이다. 중심 줄기와 어린잎의 앞면과 뒷면에 모두 백회(白灰, 흰 재 같은 가루)가 있기 때문에 '회조(灰藋)', '회척채(灰滌菜)' 등의 이름이 있다.

어릴 때 나물로 만들어 먹어도 좋다. 5월에 점차 쇤다. 이때 키가 몇 척이다. 7~8월에 자잘한 백색 꽃이 핀다. 공처럼 떨기 지어 열매가 맺힌다. 그 속에 자잘한 씨앗이 있다. 이를 쪄서 햇볕에 말렸다가 씨앗만 취하여 밥을 짓거나 갈아서 가루 내어 먹을 수도 있다】

稜. 葉尖有刻, 面靑背白. 莖心、嫩葉背面皆有白灰, 故有"灰藋"、"灰滌菜"等名.

嫩時爲蔬亦佳. 五月漸老, 高者數尺. 七八月開細白, 結實簇簇如毬, 中有細子, 蒸曝取仁, 可炊飯及磨粉食】

35-7) 명아주[藜, 여][31]

【본초강목[32] 곳곳에 있다. 일명 '홍심회조(紅心灰藋)'이니, 바로 좀명아주 가운데 홍색 중심줄기[紅心]가 있는 종이다. 줄기와 잎이 좀명아주보다 약간 크다. 하삭(河朔, 황하 이북 지방) 사람들은 '낙려(落藜)'라 하고, 남쪽 지방 사람들은 '연지채(臙脂菜)'라 하며, '학정초(鶴頂草)'라고도 한다. 이는 모두 모양과 색으로 인하여 이름 붙인 것이다.

잎이 여릴 때에 먹을 수 있으므로 옛 사람들이 '여곽(藜藿)[33]과 고량(膏粱)은 같지 않다.'라 했다. 쇠면 줄기로 지팡이를 만들 수 있다. 《시경·소아(小雅)》

藜

【本草綱目 處處有之. 一名"紅心灰藋", 卽灰藋之紅心者, 莖葉稍大. 河朔人名"落藜". 南人名"臙脂菜", 亦曰"鶴頂草". 皆因形色名也.

嫩時可食, 昔人謂藜藿與膏粱不同. 老則莖可爲杖. 《詩》云: "北山有萊." 陸璣

---

31 명아주[藜] : 쌍떡잎식물 중심자목 명아주과의 한해살이풀. 《임원경제지 정조지》권1 〈음식재료 요점 정리 (식감촬요)〉"채소" '명아주'(풍석 서유구 지음, 임원경제연구소 옮김, 《임원경제지 정조지》1, 210~211쪽)에 자세히 보인다.

32 《本草綱目》卷27 〈菜部〉"藜", 1672쪽.

33 여곽(藜藿) : 명아주잎과 콩잎. 변변치 못한 음식을 비유하는 말이다.

명아주(정성섭·김복남)

명아주대로 만든 청려장(임원경제연구소. 임원경제연구소에서 촬영)

〈남산유대(南山有臺)〉에 "북산(北山)에 래(萊) 있네."[34]라 했다. 육기(陸璣)[35]의 《모시초목조수충어소(毛詩草木鳥獸蟲魚疏)》[36]에 "래(萊)는 바로 명아주[藜]이다."[37]라 했다.

《疏》云: "萊, 卽藜也."

명아주1

명아주2(임원경제연구소. 경주시 손곡동에서 촬영)

---

34 북산(北山)에……있네:《毛詩正義》卷10〈小雅〉"南山有臺"(《十三經注疏整理本》5, 719쪽).
35 육기(陸璣):?~?. 중국 삼국 시대 오(吳)나라 사람. 자는 원각(元恪)·종옥(從玉). 저서에《모시초목조수충어소(毛詩草木鳥獸蟲魚疏)》가 있다.
36 모시초목조수충어소(毛詩草木鳥獸蟲魚疏):중국 삼국 시대 오나라의 육기(陸璣, ?~?)가《시경(詩經)》의 명물(名物)을 상세히 훈고(訓詁)한 책. 훗날《시경》에 기록된 동식물 연구에 가장 큰 성과와 영향을 끼쳤다.
37 래(萊)는……명아주[藜]이다:《毛詩草木鳥獸魚疏》卷上〈北山有萊〉(《文淵閣四庫全書》70, 7쪽).

[군방보]38 어린잎을 데쳐서 나물로 먹으면 사람에게 상당히 이롭다. 데쳐 낸 잎을 햇볕에 말리면 겨울에 쓸 묵나물로 대비할 수 있다. 이미 너무 쇠었으면 묶어서 빗자루를 만든다. 곧은 줄기 중에 굵직하고 긴 것은 지팡이로 만들 수 있다】

[群芳譜] 嫩葉煤熟爲茹, 頗益人. 煤出曬乾, 可備冬月之用. 旣老, 可束爲帚. 直榦之麤而長者, 可爲桂杖】

35-8) 삼백초[蕺, 즙]39

【본초강목】40 잎에서 생선비린내가 나기 때문에 민간에서는 '어성초(魚鯹草)'라 한다. 그 잎이 노랑어리연꽃[荇]41과 비슷하다. 모양은 삼각형이다. 한쪽은 홍색이고 한쪽은 청색이다. 돼지에게 먹일 수도 있다.

蕺

【本草綱目】 葉有鯹氣, 故俗呼"魚鯹草". 其葉似荇, 其狀三角. 一邊紅, 一邊靑. 可以養猪.

삼백초

어성초(임원경제연구소, 산청군 단성면 남사예담촌에서 촬영)

---

38 《二如亭群芳譜》〈亨部〉第3 "蔬譜" 2 '藜'(《四庫全書存目叢書補編》80, 347쪽);《廣群芳譜》卷15〈蔬譜〉"藜", 360쪽.

39 삼백초[蕺, 즙]:쌍떡잎식물 후추목 삼백초과의 여러해살이풀. 열매는 둥글고 종자가 각 실에 1개씩 들어 있다. 한방에서는 전초를 말려 몸이 붓고 소변이 잘 안 나올 때 쓰고, 각기·황달·간염 등에도 사용한다. 《임원경제지 정조지》권1〈음식재료 요점 정리(식감촬요)〉"채소" '삼백초'(풍석 서유구 지음, 임원경제연구소 옮김, 《임원경제지 정조지》1, 207~208쪽)에 자세히 보인다.

40 《本草綱目》卷27〈菜部〉"蕺", 1667쪽.

41 노랑어리연꽃[荇]:쌍떡잎식물 용담목 조름나물과의 여러해살이풀.

동의보감[42] 산 속 및 밭, 들에서 자란다. 사람들이 생으로 먹기를 좋아하지만, 오래 먹으면 양기를 손상시킨다.

東醫寶鑑 生山中及田、野間. 人好生食, 然久食損陽氣.

안 오즙(五蕺)[43]은 곧 오독초(五毒草)이다. 삼백초의 꽃이나 잎과 차이가 없고, 오직 뿌리가 구척(狗脊)[44]과 비슷하다. 채취하는 사람이 잘 살펴야 한다】

按 五蕺卽五毒草. 與蕺花葉無別, 惟根似狗脊. 採者宜審之】

---

42 《東醫寶鑑》〈湯液篇〉卷2 "菜部" '蕺菜'(《原本 東醫寶鑑》, 719쪽).
43 오즙(五蕺) : 마디풀과에 속하는 덩굴 초본 식물인 적지리(赤地利)의 별칭. 꽃잎이 메밀[蕎麥]과 같고, 뿌리는 개의 등뼈와 비슷하다. 오독(五毒)이라고도 한다.
44 구척(狗脊) : 고빗과의 여러해살이풀. 산이나 들에 자라는데, 일본·중국·대만 등지에 분포한다.

산겨자(《구황본초》)

겨자(정성섭·김복남)

35-9) 산겨자[山芥, 산개][45]

【구황본초[46] 산과 들에서 난다. 싹의 높이는 1~2척이다. 잎은 집에서 기르는 갓의 잎과 비슷하지만, 그보다 야위고, 짧고, 뾰족하며, 꽃이 많다. 또 작은 황색 꽃을 피운다. 작고 짧은 열매를 맺는다. 열매의 맛은 매우면서도 살짝 단맛이 난다.

증보산림경제[47] 깊은 산골짜기에서 난다. 겨울에 채취해서 절임을 만들면 매우 매콤하고 상큼하다. 봄이 되어서 싹이 길게 자라면 먹을 수 없다】

山芥

【救荒本草 生山野. 苗高一二尺, 葉似家芥葉, 瘦短尖而多花. 又開小黃花. 結小短角, 味辣微甜.

增補山林經濟 生深峽山中, 冬月採作葅, 極辛爽. 至春芽長, 則不可食】

---

45 산겨자[山芥, 산개] : 쌍떡잎식물 양귀비목 십자화과의 여러해살이풀인 겨자의 일종.
46 《救荒本草》卷2〈草部〉"山芥菜"(《文淵閣四庫全書》730, 650쪽).
47 《增補山林經濟》卷6〈治圃〉"山芥"(《農書》3, 403쪽).

35-10) 괭이밥[酸漿草, 산장초]⁴⁸

【구황본초(救荒本草)⁴⁹ 《당본초(唐本草)》에서는 '초
장초(酢漿草)'라 했다.⁵⁰ 일명 '초모초(醋母草)', '구산초
(鳩酸草)'이다. 민간에서는 '소산모(小酸茅)'라 한다.

길가 낮은 습지에서 자란다. 잎은 처음 날 때의
작은 개구리밥과 같다. 줄기끝마다 모두 떨기지어
나고, 3장의 잎이 난다. 황색 꽃을 피우며 흑색 씨
앗을 맺는다. 남쪽 사람들은 싹으로 놋그릇(유기)이
나 돌그릇(석기)을 문질러 하얗게 한다. 그러면 은처
럼 색이 반짝거리며 아름답다. 어린 싹은 생으로 먹
을 수 있다.

증보산림경제⁵¹ 이른 봄에 어린싹을 채취하여 절임
을 만들면 좋다】

酸漿草

【救荒本草 《本草》名"酢
漿草". 一名"醋母草", 一名
"鳩酸草". 俗呼"小酸茅".
生道傍下濕地. 葉如初生
小水萍. 每莖端皆叢, 生三
葉. 開黃花, 結黑子. 南人
用苗揩⑤鍮石器令白, 如
銀色光艷. 嫩苗可生食.

增補山林經濟 早春採嫩
苗, 作葅佳】

산장초(《구황본초》)

---

48 괭이밥[酸漿草. 산장초] : 쌍떡잎식물 쥐손이풀목 괭이밥과의 여러해살이풀.
49 《救荒本草》 卷1 〈草部〉 "酸漿草" (《文淵閣四庫全書》 730, 625쪽).
50 《당본초(唐本草)》에서는……했다 : 《新修本草》 卷11 〈酢漿草〉, 168쪽 ; 《本草綱目》 卷20 〈草部〉 "酢漿草",
   1394쪽.
51 《增補山林經濟》 卷6 〈治圃〉 "酢醬草"(《農書》 3, 435쪽).
⑤ 揩 : 저본에는 "楷". 규장각본·《救荒本草·草部·酸漿草》에 근거하여 수정.

35-11) 물쑥[蔞蒿, 누호][52]

【군방보[53] 일명 '백호(白蒿)', '상(蒴)', '유호(由胡)', '방발(旁勃)'이다. 물에서 자라는 품종과 뭍에서 자라는 2품종이 있다.

《이아》에서는 이를 통틀어 '번(蘩)'이라고 했다. "번(蘩)은 파호(皤蒿)이다."라 했으니, 파호는 바로 지금 뭍에서 나는 산쑥[艾蒿, 애호]이다. 매운 연기를 내고 맛이 좋지 않다. 또 "번(蘩)은 유호(由胡)이다."라 했으니, 유호는 바로 지금 물에서 나는 누호(蔞蒿)이다.

또 "번의 종류를 가을에는 호(蒿)라 한다."라 했으니, 이는 물과 뭍에서 나는 2종을 통틀어 가리켜 말한 것이다. 이상의 《이아》의 표현들을 보면 봄철에는 각각 종류대로의 이름이 있다가 가을이 되어 쇠어지면 모두 호(蒿)라 불렀다는 의미이다.[54]

이 2품종은 모양이 서로 비슷하다. 다만 물에서 나는 것이 맵고 향기가 나며 맛이 좋다. 저수지나 연못 언저리에서 난다. 2월에 싹이 난다. 잎은 어린 쑥과 비슷하지만 잎의 갈래가 그보다 가늘고, 앞면이 청색이며 뒷면은 백색이다. 그 잎이 적색이거나 백색이고, 그 뿌리는 백색이면서 부드럽다.

蔞蒿

【群芳譜】一名"白蒿", 一名"蒴"[6], 一名"由胡", 一名"旁勃". 有水、陸二種.
《爾雅》通謂之"蘩". 曰"蘩, 皤蒿", 卽今陸生艾蒿也, 辛熏不美. 曰"蘩, 由胡", 卽今水生蔞蒿也.

又曰"蘩之醜, 秋爲蒿", 則通指水、陸二種而言. 謂其春時各有種名, 至秋老則皆呼爲蒿也.

形狀相似, 但水生者辛香而美, 生陂澤中. 二月發苗, 葉似嫩艾而岐細, 面靑背白. 其葉或赤或白, 其根白脆.

---

52 물쑥[蔞蒿, 누호] : 쌍떡잎식물 초롱꽃목 국화과의 여러해살이풀.
53 《二如亭群芳譜》〈亨部〉第2 "蔬譜" 2 '茼蒿 附蔞蒿'(《四庫全書存目叢書補編》80, 327쪽);《廣群芳譜》卷14 〈蔬譜〉"蔞蒿", 328쪽.
54 《이아》에서는……의미이다 :《爾雅注疏》卷8〈釋草〉(《十三經注疏整理本》24, 258·289쪽).
6 蒴 : 저본에는 "蒿".《廣群芳譜·蔬譜·蔞蒿》에 근거하여 수정.

물쑥

그 뿌리줄기를 캐서 생으로도 먹을 수 있고, 익혀서도 먹을 수 있고, 절여서도 먹을 수 있고, 햇볕에 말려 먹을 수도 있으니, 대개 좋은 나물이다.

생으로 식초에 버무려 절임을 만들어 먹으면 사람에게 매우 이롭다. 줄기를 채취해서 소금을 살짝 쳐 절인 다음 햇볕에 쬐어 말리면 맛이 아주 좋다. 그리고 먼 곳까지 부칠 수도 있다. 어린 싹을 끓는 물에 삶은 다음 장물에 담그면 절임이 된다. 만약 물쑥을 맑은 물이나 석회수 또는 백반물로 처리하여 물쑥의 맹렬한 기운을 제거하고 볕에 말리면, 보관해 두었다가 음식을 만들 때 넣을 수 있다. 물쑥 절임을 불에 덖어 말리면 매우 향기롭고 맛이 좋다.

동의보감 [55] 맛이 달면서 맵다. 먹으면 향기롭고 맛있으며 연하다. 국을 끓여 먹거나 나물로 무쳐서 먹으면 모두 좋다】

采其根莖, 生、熟、菹、曝皆可食, 蓋嘉蔬也.

生捼醋醃爲菹食之, 甚益人. 採莖, 微用鹽醃, 曝乾, 味甚美, 可以寄遠. 嫩苗以沸湯瀹過, 浸于漿水則成薑. 如以淸水或石灰水、礬水拔之, 去其猛氣, 曬乾, 可留製食. 醃焙乾, 極香美.

東醫寶鑑 味甘辛. 食之, 香美而脆, 作羹臛及茶茹, 竝佳】

___

55 《東醫寶鑑》〈湯液篇〉卷2 "菜部" '蔞蒿'(《原本 東醫寶鑑》, 719쪽).

35-12) 개똥쑥[香蒿, 향호][56]

【본초강목[57] 일명 '초호(草蒿)', '방지(方潰)', '추(萩)', '환호(犰蒿)'이다.

2월에 싹이 난다. 줄기가 대략 손가락 같지만 그보다 통통하고 연하다. 줄기와 잎의 색이 모두 짙은 청색이다. 그 잎은 인진쑥[茵蔯][58]과 약간 비슷하지만 그와 달리 앞면과 뒷면이 모두 청색이다. 그 뿌리는 백색으로 단단하다. 7~8월에 자잘한 황색 꽃을 피우며, 상당히 향기롭다. 삼씨앗만 한 열매를 맺는다. 속에 자잘한 씨앗이 들어 있다.

증보산림경제[59] 개똥쑥은 봄에 가장 빨리 얻을 수

香蒿

【本草綱目 一名"草蒿", 一名"方潰", 一名"萩", 一名"犰蒿".

二月生苗, 莖粗如指而肥軟. 莖葉色竝深靑. 其葉微似茵蔯而面背俱靑. 其根[7]白硬. 七八月開細黃花, 頗香. 結實大如麻子, 中有細子.

增補山林經濟 香蒿得春

개똥쑥싹

개똥쑥

---

56 개똥쑥[香蒿, 향호] : 쌍떡잎식물 초롱꽃목 국화과의 두해살이풀.《본초강목(本草綱目)》에서는 청호(靑蒿)라 했고, 향호(香蒿)는 청호의 이칭이다.

57 《本草綱目》卷15〈草部〉"靑蒿", 943~944쪽.

58 인진쑥[茵蔯] : 쌍떡잎식물 초롱꽃목 국화과의 여러해살이풀. 해안사구에서 자란다. 사철쑥이라고도 한다.

59 《增補山林經濟》卷6〈治圃〉"香蒿"(《農書》3, 435쪽).

[7] 根 : 저본에는 "梗".《本草綱目·菜部·苦荬》에 근거하여 수정.

있으니, 1월에 눈을 헤치고 캔다. 떡을 만들거나 국을 끓여도 모두 좋다. 민간에서는 '쑥[艾]'이라 부르지만, 실제로는 쑥과 종이 다르다】

最早, 正月披[8]雪探之. 作餅作羹俱佳. 俗呼爲"艾", 而實與艾種別也】

---

[8] 披 : 저본에는 "陂". 오사카본·규장각본·《增補山林經濟·治圃·香蒿》에 근거하여 수정.

35-13) 고들빼기[苦菜, 고채][60]

【본초강목】[61] 일명 '도(荼)', '고매(苦蕒)', '유동(游冬)', '노관채(老鸛菜)', '천향채(天香菜)'이다.

농가에서 재배하는 것은 '고거(苦苣)'라 부른다. 초봄에 싹이 난다. 적색 줄기와 백색 줄기 2가지가 있다. 줄기 속은 비어 있어서 연하다. 꺾으면 흰 즙이 나온다. 잎은 화라복(花蘿蔔)[62]의 잎과 비슷하지만 색깔은 그와 달리 녹색이면서 벽(碧)색을 띠고 있다. 잎이 위로 나와 줄기를 감싸고 있고, 잎의 끝은 학의 부리와 비슷하게 뾰족하다. 잎마다 여러 갈래로 갈라져지면서 구멍 뚫린 잎모양과 같이 돋아 난다.

황색 꽃을 피우며, 그 모양은 처음 막 피울 때의 들국화와 같다. 꽃 1송이마다 씨앗 1떨기를 맺는다.

苦菜

【本草綱目】一名"荼", 一名"苦蕒", 一名"游冬", 一名"老鸛菜", 一名"天香菜". 家栽者, 呼爲"苦苣". 春初生苗, 有赤莖、白莖二種. 其莖中空而脆, 折之有白汁. 葉似花蘿蔔菜葉而色綠帶碧. 上葉抱莖, 梢葉似鶴嘴. 每葉分叉, 攛挺如穿葉狀.

開黃花, 如初綻野菊. 一花結子一叢, 如茼蒿子及鶴

고들빼기 잎

고들빼기 씨앗

---

60 고들빼기[苦菜, 고채] : 쌍떡잎식물 초롱꽃목 국화과의 두해살이풀.
61 《本草綱目》卷27〈菜部〉"苦菜", 1658~1659쪽.
62 화라복(花蘿蔔) : 쌍떡잎식물 갈래꽃무리에 딸린 십자화과의 한해살이풀.

고들빼기꽃

씨앗 맺는 모습은 쑥갓[茼蒿]씨앗이나 학슬초(鶴蝨草)[63]씨앗과 같다. 꽃이 지면 꽃이 모아지면서 씨 위로 백색 솜털이 보송보송하게 난다. 이 씨가 바람이 부는 대로 흔들려 날아가다가 떨어진 곳에서 난다.

蝨子. 花罷則收斂, 子上有白毛茸茸, 隨風飄揚, 落處卽生.

본초연의(本草衍義)[64] 이것은 바로 《예기(禮記)》 〈월령(月令)〉에 "소만(小滿, 양력 5월 20·21일경) 절기 이후에 고들빼기가 이삭을 맺는다."[65]라 한 것이다. 북쪽 지방에 있는 것은 겨울에 시들지만, 남쪽 지방에서 나는 것은 겨울이나 여름이나 항상 청색이다】

本草衍義 此卽《月令》: "小滿節後苦菜秀者也." 在北道者冬凋, 生南方者冬夏常靑】

---

63 학슬초(鶴蝨草) : 쌍떡잎식물 초롱꽃목 국화과의 두해살이풀. 또는 한방에서 여우오줌의 열매를 가리킬 때 학슬초라 한다. 구충제로 쓰인다.
64 《本草衍義》 卷19 〈苦菜〉, 141쪽; 《本草綱目》 卷27 〈菜部〉 "苦菜", 1659쪽.
65 소만(小滿, 양력 5월 20·21일)……맺는다 : 《禮記正義》 卷15 〈月令〉 (《十三經注疏整理本》13, 576쪽).

35-14) 별꽃[繁縷, 번루]⁶⁶

【본초강목】⁶⁷ 일명 '소루(䓡縷)', '오(薂)', '요루(蔜縷)', '자초(滋草)', '아장채(鵝腸菜)'이다.

지대가 낮은 축축한 땅에 매우 많다. 1월에 싹이 난다. 잎의 크기는 손끝마디만 하다. 가느다란 줄기가 길게 덩굴로 자란다. 줄기를 자르면 속은 비었으며 실처럼 생긴 1가닥 줄[縷]이 있다. 나물로 무치면 달고 연하다. 3월 이후에는 점점 쇤다. 자잘한 꽃잎의 백색 꽃을 피운다. 피[稗] 크기만 한 작은 열매를 맺는다. 그 속에 다닥냉이[葶藶]씨와 같이 자잘한 씨가 있다. 간혹 '번루'를 '닭의장풀[鷄腸草, 계장초]'⁶⁸이라고도 한다. 하지만 이는 잘못이다.

繁縷

【本草綱目】一名"䓡縷", 一名"薂", 一名"蔜縷", 一名"滋草", 一名"鵝腸菜".

下濕地極多. 正月生苗, 葉大如指頭. 細莖引蔓, 斷之中空, 有一縷如絲⑨. 作蔬甘脆. 三月以後漸老, 開細瓣白花, 結小實大如稗粒. 中有細子如葶藶子. 或謂繁縷卽鷄腸草, 非也.

별꽃

---

66 별꽃[繁縷, 번루] : 쌍떡잎식물 중심자목 석죽과의 두해살이풀 또는 여러해살이풀.

67 《本草綱目》卷27〈菜部〉"繁縷", 1650쪽.

68 닭의장풀[鷄腸草, 계장초] : 닭의장풀과의 한해살이풀. 몸안에 들어온 풍사(風邪)를 제거하고 어린아이의 적백리(赤白痢, 피고름똥)를 치료하는 약으로 쓰인다.

⑨ 絲 : 저본에는 "綠".《本草綱目·菜部·繁縷》에 근거하여 수정.

닭의장풀(달개비)(임원경제연구소, 파주시 탄현면 대동리에서 촬영)

두 식물이 대개 비슷하지만, 아장(鵝腸, 별꽃)만 맛이 달고 줄기가 비어 실가닥이 있고, 꽃이 백색이다. 반면 계장(鷄腸)은 맛이 약간 쓰고, 씹어보면 끈적거리는 점액이 나오며, 줄기 속에 실가닥이 없고, 줄기는 옅은 자색이며, 꽃도 자색이다. 이것으로 구분한다】

二物蓋相似, 但鵝腸味甘, 莖空⑩有縷, 花白色. 鷄腸味微苦, 咀之涎滑, 莖中無縷, 色微紫, 花亦紫色. 以此爲別】

---

⑩ 空：저본에는 없음.《本草綱目·菜部·繁縷》에 근거하여 보충.

35-15) 소루쟁이[羊蹄, 양제][69]

羊蹄

【구황본초[70] 일명 '동방숙(東方宿)', '연충륙(連蟲陸)', '귀목(鬼目)', '축(蓄)'이다. 민간에서는 '저이타(猪耳朶)'[71]라 한다.

싹이 처음에는 땅에 붙어서 나다가 뒤에는 위쪽으로 돌아 난다. 줄기의 높이는 2척 남짓이다. 잎은 좁고 길어 상추[萵苣]와 상당히 비슷하지만 색이 그보다 짙은 청색이다. 또 대람(大藍)과 비슷하지만 잎이 그보다 약간 넓고, 줄기마다 사이가 자적색이다.

그 꽃은 청백색이다. 이삭이 영글면 그 씨앗에는 3개의 모가 있다. 뿌리는 우엉[牛蒡]과 비슷하지만 그보다 단단하고 실하다.

【救荒本草】 一名"東方宿", 一名"連蟲陸", 一名"鬼目", 一名"蓄". 俗呼"猪耳朶".
苗初搨地生, 後攛生. 莖高二尺餘, 其葉狹長, 頗似萵苣而色深靑. 又似大藍, 葉微闊, 莖節間紫赤色.

其花靑白. 成穗, 其子三稜. 根似牛蒡[11]而堅實.

소루쟁이(《구황본초》)

소루쟁이(임원경제연구소, 파주시 탄현면 대동리에서 촬영)

---

69 소루쟁이[羊蹄, 양제] : 쌍떡잎식물 마디풀목 마디풀과의 여러해살이풀.

70 《救荒本草》卷4〈草部〉"羊蹄苗"(《文淵閣四庫全書》730, 731쪽).

71 저이타(猪耳朶) : 소루쟁이의 잎이 돼지의 귀를 닮았다고 해서 붙여진 이름. 질경이나 도꼬마리를 '저이' 또는 '창이(蒼耳)'라고 부르기도 하지만 여기서는 소루쟁이를 가리킨다.

[11] 蒡 : 저본에는 "旁". 《救荒本草·草部·羊蹄苗》에 근거하여 수정.

고사촬요(攷事撮要)[72][73] 초봄의 어린잎은 국 끓여 먹기에 좋다. 초겨울에 뿌리를 캐어 햇볕이 잘 드는 흙움집 속에 넣어 두고 찬 기운이 들어가지 않게 하면 싹이 곧바로 난다. 이 싹을 따서 국을 끓이면 또한 허기를 채울 만하다. 싹을 딴 뒤 다시 흙움집 속에 들여 놓는다. 이렇게 싹이 나자마자 따면 끝없이 먹을 수 있다】

攷事撮要 春初嫩葉宜羹. 冬初採根, 納向陽土宇中, 勿令入寒氣, 則芽即生. 取以作羹, 亦足充飢. 取芽後, 還置土宇中, 旋萌旋摘, 用之無窮】

소루쟁이

씨가 맺히고 있는 소루쟁이(이상 임원경제연구소. 파주시 파주읍 연풍리에서 촬영)

---

72 고사촬요(攷事撮要) : 조선 중기의 학자 어숙권(魚叔權, ?~?)이 조선 시대의 사대교린(事大交隣)을 비롯한 문물전장의 지침 사항을 뽑아 엮어 놓은 책이다. 3권 3책으로 1554년에 처음 편찬했다. 이후 여러 차례 수정·증보되다가 이를 다시 1771년 서명응(徐命膺)이 《고사신서(攷事新書)》로 개명하고, 대폭 개정·증보하였다.
73 출전 확인 안 됨;《攷事新書》卷10 〈農圃門〉上 "種羊蹄根"(《農書》5, 417~418쪽).

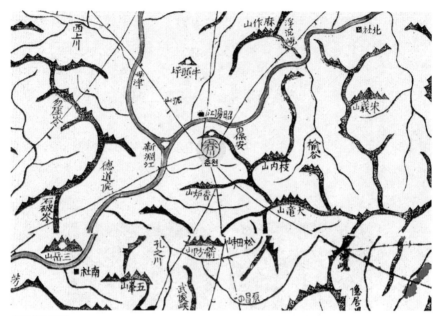

춘천(《대동여지도》)

35-16) 묵응이나물[墨應耳菜, 묵응이채]⁷⁴ 墨應耳菜

【지봉유설】⁷⁵ 춘천(春川)⁷⁶에 묵응이산(墨應耳山)⁷⁷
이 있다. 이 산에 '묵응이'라고 하는 식물이 있다.
그 뿌리는 달래와 같이 적색이다. 이 식물을 먹으면
사람이 며칠 동안 배가 고프지 않다. 임진왜란 때
에 사람들이 이 식물을 많이 캐서 먹었다. 금강산[楓

【芝峯類說】春川有墨應耳
山. 山有草名"墨應耳". 其
根色赤如蒜. 食之, 令人數
日不飢. 壬辰亂離人多採
食之. 楓岳 長安寺洞中及

₇₄ 묵응이나물[墨應耳菜, 묵응이채] : 미상. 묵응이나물에 대한 기록은 《芝峯類說》에만 전하고 있어 어떠한
 나물로 특정하기 어렵다.

₇₅ 《芝峯類說》卷20 〈卉木部〉 "草"(한국고전종합DB).

₇₆ 춘천(春川) : 강원도 중서부에 위치한 춘천시 일대.

₇₇ 묵응이산(墨應耳山) : 미상. 규장각한국학연구원 소장 고지도 춘천 읍지들에서도 이 같은 지명을 찾아볼
 수 없다.

岳]⁷⁸ 장안사(長安寺)⁷⁹ 골짜기 및 강릉(江陵)⁸⁰·이천(伊　　江陵、伊川亦有之云】
川)⁸¹에도 있다고 한다】

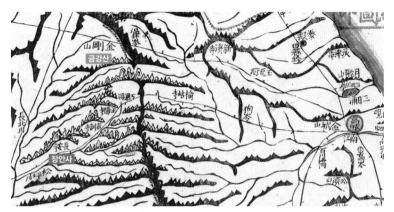

금강산 장안사(《대동여지도》)

강원도 강릉(《대동여지도》)

---

78 금강산[楓岳] : 태백산맥 북부 강원도 금강군·고성군·통천군에 걸쳐 광범위하게 펼쳐진 산. 해발 1,638m.
　　원문의 '풍악(楓岳)'은 금강산의 이칭이다.
79 장안사(長安寺) : 금강산의 내금강(內金剛)에 있는 사찰로, 만천교(萬川橋)를 건너 왼쪽 산언덕에 있다. 외
　　금강(外金剛)의 유점사(楡岾寺)·신계사(新戒寺), 내금강의 표훈사(表訓寺)와 더불어 금강산 4대 고찰로
　　꼽힌다.
80 강릉(江陵) : 강원도 강릉시 일대. 남쪽으로 동해시와 접하고, 동쪽으로는 동해와 만난다.
81 이천(伊川) : 북한의 강원도 서북부에 위치한 이천군 일대.

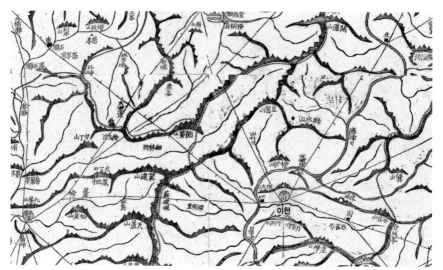

강원도 이천(《대동여지도》)

35-17) 송이버섯[松茸, 송이][82]

【동의보감[83]】 산 속의 오래된 소나무 아래에서 소나무기운을 빌려 난다. 씹으면 소나무향이 입에 가득하다. 나무에서 자라는 버섯 가운데 제일이다.

【증보산림경제[84]】 소나무숲 아래 토맥(土脈, 지맥)이 찌는 듯하고 흙이 보슬보슬하여 백색 기운이 있는 곳에서 난다. 송이가 막 날 때, 아직 흙에서 나오지 않은 것은 '동자버섯[童子茸, 동자이]'이라 하고, 이미 흙을 뚫고 나온 것은 '삿갓버섯[笠茸, 입이]'이라 한다. 삿갓버섯은 향이나 맛이 동자버섯만 못하다. 7~8월에 딴다.

또 한 종류가 있다. 이는 잡목(雜木) 아래에서 나는 버섯으로, 모양과 색깔이 송이와 똑같다. 하지만 맛은 상당히 없다.

송이는 밀[小麥]이 익을 무렵부터 7~8월 사이에 딴다. 햇볕에 쬐어 말린 다음 저장한다. 사용할 때에 좋은 황토를 가져다 물에 골고루 섞어 묽은 죽처럼 만들고, 그 속에 송이를 3일 동안 담가 둔다. 이를 꺼내어 깨끗이 씻어 내면 마치 새로 딴 것과 같다.

【화한삼재도회[85]】 소나무에는 암컷과 수컷이 있다.

松茸

【東醫寶鑑】 生山中古松樹下, 假松氣而生. 嚼之, 松香滿口. 木茸中第一也.

【增補山林經濟】 生[12] 松林下土脈蒸鬆, 有白氣處. 方生茸, 其未出土者稱"童子茸", 已出土者稱"笠茸", 不如童子茸之香美. 七八月採.

亦有一種, 生於雜木下者, 形色同松茸而味頗劣.

小麥熟時及七八月採. 乾曝, 收貯. 臨用, 取好黃土水調如稀粥, 浸松茸三日. 取出洗淨, 如新採者.

【和漢三才圖會】 松有雌雄.

---

82 송이버섯[松茸] 담자균류 주름버섯목 송이과의 식용버섯.

83 《東醫寶鑑》〈湯液篇〉卷2 "菜部" '松耳'(《原本 東醫寶鑑》, 719쪽).

84 《增補山林經濟》卷6〈治圃〉"松茸"(《農書》3, 436쪽).

85 《和漢三才圖會》卷82〈香木類〉"松"(《倭漢三才圖會》10, 105쪽);《和漢三才圖會》卷100〈芝栭類〉"松蕈"(《倭漢三才圖會》12, 145쪽).

[12] 生: 저본에는 없음.《增補山林經濟·治圃·松茸》에 근거하여 보충.

松茸 まつたけ

송이버섯(《왜한삼재도회》)

송이버섯

그중 암컷은 나무가 그다지 크지 않고, 껍질에 비늘 모양이 없으며, 적색을 띤다. 잎은 잔 가시가 섞여 있으며, 색이 또한 옅다. 일반적으로 송이는 암소나무에서 난다.

其雌者, 木不甚大, 皮無鱗, 帶赤色, 葉細刺糅, 色亦淡. 凡松茸生於雌松.

송이 말리는 법: 햇송이는 그 줄기를 제거하고 버섯갓만 쓴다. 2~3일 동안 햇볕에 쬐어 말린 뒤, 그늘에서 말렸다가 거두어 둔다. 그러면 다음해 봄과 여름까지도 상하지 않는다. 삶으면 향이 매우 좋다. 줄기는 단단해 그다지 먹을 만하지 않다.

乾松茸法: 新松茸去莖用傘, 二三日曝乾後, 陰乾, 取收之, 至翌春夏亦不敗. 煮之, 甚香. 莖則硬, 不堪食.

송이 담그는 법: 아직 버섯갓이 펼쳐지지 않은 햇송이에서 버섯갓과 자루를 자른다. 별도로 물 10승에 소금 3승을 타서 8승이 될 때까지 졸인 다음, 차갑게 식혀서 여기에 송이를 담근다. 그리고 판자로 덮고 돌로 눌러 둔다. 이때 다만 버섯갓이 손상되지 않도록 해야 한다. 사용할 때에는 1일 동안 물에 담가 소금기가 빠지게 한다】

漬松茸法: 新松茸未張傘者傘與柄切, 爲別水一斗、鹽三升, 煎至八升, 冷定漬之. 覆板壓石, 但要令傘不損. 用時, 一日夜漬水, 令鹽出】

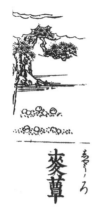

알버섯(《왜한삼재도회》)   알버섯

35-18) 알버섯[麥蕈, 맥심][86]

【화한삼재도회】[87] 알버섯은 모래땅의 소나무 그
늘이 있는 곳에서 난다. 곧 송진(松津)[88]과 가을의 습
기가 서로 상응하여 버섯이 되는 것이다.

　모양은 마씨앗[零餘子, 영여자]과 비슷하지만 그보다
둥글고 크다. 표면은 갈색이고 속은 백색이다. 부드
럽고 말랑말랑하며 싱거우면서 달아, 아직 버섯갓
이 퍼지지 않은 송이버섯[松蕈]의 맛과 비슷하다】

35-19) 석이버섯[石耳, 석이][89]

【본초강목】[90] 일명 '영지(靈芝)'이다.

麥蕈

【和漢三才圖會】麥蕈生沙
地有松陰處, 乃松之津液
與秋濕相感爲菌也.
狀似零餘子而圓大. 外褐
色, 內白色. 柔脆淡甘, 似
未開傘松蕈之風味焉】

石耳

【本草綱目】一名"靈芝".

86　알버섯[麥蕈, 맥심]:담자균류 알버섯과의 버섯. 송로(松露)라고도 한다.
87　《和漢三才圖會》卷100〈芝栭類〉"麥蕈"(《倭漢三才圖會》12, 147쪽).
88　송진(松津):소나무나 잣나무 따위의 줄기에서 내솟는 끈끈한 액체. 시간이 지나면 희뿌옇고 끈질긴 성질이
　　생긴다. 송지(松脂)라고도 한다.
89　석이버섯[石耳]:석이과 석이속인 지의류의 일종.
90　《本草綱目》卷28〈菜部〉"石耳", 1722쪽.

산에 사는 승려가 따서 햇볕에 쬐어 말렸다가 먼 곳으로 보낸다. 씻어서 모래흙을 없애고 나물로 먹으면 목이버섯보다 나으니, 좋은 식품이다.

山僧采曝餽遠. 洗去沙土, 作茹⑬勝於木耳, 佳品也.

증보산림경제 [91] 명산(名山)의 돌벼랑 위에 나므로 멀리서 바라보면 안개가 낀 것 같다. 우리나라 사람들은 이 버섯을 가장 귀하게 친다. 데쳐서 국을 끓일 수도 있고, 나물로 먹을 수도 있다. 가루로 만들면 또 찹쌀가루와 섞어 떡을 만들 수도 있다]

增補山林經濟 生名山石崖上, 遠望, 如煙. 東人最珍之. 煠熟可羹可茹. 屑之, 又可和糯粉作餅]

석이버섯

영지버섯(이상 《왜한삼재도회》)

영지버섯(석이의 이명이 '영지'이지만 지금의 영지와는 전혀 다르다)

91 《增補山林經濟》卷6〈治圃〉"石耳"(《農書》3, 437쪽).
⑬ 茹 : 저본에는 "茄".《本草綱目·菜部·石耳》에 근거하여 수정.

35-20) 곰취[熊蔬, 웅소][92]

【동본초】[93] 잎은 피마자[蓖麻]잎과 비슷하다. 쪄서 밥을 싸서 먹을 수 있고, 또 국을 끓여 먹을 수도 있다. 지평현(砥平縣)[94]의 용문산(龍門山)[95]에서 나는 곰취가 가장 좋다.

【산림경제보】[96] 낮고 습한 땅에서 잘 난다. 3월 그믐 무렵에 또한 뿌리를 취해서 심는다】

熊蔬

【東本草】葉似蓖麻葉. 蒸熟可裹飯而茹, 亦可作羹臞. 生砥平 龍門山者最佳.

山林經濟補 好生卑[14]濕地. 三月晦間, 亦取根種】

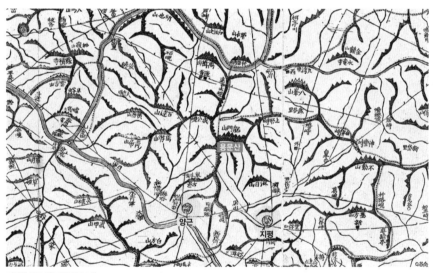

지평현 용문산《대동여지도》

---

92 곰취[熊蔬, 웅소] : 쌍떡잎식물 초롱꽃목 국화과의 여러해살이풀.
93 출전 확인 안 됨.
94 지평현(砥平縣) : 경기도 양평군 지평면 일대.
95 용문산(龍門山) : 경기 양평군 용문면과 옥천면 경계에 있는 산. 해발 1,157m.
96 출전 확인 안 됨;《山林經濟》卷1〈治圃〉"種熊蔬"(《農書》2, 162쪽).
14 好生卑 :《山林經濟·治圃·種熊蔬》에는 "宜肥".

35-21) 동취[冬蔬, 동소][97]

【동본초[98] 줄기는 상추[萵苣]와 비슷하고, 잎은 곰취[熊蔬]와 비슷하지만 그보다 좁고 길다. 또한 데쳐서 밥을 싸서 먹을 수 있다.

증보산림경제[99] 흰 모래땅에 잘 난다. 3~4월에 뿌리를 취하여 채소밭에 심는다】

35-22) 말가리[淸兒菜, 청아채][100]

【증보산림경제[101] 잎이 고추잎과 비슷하다. 울타리 아래 그늘지고 습한 땅에 잘 난다. 나물을 무쳐 먹으면 좋다】

冬蔬

【東本草 莖似萵苣, 葉似熊蔬而狹長. 亦可渫熟裹飯而茹.

增補山林經濟 好生沙白地. 三四月可取根種園圃】

淸兒菜

【增補山林經濟 葉似番椒葉. 好生籬下陰濕地. 作茹佳】

---

97 동취[冬蔬, 동소] : 미상. 《증보산림경제》에서는 '동취'라 했다.
98 출전 확인 안 됨.
99 《增補山林經濟》卷6〈治圃〉"冬蔬"(《農書》3, 426쪽).
100 말가리[淸兒菜, 청아채] : 미상. 《증보산림경제》에서는 '몰가리'라 했다.
101 《增補山林經濟》卷6〈治圃〉"淸兒菜"(《農書》3, 436쪽).

머위싹(국립원예특작과학원에서 촬영)

머위씨(이상 임원경제연구소, 서울식물원에서 촬영)

머위(국립원예특작과학원)

어린 머위잎(임원경제연구소, 국립원예특작과학원에서 촬영)

35-23) 머위[白菜, 백채][102]

【동의보감[103] 본성이 평(平)하고 독이 없다. 요즘
사람들은 머위를 많이 심는다. 줄기를 삶아서 국을
끓이거나 나물을 무쳐 먹으면 아주 좋다】

白菜

【東醫寶鑑 性平無毒. 今
人多種之. 取莖煮作羹茹
甚佳】

---

102 머위[白菜, 백채]:쌍떡잎식물 초롱꽃목 국화과의 여러해살이풀. 일반적으로 배추[菘菜]를 가리키지만, 여기
서는 《산림경제》의 "머휘"와 《증보산림경제》의 "머회"라고 되어 있는 명칭을 반영했다[《山林經濟》 卷1 〈治
圃〉 "種萵苣"(《農書》2, 158쪽);《增補山林經濟》卷6 〈治圃〉 "白菜"(《農書》3, 433쪽)].

103 《東醫寶鑑》〈湯液篇〉 卷2 "菜部" '白菜'(《原本 東醫寶鑑》, 719쪽).

적겨자싹(임원경제연구소, 국립원예특작과학원에서 촬영)

35-24) 적겨자[紫芥, 자개][104]

【증보산림경제 [105] 잎이 두껍고, 잎 뒷면이 자적색이다. 보통의 겨자와 약간 다르다. 맛이 매우 맵다. 산겨자김치 담그는 법과 같이 갓김치를 담그면 맛이 시원하면서도 매워서 먹을만 하다】

紫芥

【增補山林經濟 葉厚, 背紫赤. 與常芥稍異. 味極辣. 沈菹如山芥菹法, 爽辣可口】

---

104 적겨자[紫芥, 자개] : 쌍떡잎식물 양귀비목 십자화과의 여러해살이풀인 겨자의 일종.
105《增補山林經濟》卷6〈治圃〉"紫芥"(《農書》3, 436쪽).

차조기(국립원예특작과학원)

35-25) 차조기[水蘇, 수소]¹⁰⁶

【본초강목】¹⁰⁷ 이 식물은 들깨[蘇]와 비슷하다. 하지만 물가에서 잘 자라기 때문에 '수소(水蘇)'라 이름 붙였다. 그 잎은 맛이 맵고 향이 진하여 닭을 삶을 때 쓸 수 있다. 그러므로 '용뇌(龍腦)', '박하(薄荷)', '향소(香蘇)', '계소(鷄蘇)' 등의 여러 이름이 있다.

3월에 싹이 난다. 모난 줄기에 속은 비었다. 잎은 들깨[蘇]잎과 비슷하지만 그보다 약간 길다. 빽빽하게 톱니가 있고 잎 앞면에는 주름져 있다. 청색이며 마디마다 마주난다. 맛이 매우 맵고 강렬하다.

6~7월에 꽃이 피고, 이삭은 들깨이삭처럼 영근다. 이삭 색깔은 수홍(水紅)색이다. 이삭 속에 자잘한 씨앗이 있다. 그 모양이 형개(荊芥)씨앗과 같다. 심을

水蘇

【本草綱目】 此草似蘇, 而好生水旁故名"水蘇". 其葉辛香, 可以煮鷄. 故有"龍腦"、"薄荷"、"香蘇"、"鷄蘇"諸名.

三月生苗, 方莖中虛. 葉似蘇葉而微長, 密齒, 面皺, 色靑, 對節生. 氣甚辛烈.

六七月開花, 成穗如蘇穗, 水紅色. 穗中有細子, 狀如荊芥子. 可種易生, 宿根亦

---

¹⁰⁶ 차조기[水蘇, 수소] : 쌍떡잎식물 통화식물목 꿀풀과의 한해살이풀. 소엽(蘇葉)·자소엽(紫蘇葉)이라고도 한다.
¹⁰⁷《本草綱目》卷14〈草部〉"水蘇", 924쪽.

수만 있으면 쉽게 난다. 묵은 뿌리에서도 저절로 난다. 기름진 땅에서는 싹 높이가 4~5척이나 된다.

自生. 沃地者, 苗高四五尺.

안 차조기잎을 데쳐 나물을 무쳐 먹으면 맵고 향이 진하여 먹을만 하다】

按 水蘇葉渫熟作茹, 辛香可口】

35-26) 청옥채(靑玉菜)[108]

【금화경독기(金華耕讀記)[109][110] 호남에서 난다. 무주(茂朱)[111] 구천동(舊川洞)[112]에는 2~3월이면 싹이 난다. 키가 1척 이상 되면 줄기가 청색을 띠고 둥글게 된다. 잎은 여리면서 주먹을 쥔 모양이 부드러운 고사리와 유사하다.

데쳐서 나물로 먹으면 맑고 향기로우며 달고 연하기 때문에 씹어도 입술과 이에 느껴지지 않을 정도이다. 산나물 가운데 아주 훌륭한 식품이다. 그 줄기가 옅은 자색을 띠는 것은 '자옥채(紫玉菜)'라 한다】

靑玉菜

【金華耕讀記 湖南産. 茂朱 舊川洞二三月苗生, 高一尺以來, 莖青而圓. 葉嫩而拳狀類軟蕨.

煤之爲茹, 清香甜軟, 嚼不脣齒. 山蔬中絶品也. 其莖微紫者, 名"紫玉菜"】

---

108 청옥채(靑玉菜) : 미상. 산나물의 한 가지로 추정된다. 《규합총서(閨閤叢書)》와 《송남잡지(松南雜識)》 등에 명칭이 보인다.
109 금화경독기(金華耕讀記) : 《임원경제지》의 저자 서유구(徐有榘, 1764~1845)가 지은 필기류 저서. 총 8책으로 이루어져 있으며, 현재 책8은 찾지 못한 상태이다. 《사기》와 《종수서》 등 책에 대한 내용을 비롯하여 음악, 미술, 음식, 문방구, 소품장신구, 풍속 등에 관한 내용을 두루 포괄하고 있다. 《임원경제지》에 대부분이 인용되었다. 하지만 《임원경제지》에 인용된 부분 중 현전본에 확인되지 않는 기사가 매우 많다.
110 출전 확인 안 됨.
111 무주(茂朱) : 전라북도 무주군 일대.
112 구천동(舊川洞) : 전북과 경남에 걸쳐 있는 덕유산 북쪽 사면에서 발원하는 남대천 상류부의 계곡이 있는 마을. 계곡의 굽이굽이가 9,000번을 헤아린다 하여 이름 붙여졌다. 이러한 연유로 현재는 '구천동(九千洞)'으로 불린다.

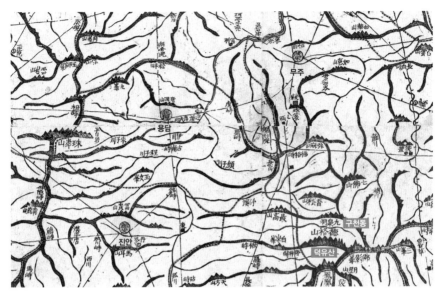

무주 구천동《대동여지도》

35-27) 넘나물[黃花菜, 황화채][113]

【월사집(月沙集)】[114][115] 만력(萬曆) 계사(癸巳, 1593)년에 중국의 경략사(經略使)[116] 송응창(宋應昌)[117]이 지원군을 이끌고 평안도 의주[龍灣][118]에 와서 주둔하였

黃花菜

【月沙集】萬曆癸巳宋經略應昌來駐龍灣. 余以說書往留幕府, 與河間通判王君[15]

---

113 넘나물[黃花菜, 황화채] : 외떡잎식물 백합목 백합과의 여러해살이풀인 원추리.

114 월사집(月沙集) : 조선 중기 문신·학자 이정귀(李廷龜, 1564~1635)의 시문집. 77권 22책(본집 63권, 별집 7권, 부록 5권, 연보 2권). 목판본. 문인 최유해(崔有海)가 1636년(인조 14) 공주에서 간행하였다.

115 《月沙先生別集》卷1〈雜著〉"壬辰避兵錄"(한국고전종합DB).

116 경략사(經略使) : 중국 당나라 때 변경(邊境) 지역에 둔 군사상의 장관. 당나라 이후에도 관직명으로 사용되었다.

117 송응창(宋應昌) : 1536~1606. 중국 명나라 때 문인관료. 임진왜란이 일어나자 상소를 올려 '조선을 지켜야 중국이 든든하다'라는 논리로 원병을 파병할 것을 요청하였다. 그리고 1592년 7월에 부총병(副總兵) 조승훈(祖承訓)이 대패하자 요동을 방어하는 경략비왜군무(經略備倭軍務)로 임명되어 조선으로 왔다.

118 의주[龍灣] : 평안북도 의주군 일대. 원문의 "용만(龍灣)"은 의주(義州)의 별칭이다.

[15] 君 : 저본에는 없음.《月沙先生別集·雜著·壬辰避兵錄》에 근거하여 보충.

다. 내가 설서(說書)[119]의 자격으로 주둔군 막사에 머무를 때 하간부(河間府)[120]의 통판(通判)[121] 왕군영(王君榮)[122]과 매우 친하게 지냈다.

어느 날 통판과 마주 앉아 식사를 했다. 그때 밥상 위에 황색 채소가 있었다. 이를 먹어 보니 매우 부드러우면서도 담박하여 맛이 송이보다 좋았다. 그래서 이게 어떤 음식인지 통판에게 물었더니, "이는 황화채(黃花菜)[123]입니다. 귀하의 나라에도 많이 있습니다."라 했다.

그러나 나는 이 채소를 본 적이 없어서 하인에게 보여 주었더니, 우리나라 민간에서는 '광채(廣菜)'[123]라 이름하며, 시골 사람들은 잎만 먹을 줄 알았지 꽃을 먹을 줄 모른다고 했다.

그러자 통판이 "이 채소는 비장[脾]을 소통시켜 주고, 사람의 위장을 이롭게 해 주며, 맛도 매우 좋습니다. 참으로 신선초[仙草][124]이지요. 중국에서는 남쪽 지방에만 있기 때문에 사람들이 상당히 진귀하게 여깁니다."라 했다.

6~8월에 한창 꽃이 무성할 때 꽃술을 따 버리

榮甚善.

一日與通判對食, 盤中有黃菜, 食之, 甚柔滑, 且疏淡, 味勝松茸. 問是何物, 曰: "是黃花菜. 貴國多有之矣."

余不曾覩也, 以示從者, 則是我國俗名"廣菜", 鄕人只知食葉而不知食花云.

通判曰: "此菜通脾, 利人腸胃, 味又極佳, 眞仙草也. 中國只南方有之, 故人頗珍之."

六七八月間方盛, 去花鬚,

---

119 설서(說書): 조선 시대 세자시강원에 소속된 정8품의 관직. 세자에게 경사(經史)와 도의(道義)를 가르치는 직책이었다. 이 기사의 화자인 이정귀가 29세 때인 1592년에 임진왜란이 일어나자 성천(成川)의 행재소(行在所)를 찾아가 시강원 설서가 되었다.

120 하간부(河間府): 중국의 하북성(河北省).

121 통판(通判): 중국 송나라 때 설치된 지방관. 지부(知府) 아래에서 세금으로 걷은 양곡을 운반하거나 농사일, 수리(水利), 소송(訴訟) 등의 사무를 담당했다.

122 왕군영(王君榮): ?~?. 중국 명나라 때 인물. 원임 통판(通判)으로 경략사 송응창을 따라 나와서 관향은화(管餉銀貨, 평안도의 관향사가 관장하는 은화)를 전담하다가, 1593년 9월에 돌아갔다.

123 광채(廣菜): 《월사집》에는 이 글자 뒤에 "넙누물"이라는 글자가 더 있다. 잎이 넓은 나물이라는 뜻으로 보인다.

124 신선초[仙草]: 먹으면 신선이 된다는 풀.

고, 맑은 물에 한소끔 살짝 데쳐 내어 식초에 버무려 먹으면 입에 넣자마자 신선의 맛을 느낄 수 있으니, 채소 가운데 제일이었다. 함경도에 가장 많이 난다. 길가에서도 잘 난다고 한다】

淨水微煎一沸, 和醋食之, 入口覺有仙味, 菜中第一也. 關西最多有. 好生路傍云】

평안도 의주(《대동여지도》)

36. 부록 바다의 나물

36-1) 김[紫菜, 자채][1]

【 식료본초(食療本草) [2][3] 남해에서 난다. 돌에 붙어 있다. 순청색이지만 채취해서 말리면 자(紫)색이 된다.

본초강목 [4] 일명 '자연(紫蔂)'이다. 잎이 크고 얇다. 바닷가 사람들은 손으로 주물러 떡모양으로 만들고 햇볕에 말려서 판다. 그 색이 순자색이며, 또한 석의(石衣)[5]의 종류이다.

안 김의 종류는 다양하다. 두꺼운 것과 얇은 것, 넓은 것과 좁은 것, 부드러운 것과 질긴 것의 구별이 있다. 이것이 곧 민간에서 말하는 '해의(海衣)'이다】

紫菜

【 食療本草 生南海中, 附石. 正青色, 取而乾[1]之則紫色.

本草綱目 一名"紫蔂". 大葉而薄. 海邊人挼成餠狀, 曬乾貨之. 其色正紫, 亦石衣之類也.

按 紫菜種類不一. 有厚薄、廣狹、脆靭之別, 卽俗所謂"海衣"也】

---

1 김[紫菜, 자채]: 보라털과 김속의 홍조류.
2 식료본초(食療本草): 중국 당나라 맹현(孟詵, 618~907)이 지은 건강 음식에 관한 서적. 손사막(孫思邈)의 《천금요방(千金要方)》〈식치편(食治篇)〉을 보완하여 소금·맥문동·버섯 등 건강 식품을 망라하여 다루고 있다. 최초의 전문 건강음식 서적.
3 《食療本草》卷上〈紫菜〉, 11쪽에는 확인 안 됨;《本草綱目》卷28〈菜部〉"紫菜", 1706쪽.
4 《本草綱目》, 위와 같은 곳.
5 석의(石衣): 돌에 붙어 사는 녹조류의 총칭. 녹조류에 속하는 담수조의 총칭인 수면(水綿)이라고도 한다.
① 乾: 저본에는 "挼".《本草綱目·菜部·紫菜》에 근거하여 수정.

36-2) 모자반[海藻, 해조][6]

【본초습유[7] 다음과 같은 2종류가 있다. 모자반[馬尾藻, 마미조]은 얕은 물속에서 난다. 조랑말꼬리[短馬尾]의 잔털과 같으며, 가늘고 흑색이다. 쓸 때는 물에 담가 소금기를 빼야 한다. 큰잎모자반[大葉藻, 대엽조]은 깊은 바다 속에서 난다. 신라에서 나는 큰잎모자반은 잎이 수조(水藻)[8]처럼 생겼지만 그보다 크다.

바닷사람들이 끈으로 허리를 묶고 잠수해서 채취한다. 5월 이후에는 대형 어류가 사람을 해치므로 채취해서는 안 된다】

海藻

【本草拾遺 此有二種: 馬尾藻生淺水中, 如短馬尾細, 黑色. 用之, 當浸去鹹味. 大葉藻生深海中, 新羅國産者, 葉如水藻而大.

海人以繩繫腰, 沒水取之. 五月以後, 有大魚傷人, 不可取也】

큰열매모자반

---

6 모자반[海藻, 해조]: 갈조식물 모자반목 모자반과의 바닷말.
7 출전 확인 안 됨:《本草綱目》卷19〈草部〉"海藻", 1374~1375쪽.
8 수조(水藻): 쌍떡잎식물 도금양목 마름과의 한해살이풀인 물마름. 들녘 연못이나 도랑 등에서 자란다.

36-3) 파래[海蘊, 해온][9]

【본초강목[10] 온(蘊)은 어지러이 헝클어진 실이
다. 그 잎이 헝클어진 실과 비슷하기 때문에 이렇게
이름 붙였다】

海蘊

【本草綱目 蘊亂絲也. 其
葉似之故名】

36-4) 미역[海帶, 해대][11]

【가우본초(嘉祐本草)[12] 동해 물속의 돌 위에 난다.
모자반과 비슷하지만 그보다 거칠고, 부드러우면서
질기고 길다.

海帶

【嘉祐本草 出東海水中石
上. 似海藻而粗, 柔韌而
長.

지봉유설[13] 미역은 일명 '최생(催生, 분만을 촉진시킨다)'이
며, 곧 우리나라에서 말하는 '다사마(多士麻)'이다[14]】

芝峯類說 海帶, 一名"催
生", 即我國所謂"多士麻"
也】

바닷속 미역

미역 말리기

---

9 파래[海蘊, 해온]: 해초의 하나로, 식용이다. 《임원경제지 정조지》 권1 〈음식재료 요점 정리(식감촬요)〉
   "채소(채류)" '해온'(《임원경제지 정조지》 1, 234쪽)에 보인다.
10 《本草綱目》 卷19 〈草部〉 "海蘊", 1376쪽.
11 미역[海帶, 해대]: 갈조류 미역과의 한해살이 바닷말.
12 출전 확인 안 됨;《本草綱目》 卷19 〈草部〉 "海帶", 1376쪽.
13 《芝峯類說》 卷19 〈食物部〉 "菜"(한국고전종합DB).
14 우리나라에서……다사마(多士麻)이다: 원문의 "다사마"는 다시마가 아니라 미역이다.

36-5) 다시마[昆布, 곤포][15]

【 도씨본초주 [16] 고려에서 난다. 삼을 째듯이 째서 새끼줄로 엮어 말리면 황흑색이 되고, 부드러우면서 질겨서 먹을 수 있다.

해약본초(海藥本草) [17][18] 그 풀은 해류의 흐름을 따라서 자란다. 신라(新羅)에서 나는 것은 잎이 가늘고, 황흑색이다. 호인(胡人)[19]은 손으로 비벼서 새끼줄처럼 꼬아 그늘에서 말린다. 장삿배를 통해 중국에 들어왔다.

본초강목 [20] 다시마 중에서 등주(登州)[21]와 내주(萊州)[22] 지방에서 나는 것은 손으로 비벼서 꼰 새끼줄 모양이고, 민월(閩越)[23]과 절강(浙江)[24] 지방에서 나는 것은 큰 잎이 채소잎과 비슷하다】

昆布

陶氏本草註 出高麗. 繩把索之如卷麻, 作黃黑色, 柔靭可食.

海藥本草 其草順流而生. 出新羅者葉細, 黃黑色. 胡人搓之爲索, 陰乾, 從舶上來中國.

本草綱目 昆布生登、萊者, 搓如繩索之狀; 閩、浙者, 大葉似菜】

---

15 다시마[昆布, 곤포] : 갈조식물 다시마과에 속하는 해조.

16 출전 확인 안 됨 ; 《本草綱目》卷19〈草部〉 "昆布", 1377쪽.

17 해약본초(海藥本草) : 중국 당나라 때 페르시아인의 후예인 이순(李珣, 855~930)이 편찬한 의서(醫書). 페르시아와 아랍, 로마, 인도, 베트남 등지에서 치료에 사용되는 해산물 약재 63종에 관한 약방을 수록하고 있다.

18 출전 확인 안 됨 ; 《本草綱目》, 위와 같은 곳.

19 호인(胡人) : 중국인들의 주변 민족들에 대한 비칭(卑稱). 몽골족을 위시한 북방과 서방(서역)의 여러 민족들을 일컫는다.

20 《本草綱目》, 위와 같은 곳.

21 등주(登州) : 지금의 중국 산동성(山東省) 용구시(龍口市) 일대.

22 내주(萊州) : 지금의 중국 산동성(山東省) 내주시(萊州市) 일대.

23 민월(閩越) : 지금의 중국 복건성(福建省) 일대. 진한(秦漢) 시대에 지금의 복건성 지방에서 월족(越族)이 활약했다.

24 절강(浙江) : 지금의 중국 절강성(浙江省) 일대.

36-6) 녹각[鹿角菜, 녹각채][25]

【본초강목[26] 일명 '후규(猴葵)'이다.

동해와 남해의 바닷속 절벽 사이에서 난다. 길이
는 0.3~0.4척이며, 굵기는 철사만 하다. 사슴뿔모
양처럼 아(丫)자로 갈라졌으며, 자황색이다.

토박이들은 이를 채취해서 햇볕에 말린 뒤 건어
물로 판다. 물로 씻은 후 식초에 버무리면 금방 딴
듯이 부풀어 오른다. 맛이 더할 수 없이 부드럽고
좋다. 물에 오랫동안 담가 놓으면 아교처럼 끈기있
는 상태로 변한다】

36-7) 청각[靑角菜, 청각채][27]

【자산어보(玆山魚譜)[28][29] 뿌리·줄기·가지·곁가지
가 톳[土衣草, 토의초]과 상당히 비슷하지만 그보다 더
둥글다. 본성은 미끌미끌하고, 색은 청흑색이다. 맛
이 담백해서 김치 맛을 돋울 만하다.

안《동의보감》에 "녹각채(鹿角菜)는 아마도 지금의

鹿角菜

【本草綱目】一名"猴葵".
生東、南海中石厓間. 長
三四寸, 大如鐵線. 分丫如
鹿角狀, 紫黃色.
土人采曝, 貨爲海錯. 以水
洗醋拌, 則脹起如新, 味極
滑美. 若久浸則化如膠狀】

靑角菜[2]

【玆山魚譜】根、幹、枝條頗
似土衣草而圓. 性滑, 色靑
黑. 味淡, 可以助葅之味.

案《東醫寶鑑》云"鹿角菜,

---

[25] 녹각[鹿角菜, 녹각채] : 해조류의 일종. 나물의 모양이 사슴과에 속하는 마녹(馬鹿) 또는 매화녹(梅花鹿) 등 각종 사슴의 뿔과 비슷한 모양이라고 하여 붙여진 이름이다.

[26] 《本草綱目》卷28〈菜部〉"鹿角菜", 1707쪽.

[27] 청각[靑角菜, 청각채] : 청각목 청각과의 바닷말.

[28] 자산어보(玆山魚譜) : 정약전(丁若銓, 1758~1816)이 신유박해 때 전라도 흑산도에 유배되어 이 지역의 해상 생물에 대해서 정리한 1차 원고를 그의 동생 정약용(丁若鏞, 1762~1836)의 제자인 이청(李晴, 1758~1861)이 보완하여 편찬한 해양생물학 서적. 총 3권으로 이뤄져 있으며, 흑산도 근해의 각종 어류와 수중 식물을 인류(鱗類, 비늘 물고기)와 무린류(無鱗類, 비늘 없는 물고기), 개류(介類, 껍데기 있는 어류), 잡류(雜類, 기타 해양동물류)로 분류하여 총 226종의 생물을 설명했다. 해양 동식물들의 이름, 모양, 크기, 습성, 맛, 쓰임새, 분포 등을 자세히 기록했다.

[29] 정약전·이청 지음, 정명현 옮김, 《자산어보 : 우리나라 최초의 해양생물 백과사전》, 서해문집, 2016, 256쪽.

[2] 靑角菜 : 오사카본에는 이 항목이 아래의 '우뭇가사리[海凍草]' 항목 아래에 있고, "톳[土衣菜]" 항목 위로 옮겨야 한다(移土衣菜下)."라는 두주가 적혀 있다.

청각채인 듯하다."[30]라 했으나, 이는 잘못되었다. 바다 속에 있는 이른바 '종가사리(驄加士里)'[31], '섬가사리(蟾加士里)'[32]라는 해초는 모양과 쓰임새가 본초서(本草書)의 녹각채와 털끝만큼도 어긋나지 않으므로 청각채(靑角菜)는 별도의 종류이다】

疑今之靑角菜者", 非也. 海中有所謂"驄加士里"、"蟾加士里"草者, 形色、功用, 與本草鹿角菜毫髮不爽, 而靑角菜別是一種也】

36-8) 톳[土衣菜, 토의채][33]

【자산어보】[34] 해변에서 난다. 길이는 8~9척이다. 한 뿌리에 한 줄기이며, 줄기의 굵기는 노끈만하다. 잎은 인동꽃[金銀花] 봉오리와 비슷해서 뿌리쪽은 가늘고 끝쪽으로 갈수록 도톰하다. 하지만 끝은 다시 뾰족하며 잎의 속은 비어 있다. 맛이 담백하고 개운하다】

土衣菜

【又】 生海邊, 長八九尺. 一根一莖, 莖大如繩, 葉似金銀花之菩蕾, 本細末豐, 端尖中空. 味淡而淸】

톳

30 《東醫寶鑑》〈湯液篇〉卷2 "菜部" '海菜'(《原本 東醫寶鑑》, 719쪽).
31 종가사리(驄加士里) : 해초의 한 가지. 종가채(驄加菜)라고도 한다.
32 섬가사리(蟾加士里) : 해초의 한 가지. 섬가채(蟾加菜)라고도 한다.
33 톳[土衣菜, 토의채] : 갈조식물 모자반과의 바닷말.
34 정약전·이청 지음, 정명현 옮김, 위와 같은 책, 252쪽.

36-9) 우뭇가사리[海凍草, 해동초]³⁵

【자산어보】³⁶ 모양은 녹각채(鹿角菜)와 유사하지만 그와 달리 몸통이 그보다 납작하고, 가지 사이에 매우 가느다란 잎이 있으며, 자색이다. 여름철에 삶아서 우무묵을 만든다. 그러면 부드럽게 응고되어 투명하고 미끌미끌해서 먹을 만하다. 이것이 곧 민간에서 '우모(牛毛)'라 하는 것이다】

海凍草③

【又】狀類鹿角菜④, 而但體扁, 枝間有葉極細, 色紫. 夏月煮成膏, 酥瑩滑可啖. 卽俗呼"牛毛⑤"者也】

36-10) 파래[乾苔, 건태]³⁷

【본초강목】³⁸ 이는 '해태(海苔)'이다. 말려서 포를 만든다. 장화(張華)³⁹의 《박물지(博物志)》⁴⁰에 "석발(石髮)은 바다 속에서 난다. 길이는 1척 남짓이고, 크기는 부추잎과 같다. 고기를 섞어 쪄서 먹으면 맛이 매우 좋다."⁴¹라 했다. 장발(張勃)⁴²의 《오록

乾苔⑥

【本草綱目】此"海苔"也. 乾之爲脯. 張華《博物志》云: "石髮生海中者, 長尺餘, 大小如韭葉. 以肉雜蒸食, 極美." 張勃《吳錄》云:

---

35 우뭇가사리[海凍草, 해동초]: 홍조식물 우뭇가사리과의 바닷말.
36 정약전·이청 지음, 정명현 옮김, 위와 같은 책, 255쪽.
37 파래[乾苔, 건태]: 녹조식물 갈파래과에 속하는 해조.
38 《本草綱目》卷21〈草部〉"乾苔", 1406쪽.
39 장화(張華): 232~300. 중국 서진(西晉) 시기의 문학자·정치가. 화려한 시문으로 유명세를 떨쳤고, 장재(張載, ?~?)·장협(張協, ?~307)과 함께 '삼장(三張)'으로 불렸다. 저서에 《여사잠(女史箴)》·《박물지(博物志)》·《장사공집(張司空集)》 등이 있다.
40 박물지(博物志): 중국 서진(西晉) 시기의 문학자 장화(張華)가 저술한 일종의 백과사전. 신선(神仙)과 이상한 인간, 동식물에 관한 기록을 주로 하고 거기에 민간전설 등이 곁들여 있다. 현재 전해지는 《박물지》는 송(宋)나라 때 발간된 것과 명(明)나라 때 발간된 두 가지 다른 책이 있다. 이들은 모두 한때 분실되었던 원본을 다시 엮은 것이다.
41 석발(石髮)은……좋다: 출전 확인 안 됨.
42 장발(張勃): ?~?. 중국 서진(西晉) 시기의 사학가. 저서에 《오록(吳錄)》이 있다.
③ 海凍草: 오사카본에는 이 항목이 아래의 '매생이[莓山苔]' 항목 아래에 있고, "톳[土衣菜]' 아래로 옮겨야 한다(移土衣菜下)."라는 두주가 적혀 있다.
④ 鹿角菜: 《玆山魚譜·海草·海凍草》에는 "蟾加草".
⑤ 毛: 저본에는 "尾". 오사카본·규장각본·《玆山魚譜·海草·海凍草》에 근거하여 수정.
⑥ 乾苔: 오사카본에는 이 항목이 앞의 '다시마[昆布, 곤포]' 아래와 '녹각[鹿角菜, 녹각채]' 위에 있고, "파래는 아래의 '납작파래[常思苔, 상사태]' 위로 옮겨 적어야 한다(乾苔移下常思苔上)."라는 두주가 적혀 있다.

(吳錄)》[43]에는 "강리(江蘺)[44]는 바다 속에서 난다. 순청색이고, 헝클어진 머리카락과 비슷하다."[45]라 했다. 이것들이 바로 해태이다.

"江[7]蘺[8]生海水中, 正靑, 似亂髮." 乃海苔也.

동의보감 [46] 일명 '감태(甘苔)', '청태(靑苔)'이다. 말려서 포를 만들어 먹을 수 있다】

東醫寶鑑 一名"甘苔", 一名"靑苔". 可作脯食之】

36-11) 납작파래[常思苔, 상사태][47]

常思苔[9]

【 자산어보 [48] 바다에서 난다. 잎의 길이가 1척을 넘으며, 잎이 부추잎처럼 좁고 대껍질처럼 얇아, 투명하고 미끌미끌하면서 윤이 난다. 색은 짙은 청색이다. 맛이 달고 좋다】

【 玆山魚譜 生海中. 葉長過尺[10], 狹如韭, 薄如竹莩. 明瑩滑澤, 色深靑. 味甘美】

---

43 오록(吳錄) : 중국 서진(西晉) 시기의 사학가 장발(張勃)이 편찬한 30권의 사서(史書). 기전체(紀傳體)로 서술되었으며, 병법가로 알려진 손자(孫子)와 오자(吳子)에 관한 역사적 사건을 담고 있다. 원본은 유실되었으나, 원나라 도종의(陶宗儀)의 《설부(說郛)》와 청(淸)나라 왕인준(王仁俊)의 《옥함산방집일서보편(玉函山房輯佚書補編)》 가운데 약간의 내용이 수록되어 있다.

44 강리(江蘺) : 강리과에 속하는 홍조류(紅藻類)의 하나. 따뜻한 바다의 얕은 곳에서 난다. 꼬시래기라고도 한다.

45 강리(江蘺)는……비슷하다 : 출전 확인 안 됨;《說郛》卷104下〈楚辭芳草譜〉"江離"(《文淵閣四庫全書》882, 94쪽).

46 《東醫寶鑑》〈湯液篇〉卷2 "菜部" '海菜'(《原本 東醫寶鑑》, 719쪽).

47 납작파래[常思苔, 상사태] : 녹조식물 올로드릭스목 갈파래과의 해조류. 가시파래로 보기도 한다. 정약전·이청 지음, 정명현 옮김, 《자산어보》, 179쪽. 가시파래는 녹조식물 갈파래과의 해조이다.

48 정약전·이청 지음, 정명현 옮김, 위와 같은 책, 252쪽.

[7] 江 : 저본에는 "薩".《本草綱目·草部·乾苔》에 근거하여 수정.

[8] 蘺 : 저본에는 "蘿".《本草綱目·草部·乾苔》에 근거하여 수정.

[9] 常思苔 : 오사카본에는 이 항목 위에 "'납작파래[常思苔]' 항목 위에 '파래[乾苔]' 항목을 붙이고, 又字는 '玆山魚譜'로 고쳐야 한다(常思苔上付乾苔, 而又字改以《玆山魚譜》)."라는 두주가 적혀 있다.

[10] 過尺 : 저본에는 없음.《玆山魚譜·海草·常思苔》에 근거하여 보충.

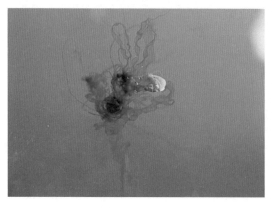
파래

36-12) 홑파래[羹苔, 갱태]⁴⁹

【자산어보 ⁵⁰ 잎이 둥글게 모여서 꽃송이 같고, 가장자리가 주름져 있다. 연하고 미끌미끌해서 국을 끓여 먹기에[羹] 좋다】

羹苔

【又 葉圓如花而邊皺. 軟而甚滑, 宜於羹】

36-13) 매생이[莓山苔, 매산태]⁵¹

【자산어보 ⁵² 누에고치에서 나온 실보다 가늘고, 길이는 몇 척이다. 색은 청흑색이다. 국을 끓이면 부드럽고 미끌미끌하며, 서로 뒤엉켜서 풀어지지 않는다. 맛은 달고 향기롭다.

또 다른 한 종이 있다. 매생이와 비슷하지만 그보다 조금 거칠고 짧다. 몸통은 매생이보다 조금 까끌

莓山苔

【又 細於蠶絲, 長數尺, 色青黑. 作羹則柔滑而混合. 味甘而香.

又有一種, 似莓山而稍麤短, 體稍澁, 味薄. 名"信

---

49 홑파래[羹苔, 갱태]: 녹조식물 홑파래과의 바닷말.
50 정약전·이청 지음, 정명현 옮김, 위와 같은 책, 252쪽.
51 매생이[莓山苔, 매산태]: 가늘고 부드러운 갈매패목의 녹조류. 주로 남도 지방에서 식용한다.
52 정약전·이청 지음, 정명현 옮김, 위와 같은 책, 253쪽.

하며, 맛이 싱겁다. 이를 '신경파래[信經苔, 신경태]'[53]라   經苔".
한다.[54]

    또 '적태(赤苔)'[55]라는 한 종은 말갈기털과 비슷하   一種"赤苔", 似馬毛. 色赤,
다. 색은 적색이다. 맛이 싱겁다.[56]   味薄.

    이상 여러 종류의 파래[苔]는 모두 돌에 붙어서   已上諸種苔皆附石而生】
난다】

관휴지 권제2 끝   灌畦志卷第二

---

53 신경파래[信經苔, 신경태]: 파래의 일종. 지역에 따라 신경이, 심경이, 신갱이, 신기 등으로 불린다. 이태
    원, 《현산어보를 찾아서》4, 청어람미디어, 2003, 266쪽.
54 또……한다:《兹山魚譜》에는 "신경태(信經苔)"라는 항목으로 구별되어 있다(정약전·이청 지음, 정명현 옮
    김, 위와 같은 곳).
55 적태(赤苔): 이태원에 따르면, 아직 정확한 동정(同定)이 안 되어 있어 미상. 이태원, 《현산어보를 찾아서》
    5, 청어람미디어, 2003, 178쪽; 정약전·이청 지음, 정명현 옮김, 위와 같은 책, 180쪽.
56 또……싱겁다:《兹山魚譜》에는 "적태(赤苔)"라는 항목으로 구별되어 있다(정약전·이청 지음, 정명현 옮김,
    위와 같은 책, 253쪽).

I. 채소류   435

저자 및 교정자 소개

저자

풍석(楓石) 서유구(徐有榘, 1764~1845)

본관은 달성(대구), 경기도 파주 장단이 고향이다. 조선 성리학의 대가로서 규장각 제학, 전라 관찰사, 수원 유수, 이조 판서, 호조 판서 등 고위 관직을 두루 역임했다. 그럼에도 서명응(조부)·서호수(부)·서형수(숙부)의 가학에 깊은 영향을 받아, 경학이나 경세학보다는 천문·수학·농학 등 실용학문에 심취했다. 그 결과 조선시대 최고의 실용백과사전이자 전통문화콘텐츠의 보고인 《임원경제지》 113권을 저술했다.

벼슬에서 물러나 있는 동안에는 고향인 임진강변 장단에서 술 빚고 부엌을 드나들며, 손수 농사짓고 물고기를 잡으면서 임원(林園)에서 사는 선비로서 가족을 건사하고 덕을 함양하는 데 필요한 전반적인 실용 지식을 집대성했다. 이를 위해 조선과 중국, 일본의 온갖 서적을 두루 섭렵하여 실생활에 필요한 각종 지식을 체계적으로 수집하는 한편, 몸소 체험하고 듣고 관찰한 내용을 16분야로 분류하여 엄밀하게 편찬 저술하기 시작했다.

서유구는 실현 가능한 개혁을 추구하는 조정의 최고위 관료였고, 농부이자 어부, 집 짓는 목수이자 원예가, 술의 장인이자 요리사, 악보를 채록하고 거문고를 타는 풍류 선비이자 전적과 골동품의 대가, 전국 시장과 물목을 꿰고 있는 가문 경영자이자 한의학과 농학의 대가였다.

전라 관찰사 재직 때에 호남 지방에 기근이 들자 굶주린 백성들을 위해 《종저보》를 지어 고구마 보급에 힘쓰기도 했던 서유구는, 당시 재야나 한직에 머물렀던 여느 학자들과는 달랐다. 그의 학문은 풍석학(楓石學), 임원경제학(林園經濟學)이라 규정할 만한 독창적인 세계를 제시했던 것이다.

늙어 벼슬에서 물러나 그동안 모으고 다듬고 덧붙인 엄청난 분량의 《임원경제지》를 완결한 그는 경기도 남양주 조안면에서 82세의 일기를 다했다. 시봉하던 시사(侍史)가 연주하는 거문고 소리를 들으며 운명했다고 한다.

교정자

추담(秋潭) 서우보(徐宇輔, 1795~1827)

서유구의 아들로, 모친은 여산 송씨(宋氏, 1769~1799)이다. 자는 노경(魯卿),
호는 추담(秋潭)·옥란관(玉蘭觀)이다. 서유구가 벼슬에서 물러난 1806년부터
1823년에 회양부사로 관직에 복귀하기 전까지, 약 18년 동안 부친과 임원에
서 함께 생활하며 농사짓고 물고기를 잡는 한편, 《임원경제지》의 원고 정리
및 교정을 맡았다. 요절했기 때문에 《임원경제지》 전 권을 교정할 수 없었지
만, 서유구는 《임원경제지》 113권의 권두마다 "남(男) 우보(宇輔) 교(校)"라고
적어두어 그의 기여를 공식화했다. 시문집으로 《추담소고(秋潭小藁)》가 있다.

🌿 임원경제연구소

임원경제연구소는 고전 연구와 번역, 출판을 주요 목적으로 하는 사단법인이다. 문사철수(文史哲數)와 의농공상(醫農工商) 등 다양한 전공 분야의 소장학자 40여 명이 회원 및 번역자로 참여하여, 풍석 서유구의 《임원경제지》를 완역하고 있다. 또한 번역 사업을 진행하면서 축적한 노하우와 번역 결과물을 대중과 공유하기 위해 관련 전문가 및 단체들과 교류하고 있다. 연구소에서는 번역 과정과 결과를 통하여 '임원경제학'을 정립하고 우리 문명의 수준을 제고하여 우리 학문과 우리의 삶을 소통시키고자 노력한다. 임원경제학은 시골 살림의 규모와 운영에 관한 모든 것의 학문이며, 경국제세(經國濟世)의 실천적 방책이다.

번역, 교열, 교감, 표점, 감수자 소개

번역

이규필(李奎泌)

경북 예천에서 태어났다. 한국고전번역원과 성균관대학교 대동문화연구원을 거쳐 현재 경북대학교 한문학과에서 교육과 연구에 종사하고 있다. 저서로 《논어 속의 사람들, 사람들 속의 논어》, 번역서로 《국역 무명자집》, 《국역 묵자간고》, 《국역 인평대군연행일기》 등이 있다.

정명현(鄭明炫)

광주광역시 출신. 고려대 유전공학과를 졸업하고, 도올서원과 한림대 태동고전연구소에서 한학을 공부했다. 서울대 대학원 '과학사 및 과학철학 협동과정'에서 전통 과학기술사를 전공하여 석사와 박사를 마쳤다. 석사와 박사 논문은 각각 〈정약전의 《자산어보》에 담긴 해양박물학의 성격〉과 〈서유구의 선진농법 제도화를 통한 국부창출론〉이다. 《임원경제지》 중 《본리지》·《섬용지》·《유예지》·《상택지》·《예규지》·《이운지》·《정조지》·《보양지》·《향례지》·《전어지》·《전공지》·《예원지》를 공역했다. 또 다른 역주서로 《자산어보 : 우리나라 최초의 해양생물 백과사전》이 있고, 《임원경제지 : 조선 최대의 실용백과사전》을 민철기 등과 옮기고 썼다. 현재 임원경제연구소 소장으로, 《임원경제지》 번역 사업에 참여하고 있다.

김용미(金容美)

전라북도 순창 출신. 동국대 철학과를 졸업하고, 고전번역원 국역연수원과 일반 연구과정에서 한문 번역을 공부했다. 고전번역원에서 추진하는 고전전산화 사업에 교정교열위원으로 참여했고, 《정원고사(政院故事)》 공동번역에 참여했다. 전통문화연구회에서 추진하고 있는 《모시정의(毛詩正義)》 공동번역에 참여했다. 현재 임원경제연구소 연구원으로 근무하며, 《유예지》·《이운지》·《정조지》·《예원지》를 공역했고, 《보양지》·《향례지》·《전어지》·《전공지》를 교감·교열했다.

서문

도올 김용옥(金容沃)

우리시대가 지향해야 할 가치의 지표를 만들어가고 있는 창조적 사상가이다. 고려대학교 생물과, 철학과, 한국신학대학 신학과에서 수학하고 원광대학교 한의과대학, 대만대학, 동경대학, 하바드대학에서 소정의 학위를 획득했다. 고려대학교, 중앙대학교, 한국예술종합학교, 연변대학, 사천사범대학 등 한국과 중국의 수많은 대학에서 제자를 길렀다. 《동양학 어떻게 할 것인가》 등 90여 권에 이르는 다양한 주제의 저술을 통해 끊임없이 민중과 소통하여 왔으며, EBS 56회 밀레니엄특강 《노자와 21세기》를 통해 고전의 세계가 민중의 의식 속으로 전파되는 새로운 문화의 혁명적 장을 열었다. 최근에는 우리나라 KBS1 TV프로그램 《도올아인 오방간다》(2019, KBS1 TV), 여수MBC 3부작 《도올 말하다! 여순민중항쟁》(2018. 10)을 통하여 우리 현대사 100년의 의미를 국민에게 전했으며, 여순사건특별법이 제정되는 계기를 만들었다. 그가 직접 연출한 《도올이 본 한국독립운동사 10부작》(2005, EBS)은 동학으로부터 해방에 이르는 다난한 민족사를 철학자의 시각에서 영상으로 표현한 20세기 한국역사의 대표적인 걸작으로 꼽히며, 향후의 모든 근대사 탐구의 기준을 제시했다. 역사에 대한 탐색은 여기에 그치지 않고, 국학(國學)의 정립을 위하여 《삼국유사》·《일본서기》·《고려사》·《조선왕조실록》의 역사문헌과 유적의 연구에 정진하며, 고대와 근세 한국사에 대한 인식을 새롭게 하고 있다. 최근에는 광주MBC에서 마한문명을 고조선의 중심으로 파악하는 파격적인 학설을 주장하여 사계 학자들의 관심을 집중시켰다. 도올 김용옥 선생은 역사와 문학과 철학, 문화인류학, 고고학, 그리고 치열한 고등문헌학을 총체적으로 융합시킬 수 있는 당대의 거의 유일한 학자로서 후학들의 역사이해를 풍요롭게 만들어가고 있다. 최근 50년 학문 역정을 결집시킨 《노자도덕경》 주석서, 《노자가 옳았다》는 인류문명 패러다임의 전환에 대한 새로운 시각을 제시하였으며 그 사상의 실천으로서 농산어촌개벽대행진을 감행하며 8개 도 19 시군에서 민중의 소리를 듣는 민회를 열었다. 동학의 성경을 온전히 주석한 《동경대전》 1·2권과 《용담유사-수운이 지은 하느님 노래》, 그리고 《도올주역강해》는 《임원경제지》 국역작업과 함께, 국학의 역사를 새로 써나가고 있다.

교열, 교감, 표점

최시남(崔時南)

강원도 횡성 출신. 성균관대학교 유학과(儒學科) 학사 및 석사를 마쳤으며 동대학원 박사과정을 수료했다. 성균관(成均館) 한림원(翰林院)과 도올서원(檮杌書院)에서 한학을 공부했고 호서대학교에서 강의를 했다. IT회사에서 조선시대 왕실 자료와 문집·지리지 등의 고문헌 디지털화 작업을 했다. 현재 임원경제연구소 팀장으로 근무하며 《섬용지》·《유예지》·《상택지》·《예규지》·《이운지》·《정조지》·《향례지》·《전공지》를 공역했고, 《보양지》·《전어지》·《예원지》를 교감·교열했다.

민철기(閔喆基)

서울 출신. 연세대 철학과를 졸업하고 도올서원에서 한학을 공부했다. 연세대 대학원 철학과에서 학위논문으로 《세친(世親)의 훈습개념 연구》를 써서 석사과정을 마쳤다. 임원경제연구소 번역팀장과 공동소장을 역임했고, 현재는 선임연구원으로 재직하며 《섬용지》를 교감 및 표점했고, 《유예지》·《상택지》·《예규지》·《이운지》·《정조지》·《전어지》를 공역했으며, 《보양지》·《향례지》·《전공지》·《예원지》를 교감·교열했다.

김광명(金光明)

전라북도 정읍 출신. 전주대학교 한문교육학과를 졸업하고 한국고전번역원에서 한학을 공부했으며, 성균관대 대학원 고전번역협동과정에서 석박사통합과정을 수료했다. 현재 임원경제연구소 연구원으로 근무하며, 《유예지》·《상택지》·《예규지》·《이운지》·《정조지》·《향례지》를 공역했고, 《보양지》·《전공지》·《예원지》를 교감·교열했다.

김현진(金賢珍)

경기도 평택 출신. 공주대 한문교육과를 졸업하고 한림대 태동고전연구소와 한국고전번역원에서 한학을 공부하고 성균관대학교 대학원 한문학과에서 석사과정을 수료했다. 현재 임원경제연구소 연구원으로 근무하며 《섬용지》를 교열했고, 《유예지》·《상택지》·《예규지》·《이운지》·《정조지》·《전어지》를 공역했으며, 《보양지》·《향례지》·《전공지》·《예원지》를 교감·교열했다.

🌐 풍석문화재단

(재)풍석문화재단은 《임원경제지》 등 풍석 서유구 선생의 저술을 번역 출판하는 것을 토대로 전통문화 콘텐츠의 복원 및 창조적 현대화를 통해 한국의 학술 및 문화 발전에 기여함을 목적으로 설립되었다.

재단은 ①《임원경제지》의 완역 지원 및 간행, ②《풍석고협집》, 《금화지비집》, 《금화경독기》, 《번계시고》, 《완영일록》, 《화영일록》 등 선생의 기타 저술의 번역 및 간행, ③풍석학술대회 개최, ④《임원경제지》 기반 대중문화 콘텐츠 공모전, ⑤ 풍석디지털자료관 운영, ⑥《임원경제지》 등 고조리서 기반 전통음식문화의 복원 및 현대화 사업 등을 진행 중이다.

재단은 향후 풍석 서유구 선생의 생애와 사상을 널리 알리기 위한 출판·드라마·웹툰·영화 등 다양한 문화 콘텐츠 개발 사업, 《임원경제지》 기반 전통문화 콘텐츠의 전시 및 체험교육 등을 목적으로 하는 서유구 기념관 건립 등을 추진 중이다.

풍석문화재단 웹사이트 및 주요 연락처

웹사이트

풍석문화재단 홈페이지 : www.pungseok.net

출판브랜드 자연경실 블로그 : https://blog.naver.com/pungseok

풍석디지털자료관 : www.pungseok.com

풍석문화재단 음식연구소 홈페이지 : www.chosunchef.com

주요 연락처

풍석문화재단 사무국

주　소 : 서울 서초구 방배로19길 18, 남강빌딩 301호

연락처 : 전화 02)6959-9921 팩스 070-7500-2050 이메일 pungseok@naver.com

풍석문화재단 전북지부

연락처 : 전화 063)290-1807 팩스 063)290-1808 이메일 pungseokjb@naver.com

풍석문화재단우석대학교음식연구소

주　소 : 전북 전주시 완산구 향교길 104

연락처 : 전화 063-291-2583 이메일 zunpung@naver.com

조선셰프 서유구(음식연구소 부설 쿠킹클래스)

주　소 : 전북 전주시 완산구 향교길 104

연락처 : 전화 063-291-2583 이메일 zunpung@naver.com

서유구의 서재 자이열재(풍석 서유구 홍보관)

주　소 : 전북 전주시 완산구 향교길 104

연락처 : 전화 063-291-2583 이메일 pungseok@naver.com

풍석학술진흥연구조성위원회

(재)풍석문화재단은《임원경제지》의 완역완간 사업 등의 추진을 총괄하고 예산 집행의 투명성을 기하기 위해 풍석학술진흥연구조성위원회를 두고 있습니다. 풍석학술진흥연구조성위원회는 사업 및 예산계획의 수립 및 연도별 관리, 지출 관리, 사업 수익 관리 등을 담당하며 위원은 아래와 같습니다.

위원장 : 신정수(풍석문화재단 이사장)

위　원 : 서정문(한국고전번역원 고전번역연구소장), 진병춘(풍석문화재단 사무총장)
　　　　안대회(성균관대학교 한문학과 교수), 유대기(공생사회적협동조합 이사장)
　　　　정명현(임원경제연구소장)

풍석문화재단 사람들

이사장	신정수 ((前) 주택에너지진단사협회 이사장)
이사진	김윤태 (우석대학교 평생교육원장)
	김형호 (한라대학교 이사)
	모철민 ((前) 주 프랑스대사)
	박현출 ((前) 서울시농수산식품공사 사장)
	백노현 (우일계전공업그룹 회장)
	서창석 (대구서씨대종회 총무이사)
	서창훈 (우석재단 이사장 겸 전북일보 회장)
	안대회 (성균관대학교 한문학과 교수)
	유대기 (공생사회적협동조합 이사장)
	이영진 (AMSI Asia 대표)
	진병춘 (상임이사, 풍석문화재단 사무총장)
	채정석 (법무법인 웅빈 대표)
	홍윤오 ((前) 국회사무처 홍보기획관)
감사	홍기택 (대일합동회계사무소 대표)
음식연구소장	곽미경 《조선셰프 서유구》 저자)
재단 전북지부장	서창훈 (우석재단 이사장 겸 전북일보 회장)
사무국	박시현, 박소해
고문단	이억순 (상임고문)
	고행일 (인제학원 이사)
	김영일 (한국AB.C.협회 고문)
	김유혁 (단국대 종신명예교수)
	문병호 (사랑의 일기재단 이사장)
	신경식 (헌정회 회장)
	신중식 ((前) 국정홍보처 처장)
	신현덕 ((前) 경인방송 사장)
	오택섭 ((前) 언론학회 회장)
	이영일 (한중 정치외교포럼 회장)
	이석배 (공학박사, 퀀텀연구소 소장)
	이수재 ((前) 중앙일보 관리국장)
	이준석 (원광대학교 한국어문화학과 교수)
	이형균 (한국기자협회 고문)
	조창현 ((前) 중앙인사위원회 위원장)
	한남규 ((前) 중앙일보 부사장)

《임원경제지·관휴지》 완역 출판을 후원해 주신 분들